Braços para a colheita

Sazonalidade e permanência do trabalho temporário na agricultura paulista (1890-1915)

Cláudia Alessandra Tessari

Braços para a colheita

Sazonalidade e permanência do trabalho temporário na agricultura paulista (1890-1915)

Grafia atualizada segundo o Acordo Ortográfico da Língua Portuguesa de 1990, que entrou em vigor no Brasil em 2009.

Publishers: Joana Monteleone/Haroldo Ceravolo Sereza/Roberto Cosso
Edição: Joana Monteleone
Editor assistente: Vitor Rodrigo Donofrio Arruda
Assistente editorial: João Paulo Putini
Projeto gráfico e diagramação: João Paulo Putini
Capa: Sami Reininger
Revisão: Agnaldo Alves
Assistente de Produção: Allan Rodrigo
Imagem da capa: Angiolo Tommasi. *Le ultime vangate* (1892).

Este livro foi publicado com o apoio da Fapesp

CIP-BRASIL. CATALOGAÇÃO-NA-FONTE
SINDICATO NACIONAL DOS EDITORES DE LIVROS, RJ

T323b

Tessari, Cláudia Alessandra
BRAÇOS PARA A COLHEITA: SAZONALIDADE E PERMANÊNCIA DO TRABALHO TEMPORÁRIO NA AGRICULTURA PAULISTA (1890-1915)
Cláudia Alessandra Tessari.
São Paulo: Alameda, 2012.
336p.

Inclui bibliografia
ISBN 978-85-7939-121-7

1. Trabalho sazonal – São Paulo (Estado). 2. Trabalhadores rurais – São Paulo (Estado). 3. Trabalhadores rurais volantes. I. Título.

12-0346. CDD: 331.544098161
CDU: 331.102.12(815.6)
032678

ALAMEDA CASA EDITORIAL
Rua Conselheiro Ramalho, 694 – Bela Vista
CEP 01325-000 – São Paulo – SP
Tel. (11) 3012-2400
www.alamedaeditorial.com.br

Para Maurício e Joana

Sumário

Prefácio 9

O caminho percorrido 13

Introdução 23

Capítulo I. O trabalhador nacional e as mudanças 39

Muitas mudanças a um só tempo 41

A transformação do trabalho 47

Um fator constante na mudança: o trabalhador nacional 58

Capítulo II. As exigências sazonais de mão de obra na agricultura paulista 83

Estação seca: tempo de trabalho 87

Estação das águas: tempo de vacância 91

A sazonalidade do trabalho no café 93

A sazonalidade do trabalho na agricultura de alimentos 99

A sazonalidade do trabalho no algodão 105

A sazonalidade do trabalho na lavoura canavieira 109

Além da sazonalidade, a incerteza 116

Considerações ao capítulo 119

Capítulo III. Nem escasso, nem vadio, nem instável. Apenas temporário 129

O braço escasso 131

O braço vadio 140

O braço instável 149

Capítulo IV. A permanência do trabalho temporário 157
Colonato e trabalho temporário 169
O trabalho temporário sazonal 186
Considerações ao capítulo 214

Capítulo V. Precisa-se de braços fixos ou nômades para as colheitas 221
A mecanização do trato 226
Núcleos coloniais: braços fixos para a colheita 237
Migração inter-regional: braços nômades para as colheitas 254
Considerações ao capítulo 279

Considerações finais 283

Referências Bibliográficas 295
Arquivos e bibliotecas consultados 295
Arquivos e bibliotecas consultados na Internet 295
Fontes 296
Bibliografia 304

Agradecimentos 317

Anexos 319
Anexo 1. Produção agrícola por municípios dos distritos agronômicos – Estado de São Paulo – 1904 321
Anexo 2. Modelo de contrato a salário, assinado na Agência Oficial de Colocação 326
Anexo 3. Modelo de contrato de apanhadores de café, assinado na Agência Oficial de Colocação 328
Anexo 4. Modelo de contrato de colono, assinado na Agência Oficial de Colocação 331

PREFÁCIO

DEFENDIDA EM 2010, a tese de doutorado de Cláudia Tessari (hoje professora da Universidade Federal de São Paulo), oportunamente transformada em livro, trata de um dos temas mais importantes da história econômica brasileira: a transição do trabalho escravo para o livre na grande lavoura.

Com efeito, as mudanças ocorridas nas condições de trabalho na virada do século XIX para o XX afetaram a sociedade brasileira como um todo e, por isso, constituem um tema obrigatório para os que procuram entender o Brasil de hoje. Como é amplamente conhecido, a transição do trabalho escravo para o livre na grande lavoura se processou de modo bastante desigual conforme as regiões do país. Enquanto as unidades açucareiras do Nordeste puderam incorporar uma oferta relativamente abundante de trabalhadores livres, as fazendas cafeeiras de São Paulo admitiram a mão de obra escrava subutilizada em outras regiões e, mais tarde, recorreram à imigração europeia, assim como as províncias sulistas. Na região Norte, por sua vez, a Amazônia contou com a mão de obra excedente das regiões áridas do Nordeste para atender à demanda provocada pelo surto da borracha.

O emprego de imigrantes europeus na grande lavoura do Oeste paulista em lugar de negros escravos envolveu uma verdadeira revolução nos métodos de trabalho e no dia a dia da vida das fazendas. Seu estudo ocupa um lugar de grande destaque na história de São Paulo. Entretanto, a magnitude da transformação operada de certo modo obscureceu outros aspectos da transição. A historiografia tradicional, ao tratar a questão da formação do mercado de trabalho em São Paulo, costuma atribuir ao trabalhador nacional (inclusive ao ex-escravo) um papel muito secundário neste processo. Sem retirar o lugar merecido ocupado pelos adventícios na história de São Paulo, Cláudia procura contribuir com um novo enfoque. Analisando os dados sobre as exigências sazonais de mão de obra de acordo com o calendário agrícola das principais culturas do Oeste paulista, sua pesquisa dá o devido lugar ao trabalho temporário na estruturação da atividade econômica da agricultura já no momento de formação do mercado de trabalho e, por extensão, ressalta a importância do elemento nacional (o trabalhador temporário por excelência) no contexto da transição.

Ao considerar o padrão irregular de demanda por trabalho na agricultura, a tese acrescenta mais um dado ao debate sobre a chamada "questão da falta de braços". Constata-se que, em boa parte, o clamor por "falta de braços" na lavoura paulista referia-se aos momentos da colheita (auge da demanda), traduzindo o temor dos fazendeiros pela escassez sazonal de mão de obra, já que a agricultura comercial (algodão, cana-de-açúcar e café) tem períodos acentuados de alta demanda seguidos de momentos de muito pouca necessidade de trabalhadores.

O livro permite compreender melhor o feixe de relações que posicionou lado a lado, nas fazendas cafeeiras, o colono (imigrante) residente e o trabalhador nacional temporário. Na época da escravidão, os fazendeiros reclamavam da falta de flexibilidade da mão de obra escrava. Na base dessa reclamação estava a obrigação de sustentar seus escravos mesmo durante os períodos em que pouca mão de obra era necessária para o trato da lavoura. Além disso, o plantel fixo de escravos era também um desestimulo à inovação tecnológica poupadora de mão de obra. O *colonato*, o sistema de trabalho que ocupou o lugar da escravidão em praticamente todas as fazendas de café de São Paulo, não deu ao imigrante a propriedade da terra como nas colônias sulistas. Permitiu, entretanto, o acesso do colono à terra através das culturas intercalares no cafezal. Consistiu, portanto, na combinação de trabalho para o fazendeiro (o trato do cafezal) com trabalho para o próprio colono (a cultura intercalar), com a vantagem de eventualmente incorporar, no auge da demanda, a família do colono ao trabalho agrícola. Era, portanto, um misto de trabalho permanente e trabalho temporário, oferecendo ao capital mais possibilidade de flexibilização do uso dos fatores de produção e de seus custos. Porém, da perspectiva dos fazendeiros, era preciso ir mais longe, utilizando no imediato as outras formas de trabalho assalariado (por dia ou por tarefa) executadas em grande número pelo trabalhador nacional para completar a flexibilização e, no médio prazo, lutar pelo aumento substantivo da oferta de trabalho.

Ao longo do tempo, a grande lavoura paulista passou da total rigidez que caracterizava a mão de obra no escravismo à total flexibilização expressa no uso da mão de obra volante. O livro de Cláudia Tessari reconstitui com criatividade e fidelidade histórica um momento dessa transformação. Sua contribuição fundamenta-se em uma extensa pesquisa bibliográfica e de fontes primárias que permitem abarcar facetas diversas da formação do mercado de trabalho em São Paulo. Com certeza, será acolhida e assimilada pelos estudiosos da nossa história, fazendo avançar o conhecimento sobre os processos formadores da sociedade brasileira.

Ligia Osorio Silva

O CAMINHO PERCORRIDO

A HISTÓRIA DESTE TRABALHO tem início em 1994, no segundo ano de minha graduação em Economia na Unesp-Araraquara. Naquele ano iniciei uma pesquisa de iniciação científica sob orientação da Prof. Maria Lúcia Lamounier sobre o trabalhador nacional no período de transição da escravidão para o trabalho livre no Oeste paulista, entre 1830 e 1888.

Quando se estuda a questão do trabalhador nacional, um tema incontornável é a associação de sua imagem à vadiagem. Assim a documentação o descrevia. Outra questão da qual não se pode escapar é a da sua inserção marginal no mercado de trabalho que estava em formação. Assim o descreviam a documentação e importante parte da bibliografia.

O estudo do tema do trabalhador nacional nos anos de graduação me levou a questionar o lugar do ex-escravo neste processo de transição e de formação do mercado de trabalho. Foi assim que, durante o mestrado em História Econômica no Instituto de Economia da Unicamp, estudei esta parcela da mão de obra no município de Piracicaba, São Paulo.

Quando da investigação da inserção do ex-escravo no mercado de trabalho em Piracicaba, deparei-me com duas questões-chave: i) a ideia da vadiagem, ociosidade e inaptidão desta parcela da população para o trabalho, tema muito debatido no município; e ii) a sazonalidade do mercado de trabalho.

Pesquisando o jornal do município, notei que a demanda por trabalho era extremamente inconstante ao longo do ano e que essa inconstância tinha certa regularidade de ano para ano. Chamou-me a atenção o fato de um número muito maior de anúncios a procura de trabalhadores ser publicado em alguns meses todo ano, para em seguida, em outros meses, diminuir em quantidade e em frequência. Notei, também, que as "procuras por trabalhadores" publicadas no jornal nestes meses em que os anúncios eram publicados em grande número ofereciam, na maior parte das vezes, trabalho temporário, tipo de ocupação que a bibliografia em geral afirmava ter sido preenchida pelo trabalhador nacional: camaradas, colhedores, jornaleiros e empreiteiros.

Portanto, pude perceber que havia um padrão sazonal nos anúncios à procura de trabalhadores e que esta sazonalidade concernia, principalmente, aos tipos de trabalho que envolviam a mão de obra nacional.

Piracicaba, no início do século XX, tinha uma economia marcada pelas altas e baixas solicitações de trabalhadores porque, no município, a maior parte da demanda por trabalho do mundo rural era derivada das tarefas da agroindústria canavieira e da lavoura e beneficiamento do café. A cana-de-açúcar e o café, ambas culturas com exigências sazonais de mão de obra, têm seus picos de trabalho justamente no mesmo período do ano, entre abril e agosto.

Estas questões todas (a vadiagem do trabalhador brasileiro, a sazonalidade da demanda por trabalho e a utilização apenas temporária do nacional) intrigavam-me.

Como, em uma sociedade que se transformava e onde as necessidades de mão de obra eram crescentes, os brasileiros poderiam não se engajar ou se engajar de maneira tão acessória no mercado de trabalho? Que características culturais tão arraigadas eram aquelas, alegadas pelas fontes, que os mantinham à margem do processo de transformação?

Como acreditar nas falas presentes na documentação, as quais, ao mesmo tempo em que reclamavam da falta de braços, afirmavam que o país tinha uma grande população com a qual não se podia contar?

Nasci e vivi minha primeira infância no interior de São Paulo, em Santa Cruz da Conceição, uma pequena cidade que é até hoje mais rural do que urbana; venho de uma família que é até hoje, em boa parte, muito mais ligada à terra que ao concreto; até a minha adolescência, frequentei semanalmente o universo rural de Santa Cruz; vivi até o início de minha idade adulta em cidades onde a exploração da cana-de-açúcar é até hoje uma das principais atividades; quando criança, brinquei em estradas de terra cercadas de canaviais e via frequentemente nas estradas entre Araras, Leme, Santa Cruz e Pirassununga os caminhões que levavam e traziam homens, mulheres e crianças, trabalhadores boias-frias. Diante dessa formação, como eu poderia prontamente acreditar nas falas contraditórias da documentação? Como poderia acreditar que, em cem anos, estes trabalhadores haviam mudado tanto? Que capacidade de se transformar era esta que havia ficado escondida durante séculos? Como de ociosos e exigentes haviam passado a trabalhadores que suportavam pesadas jornadas de trabalho em condições tão precárias?

Foi então que me deparei com um documento raro que se referia ao desemprego temporário como vadiagem e explicava que a "vadiagem" era causada pela demanda instável por mão de obra, característica das exigências sazonais de trabalho na cana-de-açúcar:

> ... em Piracicaba, em determinada fase do ano a *vagabundagem* é muito maior do que em outros tempos. Explica-se: o Engenho Central da Cia Sucrerie começa sua moagem em maio e termina em novembro. Durante seu funcionamento é grande o número de braços empregados, quer nos canaviais para o corte de cana, quer no próprio Engenho para o fabrico do açúcar. Assim sendo, até que recomece a moagem, encontram-se muitos indivíduos *desempregados*, à espera de que aquele trabalho reclame os seus serviços...[1]

Durante o mestrado, quando mostrava para meu orientador, prof. Luiz Felipe de Alencastro, as indicações que a documentação ia me dando, ele despertou minha atenção para a questão da sazonalidade da atividade agrícola para entender o mercado de trabalho que se formava em Piracicaba. Assim, algumas destas questões estão presentes em minha dissertação, mas sem um estudo aprofundado. Ficaram indicadas, mas como que em suspenso...

Durante a defesa da dissertação, a profa Maria Lúcia Lamounier chamou-me a atenção para a importância do estudo do padrão sazonal de demanda por mão de obra para elucidar algumas questões no tocante à utilização do trabalhador em São Paulo. Após a defesa, ela me entregou um texto de Samuel Amaral, de 1998, sobre o trabalho nos pampas argentinos, na província de Buenos Aires.

O texto, o capítulo 8 do livro *The rise of capitalism on the Pampas. The estancias of Buenos Aires, 1785-1870*, questionava a ideia da escassez e a da instabilidade do trabalhador na região baseando-se justamente na argumentação de que a economia

1 *Gazeta de Piracicaba*, 3 abr. 1909 (grito nosso).

de Buenos Aires, assim como toda economia pré-industrial, era marcada pela demanda irregular de trabalho, havendo períodos de baixa e de alta solicitação de mão de obra:

> [...] Somente se desprezando a sazonalidade das tarefas rurais e, portanto, da demanda por trabalho, é que a mobilidade dos trabalhadores de uma ocupação a outra, depois de pequenos períodos de trabalho, pode se tornar uma oferta instável de mão de obra.[2]

Isso aconteceu em 2001. Nestes anos decorridos desde então, esta questão ficou guardada na gaveta, de onde às vezes era retirada para em seguida para lá voltar...

* * * * *

Este livro que o leitor tem agora em mãos é fruto de minha tese de doutorado defendida no Instituto de Economia da Unicamp em 2010, sob orientação da prof. Ligia Osorio Silva. Quando formulei o projeto inicial de minha tese de doutorado, pretendia estudar o padrão sazonal de demanda por mão de obra e a questão do trabalhador nacional no município de Itu – (SP), no período entre 1890 e 1915. O recorte geográfico se justificava pelo fato de o município e a região onde ele se inseria serem predominantemente policultores, tendo cultivado não só o café como também o algodão, a cana-de-açúcar e alimentos.

Além do mais, como a região estava entre aquelas de povoamento mais antigo do Estado e como pertencia a uma zona que recebeu pequeno volume de imigrantes no período de transição da escravidão para o trabalho livre, o recorte geográfico era considerado adequado para o estudo do tema proposto. A união destas características (atividade policultora, pequena imigração e área densamente povoada) tornaria o município um recorte geográfico privilegiado para o estudo do trabalhador nacional e do padrão sazonal de demanda por mão de obra.

Esta delimitação espacial também se justificava pelo fato de o município de Itu e região guardar ainda hoje um grande acervo documental praticamente não utilizado para o estudo da questão da formação do mercado de trabalho.

---

2 Samuel Amaral. *The rise of capitalism on the Pampas. The estancias of Buenos Aires, 1785-1870*. Londres: Cambridge University Press, 1998, p. 170 (tradução livre).

A documentação que seria pesquisada constituía-se em fontes manuscritas e impressas pertencentes ao Arquivo do Museu Republicano de Itu, e consistia de documentação do tipo criminal e do tipo cível confeccionada entre 1888 e 1915. Este vasto material seria utilizado a fim de verificarmos indícios da migração dos trabalhadores de uma atividade para outra, hipótese aventada no projeto inicial, bem como outras informações qualitativas e quantitativas relacionadas ao mundo do trabalho em geral e ao trabalhador nacional.

Seriam pesquisados também os jornais publicados no município, disponíveis na biblioteca do Museu Republicano de Itu, onde seriam coletadas informações diversas para caracterizar a economia municipal, para mapear a discussão da elite econômica e política local sobre a questão da mão de obra, bem como para mapear o mercado de trabalho que se formava e a sazonalidade da demanda por trabalho. Ainda seriam pesquisados outros documentos, tais como Balancetes da Câmara Municipal e Livros de registro de licenças, impostos e taxas, entre outros.

Ao ler este texto, no entanto, o leitor perceberá que muito pouco do projeto inicial se concretizou. Sem desviar do tema principal que havia me motivado a iniciar esta pesquisa, este trabalho foi tomando outro rumo.

Ao pesquisar os jornais do município de Itu, pude constatar que eles não se constituíam em fonte suficiente para a apreensão do debate sobre a questão da mão de obra no município. Os jornais lá publicados eram representantes de facções políticas e foram criados com o claro intuito de ora apoiar, ora contrariar os interesses da administração municipal, caso ela fosse da mesma facção política (ou apoiada por ela) ou não. Em poucas palavras, eram voltados para a politicagem característica da Primeira República e pouco representativos dos debates econômicos e sociais deste mesmo período.

Assim, não foram encontrados artigos interessantes o suficiente para a apreensão das discussões da elite local sobre a questão da transformação do trabalho ou quanto à sazonalidade, ou ainda quanto ao trabalhador nacional. O que encontrei, e que foram úteis para a realização da pesquisa, foram anúncios procurando por trabalhadores temporários que indicavam o tipo de trabalhador necessário e as formas que o ajuste de trabalho poderia tomar.

Como durante o mestrado eu havia estudado o município de Piracicaba (SP) e tido a oportunidade de verificar a riqueza dos anúncios de procura por trabalhadores publicados nos jornais de lá, voltei a pesquisá-los. Aí a ideia da tese começou a ser alterada, caminhando para uma abordagem territorial mais ampla, não restrita a um município ou microrregião.

Colaborando para a alteração do percurso inicialmente planejado, estava o fato de a documentação manuscrita pertencente ao Arquivo do Museu Republicano ser de difícil acesso, dado o horário restrito em que o arquivo está aberto ao público. Pesquisar esta documentação iria requerer uma enorme disponibilidade de tempo, o que eu não tinha, sem contar que a aposta poderia não surtir o resultado esperado.

Contrariamente, se a documentação do município vinha me frustrando, a documentação de cunho mais geral, como os Relatórios da Secretaria da Agricultura, os Almanaques, as Revistas Agrícolas e Boletins Agrícolas, animava-me a alterar o rumo da pesquisa. A ideia, então, passou a ser pesquisar documentos inéditos e também documentos já pesquisados por outros pesquisadores que haviam se debruçado sobre o tema da formação do mercado de trabalho, porém tendo em mente outra questão: as exigências sazonais de mão de obra na agricultura e seus reflexos na formação do mercado de trabalho paulista.

Ao analisar as fontes de âmbito mais geral, pude perceber que as exigências sazonais de mão de obra eram um tema a que se dava muita atenção, principalmente em momentos de crise econômica, quando era necessário garantir a lucratividade do negócio cafeeiro. Se a bibliografia não havia lhe dado a atenção devida, o mesmo não se podia dizer das fontes do período. Secretários da Agricultura, presidentes de Estado, fazendeiros, corpo técnico que se formava... muitos faziam referência ao problema das exigências sazonais de mão de obra e da necessidade de utilização do trabalhador temporário para a adequação dos custos da empresa rural cafeeira. Medidas eram sugeridas e debatidas para incrementar o trabalho temporário em detrimento do trabalho permanente, representado na época pelo trabalho do colono.

Foi assim que a pesquisa ganhou o curso que se desdobrou neste texto. Ao perceber a importância do trabalho temporário para estruturar a atividade produtiva mesmo antes de sua predominância na agricultura paulista, eu poderia recolocar a questão do trabalhador nacional, o trabalhador temporário por excelência. E este foi o objetivo de pesquisa assumido neste trabalho: recolocar em primeiro plano o trabalho temporário e, com ele, o trabalhador nacional, tendo como pano de fundo a necessidade de flexibilização da mão de obra imposta pelas exigências sazonais de trabalho na agricultura.

Se até aqui descrevi o caminho percorrido em primeira pessoa do singular, não é porque o percorri sozinha. Minha orientadora, Ligia Osorio Silva, com seus comentários precisos marcou a trajetória seja sinalizando maus caminhos, seja apontando rotas promissoras, seja marcando os grandes percursos já trilhados e conhecidos. Ela foi decisiva nos momentos de hesitação, de confronto com as impossibilidades e bloqueios à continuidade no caminho original e na redefinição do percurso que seria o definitivo. Não sei se as teses possíveis que ela antevia correspondem àquela que realizei. Mas esta já é outra história.

CALENDARIO AGRICOLA

Mez de Janeiro

Mez bastante quente, de prolongados veranicos, que ás vezes permittem pequenas roçagens e roteas em limitadas áreas que se destinam ás semeaduras de cereaes européos, as quaes terão de ser feitas de Março a Maio.

Tambem se póde, quando a estação o permitte, preparar o terreno para as plantações de curta duração, como sejam: feijão, batata ingleza, os milhos precoces, beterraba, forragens

Mez de Fevereiro

O mez de Fevereiro tem importante papel na zona de clima temperado do hemispherio austral.

Effectivamente nessa época do anno já o sol começa a descambar para o equador; o calor e as chuvas começam a diminuir e os trabalhos ruraes são mais faceis.

O mez de Fevereiro é muito proprio para o plantio de todo e qualquer vegetal de pequeno cyclo vegetativo, em cujo ... estão as plantas alimenticias dos climas frios, como

Mez de Abril

Neste mez realisa-se a colheita do milho, do arroz e dos feijões precoces. Tambem se faz a colheita dos primeiros cafés que amadurecem desde Março. Corta-se a canna de assucar e, arrumada a palha nos *camalhões*, chega-se terra ás cêpas, para que não morram com a vinda das geadas.

Poucas sementeiras se fazem na grande cultura tropical; mas os hortaleiros, em logares especiaes, ainda semeiam hor-

Mez de Março

Durante este mez proseguem ainda os trabalhos agricolas executados ou iniciados em Fevereiro. Só em circumstancias muito particulares se procederá á transplantação de arvores, que neste mez terão pouco tempo para tomar força vegetativa que as torne capazes de resistir ao frio e ás geadas que se approximam.

Mez de Maio

Tudo quanto se contém no calendario do mez de Abril applica-se perfeitamente ao de Maio.

A diminuição do calor e o desapparecimento das chuvas diminuem a actividade agricola; entretanto, a sã razão economica, que deve presidir aos trabalhos da fazenda e as exigencias da polycultura impõem trabalhos e reclamam cuidados que seria imperdoavel desidia negligenciar.

Mez de Junho

Estamos em pleno frio. Em Junho fazem-se as colheitas dos fructos do nosso hemispherio. Neste mez as laranjas têm perdido uma parte de sua acidez excessiva e tornam-se mais doces, sapidas e bellas.

Os trabalhos de jardinagem proseguem, exigindo as plantinhas ou flores, recentemente mudadas, fartas regas matutinas, applicando-se, pelo menos, uma vez por semana, o conhecido sal alimenticio de Wagner. Na falta deste, tambem produz

Mez de Julho

Neste mez devem terminar as ultimas colheitas, que não poderam ser feitas antes. Entretanto, em Julho ainda se colhe café, laranjas, abacaxis, carás, mandioca, batatas, carambolas, araçás, hortaliças diversas, canna de assucar, sorghos, etc.

Nada mais se planta; mais já podem ser transplantados os *barbados* ou bacellos enraizados.

Mez de Agosto

Neste mez devem terminar as ultimas colheitas, que não poderam ser feitas antes. Entretanto, em Julho ainda se colhe café, laranjas, abacaxis, carás, mandioca, batatas, carambolas, araçás, hortaliças diversas, canna de assucar, sorghos, etc.

Nada mais se planta; mais já podem ser transplantados os *barbados* ou bacellos enraizados.

Mez de Setembro

Eis-nos chegados ao mez das plantações para todo o hemispherio do Sul. Neste mez o sol, grande distribuidor de calor e vida, percorrendo a sua extensa orbita, consegue transpôr o equador, continuando a girar em demanda do tropico do capricornio, ponto extremo da sua peregrinação pelas regiões austraes.

Ao approximar-se o sol do ponto equinoxial, onde toca a

Mez de Outubro

Eis-nos chegados ao mez das plantações para todo o hemispherio do Sul. Neste mez o sol, grande distribuidor de calor e vida, percorrendo a sua extensa orbita, consegue transpôr o equador, continuando a girar em demanda do tropico do capricornio, ponto extremo da sua peregrinação pelas regiões austraes.

Ao approximar-se o sol do ponto equinoxial, onde toca a

Mez de Novembro

Plantam-se agora milho, feijão, arroz, algodão, canna, quiabo, mandioca, mamona, abobora, batata doce e ingleza, inhame, cacáo, etc.; semeiam-se fumo, arvores fructiferas e de madeira de lei, como sejam laranjeiras, pecegueiros, mamoeiros, etc., etc., cedros, pinheiros, jatobás, jequitibás e as demais arvores indigenas do Brazil e bem assim as acclimadas.

Posto que se possa semear neste mez o trigo, a cevada, o centeio, a alfafa a cebola, o linho e outras plantas exoticas

Mez de Dezembro

O mez de Dezembro é assignalado por dois factos de ordem astronomica, que lhe imprimem cunho particular, tornando-o distincto entre todos os outros.

E' justamente no mez de Dezembro que se dá o perihelio, isto é, ponto da ecliptica em que o sol se approxima mais da terra. Este facto tem influencia capital sobre o clima universal, pois que, em virtude da pequena distancia relativa, entre o astro centro do systema e o nosso planeta, ha

Inteiramente outra seria nossa situação se pudéssemos contar com o abundante braço nacional [ ] O trabalhador nacional amolga-se às circunstâncias e suporta impávido as flutuações do mercado. Não tendo diante de si outro horizonte se não o da terra em que vive permanentemente e que não lhe é fácil abandonar, a sua cooperação é certa e contínua, quer em um período de prosperidade, quer na época de privações; si não pode viver com um prato de feijão, vive com meio, e, resignado, aguarda melhores tempos.[1]

Há, na cultura do café, uma phase em que não se pode empregar as machinas: é a da colheita. A colheita de café reclama durante quatro meses, mais ou menos, um afanoso trabalho. Nos paizes muito povoados, torna-se muito facil esse serviço, porque se consegue de prompto o pessoal preciso; mas no Brasil isso não acontece; pelo que os fazendeiros são obrigados a manter um grande numero de trabalhadores durante todo o anno, unicamente por causa da colheita. Tem-se pois, aqui, uma grande dificuldade contra o abaixamento do preço do café.[2]

---

1 L. P. Barreto, "A colonisação". In: *Revista Agricola*, São Paulo: anno VII, nº 72, 15 jul 1901, p. 263.

2 A Fauchère, "Melhoramentos possiveis diante da situação economica da cultura cafeeira no Brasil". In: Secretaria da Agricultura, Commercio e Obras Publicas do Estado de São Paulo. *Boletim da Agricultura. Anno de 1914*. São Paulo: 15a serie, nº 4-5, abr-mai 1914, p. 402.

INTRODUÇÃO

ESTE É MAIS UM TEXTO sobre a formação do mercado de trabalho no Brasil, tema de grande importância e abrangência, por envolver um período amplo de amplas vertentes, com múltiplas implicações estendidas no tempo e na história.

Muito se tem escrito sobre a transição para o trabalho livre em São Paulo. Em boa parte da historiografia sobre o assunto, desde os textos pioneiros até os mais recentes, é enfatizada a presença do imigrante europeu na lavoura comercial para exportação e a concomitante "quase ausência" do brasileiro nesta transição.[1] O brasileiro, também chamado "nacional", viveu uma quase marginalização no mercado de trabalho, tendo ficado praticamente à parte dele. Eram assim: "homens a rigor dispensáveis, desvinculados dos processos essenciais à sociedade".[2]

A tese de que esses trabalhadores ocupavam um lugar "marginal" e "residual" no mercado de trabalho acabou por refletir-se na sua "quase marginalização" na historiografia. Apesar de estudos terem tentado resgatar estes "homens esquecidos",[3] e apesar de o tema do trabalhador nacional vir recebendo mais atenção desde a década de 1990 (com trabalhos sobre o imaginário, ou o discurso

1 Caio Prado Jr., *Formação do Brasil Contemporâneo: Colônia*. São Paulo: Brasiliense; Publifolha, 2000; Paula Beiguelman, *A formação do povo no complexo cafeeiro. Aspectos políticos*. São Paulo: Edusp, 1971; Maria Sylvia de Franco, *Homens livres na ordem escravocrata*. São Paulo: Kairós Livraria Editora, 1983; Lúcio Kowarick, *Trabalho e vadiagem – A origem do trabalho livre no Brasil*. São Paulo: Brasiliense, 1987.

2 Maria Sylvia de Carvalho Franco, *op. cit.*, p. 12.

3 Como fizeram Peter L. Eisenberg, *Homens esquecidos: escravos e trabalhadores livres no Brasil – séculos XVIII e XIX*. Campinas: Editora da Unicamp, 1989 e Warren Dean, *Rio Claro: um sistema brasileiro de grande lavoura, 1820-1920*. Rio de Janeiro: Paz e Terra, 1977

sobre esse trabalhador,[4] ou com trabalhos de âmbito regional,[5] ou ainda no circuito urbano[6]), ainda paira na bibliografia a generalização das experiências com o imigrante para quase todo o território paulista. Prevalece ainda, especialmente nos estudos que não têm como foco o elemento nacional, mas que enfocam a transição da escravidão para o trabalho em seus mais variados aspectos, a ideia de que o nacional foi praticamente excluído do processo e que o trabalhador por excelência em São Paulo foi o trabalhador imigrante.

Pensamos, no entanto, que o aprofundamento do estudo do padrão de demanda e de oferta de mão de obra naquele período é um fator importante a ser considerado para mostrar tanto o *efetivo* trabalho dos nacionais, quanto o *modo* como eles eram utilizados no mundo do trabalho, e também para explicar a generalização por parte das fontes e bibliografia de seu "quase não trabalho". Mais especificamente, pensamos que é necessário levar em conta uma característica marcante do setor agrícola – as exigências sazonais e incertas por mão de obra (e que parece ter tido pouca atenção por parte dos historiadores) – para entender como ela implicou no modo como estes trabalhadores se encaixaram no mundo do trabalho e, além do mais, como este modo implicou na disseminação da ideia de seu "quase não trabalho".

Quando observamos o padrão de trabalho no mundo rural percebemos que uma característica importante é que ele não é contínuo, sistemático e linear, como é o trabalho nas fábricas. O trabalho da agricultura, por depender demasiadamente das forças da natureza, é dependente do ciclo de vida de cada planta, do clima e da ação do clima sobre as plantas. Isso implica que ele seja um trabalho descontínuo, com tarefas e ritmos diferentes ao longo do ano agrícola. Em determinados

---

4 Márcia Regina Capelari Naxara, *Estrangeiro em sua própria terra: representações do brasileiro, 1870/1920*. São Paulo: Annablume, 1998; Iraci Galvão Salles, *República: a civilização dos excluídos (representações do trabalhador nacional. 1870-1920)*. São Paulo: tese de doutoramento apresentada ao Departamento de História/FFLCH, USP, 1995.

5 Denise A. Soares de Moura, *Saindo das sombras: homens livres no declínio do escravismo*. Campinas: Área de Publicações CMU/Unicamp, 1998. Rosane Carvalho Messias, *O cultivo do café nas bocas do sertão paulista. Mercado interno e mão de obra no período de transição: 1830-1888*. São Paulo: Editora Unesp, 2003.

6 Carlos José Ferreira dos Santos, *Nem tudo era italiano. São Paulo e pobreza: 1890-1915*. São Paulo: Annablume/Fapesp, 2003.

momentos, certas tarefas *têm de ser* executadas; em outros, outras tarefas *não podem ser* realizadas, sob o risco de a plantação ser perdida ou não render bons frutos.

Essa extrema dependência implicava uma alta sazonalidade na demanda por mão de obra na agricultura, condicionando momentos de mais trabalho (especialmente nas épocas de *plantio* e *colheita*) ou menos trabalho (como nas épocas dos *tratos culturais*, quando era necessário apenas cuidar do que havia sido plantado) e, até mesmo, momentos de vacância (quando praticamente não se trabalhava).

Muitos autores tocam na questão das exigências sazonais da agricultura quando se referem ao mundo do trabalho durante a escravidão ou durante a transição para o trabalho livre.

Jacob Gorender, ao descrever as leis que regiam o escravismo colonial, refere-se ao problema da sazonalidade do trabalho como um fator que agravava a *lei da rigidez da mão de obra escrava*: se o trabalho escravo já implicava por si só um problema de inelasticidade da mão de obra, fazendo que a quantidade de trabalhadores não pudesse se adequar aos momentos de pico e alta de demanda por trabalho, a sazonalidade do processo de produção agrícola vinha agravar ainda mais este problema.[7] Fernando Henrique Cardoso, por sua vez, argumenta que a questão da sazonalidade da economia do charque no Rio Grande do Sul implicava a extensão do trabalho, do escravo como forma de compensar os momentos de pouco trabalho sendo, dessa maneira, um impeditivo à introdução de inovação tecnológica poupadora de mão de obra.[8] Alice Canabrava também faz referência ao problema da sazonalidade quando do dimensionamento do tamanho da plantação na lavoura algodoeira em São Paulo durante a escravidão.[9]

Autores que estudaram o período de transição do trabalho escravo para o livre e que dão ênfase à questão da sazonalidade e de suas implicações no mercado de trabalho geralmente são os que analisaram a agromanufatura canavieira, seja na região Nordeste, seja no estado de São Paulo. Peter Eisenberg mostrou que em Pernambuco as exigências inconstantes de trabalho na lavoura canavieira, as quais

---

7 Jacob Gorender, *A escravidão reabilitada*. São Paulo: Ática, 1990.

8 Fernando Henrique Cardoso. *Capitalismo e escravidão no Brasil Meridional. O negro na sociedade escravocrata do Rio Grande do Sul.* São Paulo: Paz e Terra, 1997.

9 Alice Canabrava, "A grande lavoura". In: *História geral da civilização brasileira*, Brasil Monárquico, t. 2, vol. 4. São Paulo: Difusão Europeia do Livro, 1968.

exigiam maior número de trabalhadores na época do corte e moagem da cana-de--açúcar, implicaram a grande importância do trabalhador temporário (assalariados em geral) para o andamento regular dos trabalhos na lavoura e no engenho já desde a época do declínio do escravismo.[10] O fato de a região Nordeste ser formada por sub-regiões tão diferenciadas em termos de regime pluviométrico, temperatura e vegetação (podendo-se distinguir a *Zona da Mata*, o *Agreste*, o *Sertão* e o *Meio-Norte)* implicaram a formação de dois sistemas de exploração agrária diversos – o Nordeste da cana-de-açúcar e o Nordeste do gado – que, podemos dizer, têm sazonalidades diferentes e complementares entre si. A importância desta complementaridade e da migração sazonal para a sobrevivência dos dois regimes de exploração agrária foi descrita por Manuel Correia de Andrade.[11] Na lavoura canavieira paulista do início do século XX, Eliana Terci estudou a utilização conjunta do colonato e de trabalhadores temporários (camaradas avulsos e sob regime de empreitada) como solução para dar conta da transição da escravidão para o trabalho livre. Em um momento em que o mercado de trabalho ainda estava em formação e quando a sazonalidade dos trabalhos na agroindústria canavieira havia sido intensificada pela instalação dos engenhos centrais – que introduziram a inovação tecnológica na fase industrial (quando se fabrica o açúcar) sem a concomitante modernização da fase agrícola – o colonato foi um sistema de trabalho importante para manter a disciplina do trabalhador.[12]

No entanto, se no estudo da economia canavieira foi dada grande importância para as exigências intermitentes de mão de obra para a análise da formação do mercado de trabalho, na economia cafeeira, por sua vez, esta questão mereceu pouca atenção. Muitos autores apontaram a questão da sazonalidade da produção de café sem, no entanto, relacioná-la mais acentuadamente ao padrão de trabalho

---

10 Peter L. Eisenber. *Modernização sem mudança: a indústria açucareira em Pernambuco, 1840-1910*. Rio de Janeiro: Paz e Terra; Campinas: Unicamp, 1977

11 Manuel Correia de Andrade, *A terra e o homem do Nordeste: contribuição ao estudo da questão agrária no Nordeste*. São Paulo: Atlas, 1986.

12 Eliana Tadeu Terci. *A agroindústria canavieira de Piracicaba: relações de trabalho e controle social (1880-1930)*. São Paulo: dissertação de mestrado apresentada ao Departamento de História da PUCSP, 1991.

que ela conformava.[13] Mesmo Pierre Monbeig, que dedica um capítulo inteiro no início de seu livro para descrever as diferenças de regimes pluviais no estado de São Paulo e suas consequências sobre o período e a constância da colheita de café, ao dar seguimento ao texto, não faz mais relações que aquelas feitas naquele capítulo.[14] É certo que a lavoura canavieira apresenta maior sazonalidade que o café, porém, este também tem diferenças marcantes de exigências de trabalho entre uma fase e outra. Verena Stolcke (junto com Michael Hall) e Brasilio Sallum Jr. são exceções entre os autores que estudaram a economia cafeeira. Stolcke e Hall, mesmo sem dar ênfase a esta questão, apresentam o sistema de colonato como um sistema de trabalho que satisfazia a um requisito essencial para um processo de produção que era descontínuo e sazonal: a manutenção de um exército de reserva para as épocas de colheita.[15] Sallum Jr. relacionou a permissão dada ao colono e sua família ao cultivo intercalar de alimentos como uma forma de contornar um dos problemas gerados ao capital pela sazonalidade da cultura cafeeira: a garantia da subsistência do colono e do exército de reserva residente no interior da fazenda (representado pela família do colono) nos momentos em que o café não exigia trabalho.[16]

No entanto, todos estes autores que abordaram, em maior ou menor medida, a questão das exigências sazonais de mão de obra da lavoura cafeeira, não a relacionavam de maneira direta à questão do trabalhador nacional. Esta lacuna na bibliografia veio a ser parcialmente preenchida por trabalhos mais recentes que tratam do tema do trabalhador nacional na cafeicultura do Oeste paulista. Denise Moura analisou como a sazonalidade do trabalho na pequena lavoura de subsistência em Campinas no final do século XIX afetava o modo como os trabalhadores nacionais ofertavam sua força de trabalho para a lavoura cafeeira.[17]

---

13 Paula Beiguelman, *op. cit.*; Warren Dean, *op. cit.;* Thomas Holloway, *Imigrantes para o café: café e sociedade em São Paulo, 1886-1934.* Rio de Janeiro: Paz e Terra, 1984; José de Souza Martins, *O cativeiro da terra.* São Paulo: Livraria Editora Ciências Humanas, 1979; Emília Viotti da Costa. *Da Monarquia à República: momentos decisivos.* São Paulo: Grijalbo, 1977.

14 Pierre Monbeig, *Pioneiros e fazendeiros de São Paulo.* São Paulo: Hucitec/Polis, 1984

15 Verena Stolcke e Michael Hall, "A introdução do trabalho livre nas fazendas de café de São Paulo". In: *Revista Brasileira de História,* 3, nº 6, set. 1983, p. 113.

16 Brasilio Sallum Jr. *Capitalismo e cafeicultura: oeste paulista, 1888-1930.* São Paulo: Duas Cidades, 1982, p. 210.

17 Denise A. S. de Moura, *op. cit.*

Maria Lúcia Lamounier relacionou a questão da falta ou abundância de mão de obra para os trabalhos de construção de ferrovias aos períodos de picos de demanda por mão de obra nas *fazendas cafeeiras*. Já num segundo trabalho, a autora relacionou a abundância ou escassez de mão de obra para as ferrovias também a períodos de alta ou baixa demanda por trabalho na agricultura, mas desta vez à pequena agricultura de alimentos.[18]

Esta discussão sobre a sazonalidade e o padrão de trabalho que ela formava serão estudados detalhadamente neste livro.

Uma característica do trabalhador nacional fortemente apontada pelos fazendeiros e pela própria historiografia que se debruçou sobre as fontes do período para justificar a "quase não utilização" da mão de obra nacional foi a instabilidade destes trabalhadores que não se prestavam ao serviço regular. No entanto, ao estudarmos o padrão de trabalho na agricultura paulista do período, verificamos que ele era, em grande parte, formado por tarefas irregulares e instáveis. As tarefas permanentes (aquelas que eram regulares ao longo do ano) não eram predominantes. O que predominava, na realidade, era o trabalho irregular, isto é, o trabalho que feito em épocas específicas e apenas por determinado período de tempo.

A literatura que trata do trabalhador nacional ressalta quase sempre a sua presença nas formas temporárias de trabalho agrícola. Por isso, isto é, por ser utilizado "apenas" de maneira intermitente, o seu trabalho seria marginal ou residual.

Esta pesquisa, ao estudar o padrão de trabalho e suas exigências sazonais de mão de obra, mostra que o trabalho temporário na agricultura não é residual, mas estrutural, ou melhor, estruturante. Ora, se o trabalho temporário é importante e estruturante e se, segundo grande parte da literatura, ao trabalhador brasileiro foram designados estes trabalhos intermitentes, este livro mostra, portanto, que o trabalhador nacional não era marginal, mas sim tinha um papel estruturante, ainda que ele não fosse o único grupo a realizar esse trabalho temporário sazonal.

Estruturante não significa ser numericamente maior, não significa ser a forma hegemônica, nem a forma central. Isso foi o colonato. Ser estruturante significa ter um papel importante de maneira que, se ele não for desempenhado, o sistema (ou a

---

18 Maria Lúcia Lamounier, *op. cit.*, 2000; Maria Lúcia Lamounier, *op. cit.*, 2007.

estrutura) não pode existir da mesma forma. Ser estruturante, então, significa dizer que essa forma de trabalho desempenha papel constitutivo do todo e quer dizer que o todo não pode ser bem compreendido se essa forma de trabalho não for levada em conta. Em outros termos, o trabalho temporário sazonal é estruturante da reorganização da agricultura em termos capitalistas após a Abolição. O colonato foi a forma central, hegemônica e mais numerosa, contudo ele não era suficiente para esta reorganização capitalista. Será preciso uma associação entre o colonato e o trabalho temporário sazonal para que ela se faça.

Como a questão aqui estudada é bastante ampla e como o seu fio condutor é o trabalho temporário e o trabalhador nacional, o recorte temporal poderia ser bem mais amplo, estendendo-se desde meados do século XIX, quando do declínio do escravismo, até o exacerbamento do trabalho temporário na agricultura brasileira, com a generalização do trabalho volante nos anos 1960. Porém, apesar de a discussão aqui apresentada, em alguns momentos, fazer este movimento de retrocesso e avanço na história, optou-se por um recorte balizador menor, mas não limitador.

O marco cronológico recortado para esta pesquisa se estende de 1890 a 1915. Vejamos suas balizas. Em 1888, é abolida a escravidão no Brasil, pondo fim ao processo gradual de emancipação dos escravos que vinha ocorrendo desde a década de 1870. No ano seguinte à Abolição, 1889, há a mudança de regime político que passa a ser o da República federativa. Há a descentralização do poder e é concedida maior autonomia aos estados. O governo do estado de São Paulo passa a ser dirigido pelos integrantes do Partido Republicano, que, por sua vez, representavam os interesses dos cafeicultores.[19]

A expansão cafeeira pelo Oeste paulista é possibilitada pelo desenvolvimento das linhas ferroviárias as quais permitiram o barateamento dos transportes e a livre movimentação de mercadorias e mão de obra. Juntamente com as ferrovias,

19 Com as mudanças proporcionadas pela Constituição de 1891, e as alterações fiscais dela advindas, o estado de São Paulo se diferenciou perante os demais em função da riqueza gerada pelo complexo econômico cafeeiro. A nova Constituição designou aos estados o direito de ficar com a receita oriunda dos impostos de exportação. São Paulo, então, passou a contar com os recursos fiscais provenientes desse imposto e, por isso, pôde financiar integralmente a imigração. Wilma Peres Costa. "A questão fiscal na transformação republicana – continuidade e descontinuidade". In: *Economia e Sociedade*. Campinas, vol. 10, jun. de 1998, p. 141-173.

ocorrem o crescimento da produção cafeeira e a grande imigração estrangeira em massa subsidiada pelo estado de São Paulo. Já nos primeiros anos do século XX, no entanto, a lavoura cafeeira enfrenta grave crise de superprodução e queda vertiginosa do preço do café.

O período aqui recortado é quase todo ele perpassado pela crise. Nos momentos em que ela se agudiza, deixa claro que o sistema de trabalho que sucedeu à escravidão (colonato + trabalho temporário sazonal) não é o ideal em termos de gestão da empresa cafeeira, se bem que mais flexível que o regime de trabalho escravo. Deixa claro, então, que o arranjo de trabalho que sucedeu a escravidão teria de ser modificado com o aumento do uso do trabalho temporário em detrimento do permanente (do colono). Nestes momentos, discute-se a forma de trabalho, suas características, vantagens e desvantagens, tornando este período importante para o estudo da formação do mercado de trabalho, prenunciando a forma que ele iria tomar.

Em 1915, com a Primeira Guerra Mundial, há a diminuição da imigração para o Brasil. É a partir desse ano, segundo boa parte da bibliografia,[20] que os fazendeiros paulistas, unidos à classe intelectual da época (jornalistas e escritores), deram início a um processo de revalorização do trabalhador nacional, seja nos discursos sobre suas qualidades e defeitos, seja na maneira de tornar possível sua utilização como mão de obra. É nesse período, ainda segundo a bibliografia, que o trabalhador nacional passa a ser mais sistematicamente utilizado no trabalho regular, agrícola ou urbano.[21] Também é neste momento que a migração interna (de trabalhadores nacionais) passa a aumentar consideravelmente.

Portanto, o período aqui estudado é balizado pela abolição da escravidão no Brasil, de um lado; e pelo início do processo de valorização da figura do trabalhador nacional, segundo a bibliografia, de outro. O período foi assim recortado

---

20 Lúcio Kowarick, *op. cit.*; Márcia Regina C. Naxara. *op. cit.*; e Iraci Galvão Salles. *op. cit.*; *Carlos José Ferreira dos Santos, op. cit.* É neste momento, por exemplo, que na literatura há a alteração na representação do Jeca Tatu e sua reabilitação ao mundo do trabalho, resultado das expedições de Belisário Penna ao sertão brasileiro para recuperar a saúde do trabalhador rural. Ver Nísia Trindade Lima e Gilberto Hochman, "Pouca saúde, muita saúva, os males do Brasil são... Discurso médico-sanitário e interpretação do país" In: *Ciência e saúde coletiva,* vol. 5, nº 2, 2000, p. 313-332; Fábio Alexandre dos Santos. *Domando as águas. Salubridade e ocupação do espaço na cidade de São Paulo, 1875-1930.* Campinas: tese de doutoramento apresentada ao Instituto de Economia da Unicamp, 2006.

21 Lúcio Kowarick. *op. cit.;* Carlos José Ferreira dos Santos, *op. cit.*; Roger Bastide e Florestan Fernandes, *Brancos e negros em São Paulo.* São Paulo: Ed. Nacional, 1959; entre outros.

porque pretendemos mostrar que, se o trabalhador brasileiro era estruturalmente significativo no mercado de mão de obra sazonal de São Paulo, ele então já era efetivamente incorporado ao mercado de trabalho que se formava, mesmo antes de 1915.

Quando um movimento de recuo no tempo foi necessário para a elaboração deste trabalho, é porque se sentiu a necessidade de se entender como a questão das exigências sazonais e intermitentes de mão de obra era resolvida durante o período escravista, quando o fazendeiro estava "atado" ao escravo em qualquer fase do ciclo de produção, fosse nas fases de maior exigência de mão de obra, fosse nas de menor exigência. Como o período fugia ao recorte cronológico aqui estabelecido, as considerações apresentadas baseiam-se na bibliografia; e gostaríamos de deixar esclarecido que, do nosso ponto de vista esta questão deve ser mais bem estudada, pois nossa ideia é que o trabalhador nacional, já naquele período, tinha maior importância do que a que lhe vem sendo atribuída pela maior parte da bibliografia.

O avanço no tempo se deu recorrendo-se mais a trabalhos da área de Economia Agrícola, Antropologia e Sociologia Rural. Ele se explica pela necessidade de se entender como esta questão foi "definitivamente" contornada. O trabalho temporário, nos primeiros anos do século XX, apesar de importante e estruturante, ainda não era o predominante, pelo menos não da forma que mais tarde o seria. A partir dos anos 1960, tornou-se visível no campo brasileiro o fenômeno do chamado "trabalhador volante": o "boia-fria" do Paraná e São Paulo; o "pau de arara" de algumas áreas de São Paulo; e o "clandestino" da zona canavieira de Pernambuco. Estes trabalhadores agrícolas residem fora das fazendas, em geral nas periferias das cidades e vilas, e se deslocam continuamente para executar tarefas, em regime de empreitada, nas áreas rurais.[22]

Este movimento de avanço e recuo no tempo histórico permite que esta obra aponte para uma interpretação mais ampla sobre as formas de trabalho que foram sendo realizadas historicamente e que permitiram ao capital o uso flexível – e atendendo às suas necessidades – do fator trabalho. Num extremo temos a rigidez do trabalho escravo. No outro, a "flexibilização" permitida pelo trabalho volante

22 Élbio N. Gonzales e Maria Inês Bastos, "O trabalho volante na agricultura brasileira". In: Departamento de Economia Rural da Faculdade de Ciências Agronômicas (FCA) da Unesp (org.). *A mão de obra volante na agricultura*. São Paulo: CNPq/Unesp/Polis, 1982, p. 35.

a partir da década de 1960. O que analisamos, portanto, é um período que pode ser caracterizado como de transição. Transição entre uma forma de quase total rigidez do trabalho e uma forma de quase plena flexibilização.

Se o recorte cronológico é balizador mas não limitante, o recorte geográfico é bastante fluido. Optou-se, neste livro, por analisar a questão do trabalhador nacional e do trabalho temporário sazonal no Oeste paulista, excluindo-se as zonas do estado cuja produção cafeeira estava em declínio ou onde ela havia sido pouco importante, como no litoral norte de São Paulo. Apesar de sabermos da diversidade econômica e populacional existente mesmo dentro do chamado Oeste paulista, optou-se em estudá-lo em conjunto, justamente por entendermos que a riqueza está em observar e comparar como o trabalhador brasileiro e o trabalho temporário sazonal eram encarados e como poderiam ser efetivamente engajados, dadas as diferentes características de cada área do chamado Oeste paulista.

Outro recorte poderia ter sido feito: o estudo da questão do trabalhador nacional e do trabalho temporário sazonal numa atividade agrícola específica: ou no café, ou na cana-de-açúcar, ou no algodão, ou na lavoura de alimentos, ou ainda com a interação entre duas delas, de acordo com a existência e importância numa dada região. Optou-se, no entanto, por não fazer um recorte rígido quanto à cultura agrícola a ser estudada, se bem que o foco central seja o café, levando-se em conta que mesmo as áreas essencialmente cafeeiras do Oeste paulista também cultivavam outros produtos para a comercialização no mercado interno e considerando que áreas não essencialmente cafeeiras podiam ser consideradas policultoras de certa maneira. Essa opção se justifica pelo fato de entendermos que a interação entre o padrão de oferta e demanda por mão de obra de cada cultura agrícola existente em cada região do Oeste paulista pode explicar muito sobre o modo como o mercado de trabalho agrícola se estruturou.

Este texto tenta fazer uma releitura da bibliografia e de fontes sobre este tema amplo. Mas não de toda ela, pois não é uma revisão do tema em geral. Tenta fazer uma releitura tendo como questão norteadora a sazonalidade do trabalho agrícola.

Para um texto de História, utilizar fontes já pesquisadas pode parecer menos interessante se temos em conta a importância da descoberta e utilização de novas fontes que possam elucidar melhor questões antigas e novas. Mas, do nossso ponto de vista, este é justamente um dos diferenciais deste trabalho: reler muitos dos mesmos documentos que alguns autores leram, pesquisando o mesmo tema, mas tendo outra questão em mente. As fontes documentais privilegiadas foram, então, periódicos impressos oficiais e não oficiais que descreviam as questões do mundo rural de São Paulo: relatórios de secretarias de Estado e de presidentes de província, boletins, revistas, relatórios e livros técnicos, almanaques agrícolas etc.

Para desvendar a participação *efetiva* do trabalhador temporário no mundo rural do Oeste paulista foram utilizados jornais de dois municípios: Piracicaba e Itu. Ambos pertenciam ao Oeste Velho paulista, onde, segundo a bibliografia e conforme pudemos constatar durante a pesquisa, o trabalhador brasileiro encontrou maiores chances no mercado de trabalho.

Se estes dois municípios do Oeste Velho paulista, no entanto, têm semelhanças, eles guardam também muitas diferenças. No tocante às semelhanças, os dois municípios receberam pequena corrente imigratória quando comparado com as áreas do chamado Oeste Novo, e ambos pertenciam às áreas de povoamento mais antigo da província/estado, sendo, por isso, populosos e tendo grande presença de população nacional (branca, mestiça e negra).[23]

Quanto às atividades econômicas, o café conviveu na região em grau de importância com a cana-de-açúcar e o algodão. Piracicaba e Itu pertenceram ao chamado *quadrilátero do açúcar*, formado por Sorocaba, Piracicaba, Mogi-Guaçu e Jundiaí, região que, no século XVIII, era responsável pela produção da principal riqueza da província de São Paulo. Quando a cana-de-açúcar passou a ser substituída pelo café em muitos municípios paulistas, ambos os municípios continuaram a produzi-la para o mercado interno.[24] Segundo Milliet, o açúcar a princípio e depois o algodão,

23 Para a divisão das zonas cafeeiras paulistas em Oeste Velho e Oeste Novo, com suas diferenças de população, ver Paula Beiguelman, *op. cit.* Para a diferenciação do estado em zonas cafeeiras com base na ordem cronológica do avanço do café, ver Sérgio Milliet, Roteiro do Café e outros ensaios. Contribuição para o estudo da História Econômica e Social do Brasil. 4. ed. São Paulo: Hucitec/ Instituto Nacional do Livro Fundação Nacional Pró-Memória, 1982; e Thomas Holloway, *op. cit.* Para a divisão do estado em distritos agronômicos (divisão feita pela Secretaria da Agricultura na época), ver Capítulo 2 deste livro. Itu e Piracicaba pertenciam ao Oeste Novo, ou à Zona Central, ou ao 5º distrito agronômico.

24 Para o ciclo paulista do açúcar ver Maria Tereza S. Petrone, *A lavoura canavieira em São Paulo.* São Paulo: Difusão Europeia do Livro, 1968. Para as características econômicas do município de Piracicaba, ver Alice P. Canabra e Maria Tereza Mendes, "A região de Piracicaba". In: *Revista do Arquivo Municipal*, SP, vol. XLV, 1938; Pedro Ramos, "História econômica de Piracicaba (1765-1930): as particularidades

conservaram à zona Central um nível elevado de progresso, implicando que não se verificasse nela o fenômeno das cidades mortas.[25]

Nas primeiras décadas do século XX, a agroindústria canavieira paulista teve seu crescimento relacionado a sua alta lucratividade (o preço do açúcar se manteve em alta durante os anos imediatamente anteriores e posteriores à Primeira Grande Guerra), à proximidade dos mercados consumidores e às recorrentes crises de superprodução da economia cafeeira.

Enquanto Piracicaba, no início do século XX, contava com duas das maiores unidades produtivas de açúcar do Estado – o Engenho Central de Piracicaba e a Usina Monte Alegre –, Itu mantinha sua produção em engenhocas mais rústicas, voltadas para a produção de açúcar de menor qualidade e em menor escala e, especialmente, para a produção de aguardente.[26]

Quanto à cultura algodoeira, no entanto, se ela era importante para os dois municípios, era mais representativa para Itu. Em 1904, o município possuía 93 propriedades produtoras de algodão, num total de 451 alqueires de terra cultivados (em uma média de 50,11 alqueires por propriedade). No mesmo ano, Piracicaba contava com 425 alqueires cultivados em 401 propriedades (menos de 1 alqueire por propriedade, em média).[27] Quanto à atividade canavieira e algodoeira na região, assim se referia o inspetor do distrito agronômico ao qual pertenciam os dois municípios:

> No 5º distrito é onde melhor florescem as lavouras da canna e do algodão, tornando-se, por isso, essa região o foco das industrias

do complexo canavieiro paulista" In: Eliana T. Terci (org.), *O desenvolvimento de Piracicaba: história e perspectivas*. Piracicaba: Editora da Unimep, 2001. p. 57-84. Para as características econômicas de Itu, ver Francisco Nardy Filho, *A Cidade de Ytú*. Itu (SP): Ottoni, 2000; Octavio Ianni, *Uma cidade antiga*. Campinas: Área de publicações CMU/Unicamp, 1996.

25 Sérgio Milliet, *Roteiro do Café e outros ensaios. Contribuição para o estudo da História Econômica e Social do Brasil*. São Paulo: Hucitec/Instituto Nacional do Livro Fundação Nacional Pró-Memória, 1982, p. 42.

26 Julio Brandão Sobrinho. "Lavouras de canna e de algodão e Industrias do assucar e de tecidos, no Estado de São Paulo". In: Secretaria da Agricultura, Commercio e Obras Publicas do Estado de São Paulo. *Boletim da Agricultura. Anno de 1903*. São Paulo: Red. da Revista Agricola, jan. 1903, p. 577.

27 Secretaria dos Negocios da Agricultura, Commercio e Obras Publicas do Estado de São Paulo. *Relatorio apresentado ao Dr. Jorge Tibiriçá, presidente do Estado de São Paulo pelo Dr. Carlos Botelho, Secretario da Agricultura. Anno 1904*. São Paulo: Typographia Brazil de Carlos Gerke, 1905.

> do assucar e de tecidos. As mais importantes uzinas e fabricas do Estado estão alli instaladas [...] É sobretudo nos municipios de Piracicaba, Capivary e Porto Feliz que a lavoura de canna tem maior incremento, cabendo aos municipios de Itapetininga, Sarapuhy, Tatuhy, Porto Feliz, Sorocaba, Piedade, Araçariguama, Itú etc. as maiores culturas do algodão...[28]

Além das culturas comerciais (como eram chamadas na documentação da época as lavouras cafeeira, canavieira e algodoeira), ambos os municípios produziam largamente os cereais (milho, feijão e arroz). Mas, novamente, se ambos podiam ser considerados policultores, em Piracicaba a produção era significativamente maior que em Itu, como mostra a Tabela 1.

Piracicaba, no período estudado, apresentava uma economia agrícola em crescimento, o que se refletia na dinamização da economia urbana, com a expansão da infraestrutura da cidade, dos serviços e pequenas indústrias, Itu, por outro lado, tinha atividade econômica mais reduzida. Além dos dados do *Anuário Estatístico*, apresentados na Tabela 1, a menor atividade econômica de Itu ficou bastante clara também pela leitura dos jornais e dos almanaques dos dois municípios.[29]

A utilização dos jornais de Itu e Piracicaba para o desvendar da participação *efetiva* do trabalhador temporário no mundo rural do Oeste paulista, no entanto, não significou um recorte geográfico rígido, como mencionado anteriormente. O recorte continuou a ser, de maneira geral, o Oeste paulista.

Tabela 1 – Pessoal empregado e produção agrícola – Itu e Piracicaba – 1904

		Itu	**Piracicaba**
Pessoal empregado	**Nacionais**	1384	2474
	Estrangeiros	2427	3579
	Total	3811	6053
Nº de estabelecimentos		336	603

28 Julio Brandão Sobrinho. "Lavouras de canna e de algodão...", p. 563.

29 *Almanak Litterario e Commercial de Ytú organizado por José A. da Silva, 1o anno.* Itu: Typ. do "Apostolado", 1898 e *Almanak de Piracicaba para 1900.*

Produção			
Aguardente	**Em pipas**	263	2.756
Algodão	**Em arrobas**	7.890	17.790
Arroz	**Em litros**	460.500	1.323.350
Açúcar	**Em arrobas**	5.250	258.166
Café	**Em arrobas**	345.374	301.958
Feijão	**Em litros**	1.112.750	1.337.350
Milho	**Em litros**	5.699.000	11.522.000

Fonte: *Annuario estatistico de São Paulo (Brasil) 1905: estatistica economica e moral.* São Paulo: Typ. Espindola & Comp., vol. 2, t. 2, 1907. 1103p. – p. 57 a 60.

Este livro está estruturado em 5 capítulos.

O *Capítulo 1* faz o balanço bibliográfico sobre o trabalhador nacional. Mostra o lugar que lhe coube nas grandes interpretações sobre o Brasil e nas interpretações sobre a formação do mercado de trabalho em São Paulo. Além do mais, mostra também as pesquisas mais recentes sobre o imaginário que se criou sobre o trabalhador nacional e sobre seu lugar efetivo no mundo do trabalho rural paulista.

O *Capítulo 2* descreve o trabalho descontínuo, irregular e incerto dos vários produtos agrícolas cultivados em São Paulo no período estudado, mostrando o padrão de demanda por trabalho nas diferentes regiões que formavam o Oeste paulista. A principal documentação utitilizada neste capítulo foram os "Calendários do agricultor paulista" publicados nos *Almanaques Agrícolas* e nos *Boletins de Agricultura.* Também foram utilizados relatórios técnicos e econômicos que descreviam o cultivo de cada planta, as condições de produção e o desenvolvimento de cada uma delas no estado de São Paulo.

O *Capítulo 3* relaciona os estereótipos criados sobre a população nacional relativos ao mundo do trabalho e o tipo de oferta e demanda de mão de obra que as exigências sazonais de trabalho na agricultura criavam. Mais especificamente, relaciona a discussão bibliográfica feita no *Capítulo 1* com as considerações do *Capítulo 2*. Pudemos, então, acrescentar novos dados à questão da *escassez* de mão de obra, da *instabilidade* e da *ociosidade* do trabalhador nacional.

O *Capítulo 4* tem como eixo central o trabalho temporário no pós-Abolição. Ele mostra a importância do trabalhador temporário sazonal para estruturar a atividade produtiva rural do período. Propõe que o sistema de trabalho que substituiu a escravidão nas fazendas cafeeiras do Oeste paulista deve ser pensado como uma associação entre colonato e trabalho temporário sazonal. Era essa associação que dava flexibilidade de mão de obra à fazenda cafeeira paulista, elementos importantes numa atividade que tem um processo de trabalho inconstante. A principal documentação constituiu-se nos anúncios publicados nos jornais dos municípios selecionados.

O *Capítulo 5* tem o objetivo de mostrar por que o trabalho temporário ainda não era o predominante, apesar de ele ser a forma de trabalho que garantia a flexibilidade para a gestão dos fatores de produção e dos custos em termos racionais capitalistas. Se o trabalho temporário era importante para estruturar a atividade econômica junto com o colonato e se, mais tarde, ele passaria a ser predominante com a exacerbação do trabalho volante, por que então ele ainda não poderia ser a forma majoritária naquele momento? Para a elaboração deste capítulo foram utilizados artigos de fazendeiros e engenheiros agrônomos publicados na *Revista Agricola*, nos *Boletins de Agricultura* e os *Relatórios da Secretaria de Agricultura de São Paulo*. Fonte importante também para a confecção deste capítulo foram os artigos do *Boletim do Departamento Estadual do Trabalho*.

Capítulo I

O trabalhador nacional e as mudanças

Muitas mudanças a um só tempo

A transformação mundial

A TRANSIÇÃO DA ESCRAVIDÃO PARA O TRABALHO LIVRE no Brasil, questão que, em si já envolve tantas transformações, é um movimento que coincide no tempo com um período de rápidas e profundas mudanças tanto em nível internacional quanto nacional. De fato, nunca tantas pessoas na história mundial e brasileira haviam passado por processo tão amplo de transformação de seus hábitos cotidianos, suas convicções e seus modos de percepção do mundo a sua volta.

Em âmbito externo, vivia-se uma nova divisão internacional do trabalho propiciada pelo capital internacional mais fortalecido, oligopolizado e global. Vivia-se o período de divulgação dos milhares de inovações científicas e tecnológicas que varreram a Europa durante o século XIX e início do XX. Além do mais, vivia-se o surgimento de um mercado internacional de mão de obra, com a transferência maciça de trabalhadores entre diferentes continentes.

A chamada Segunda Revolução Industrial, cujos acontecimentos concentraram-se entre fins do século XIX e meados do XX, teve como resultado a aplicação das mais recentes descobertas científicas aos processos produtivos, possibilitando o desenvolvimento de novos potenciais energéticos, como a eletricidade e os derivados de petróleo, e dando origem a novos campos de exploração industrial, como as indústrias químicas, novos ramos metalúrgicos, além de desenvolvimentos nas áreas de bioquímica, microbiologia, bacteriologia etc.

A nova escala de produção das grandes corporações que surgiam implicava uma disputa voraz em âmbito mundial pelas matérias-primas disponíveis ao redor do globo, além de exigir a abertura de um amplo mercado de consumo para o escoamento dos produtos. Essa expansão vertiginosa da produção, por sua vez, levou as potências industriais a disputarem e dividirem entre si as áreas ainda não colonizadas ou, nas áreas que já haviam feito sua independência política, a estabelecerem vínculos de dependência estreitos. Assim, estabeleceu-se um novo modelo de colonização que passou, cada vez mais, a prescindir da ocupação territorial e a ser sinônimo de conquista de áreas de influência e mercados cativos.[1] Para a nova dependência era necessário, portanto, transformar o modo de vida das sociedades tradicionais, de maneira a incutir-lhes os hábitos e práticas de produção e consumo.

Foi assim que, no âmbito interno, a corrida imperialista do final do século XIX implicou novas formas de submissão econômica, científica e ideológica. Na nova divisão internacional do trabalho, o Brasil consolidou sua posição como exportador de produtos primários e importador de produtos industrializados, de mão de obra, de inovações, de ciências e de hábitos.[2] Importaram-se ferrovias, tecnologia para beneficiamento dos produtos agrícolas, trabalhadores livres, hábitos de consumo e ideias. E foi em meio a estas tantas mudanças que outra mudança precisava ocorrer: a transformação do trabalho. Foi em meio a estas transformações todas também que as novas formas de representar o povo e o trabalhador brasileiro se deram, reforçando velhos mitos, criando novas interpretações e estabelecendo novos parâmetros de comparação.

A transformação econômica de São Paulo

Neste período, São Paulo passava por outra transformação que mudaria definitivamente sua feição e sua importância no cenário nacional e que influenciaria grandemente o modo como a transformação do trabalho iria aqui se operar.

---

1 Ligia Osorio Silva, Propaganda e realidade: a imagem do Império do Brasil nas publicações francesas do século XIX, *Revista Theomai*, http://www.unq.edu.ar/revista-theomai/numero3/

2 Caio Prado Jr. *História econômica do Brasil.* São Paulo: Ed. Brasiliense, 1998; p. 270-283; Alice Canabrava, "A grande lavoura" In: *História geral da civilização brasileira*, Brasil Monárquico, t. 2, vol. 4, São Paulo: Difusão Europeia do Livro, 1968; Freire, Gilberto. *Ordem e progresso.* Rio de Janeiro: Record, 2000.

Estimulada pela grande demanda e pelos altos preços do café no mercado internacional e dispondo de grandes extensões de terras adequadas, que a instalação de linhas férreas tornou disponíveis, a economia da província de São Paulo se transforma.[3]

Paulatinamente, o café foi se tornando o produto de exportação por excelência, aproveitando-se do acúmulo de população e de capitais criados pela lavoura canavieira instalada na região mais antiga de povoação da província.[4]

Além disso, áreas antes sem nenhuma expressão econômica, quase inabitadas ou habitadas por índios e caboclos que viviam da agricultura de subsistência, foram sendo tomadas por cafezais, num intenso movimento que ficou conhecido como a "marcha do café para o Oeste".[5] A possibilidade da incorporação de novas porções de terra para a plantação do café foi um fator de suma importância para o seu desenvolvimento. Na medida em que as fronteiras do café deslocavam-se para o interior do país, a proporção de terras devolutas tornava-se maior,

3 Por volta de 1850-60, o atual município de Rio Claro delimitava a fronteira economicamente viável do plantio do café. Estes problemas foram contornados com a implantação da linha férrea que ligava o porto de Santos até o município de Jundiaí, que reduziu substancialmente os custos com transporte até o porto de escoamento da produção e foi a responsável pela transposição do obstáculo natural imposto à circulação de mercadorias e pessoas, a Serra do Mar. Para a expansão das ferrovias em São Paulo, destacam-se as obras de Célio Debes, *A caminho do oeste: subsídios para a história da Companhia de Estradas de Ferro e das ferrovias de São Paulo*. São Paulo: Bentivegna, 1968; Odillon Nogueira de Mattos, *Café e ferrovia: a evolução ferroviária de São Paulo e o desenvolvimento da cultura cafeeira*. São Paulo: Alfa-Ômega/Sociologia e Política, 1974; Flávio Azevedo M. Saes, *As ferrovias de São Paulo 1870-1940*. São Paulo/Brasília: Hucitec, 1981. Ver também Fabio Alexandre dos Santos, *Rio Claro: uma cidade em transformação* (1850-1906). São Paulo: Annablume/Fapesp 2002, especialmente capítulo 1.

4 A cana-de-açúcar havia sido a responsável pelo aumento da população e acúmulo de capitais que permitiram o aparecimento do engenho e depois das grandes fazendas cafeeiras. Maria Tereza S. Petrone. *op. cit.*, p. 223.

5 Sobre a marcha do café, ver Pierre Monbeig. *op. cit.*; Sérgio Milliet. *op. cit.*; Warren Dean, *op. cit.*, capítulo 1; Ligia Osorio Silva, *Terras devolutas e latifúndio: efeitos da lei de 1850*. Campinas: Editora da Unicamp, 2008, especialmente capítulo 15; Ver ainda Maria Silvia C. Beozzo Bassanezi, *Fazenda de Santa Gertrudes. Uma abordagem quantitativa das relações de trabalho em uma propriedade rural paulista. 1895-1930*. Rio Claro/São Paulo: tese de doutoramento apresentada à Faculdade de Filosofia, Ciências e Letras, 1973, capítulo 1.

possibilitando aos fazendeiros a apropriação dessas terras, bastando para isso estabelecer um título de propriedade.[6]

Dessa maneira, possibilitada pela existência da fronteira em expansão e pela importação de capitais e de tecnologia para a implantação das ferrovias, o café pôde se expandir pelo interior de São Paulo. Se, para sua expansão, o fator de produção terra não era um problema, o mesmo não se podia dizer do fator de produção trabalho.

Agravando o problema da mão de obra, que a transição do trabalho escravo para o livre implicava, estava o grande dinamismo econômico que o café vinha gerando. A acumulação de capital permitida pela economia cafeeira criava as condições básicas ao nascimento do capital industrial e da grande indústria,[7] propiciando o surgimento de novas atividades ligadas ao comércio, ao artesanato, à indústria, ao transporte, aos bancos e à construção civil. Enfim, nesse período houve a diversificação do meio social e econômico, impulsionada pelo investimento do capital cafeeiro em áreas e atividades tipicamente urbanas.[8] Proliferaram nas metrópoles e mesmo nas principais cidades do interior paulista enriquecidas pelo café, a iluminação elétrica, os serviços de água e esgoto, os teatros, os gabinetes de

6 Nos últimos anos do século XIX, o patrimônio devoluto do estado de São Paulo representava cerca de dois terços de sua área total. O Vale do Paraíba e a região central do estado estavam ocupados com culturas de cana-de-açúcar, algodão e café, mas havia ainda uma grande porção de terra a ser desbravada e colonizada. Sobre a fronteira em expansão no estado, ver Pierre Monbeig, *op. cit.*; Ligia Osorio Silva, *Terras devolutas...*, especialmente capítulo 15.

7 Como afirmou João Manuel Cardoso de Melo, a economia cafeeira cria, portanto, as condições básicas ao nascimento do capital industrial e da grande indústria ao, em primeiro lugar, gerar previamente uma massa de capital monetário, passível de se transformar em capital produtivo industrial, em segundo lugar, transformar a própria força de trabalho em mercadoria e, finalmente, promover a criação de um mercado interno de proporções consideráveis. João Manuel Cardoso de Melo, *O capitalismo tardio*. São Paulo: Brasiliense, 1991, p. 99.

8 Para a relação existente entre a expansão cafeeira e a diversificação industrial em São Paulo: Wilson Cano, *Raízes da concentração industrial em São Paulo*. São Paulo: Difel, 1977; Warren Dean, *A industrialização de São Paulo (1880-1945)*. São Paulo: Edusp, 1971; Wilson Suzigan. *Indústria Brasileira: origem e desenvolvimento*. São Paulo: Brasiliense, 1986; Sérgio Silva. *op. cit.*, 1976;; João Manuel Cardoso de Mello. *op. cit.*; Maria Coleta F. A Oliveira (coord.), *Transformações sócio-econômicas e dinâmica demográfica paulista: o café e a urbanização antes de 1930. Relatório Final.* Campinas, Núcleo de Estudos de População (NEPO)/Unicamp, nov. 1991; Fábio Alexandre dos Santos. *op. cit.;* Ana Lúcia Duarte Lanna. Santos. *Uma cidade na transição, 1870-1913*. São Paulo/Santos: Hucitec/Pref. Mun. de Santos, 1996.

leitura, o arruamento e alargamento das ruas, os bondes, os telefones, e tudo isso implicava um grande aumento de demanda por mão de obra.[9]

Neste novo contexto, o desafio colocado à lavoura paulista não mais se resumia em substituir o escravo nas áreas já produtoras, impedindo a desorganização da produção, mas implicava também resolver a questão da mão de obra para uma economia em acelerado crescimento para a qual deveriam estar garantidas condições de reprodução e rápida expansão. A expansão econômica paulista que se deu concomitante à mudança no regime de trabalho impunha que a questão da mão de obra fosse resolvida logo.

A transformação política e ideológica de São Paulo

Ainda neste período, além das grandes transformações sociais e econômicas, o país vivia profundas transformações políticas. O fim do Império e a proclamação da República significaram a ascensão ao poder de uma nova classe dirigente: a de políticos com interesses essencialmente ligados à cafeicultura, aglutinados no Partido Republicano.[10] Com a instituição da república federativa, houve a descentralização econômica e política, permitindo ao governo estadual paulista estimular o comércio externo sem entraves e reter no estado todo o lucro dele derivado. Além disso, a maior autonomia que é concedida aos estados terá profundas implicações nas decisões quanto à formação do mercado de trabalho de cada um deles.[11]

---

9 Sobre a Belle Époque brasileira, ver Nicolau Sevcenko, "O prelúdio republicano, astpucias da ordem e ilusões do progressso." In: ______. (org.). *História vida privada no Brasil*, vol. 3. São Paulo: Companhia das Letras, 1998; Para a Belle Époque nas cidades do interior paulista, ver Fábio Alexandre dos Santos. *Rio Claro...*

10 Sobre a estreita relação entre as propostas do Partido Republicano e os interesses dos fazendeiros de café, ver Maria E. M. Zimmermmann, *O PRP e os fazendeiros de café (Um estudo sobre a estratégia e as propostas do Partido Republicano em São Paulo – 1870/1889)*. Campinas: Unicamp, dissertação de mestrado (mimeo), 1984. Iraci Galvão Salles. *Trabalho, progresso e a sociedade civilizada: o Partido Republicano Paulista e a política de mão de obra (1870-1889)*. São Paulo: Hucitec; Brasília: INL, Fundação Nacional Pró-Memória, 1986.

11 Com as mudanças proporcionadas pela Constituição de 1891, e as alterações fiscais dela advindas, o estado de São Paulo se diferenciou perante os demais, em função da riqueza gerada pelo complexo econômico cafeeiro. A nova constituição designou aos estados o direito de ficar com a receita oriunda dos impostos de exportação. São Paulo, então, passou a contar com os recursos

No caso de São Paulo, inserido como estava no circuito comercial internacional através do complexo econômico cafeeiro, o estado possuía dinheiro o suficiente para investir e legislar em causa própria, conforme os interesses políticos e econômicos dos grupos estabelecidos no poder, na sua grande maioria homens ligados ao complexo cafeeiro, além do fato de os estados, a partir de então, poderem contrair empréstimos externos. A mudança operada em 15 de novembro modificou profundamente as condições financeiras de São Paulo, através da descentralização financeira e administrativa, o que proporcionou um extraordinário aumento da receita no exercício de 1892 ante a anterior à reforma. Igualmente importante para o resultado alcançado no exercício de 1892, foi o aumento da quantidade de café exportado, somado ao aumento do preço do produto, cujo valor médio do quilograma quase duplicou entre 1889/90 e 1892.[12] A maior autonomia administrativa e financeira proporcionada pelo modelo federativo deu a São Paulo, portanto, um grande diferencial em relação aos outros estados para promover a transformação do trabalho.

A constituição da nação, a passagem do rural para o urbano, a mudança de século e de regime, tudo isso somado ao crescimento explosivo das exportações e à introdução no país de novos padrões de consumo, instigados pelas revistas ilustradas e pela proliferação dos jornais, marcou uma fase eufórica para a elite brasileira, pautada pela sensação de que o país havia se posto em harmonia com as forças da civilização e do progresso.

Nesse contexto entrou em cena uma nova elite de jovens intelectuais, artistas, políticos e militares, impondo um novo tempo: um tempo ajustado à cultura e à sociedade das potências industrializadas. Ajustado, enfim, ao progresso que deveria vir a qualquer custo.[13]

As bases de inspiração dessas novas elites eram as correntes cientificistas, o darwinismo social do inglês Spencer e o positivismo francês de Auguste Comte. Estas influências refletiram-se, cada qual a sua maneira, na reinterpretação da

---

fiscais provenientes desse imposto e, por isso, pôde financiar integralmente a imigração. Wilma Peres Costa, "A questão fiscal na transformação republicana – continuidade e descontinuidade". In: *Economia e Sociedade*. Campinas, vol. 10, jun. de 1998, p. 141-173.

12 Wilma Peres Costa, *op. cit.*

13 Nicolau Sevcenko, *op. cit.*, p. 27

questão do trabalho e do trabalhador brasileiro que se fez neste período, no sentimento de repugnância ao passado, aos grupos sociais e aos hábitos a eles identificados. Ao mesmo tempo, porém, esta repugnância ao passado será contrabalançada, a todo momento, pelo conflito entre a busca de novas formas de trabalho e uma fidelidade aos velhos sistemas de relações de trabalho, marcada pela necessidade e pelo desejo de conservar o controle econômico e social.

Em São Paulo, então, a reorganização do trabalho esteve pautada do ponto de vista econômico pelo grande e rápido crescimento dos negócios, pela diversificação das atividades rurais e urbanas e pela expansão territorial; do ponto de vista político-administrativo, por um aumento brutal da receita do Estado agora comandado por representantes dos interesses da cafeicultura; e, do ponto de vista ideológico, pelos ideais propagados pelo Partido Republicano Paulista.[14]

A transformação do trabalho

É assim que o Brasil viveu a transformação do trabalho, cujo núcleo pode ser considerado a abolição da escravatura, mas que não se restringe a ela, estendendo-se desde a primeira lei que tentava abolir o tráfico de escravos, passando pelas conhecidas experiências com a mão de obra livre estrangeira e brasileira em meados do século XIX e chegando até as primeiras décadas do século XX. A transformação do trabalho não se restringiu, também, à simples substituição de uma mão de obra (escrava e negra) por outra (livre e branca), pelo contrário, envolveu questões mais amplas, como o abalo das próprias estruturas sociais e institucionais em que o regime de trabalho se sustentava e o processo de transformação do trabalho em mercadoria.

Esta última questão, por sua vez, envolvia ainda mais amplos aspectos, materiais e ideológicos, tais como o impedimento do acesso do homem aos meios de produção, bem como a própria redefinição da ideia de trabalho.

---

14 Iraci Galvão Salles, *Trabalho, progresso...*; Cláudia A. Tessari. *Tudinhas, Rosinhas e Chiquinhos. O processo de emancipação dos escravos e os libertos no mercado de trabalho. Piracicaba: 1870-1920.* Campinas, dissertação de mestrado apresentada ao Programa de Pós-graduação em História E conômica do Instituto de Economia da Unicamp, 2000, cap. 3.

A questão da terra

Fato importante neste processo foi a aprovação da lei que ficou conhecida como a Lei de Terras de 1850, a primeira legislação agrária de longo alcance da nossa história. Parte importante da historiografia tem destacado que a motivação principal da adoção da lei estava nos desdobramentos da cessação do tráfico de escravos e no desejo de estimular a imigração estrangeira. Já que a mão de obra passaria a ser livre, era necessário que a terra não mais o fosse, impedindo assim o acesso a ela por parte dos imigrantes e ex-escravos e separando definitivamente o trabalhador dos meios de produção. Esta concepção é baseada, em grande medida, no artigo da lei que estabelecia que daquela data em diante as terras devolutas só poderiam ser adquiridas por meio de compra.[15]

Ligia Osorio Silva, no entanto, sem desconsiderar esta interpretação da lei, alerta que seria incorreto encarar a questão da regulamentação da propriedade da terra apenas como um dos efeitos da adoção da Lei Eusébio de Queirós, que abolia o tráfico. A esse objetivo deve ser acrescida a necessidade em si mesma de proceder ao ordenamento jurídico da propriedade da terra, passo importante na consolidação do Estado imperial, para o combate às disputas de terras que se multiplicavam entre sesmeiros e posseiros e indispensável para a modernização da sociedade e da economia.[16]

A Lei de Terras, segundo a autora, da maneira como foi aprovada, expressou a forma de conduzir o processo de transição do trabalho escravo para o trabalho livre própria da fração dominante no Estado imperial, a elite Saquarema, abrigada no Partido Conservador. A visão Saquarema consistia, do ponto de vista da substituição do trabalho escravo, num gradualismo que levaria à natural extinção do escravismo pelos efeitos do fechamento definitivo do tráfico internacional de escravos. Do ponto de vista da imigração, ela retomava as ideias de povoamento existentes desde os tempos de D. João VI, enfatizando a necessidade do branqueamento da população por meio

15 Emília Viotti da Costa, *Da Monarquia à República: momentos decisivos*. São Paulo: Grijalbo, 1977; José de Souza Martins, *O cativeiro da terra*. São Paulo: Livraria Editora Ciências Humanas, 1979.

16 Ligia Osorio Silva. *Terras devolutas...*; Ligia Osorio Silva, "Las tierras públicas en la construcción del Estado: una perspectiva comparada". Texto apresentado no Segundo Congresso Nacional de História Económica, Cidade do México, out 2004

da introdução de imigrantes europeus e na difusão da pequena propriedade por intermédio da venda de lotes de terras localizados nas terras devolutas da Coroa.[17]

Assim, as motivações que levaram à adoção da Lei de Terras de 1850 são mais amplas que o simples objetivo de vedar o acesso à terra aos imigrantes, objetivo que boa parte da bibliografia costuma atribuir à lei como principal. Nas palavras da própria autora:

> Afirmar que a lei vedava liminarmente o acesso à terra aos imigrantes pode significar prender-se na armadilha de ver o resultado do processo de aplicação da política imperial de terras e colonização (em cujo centro estava a Lei de Terras), suas hesitações e compromissos durante toda a segunda metade do século XIX, como tendo sido determinado desde o início, tornando prescindível a análise do que a lei efetivamente determinava, as tentativas para sua aplicação e as resistências que suscitou, enfim, de tudo aquilo que foi a "questão da terra" no período em foco. Com isso, perde-se de vista um aspecto importantíssimo da lei, que era sua determinação em regulamentar o acesso à terra dos proprietários de terra nacionais, criando por força de sua aplicação (ou não) um novo espaço de relacionamento entre os proprietários e o estado.[18]

O impedimento do acesso à terra a amplas camadas da população foi resultado das modificações introduzidas na lei durante a República e das condições sociais e políticas que imperavam no campo brasileiro caracterizado pelo coronelismo. Para Ligia Osorio Silva, a lei de Terras dava condições jurídicas para que a terra se tornasse mercadoria, mas não a tornava, de imediato, mercadoria. Foi no processo de adaptação da lei aos interesses dos grandes fazendeiros-posseiros que as camadas mais pobres de população, em especial os ex-escravos e os imigrantes, foram excluídas do acesso à propriedade da terra.[19]

Apesar de todas as facilidades oferecidas pela legislação imperial e republicana para a regularização de sua situação, poucos posseiros e sesmeiros mediram e

---

17 Ligia Osorio Silva, *Terras devolutas...*, capítulo 7.

18 Ligia Osorio Silva, *Terras devolutas...*, p. 151.

19 Ligia Osorio Silva, *Terras devolutas...*, em especial os capítulos XIV e XV.

demarcaram suas terras e tiraram um título de domínio expedido pelo Estado. As razões para essa atitude eram semelhantes àquelas que haviam feito desenvolver durante a Colônia a posse como forma principal de apropriação territorial: a agricultura predatória, rudimentar e móvel que impelia os fazendeiros a incorporar incessantemente novas terras ao cultivo.[20]

Por outro lado, a continuidade do apossamento, defendida pelos fazendeiros, excluía a população pobre da possibilidade de adquirir uma propriedade, também permitia a ocupação da terra pelo pequeno posseiro, mesmo que de maneira instável. Portanto, o período estudado neste trabalho é aquele em que a terra está ainda se transformando em mercadoria, pois o interesse dos grandes fazendeiros-posseiros em manter a possibilidade de continuar com o apossamento secular das terras mantinha também, de certa maneira, a possibilidade de ocupação por parte do pequeno posseiro. Assim, era incompleto o processo de separação do trabalhador dos meios de subsistência, separação necessária para a formação da força de trabalho.

A questão do trabalho escravo

O período entre 1850 e 1888, anterior ao período recortado para esta pesquisa, mas que faz parte do período mais amplo de transição da escravidão para o trabalho livre no Brasil, foi marcado por discussões em torno de legislações e medidas que visavam encaminhar o processo de libertação dos escravos e ao mesmo tempo tratar de garantir o suprimento de braços livres para a lavoura, fosse através de medidas que incentivassem a imigração, fosse através de medidas que orientassem como incorporar o nacional livre e liberto no mercado de trabalho.[21] Já durante estas discussões ficava claro que a mudança teria de se dar de maneira diferente em cada região, atendendo às características econômicas e sociais de cada uma.

São bastante discutidas pela historiografia as primeiras experiências com trabalhadores imigrantes sob regime de parceria que tiveram lugar em São Paulo, já na

20 Ligia Osorio Silva, *Terras devolutas...*

21 Para as discussões acerca do suprimento de braços: Célia M. Marinho de Azevedo, *Onda negra, medo branco – o negro no imaginário das elites – século XIX.* Rio Janeiro: Paz e Terra, 1987; Ana Lúcia D. Lanna. *A transformação...*; Peter L. Eisenberg. *Homens e2squecidos...*; entre outros

década de 1850, com a proibição definitiva do tráfico de escravos no Brasil.[22] Em 1853, o presidente da Província de São Paulo chegava a afirmar que se estava adotando em São Paulo, quase que exclusivamente, o sistema de parceria.[23] Em 1856, constava que existiam na Província 30 colônias, totalizando 3.217 trabalhadores.[24]

Após 1857, na maioria das fazendas paulistas, o sistema de parceria foi gradativamente abandonado e substituído por outras formas de trabalho livre, como o sistema de salário, empreitada, locação de serviços, meação e colonato,[25] juntamente com a persistência do sistema escravista, alimentado pelo tráfico interprovincial. O número de imigrantes nas plantações de café durante as duas décadas seguintes diminuiu lentamente.

Este período, ainda anterior ao de nossa pesquisa, mas parte integrante e importante do período mais amplo de transição da escravidão para o trabalho livre, foi marcado também pela aprovação das leis que iam, aos poucos, libertando os escravos: Lei do Ventre Livre (1871) e Lei dos Sexagenários (1885).[26]

---

22 Para a descrição dos regimes de parceria, o trabalho, as dificuldades enfrentados pelos imigrantes e fazendeiros, bem como para as justificativas para o fracasso deste sistema em São Paulo: Verena Stolcke, *Cafeicultura. Homens, mulheres e capital (1850-1980)*. São Paulo: Brasiliense, 1986; Warren Dean, *Rio Claro...;* Sérgio Buarque de Holanda, "Prefácio do tradutor". In: Thomas Davatz *Memórias de um colono no Brasil, 1850*. Belo Horizonte: Itatiaia; São Paulo: Ed. da Universidade de São Paulo, 1980; Emília Viotti da Costa, *op. cit*. Para o caso da fazendo Ibicaba, José Sebastião Witter; *Ibicaba, uma experiência pioneira*. São Paulo: Arquivo do Estado de São Paulo, 1982; Thomas Davatz, *Memórias de um colono no Brasil. 1850...*. Para novos dados sobre os primeiros imigrantes alemães na fazenda Ibicaba, ver também Andre Munhoz de Argollo Ferrão, "Colonos na fazenda Ibicaba, empresários em Piracicaba: a evolução sócio-econômica de um grupo de imigrantes alemães (1850-1880)". In: *Anais do III Congresso Brasileiro de História Econômica e 4ª Conferência Internacional de História de Empresas*, 1999.

23 Annaes da Assembleia Legislativa Provincial de São Paulo (1852-1853). SP: Sessão de Obras d'O Estado de São Paulo, 1926.

24 Annaes da Assembleia Legislativa Provincial de São Paulo (1856). SP: Sessão de Obras d'O Estado de São Paulo, 1929.

25 Emília Viotti da Costa, *op. cit.*, p. 136-139; Maria Lúcia Lamounier. *Da escravidão ao trabalho livre (a lei de locação de serviços de 1879)*. Campinas: Papirus, 1988; Verena Stolcke, *Cafeicultura...*

26 Sobre o que motivou as leis do Ventre Livre e Sexagenários, os objetivos de cada legislação, suas implicações para a vida do liberto e para os senhores: Ademir Gebara, *O mercado de trabalho livre no Brasil (1871-1888)*. São Paulo: Brasiliense, 1986; Joseli M. N. Mendonça, *A lei de 1885 e os caminhos da liberdade*. Campinas, dissertação de mestrado apresentada ao IFCH/Unicamp, 1995; Jacob Gorender, *A escravidão reabilitada*. São Paulo: Ática, 1990; Robert Conrad, *Os últimos anos da escravatura no Brasil: 1850-1888*. Rio de Janeiro: Civilização Brasileira; Brasília: INL, 1975.

A historiografia, em geral, atribui a elas o objetivo de, na realidade, tentar postegar a abolição e tornar o processo de emancipação lento, gradual e seguro.[27]

Entre as duas leis que emancipavam o trabalho escravo, no final de 1878, foi aprovada outra legislação importante, a Lei de Locação de Serviços de 1879, que vinha reformular as leis de locação então existentes, de 1830 e de 1837, e que versavam sobre contratos escritos de obrigações de serviços por tempo determinado ou por empreitada. A nova lei, aprovada em meio ao processo gradual de Abolição, procurava sustentar o gradualismo que se implantara em 1871 e, ao mesmo tempo, propor modos de relações que pudessem vir a existir depois da Abolição. Passou a cobrir todos os tipos de trabalhadores – imigrantes, nacionais e ex-escravos – e a privilegiar contratos de serviços de longo prazo, bem como previa medidas severas que assegurassem o cumprimento dos contratos.[28] Segundo Maria Lúcia Lamounier, ao cobrir todos os tipos de trabalhadores e garantir contratos por um longo prazo, a lei conciliava os interesses do Norte (dos engenhos de açúcar) e do Sul (dos cafezais) que naquele momento já se mostravam bastante divergentes.[29]

O florescimento do tráfico interprovincial durante as décadas de 1850 a 1880,[30] no qual os fazendeiros do Norte venderam seus melhores escravos para o Sul cafeicultor (a fim de angariar recursos para saldarem suas dívidas decorrentes da queda nas exportações de açúcar e das severas secas nordestinas na década de 1870), fez concentrar nas províncias cafeeiras os escravos homens, mais jovens e mais robustos, causando grande disparidade no número de escravos e também na qualidade da mão de obra de cada região, gerando dilemas políticos não desprezíveis.

---

27 Ademir Gebara, *op. cit.*, p. 52; Robert Conrad, *op. cit.*, p. 90; Jacob Gorender, *A escravidão reabilitada*...

28 Maria Lúcia Lamounier. *Da escravidão ao trabalho*..., p. 110.

29 Para a Lei de Locação de Serviços de 1879: Maria Lúcia Lamounier, *Da escravidão ao trabalho*...

30 O comércio interprovincial de escravos já existia desde o século XVIII, florescendo ou definhando segundo as flutuações das economias do Norte e do Sul, mas foi somente a partir do fechamento do tráfico africano que ele toma volta inusitado. Como suprimento de trabalho escravo após o término do tráfico internacional, também foi importante a migração dos escravos das cidades para o campo (ver Luiz Felipe de Alencastro, Proletários e escravos – "Imigrantes portugueses e cativos africanos no Rio de Janeiro, 1850-1872". In: *Novos Estudos Cebrap*, São Paulo: jul. 1998, p. 30-56. Para a canalização dos escravos domésticos para a lavoura, ver Warren Dean, *Rio Claro*..., capítulo 5.

Já durante a votação para a lei do Ventre Livre tornou-se bem claro que o Norte da cana-de-açúcar pensava diferente do Sul do café quanto à questão da transição para o regime de trabalho livre. O Norte do país via maior possibilidade de aproveitamento do nacional, visto que estava desfalcado de mão de obra com o tráfico interprovincial de escravos e já contava com a migração de grande contingente de trabalhadores das zonas do Agreste e do Sertão para as zonas açucareiras. No Sul, nas fazendas de café, eram vistas como alarmantes as consequências de uma abolição iminente, dados a fronteira agrícola em expansão e o grande contingente de escravos no setor produtivo. Dificilmente a Lei do Ventre Livre teria sido imposta no Brasil se não fosse a cooperação das províncias do Norte e de seus representantes, os quais aprovaram a reforma contra a vontade conjunta das províncias produtoras de café. Foi a partir daí, segundo Evaldo Cabral de Mello, que os representantes das províncias cafeeiras se deram conta que as divergências de interesses de cada região poderiam ser fatais para a continuação do regime escravista.[31]

A transformação do trabalho em lugares diferentes

Os últimos anos antes da Abolição, marcados pelo forte movimento abolicionista e por fugas em massa das fazendas, foram vividos de maneira diferente em cada região do país e mesmo em cada área de São Paulo.[32]

Em São Paulo, já no final de 1887, as fugas, o abandono em massa das fazendas e as rebeliões dos escravos apoiadas pelos abolicionistas, impeliram os fazendeiros paulistas a se tornarem a favor da Abolição.[33] Para evitar maiores

31 Evaldo Cabral de Mello, *O norte agrário e o Império:1871-1889*. Rio de Janeiro: Nova Fronteira; Brasília: INL, 1984, p. 33.

32 Para as diferentes maneiras de vivenciar o final da escravidão nas diversas regiões do país, ver Robert Conrad, *op. cit.* Para as diversidades de experiências em cada região de São Paulo, ver Paula Beiguelman, *op. cit.*; Ronaldo Marcos dos Santos, *Resistência e superação do escravismo na província de São Paulo (1885-1888)*. São Paulo: Fundação Instituto de Pesquisas Econômicas, 1980; Cláudia A. Tessari, *op. cit.*

33 Para o movimento abolicionista deste período e para as agitações escravas: Ronaldo Marcos dos Santos, *op. cit.*, Robert Conrad, *op. cit.*, Jacob Gorender, *A escravidão reabilitada...*; Maria Helena Machado, *O plano e*

crises, alguns fazendeiros começaram a dar liberdade provisória aos seus escravos em troca de trabalho nos cafezais, antes que a situação se tornasse incontrolável.[34]

Antes disso, concomitantemente ao fechamento do tráfico de escravos, às experiências com mão de obra estrangeira em algumas fazendas de São Paulo e às leis que iam abolindo aos poucos a escravidão no Brasil, nas assembleias municipais e provinciais, por ocasião de congressos, e nas páginas dos jornais, já se discutia sobre qual seria a melhor alternativa ao trabalho escravo. Muitas eram as sugestões, entre elas, imigrantes de várias nacionalidades, o aproveitamento do ex-escravo e, até mesmo, o trabalhador nacional.

As opiniões sobre a possível utilização deste trabalhador como principal mão de obra nas lavouras e sobre suas vantagens e desvantagens variavam de região para região. Não houve um único caminho seguido por todas as áreas do país. As diferentes características naturais, sociais e econômicas de cada região tornavam as necessidades e possibilidades de transição muito dessemelhantes.

> São Paulo [aliás] não é exemplo dos processos de organização do mercado de trabalho livre que ocorrem neste momento, é antes uma exceção, fundamental pelo que apresenta de dinâmico, central e determinante nesse processo. [...] A proposta imigrantista venceu em São Paulo, mas no resto do país também se realizou a transição para o trabalho livre.[35]

Ainda durante os últimos anos da escravidão, os fazendeiros nordestinos, não podendo competir no mercado de escravos com os ricos paulistas, não dispondo de capital e não contando com um clima atraente para os europeus, olhavam com esperança tanto para os ex-escravos quanto para os milhares de livres, indigentes

---

o pânico: os movimentos sociais na década da Abolição. Rio de Janeiro: Editora da UFRJ/Edusp, 1994; Cláudia A. Tessari, *op. cit.*

34 Para as alforrias neste período, seus tipos e propósitos, ver Ronaldo Marcos dos Santos, *op. cit.*; Hebe M. Matos Gomes de Castro, *Das cores do silêncio: os significados da liberdade no Sudeste escravista. Brasil, século XIX*. Rio de Janeiro: Arquivo Nacional, 1995; Cláudia A. Tessari, *op. cit.*

35 Ana Lúcia Duarte Lanna, *A transformação do trabalho*... p. 46. Do mesmo teor é a afirmação de Hebe Castro: "... *quase naturalmente tendeu-se a privilegiar a questão da substituição do trabalho escravo negro pelo imigrante europeu. Aparentemente substituído pelo imigrante... tendeu-se a generalizar a experiência paulista para o conjunto do país*". Hebe Maria Mattos de Castro, *Das cores do silêncio*... p. 17-18.

e desempregados que subsistiam à margem da economia de exportação, na zona do Sertão e na do Agreste.

A Abolição, portanto, colocava para cada região do país a necessidade de resolução específica para a questão da substituição da mão de obra escrava. Assim, fazendeiros das regiões economicamente decadentes (açucareiras do Nordeste ou cafeeiras mais antigas do Vale do Paraíba paulista, por exemplo) optam pela utilização do trabalhador nacional que, aliás, já vinha sendo empregado mesmo antes de 1888, quando suas lavouras passaram a ficar desfalcadas de mão de obra escrava por causa do tráfico interprovincial e inter-regional.[36] Fazendeiros de regiões economicamente em expansão, especialmente do Oeste paulista, optam pelo trabalhador imigrante europeu, que vinha para o Brasil subsidiado pelo governo de São Paulo.[37]

Nos engenhos de açúcar de Pernambuco, por exemplo, mesmo durante a escravidão, eram utilizados trabalhadores livres não qualificados para os trabalhos sazonais da agroindústria canavieira, contratados como assalariados ou diaristas. Os nacionais também eram contratados como parceiros, cultivando cana por conta própria nas terras que lhes eram cedidas pelos senhores.[38]

Na Zona da Mata mineira, outro exemplo de transição diferente de São Paulo, não frutificaram os esforços que o governo provincial empregou para incentivar o uso de europeus na lavoura. Por isso, os lavradores mineiros empregaram os trabalhadores nacionais sob o sistema de parceria. Contaram também

36 Para a transição na Zona da Mata mineira, ver: Ana Lúcia Duarte Lanna. *A transformação do trabalho...;* para Sergipe, ver Josué Modesto Passos Subrinho. *Reordenamento do trabalho: trabalho escravo e trabalho livre no Nordeste açucareiro, Sergipe 1850/1930.* Recife, PE: Fundação Cultural Cidade de Aracaju, Prefeitura Municipal de Aracaju, 2000; para Mato Grosso ver Lúcia Helena Gaeta Aleixo, *Vozes da violência: subordinação, resistência e trabalho em Mato Grosso. 1880-1930.* São Paulo: tese de doutoramento apresentada ao Departamento de História, FFCLH/USP, 1991; para Pernambuco, ver Peter L. Eisenberg. *Modernização sem mudança... op. cit.;* para o Vale do Paraíba, ver Stanley Stein. *op. cit.*

37 Recentemente, alguns autores vêm apontando para o erro de se considerar unânime a opção pelo imigrante em todo o estado de São Paulo. Ver, por exemplo, Rosane Messias, que analisa a utilização concomitante de trabalhadores nacionais e imigrantes em Araraquara e São Carlos. Rosane Carvalho Messias, *op. cit.*

38 Manuel Correia de Andrade, *op. cit.*; Peter L. Eisenberg, *Modernização sem mudança...* p. 203 e seguintes.

com o emprego temporário de migrantes do norte da província, garantindo assim maior número de braços para a época da colheita.[39]

Em São Paulo, em 1884, o governo paulista abriu créditos financeiros para a introdução de imigrantes e, a partir de 1885, passou a subsidiar diretamente os custos do transporte da migração estrangeira. No entanto, ainda parte dos recursos destinava-se ao programa de colonização, que tinha como objetivo a criação de núcleos coloniais. No ano de 1886, grupos políticos do Oeste novo paulista, região de expansão cafeeira no período, assumiram o controle político da província, assegurando, assim, que os recursos financeiros fornecidos à administração seriam canalizados para a grande lavoura, garantiriam o suprimento de mão de obra através da imigração em massa e deixando praticamente de lado a política de criação de núcleos coloniais.[40]

A determinação dos cafeicultores paulistas para conseguir mão de obra imigrante abundante para suas fazendas não se limitou a obter subsídios governamentais para o transporte das famílias de trabalhadores, mas também em promovê-la na prática. Para tanto, organizaram em 1886 a Sociedade Promotora da Imigração, sociedade sem fins lucrativos. A Sociedade tratava de trazer imigrantes, selecionando-os e canalizando para a Província famílias de agricultores sem recursos que fossem chamados por parentes e amigos nela residentes.

No entanto, nem mesmo dentro da própria Província/Estado de São Paulo a transição para o trabalho livre se deu de maneira semelhante em todas as áreas. Os vários autores que estudaram a expansão cafeeira em São Paulo costumam separar a região em quatro diferentes zonas, relacionadas com os ramais ferroviários que por elas passavam, já que estes foram sendo construídos em função da produção de café. Assim, a região produtora de café em São Paulo geralmente está dividida em: zona Norte (formada pelos primeiros municípios produtores de café do Vale do Paraíba), zona Central ou Oeste Velho (região do chamado Oeste paulista, que primeiro foi tomada pela cultura cafeeira), zona Mogiana (formada pelos municípios por onde passavam os ramais da estrada de ferro Mogiana) e zona da Paulista (formada pelos municípios onde chegavam os ramais da Estrada de Ferro Paulista).

---

39 Ana Lucia Duarte Lanna, *A transformação do trabalho...*, p. 86-90.

40 Sobre a política de núcleos coloniais em São Paulo, ver Capítulo 5.

Essas diversas zonas cafeeiras diferenciavam-se por possuírem cafezais com graus diversos de produtividade, que variavam de acordo com o tempo de implantação do café, já que a produtividade da lavoura cafeeira é inversamente proporcional ao tempo de ocupação do solo. Quanto mais antiga a plantação, maior o número de escravos, visto que nas áreas mais novas o café foi introduzido quando o tráfico interprovincial já havia sido proibido e a imigração europeia já tomava corpo. Assim, as áreas mais antigas do café possuíam maior população nacional, maior população escrava e menor capacidade de atração de imigrantes.[41] Estas áreas, já com cafezais menos produtivos, sofriam intensa concorrência com as áreas mais novas que podiam oferecer aos trabalhadores maiores retornos, pois seus cafezais apresentavam maior produtividade.[42]

Assim, na realidade, o braço imigrante só foi majoritariamente utilizado nas mais recentes culturas de café, aquelas abertas no Oeste paulista após meados da década de 1870, isto é, no chamado Oeste novo: "*Observa-se que a imigração tem-se dirigido especialmente para as conhecidas zonas do Oeste e Sul da província*".[43]

O Vale do Paraíba paulista, primeira zona da implantação do café na Província de São Paulo, com mais mão de obra escrava e cafezais muito pouco produtivos, antes mesmo da Abolição já vinha reorganizando o trabalho com o trabalhador nacional: "*Si bem grande número de municípios desta zona [Norte da Província] tenham no trabalhador nacional um bom elemento de substituição para o agente escravo e em muitos estabelecimentos agricolas este trabalho tenha já certa organização...*"[44]

O município de Piracicaba, outro exemplo, situava-se na área da Província de São Paulo de mais antigo povoamento, chamada pela bibliografia Oeste Velho ou zona Central. Possuía grande população escrava e durante a transição esteve

41 Para uma divisão mais detalhada, ver Sérgio Milliet, *op. cit.* Para a relação entre estas áreas e a resistência ao escravismo, ver Ronaldo Marcos dos Santos, *op. cit.* Ver também Cláudia A. Tessari, *op. cit.*, cap. 2.

42 Thomas Holloway, *op. cit.*, p. 33.

43 *Relatorio apresentado á Assembléa Legislativa Provincial de São Paulo pelo presidente da provincia, exm. snr. dr. Francisco de Paula Rodrigues Alves, no dia 10 de janeiro de 1888.* São Paulo, Typ. a Vapor de Jorge Seckler & Comp., 1888, p. 32

44 *Relatorio apresentado á Assembléa Legislativa Provincial de São Paulo pelo presidente da provincia, exm. snr. dr. Francisco de Paula Rodrigues Alves, no dia 10 de janeiro de 1888.* São Paulo, Typ. a Vapor de Jorge Seckler & Comp., 1888, p. 32.

entre os municípios mais resistentes à Abolição. Posteriormente, esteve entre aqueles que atraíram pequena imigração estrangeira.[45]

Outros exemplos são os municípios de Araraquara e São Carlos, estudados por Rosane Carvalho Messias. Apesar do desenvolvimento tardio da produção de café, estes municípios não foram formados por grandes propriedades, como os do Oeste Novo. A economia de Araraquara e São Carlos foi agroexportadora e escravista, porém manteve sua condição de produtora de alimentos para o mercado interno, implicando que na região existisse um contingente significativo de trabalhadores nacionais livres e libertos, que tiveram papel importante na transição do trabalho escravo para o livre.[46]

O fato é que, apesar de todas estas diferenças na transição, parece ainda prevalecer na bibliografia a generalização da ideia de que, em São Paulo, foi o trabalho do imigrante o que predominou, enquanto o chamado trabalhador nacional ficou praticamente à margem de todo esse processo.

Um fator constante na mudança: o trabalhador nacional

O trabalhador nacional: incivilizado e doente

O pensamento que se desenvolveu na virada do século XIX para o XX a respeito da população nacional teve grande importância na constituição e disseminação de um imaginário que se tornou parte da memória coletiva dos brasileiros. Conforme Márcia Naxara assinalou, a ideia do povo brasileiro como vadio, incapaz e sem ambição, à custa de tanto ser repetida, tornou-se quase que uma verdade absoluta e parte integrante da cultura brasileira, disseminada em todas as camadas sociais, e raramente contradita.[47]

No momento em que se davam a transição do trabalho e as tantas transformações externas e internas, acontecia a redefinição da imagem que se tinha

45 Cláudia A. Tessari, *op. cit.*, capítulo 3.

46 Rosane Carvalho Messias, *op. cit.*

47 Márcia Regina Capelari Naxara, *op. cit.*, p.63

sobre o povo brasileiro. Esta redefinição, numa sociedade marcadamente agrária, vivendo uma situação de crescimento urbano e alimentada pelo desejo de europeização dos costumes, deu-se ao mesmo tempo em que se disseminava a produção jornalística e literária e em que esta se dobrava sobre a realidade brasileira, vasculhando-a em busca dos sinais constituintes da identidade da Nação e promovendo a dicotomia entre o urbano e o rural.[48]

A população brasileira, portanto, vivendo na sua maioria no campo, esteve sujeita a uma dupla desqualificação – aquela que se generalizou para o povo brasileiro e aquela que a contrapunha à população urbana.

A cidade, identificada como o lugar privilegiado da transformação, do progresso e da história, era símbolo do comportamento "moderno", local onde as pessoas consumiam produtos e hábitos culturais europeus, onde se concentravam as escolas e os locais de entretenimento. Em contraposição à cidade, o rural era identificado com os elementos do atraso, a-histórico, cuja população de "caipiras" (ou "caboclos") estava entregue à ignorância, à indolência, à recusa ao trabalho regular, à ociosidade e à doença.[49] O rural, que representava aquilo que se pretendia esquecer, pois atrasado e arcaico, se contrapunha ao moderno, almejado pelas elites políticas então no comando dos centros decisórios, como governos, indústrias nascentes e instituições de caráter urbano.

Neste universo dividido entre o urbano e o rural, parecia ser impossível encontrar os elementos capazes de constituírem a identidade nacional. "O brasileiro, rural ou urbano, tal como era encarado, não tinha os atributos positivos e os sinais capazes de identificá-los como formador do "povo brasileiro", realimentando a representação do brasileiro através de atributos negativos, identificados na sua resistência a se integrar aos padrões sociais de uma vida "morigerada", guiada pelo trabalho disciplinado.[50]

Portanto, além de se ver sem trabalhadores para proceder à substituição do escravo, essa mesma elite, ao pensar seu país, via-o também sem povo. "Um país cujo 'povo' não se oferecia à visibilidade, ao menos na acepção de um conjunto de

---

48 Nicolau Sevcenko, *op. cit.*, Iraci Galvão Salles, *República: a civilização dos...;* Fábio Alexandre dos Santos. *Domando as águas...*

49 Iraci Galvão Salles, *República: a civilização...*, p. 120.

50 Iraci Galvão Salles, *República: a civilização dos...*, p. 122.

pessoas com um 'espírito' comum, com características próprias, com algo que lhes desse o reconhecimento do ser brasileiro".[51]

Após a Abolição, essa larga camada de população nacional já mestiçada com o elemento índio e com o próprio negro foi engrossada pelos homens e mulheres egressos da escravidão, que se mesclaram, confundiram-se e aderiram ao seu universo de valores e estilo de vida.[52] Assim como as populações negras passaram por um processo de mimetismo com essa camada de homens livres pobres, aderindo a seus valores, também as características que antes eram atribuídas aos libertos durante o período de emancipação[53] e aos nacionais durante a escravidão, passaram a ser identificadas com os brasileiros em geral, mesclando-se e se reforçando mutuamente.

Assim, se durante o regime de trabalho escravo o negro era visto como o trabalhador ideal (mesmo que somente sob trabalho forçado) enquanto os nacionais eram vadios, indolentes e instáveis, após a Abolição o negro também passou a ser visto, pelo menos em nível do discurso, como preguiçoso e imprestável ao trabalho. Se durante o processo de emancipação gradual da escravidão, quando se discutia a possível inserção do ex-escravo no mundo do trabalho livre, este era tachado de preguiçoso e indolente, agora que estas duas categorias (livres e ex-escravos) passaram a compor uma só (a dos nacionais), então a imagem que se tinha deles apenas foi reforçada.

Relatórios governamentais, falas de grandes proprietários nos congressos agrícolas, jornais e relatos dos diversos observadores de época sobre essa população, todas essas fontes contêm um discurso repleto de estereótipos que desqualificam o trabalhador nacional ao mesmo tempo em que valorizavam o imigrante europeu.

A ascensão ao poder de dirigentes ligados ao Partido Republicano e representantes de interesses essencialmente ligados à cafeicultura[54] marcaram pro-

---

51 Márcia Regina Capelari Naxara, *op. cit.*, p. 38.

52 Cristina Cortez Wissenbach, *op. cit.*, p. 55.

53 Durante o período de emancipação gradual da escravidão no Brasil, muito se discutiu sobre a possibilidade do uso da mão de obra ex-escrava sob o regime de trabalho livre. Mais uma vez, para justificar a necessidade de importação de trabalhadores, recorreu-se à imagem de que os libertos, por terem vivido sob escravidão, não serviriam como trabalhadores livres, pelo menos não no curto prazo, pois eles teriam de, antes, passar pela "escola do trabalho".

54 Maria E. M. Zimmermmann, *O PRP e os fazendeiros de café (Um estudo sobre a estratégia e as propostas do Partido Republicano em São Paulo – 1870/1889).* Campinas, dissertação de mestrado apresentada à

fundamente o sentido que as discussões sobre o trabalhador nacional tomaram. Foram, então, as ideias deste partido que deram rumo, no estado de São Paulo, às discussões sobre o trabalhador que se desejava no momento, fosse exclusivamente como fonte de mão de obra, fosse também com fonte de embranquecimento da população ou como veículo do progresso e civilização desejados.[55]

Segundo Iraci Galvão Salles, da análise do discurso e da compreensão do projeto político elaborado pelos republicanos, ficava evidente que estava sendo redefinida e reelaborada a noção de trabalho.[56] O trabalho, ao ser identificado com o ato que enriquece, deveria se libertar da figura do trabalhador escravo-negro, da mesma forma que deveria ser identificado como atividade enobrecedora, praticada por brancos civilizados.[57]

Com a iminência do final da escravidão, era preciso re(criar) a representação de trabalho no país, desvinculando-o da pessoa do escravo. O trabalho deveria ser encarado como qualidade, conferindo dignidade e proporcionando ascensão econômica e social ao indivíduo. O ócio seria atributo apenas das classes abastadas que tinham o direito, reconhecido socialmente, de abster-se do trabalho ou de trabalhar menos. Para os subalternos, ao contrário, o ócio era visto como vadiagem, como preguiça, como defeito.[58] O imigrante viria para reabilitar o ato do trabalho.

Unicamp, 1984; Emília Viotti da Costa., "O movimento republicano de Itu. Os fazendeiros do Oeste paulista e os pródromos do movimento republicano". In: *Revista de História*. São Paulo: 1954, p. 379-405; Iraci Galvão Salles. *Trabalho, progresso...;* Para uma breve evolução do debate governamental acerca da origem do imigrante que se queria para o Brasil antes do advento da República: Maria Lúcia Lamounier, *Da escravidão ao trabalho...*; Célia M. M. Azevedo, *op. cit.*; Luiz Felipe de Alencastro e Maria Luiza Renaux, "Caras e modos dos migrantes e imigrantes". In: *História da vida privada no Brasil* (vol. II). São Paulo: Companhia das Letras, 1997. Para a importância dos representantes dos interesses do Norte na política imperial, ver Evaldo Cabral de Mello, *op. cit.*

55 Iraci Galvão Salles mostrou que a questão da formação do mercado de trabalho livre estava intimamente vinculada com a formação do povo e da nação brasileiros, bem como com a intenção de colocar o país nos rumos do progresso e civilização. Iraci Galvão Salles, *República: a civilização dos excluídos...* Ver também Carlos José dos Santos, *op. cit.*, especialmente capítulo 1.

56 Iraci Galvão Salles, *Trabalho, progresso...* p. 26.

57 Iraci Galvão Salles, *Trabalho, progresso*, p. 70; e também Iraci Galvão Salles, República: a civilização... p. 13.

58 Márcia Regina Capelari Naxara, *op. cit.*, p. 51.

Ao se buscar uma alternativa de mão de obra fora do país, o que se queria era um trabalhador que fosse a antítese do negro. Esperava-se que o trabalhador imigrante regenerasse o trabalho e lhe imprimisse uma característica civilizadora.[59]

Segundo Iraci Salles, toda a política imigrantista era dirigida no sentido de buscar no trabalhador branco europeu a redefinição do ato do trabalho e a concepção do trabalho como essência da construção do progresso da nação:

> Ao colocar no mesmo plano, imigrante e progresso, como algo a ser transplantado de fora para dentro, o negro aparece, também mecanicamente, como elemento a ser apagado da memória. Assim, ele era o representante de um passado a ser esquecido, para que se pudesse transpor a sociedade para um tempo em que toda a nação seria arrebatada pelo progresso.[60]

Desta maneira, o trabalhador nacional concorria em desvantagem com o imigrante em virtude da atitude deliberada dos paulistas de formar um mercado de trabalho com o imigrante branco europeu, alimentando e disseminando a crença na sua melhor qualificação profissional, no fato de serem trabalhadores disciplinados e "morigerados". O fato de a classe dominante ver a Europa como "centro da civilização" emprestou ao imigrante o atributo de ser um trabalhador capaz de contribuir para a civilização do país, enquanto o brasileiro era visto como atrasado.[61]

Carlos José Ferreira dos Santos, ao analisar o discurso presente nos anuários estatísticos e demográficos do Estado de São Paulo do início do século XX, identificou um discurso costurado pelo elogio ao elemento estrangeiro e anunciadores da civilização e do progresso, em contraposição ao quase esquecimento do elemento nacional. O autor mostra que, muitas vezes, no discurso sobre as estatísticas era como se os brasileiros quase não existissem, enfatizando o grande número da população estrangeira que estaria, assim, formando a nossa nacionalidade.[62]

---

59 Iraci Galvão Salles, *Trabalho, Progresso...* p. 92.

60 Iraci Galvão Salles, *Trabalho, Progresso...*, p. 109.

61 Iraci Galvão Salles, República: civilização dos excluídos..., p. 127.

62 Carlos José Ferreira dos Santos, *op. cit.*, p. 41.

A desqualificação do homem livre pobre brasileiro não é exclusiva do momento aqui estudado, mas remonta às origens da história do Brasil. No período colonial, ela foi base para a legitimação da opção e permanência da escravidão; no Império, serviu de base não só para a permanência como para postergar o fim da escravidão e, também, como base para a opção, em São Paulo, pela importação de trabalhadores europeus.

Em um primeiro momento, os pressupostos para sua desqualificação foram buscados na herança escravista, em um segundo momento, buscou-se além dessas, razões raciais. Segundo fazendeiros, políticos e observadores da época, a experiência da escravidão, ao desqualificar o trabalho e, principalmente, o trabalho manual, como atividade inerente ao escravo, teria deixado marcas profundas no elemento nacional, difíceis de serem removidas no prazo necessário para a transformação do trabalho.[63]

Estes argumentos, aliados ao aparato científico do racismo e do sanitarismo em voga naquele momento, contribuíram para a reelaboração das representações a respeito dos negros e mestiços como incapazes de interiorizar comportamentos civilizados, sendo necessário, por isso, um período de convivência com o trabalhador europeu branco.[64]

> Ociosa, morosa no trabalho e exigente, a figura do trabalhador nacional ia sendo construída através da visão negativa que a classe dominante havia construído sobre o escravo e o homem livre e pobre, reelaborada agora sob novas condições e em oposição à imagem do imigrante idealizada como trabalhador disciplinado e moralizado, símbolo da civilização.[65]

63 Márcia Regina Capelari Naxara, *op. cit.*, p. 46.

64 Darwinismo, cientificismo, evolucionismo são modalidades do pensamento europeu do século XIX que encontram expressão no pensamento nacional. Iraci Galvão Salles. *República: a civilização dos excluídos...; Carlos José Ferreiro, op. cit.* Para a campanha sanitarista: Nísia Trindade Lima e Gilberto Hochman, *op. cit.*; e Fábio Alexandre dos Santos, *Domando as águas...*

65 Iraci Galvão Salles, *op. cit.*, p. 59.

Foi assim que a partir do momento em que se tornou efetiva a transição do trabalho escravo para o livre, tal desqualificação passou a ser repetida e reformulada para justificar a adoção de uma política voltada para trazer trabalhadores imigrantes.

Foi, portanto, de um processo simultâneo e respondendo a uma questão específica, que surgiram dois imaginários distintos e complementares, partes integrantes de uma mesma construção: de um lado, a completa desqualificação da população nacional e, de outro, o elogio do imigrante de origem europeia, faces opostas de uma mesma moeda. A importação de imigrantes europeus tornou-se pauta importante nas discussões, justificada por uma construção mítica de um determinado trabalhador imigrante – o trabalhador ideal – aquele que reunia em si, enquanto agente coletivo, de forma acabada, todas as qualidades do bom trabalhador – sóbrio e morigerado. Elemento capaz de, por si só, promover a recuperação da decadente raça brasileira nos mais diversos aspectos: sangue novo, raça superior (branca), civilizado, disciplinado, trabalhador, poupador, ambicioso... No extremo oposto desse imaginário, como contrapartida, estava o brasileiro – vadio, indisciplinado, mestiço, racialmente inferior. Foi, portanto, da depreciação do brasileiro como tipo social que emergiu a valorização do imigrante.[66]

Os autores que estudaram o imaginário sobre o trabalhador brasileiro apontam a década de 1910 como marco para o início da revisão sobre o imigrante como trabalhador ideal tendo como contrapartida a revalorização do brasileiro.[67]

A primeira década do século XX foi marcada pela exacerbação do nacionalismo, pela ânsia dos jornalistas e escritores em encontrar respostas para os "males" do Brasil e em construir a "nacionalidade".[68] Assim, ganhou nova ênfase a vocação agrícola do Brasil, o que significou também repensar o homem rural, a maneira de enfrentar o preconceito em relação ao trabalhador nacional, estigmatizado na figura do Jeca Tatu.

Márcia Naxara mostrou como Monteiro Lobato, ao apresentar ao público um Jeca Tatu como regra do caipira brasileiro, despido de qualquer romantismo, com uma carga negativa enorme, como sendo impermeável ao progresso e

66 Márcia Regina Capelari Naxara, *op. cit.*, p. 63.

67 Márcia Regina Capelari Naxara, *op. cit.*, p. 70; Iraci Galvão Salles, República: a civilização dos excluídos...

68 Iraci Galvão Salles, República: a civilização dos excluídos..., p. 144.

a civilização, realizou a façanha de materializar, numa imagem forte, todo um pensamento sobre o brasileiro daquele período. Havia diversas representações sobre os nacionais, elaboradas ao longo do tempo, formando um imaginário fluido e inconstante. Tal variedade foi responsável pelas reações, tanto positivas quanto negativas, à figura do Jeca Tatu no momento do seu surgimento. A imagem do nacional/brasileiro oscilava da mais absoluta desqualificação a uma idealização romântica e condescendente.[69]

Diante da decepção causada pelos imigrantes europeus, havia que ser reelaborado o projeto imigrantista; o trabalhador nacional deveria ser repensado como alternativa plausível de mão de obra e, para isso, a educação e a medicalização da população ganharam um novo apelo.[70]

Assim, o que se propunha no final dos anos 1910, era a reabilitação do trabalhador nacional por meio da intervenção médica. Até então, a instituição dos primeiros serviços de saúde pública, em São Paulo, tinham como foco a intervenção direta no espaço da cidade. Somente na década de 1910, com a expedição de Belisário Penna e Arthur Neiva ao interior do país é que as ações de saúde voltadas para o rural começaram a ser discutidas, resultando na chamada Liga Pró-saneamento. E é nesse contexto que se dá a reabilitação do Jeca Tatu.[71]

A questão do trabalhador nacional fica entregue, então, às mãos dos sanitaristas e higienistas que, diagnosticando o mal que o tornava indolente, tinham a profilaxia, bastando ao governo possibilitar-lhes aplicá-la através dos postos de saúde e de escolas rurais.

O trabalhador nacional, portanto, não *era* doente, ele *estava* doente e, para que ele pudesse se engajar no mercado de trabalho de maneira sistemática e regular, bastaria "curá-lo". Coincidindo com a intensa campanha sanitarista, o *Departamento Estadual do Trabalho* despendeu esforços no sentido de tentar demonstrar a possibilidade de se criar uma sociedade do e para o trabalho, com trabalhadores nacionais, despendendo um grande esforço para demonstrar e afastar

---

69 Márcia Regina Capelari Naxara, *op. cit.*, p. 24.

70 Iraci Galvão Salles, *op. cit.*, p. 148; Nísia Trindade Lima e Gilberto Hochman, *op. cit.*

71 Márcia Regina Capelari Naxara, *op. cit.*; Iraci Galvão Salles, República: a civilização dos excluídos...; Fábio Alexandre dos Santos, *Domando as àguas...*, p. 203-206; Nísia Trindade Lima e Gilberto Hochman, *op. cit.*

preconceitos existentes a respeito deles. Foram vários os artigos publicados no boletim do Departamento que insistiam nesse ponto, seja colhendo exemplos em que se utilizava mão de obra nacional a contento, seja através de artigos em que se denunciavam as péssimas condições de saúde em que vivia tal população, causas de sua debilidade e empecilho para o seu aproveitamento. Tentava-se, então, mostrar que as tais qualidades negativas que se atribuía ao nacional decorriam não de sua natureza, mas do fato de o Brasil possuir uma população doente, sem acesso aos princípios básicos de higiene e saúde.[72]

O trabalhador nacional:acessório e marginal

O chamado *trabalhador nacional* envolve, na historiografia, um grupo amplo e heterogêneo de pessoas. Durante a escravidão, eram aqueles chamados pela bibliografia como *homens livres pobres*, contrapostos aos fazendeiros e escravos. Após a Abolição, esse grupo, engrossado pelos ex-escravos, passou a ser o grupo de trabalhadores que era contraposto aos mesmos fazendeiros e, a partir de então, também aos imigrantes.

Brasileiro livre e pobre na época da escravidão ou *trabalhador nacional* nas primeiras décadas do século XX, ele era o pobre, mestiço, que veio a ser conhecido com múltiplas denominações as quais ao mesmo tempo em que indicavam as inúmeras possibilidades de cruzamentos, também diziam respeito às particularidades regionais e se adequavam a diferentes modos de vida em diferentes meios geográficos. Os termos caipira, caboclo, sertanejo, caipora, cafuzo, catrumano, tabaréu, curiboca, mumbava, paroara, roceiro, capiau... foram referidos a grupos sociais que, no geral, residiam ou trabalhavam em terra alheia (como agregados, moradores ou arrendatários) ou em terras sobre as quais lhes era possibilitada a posse. Do ponto de vista econômico, estes grupos sociais, durante a escravidão ou mesmo pós-escravidão, foram mostrados durante longo tempo pela historiografia como grupos que viviam, em geral, de rudimentar cultura de subsistência.[73]

---

72 Márcia Regina Capelari Naxara, *op. cit.*, p. 71-72; Iraci Galvão Salles, República: a civilização dos excluídos...

73 Cristina Cortez Wissenbach, "Da escravidão à liberdade: dimensões de uma privacidade possível" In: Nicolau Sevcenko(org), *História da vida privada no Brasil*, vol. 3, São Paulo: Companhia das Letras, 1998, p. 56.

Assim, era apenas quando contrapostas aos fazendeiros e escravos (durante a escravidão) ou imigrantes (após a Abolição) que estas pessoas tão heterogêneas acabavam se homogeneizando e formando um grupo único. Vários autores apontaram a fluidez dessa camada de homens pobres (brancos, negros e mestiços): pequenos proprietários de roças e que viviam de seus próprios mantimentos; trabalhadores sazonais das grandes propriedades; trabalhadores detentores de ofícios e ferramentas como os carapinas, sapateiros, pequenos empreiteiros, ourives e outros ofícios artesanais; homens que possuíam um reduzido número de muares e que os empregavam nos pequenos transportes; negociantes e aqueles que "viviam de suas agências"; camaradas e agregados das grandes fazendas; condutores de tropas e vendeiros...

A impossibilidade de um conceito bem definido e a diversificação dos sujeitos que se abrigaram sob a designação de *trabalhador nacional*, refletem-se nos trabalhos historiográficos. Um dos pioneiros a apontar a existência dessa camada de homens livres e pobres na sociedade brasileira, Caio Prado Júnior, os definiu como desclassificados sociais, gerados em meio a certas condições da formação econômica do país. Em sua obra, o autor chamava a atenção para uma enorme parcela da população brasileira que havia sido formada e continuava a sobreviver às margens do grande ciclo de interesses, relações e orientações da economia agroexportadora.[74]

Segundo Pedro Caminha, que estudou a figura do agregado na obra de Caio Prado Jr., o traço peculiar a este elemento indefinido surgido entre a célula orgânica representada pelo senhor e seus escravos, era o de nele estar presente uma grande massa de indivíduos heterogêneos (africanos forros ou fugidos, americanos e mestiços ou europeus rebentos) cujo elo definidor era constituir um enorme detrito humano segregado pela civilização escravocrata e ser personificado naqueles que se encostavam em algum senhor.[75]

Maria Sylvia de Carvalho Franco e Antonio Candido, dois outros autores pioneiros no estudo destes homens, continuaram a revelá-los como expropriados pela produção mercantil, vivendo à margem da grande exploração agrícola. Em *Homens Livres na Ordem Escravocrata*, Maria Sylvia de Carvalho Franco definiu-os como indivíduos expropriados pela produção mercantil e que, apesar de não

---

74 Caio Prado Jr., *op. cit.*

75 Pedro Caminha, "A presença do agregado na Formação do Brasil Contemporâneo de Caio Prado Jr." In: *Revista de Economia Política e História Econômica*, nº 10, dezembro de 2007, p. 52.

deterem a propriedade da terra, detinham a sua posse.[76] Para definir o caipira, Antonio Cândido o fez em termos da assimilação e conservação dos elementos condicionados pelas suas origens nômades, isto é, pela preservação de uma economia permeada pelas práticas de presa e coleta, altamente dependente da mobilidade dos indivíduos e dos grupos.[77]

Hebe Mattos Gomes de Castro, porém, ao estudar os lavradores pobres na segunda metade do século XIX em Capivary (Rio de Janeiro) ponderou que "*homens livres pobres* era uma imprecisa camada intermediária da sociedade brasileira escravista que dificilmente poderia ser definida como despossuída". Para a autora, se recortados como tudo o que se diferenciava da figura do latifundiário escravista exportador ou do escravo englobariam quase que a totalidade do espaço social brasileiro.[78]

Denise Moura, que estudou estes homens em Campinas na segunda metade do século XIX mostrou a dificuldade de se definir essa camada da população naquela sociedade: "ser pobre e livre neste período era fazer parte de uma camada bastante fluida e em contínua diversificação ao longo das diferentes conjunturas do escravismo, incluindo os indivíduos com os mais diversos níveis de posses". Diante dessa fluidez, o que tinham em comum, para a autora, era o fato de "estes homens não ocuparem posições políticas de prestígio e de experimentarem de diferentes formas, insuficiência de recursos".[79]

Outro autor a apontar a dificuldade de se lidar com uma camada tão diferenciada em seu interior foi Carlos Rodrigues Brandão: "alguns eram proprietários de terra e, estáveis, viviam uma vida de trabalho e cultura em bairros rurais; outros viviam do trabalho em terra alheia, ora como parceiros, ora como agregados ou camaradas. Alguns pareciam ser mais produtivos que outros".[80]

---

76 Maria Sylvia de Carvalho Franco, *op. cit.*

77 Antonio Candido, *Os parceiros do Rio Bonito: estudo sobre o caipira paulista e as transformações dos seus meios de vida*. São Paulo: Duas Cidades, 1971, p. 37.

78 Hebe M. M. G. Castro, *Ao Sul da História – Lavradores pobres na crise do trabalho escravo*. São Paulo: Brasiliense, 1987, p. 95.

79 Denise A. Soares de Moura, *Saindo das sombras...*, p. 25-26.

80 Carlos Rodrigues Brandão, *Os caipiras de São Paulo*. São Paulo: Brasiliense, 1983, p. 30.

Apesar de toda esta diferenciação dentro da categoria designada como *trabalhador nacional*, há algumas características na historiografia que são comuns a estes homens tão dessemelhantes: a vida em torno de mínimos vitais; a dispersão por grandes áreas geográficas; o isolamento; a miscigenação; a extrema mobilidade espacial; e as relações de dominação marcadas por padrões personalistas.

Essa população, durante a escravidão ou durante a transição para o mercado de trabalho, teria vivido sempre de uma economia baseada na produção dos gêneros necessários para o consumo, obtida por meio do trabalho familiar, não se preocupando com a formação de excedente para a troca.[81] Segundo Antonio Candido, os traços culturais indígenas e portugueses combinados com a conservação das práticas de pesca e coleta que, por sua vez, dependiam da mobilidade dos indivíduos e dos grupos, acabaram por ser gravados para sempre nestes homens. Foi assim que a habitação, a alimentação, o caráter do caipira ficaram marcados pelo "*provisório da aventura*" e assim se estabeleceu uma sociedade onde tudo girava em torno do mínimo vital, relacionado a uma vida social de tipo fechado, com base na economia de subsistência.[82]

A grande dispersão destes homens num amplo meio geográfico também teria sido uma característica marcante desta economia voltada para a subsistência, que se estendia de norte ao extremo sul do país, baseando-se na pecuária e numa agricultura de técnica rudimentar.[83] A pequena densidade populacional que caracterizou esse setor foi acompanhada da grande mobilidade. Amplos contingentes se deslocavam periodicamente no interior de uma mesma área ou em direção a outros pontos do país. Quanto a esta infixidez, Maria Sylvia de Carvalho Franco escreveu: "sem vínculos, despojados, a nenhum lugar pertenceram e a toda parte se acomodaram".[84]

Outra característica marcante desta população eram as relações estabelecidas por padrões de dominação paternalistas. Fossem vendeiros, tropeiros, pequenos sitiantes, agregados ou camaradas, os homens estudados por Maria Sylvia

81 Caio Prado Jr., *Formação do Brasil contemporâneo...*; Celso Furtado, *op. cit.*; Antonio Candido, *op. cit.*; Maria Sylvia de Carvalho Franco, *op. cit.*; José de Souza Martins, *op. cit.*; e Lúcio Kowarick, *op. cit.*

82 Antonio Candido, *op. cit.*, p. 36 e seguintes.

83 Celso Furtado, *op. cit.*, 1968, p. 128.

84 Maria Sylvia de Carvalho Franco, *op. cit.*, p. 32.

de Carvalho Franco, todos, mantinham com os grandes proprietários relação de dependência e fidelidade.[85]

Em boa parte da bibliografia que aborda o tema da transição do trabalho ou do trabalhador nacional neste período prevaleceu também a ideia de que o trabalhador brasileiro viveu uma "quase marginalização no mercado de trabalho", cabendo a ele as atividades mais degradadas, acessórias e residuais. Portanto, outra semelhança dessa gente tão dessemelhante era o seu lugar no mercado de trabalho.[86]

Durante a escravidão no Brasil Colônia, alguns autores destacam que essa massa amorfa e inorgânica de homens livres, "os desclassificados, inúteis e inadaptados" espalhava-se paralelamente ao mundo do trabalho. Bastavam a eles poucas ocupações disponíveis ao trabalho livre, tal o caráter absorvente da escravidão e a instabilidade do sistema de produção voltado para o exterior.[87] Para Caio Prado Jr., além dos colonos recém-entrados no país para "fazer a América", e submetidos a outra dinâmica econômica, "os escravos seriam os únicos elementos verdadeiramente ativos da colônia".[88] Para Maria Sylvia de Carvalho Franco, "uma das mais importantes implicações da escravidão é que deu origem a uma formação de homens livres e expropriados, que não foram integrados à produção mercantil".[89]

Mesmo com o final da escravidão, segundo parte da bibliografia, em São Paulo continuou-se a utilizar de forma secundária e acessória a mão a de obra nacional, substituindo-se os escravos por imigrantes. Para alguns autores, até serem realmente necessários para o sistema de fazendas, os brasileiros livres pobres apenas representaram um papel marginal na economia dominante.[90] Segundo Lúcio Kowarick, tanto nas regiões antigas de exploração do café, como nas novas plantações situadas na região oeste de São Paulo, os livres tiveram, até o advento da grande imigração internacional, uma participação "acessória e

---

85 Maria Sylvia de Carvalho Franco, *op. cit.*, especialmente capítulo 2.

86 Para a discussão bibliográfica acerca da "quase marginalização do trabalhador nacional", ver Alexandre de Freitas Barbosa, *A formação do mercado de trabalho no Brasil: da escravidão ao assalariamento*. Campinas, tese de doutoramento apresentada ao Instituto de Economia/Unicamp, 2003.

87 Caio Prado Jr., *Formação do Brasil contemporâneo...*

88 Caio Prado Jr., *Formação do Brasil contemporâneo...*, p. 346-347.

89 Maria Sylvia de Carvalho Franco, *op. cit.*, p. 12.

90 Lúcio Kowarick, *op. cit.*, p. 63.

ocasional" no processo produtivo.[91] Assim, o "nacional simplesmente continuava a ocupar a posição marginal e de reserva que sempre lhe coubera, já com respeito ao trabalho escravo".[92]

No entanto, mesmo autores que enfatizaram essa posição marginal e residual no mercado de trabalho acabavam mostrando, mesmo sem destacar, que os grupos caipiras não ficavam sempre restritos aos recursos internos e que existia sempre, pelo menos como possibilidade, a prestação de serviço e a correspondente oportunidade de subsistência fora do grupo. Assim, Maria Sylvia de Carvalho Franco afirmou que havia "mesmo certa regularidade de aproveitamento de trabalho de brancos livres e sem posses nas fazendas. Cabia-lhes as tarefas arriscadas, como as derrubadas de florestas ou aquelas usualmente não confiadas ao escravo (tropeiro, carreiro) ou, ainda, as ocupações ligadas à criação de gado".[93]

Da mesma maneira, para Paula Beiguelman, na lavoura tropical o elemento nacional era o camarada ou jornaleiro solicitado em todos os pontos da província e utilizados para os serviços mais árduos e menos compensadores das derrubadas e do preparo das terras.[94]

O trabalho de desmatamento, queima e limpeza do terreno era invariavelmente feito por caboclos e caipiras ou outros trabalhadores nacionais. A preparação dos terrenos também era feita pelos homens livres pobres, e geralmente pelos agregados dos fazendeiros ou antigos posseiros das áreas em que as fazendas vieram a se estabelecer. O plantio e a formação dos arbustos de café também eram efetuados por homens livres.[95]

Atividade importante, atribuída exclusivamente aos trabalhadores brasileiros, era o transporte em lombos de burro dos produtos para exportação ou para

---

91 Lúcio Kowarick, *op. cit.*, p. 31.

92 Paula Beiguelman, *op. cit.*, p. 143.

93 Maria Sylvia de Carvalho Franco, *op. cit.*, p. 33.

94 Paula Beiguelman, *op. cit.*, p. 145.

95 José de Souza Martins, *O cativeiro da terra*. São Paulo: Livraria Editora Ciências Humanas, 1979, p. 70-71. Alguns atribuem essa divisão do trabalho ao risco de morte ou de fuga envolvido nestas tarefas, como a de derrubadas das florestas (que podia implicar o risco da perda do capital que o escravo significava). Ver, por exemplo, Maria Sylvia de Carvalho Franco, *op. cit.* e Paula Beiguelman, *op. cit.* Outros afirmam que o escravo ficava restrito às tarefas de retorno econômico rápido, como o trato e a colheita do café. Ver, por exemplo, José de Souza Martins, *O cativeiro da terra...*, p. 70.

abastecer o mercado interno, atividade feita pelos tropeiros e condutores de tropas.[96] Outras ocupações proporcionadas ao homem livre eram aquelas ligadas ao pouso e abastecimento das caravanas dos tropeiros. Havia ainda os vendeiros (pequeno comerciante do bairro ou da beira de estrada),[97] os pequenos sitiantes e os agregados que mantinham com os grandes proprietários relação de dependência e fidelidade.[98]

Todos estes serviços, de desmatamento, de condução de tropas, de abastecimento foram tratados pela bibliografia, no entanto, como residuais ou acessórios. "Foram esses serviços residuais que, na maior parte, não podiam ser realizados por escravos e não interessavam aos homens com patrimônio, que ofereceram oportunidades ao trabalhador livre".[99]

Para Lúcio Kowarick, mesmo com o aproximar-se da Lei Áurea o crescente segmento de homens livres teve participação acessória e intermitente no processo produtivo: "aqui, os livres e pobres só realizaram as tarefas que os escravos não podiam fazer e, depois de 1888, couberam-lhe as atividades mais degradadas e pior remuneradas ou o trabalho em áreas cafeeiras decadentes".[100]

Também para Verena Stolck, e mesmo depois da década de 1880, quando os fazendeiros se queixavam frequentemente da escassez de mão de obra agrícola em São Paulo, "as duas fontes alternativas de mão de obra, os libertos e os chamados trabalhadores nacionais, nunca foram utilizadas de nenhuma forma substancial até a Primeira Guerra Mundial [...]".[101]

Com o advento do trabalho livre, com a grande imigração em massa para São Paulo e a generalização do colonato como regime de trabalho nas fazendas de café, os trabalhadores nacionais passaram a ser mais utilizados na grande lavoura de exportação, apesar de boa parte da bibliografia continuar a apontar a sua utilização de maneira acessória:

---

96 Maria Sylvia de Carvalho Franco, *op. cit.*, p. 61-68.

97 Maria Sylvia de Carvalho Franco, *op. cit.*, p. 71-79.

98 Maria Sylvia de Carvalho Franco, *op. cit.*,. p. 80-91.

99 Maria Sylvia de Carvalho Franco, *op. cit.*, p. 61.

100 Lúcio Kowarick, *op. cit.*, p. 21.

101 Verena Stolcke, *Homens, mulheres, capital...*, p. 43.

> Após a Abolição o elemento nacional tendeu a ser absorvido pelo processo produtivo só em áreas de economia estagnada, onde a imigração internacional foi pouco numerosa ou, até mesmo, nula. Sua utilização ocorreu mais acentuadamente nas regiões decadentes do Vale do Paraíba e nas que apresentavam pouco dinamismo, como nas do velho oeste.[102]

Várias são as justificativas levantadas pela historiografia para a incorporação acessória e marginal deste elemento no mercado de trabalho antes e mesmo após a Abolição. De um lado, estão aquelas que centralizam a atenção em obstáculos impostos pelo próprio trabalhador nacional, como a preferência pela mobilidade espacial e a não necessidade de participar das atividades econômicas mais regulares. A ênfase dada à vida em torno dos mínimos vitais, que explicaria esta não necessidade de trabalhar, pode ser encontrada em Antonio Candido, Maria Sylvia de Carvalho Franco, José de Souza Martins, Lúcio Kowarick e outros.[103]

Outra das causas da difícil incorporação do nacional na grande lavoura, ainda segundo a bibliografia, era a repulsa que o trabalho causava numa sociedade escravista. Em uma sociedade escravocrata, o trabalho causava indignidade, portanto, o trabalhador pobre brasileiro *prefiriria mendigar, emprestar ou viver na privação a se engajar em certos trabalhos.*[104]

---

102 Lúcio Kowarick, *op. cit.*, p. 95. Mesmo nas novas atividades urbanas surgidas com o crescimento das cidades parece ter havido, segundo a bibliografia, pouca utilização do trabalhador nacional, que ficou relegado para segundo plano quando da concorrência com o imigrante: June E. Hahner, *Pobreza e política: os pobres urbanos no Brasil – 1870-1920.* Brasília: Ed. UnB, 1993; Carlos José dos Santos, *op. cit.* Para as dificuldades da incorporação do ex-escravo no mercado de trabalho, ver Roger Bastide e Florestan Fernandes, *Brancos e negros em São Paulo.* São Paulo: Ed. Nacional, 1959; Florestan Fernandes. *A integração do negro na sociedade de classes.* São Paulo: Ática, 1978. Para as discriminações raciais impedindo o acesso do ex-escravo ao mercado de trabalho nas mesmas condições que o branco: Cleber da Silva Maciel, *Discriminações raciais: negros em Campinas (1888-1921).* Campinas: Editora da Unicamp, 1987.

103 Maria Sylvia de Carvalho Franco, *op. cit.*, p. 208. Seguindo esta mesma linha de raciocínio estão: José de Souza Martins, *O cativeiro da terra...*; Paula Beiguelman, *op. cit.;* Lúcio Kowarick, *op. cit.*; Jacob Gorender, *op. cit.*; Jorge Balán, *op. cit.*

104 Maria Sylvia de Carvalho Franco, *op. cit.*; Paula Beiguelman, *op. cit.*; Lúcio Kowarick, *op. cit.*; Jacob Gorender, *O escravismo colonial...*; José de Souza Martins, *O cativeiro da terra...*; Robert Conrad, *op. cit.*, p. 52-54.

A bibliografia aponta ainda fatores de cunho culturais. Por um lado, havia o legado paternalista das relações sociais no Brasil como desestimulador do emprego do trabalhador nacional no trabalho regular na plantação de café, pois os fazendeiros tinham a necessidade de assegurar sua lealdade e permanência nas propriedades, para sua utilização política e social.[105] De outro lado, havia a percepção dos fazendeiros sobre este trabalhador, considerando-o indolente, preguiçoso e exigente.[106]

Ainda são dadas outras justificativas de cunho econômico, como o alto custo de transporte de trabalhadores de outras regiões para as áreas em expansão e a extensão das terras disponíveis que lhes permitia viver da cultura de subsistência,[107] ou ainda a sua dispersão pelo território.[108]

O fato de boa parte da população não ter chegado a ser totalmente expropriada, tendo por isso possibilidade de prover sua subsistência por meio do trabalho em suas roças de alimentos, interferia diretamente no modo como estes possíveis trabalhadores poderiam se inserir no mercado de trabalho:

> Foi nesse contexto que nasceu o 'preguiçoso caipira', que foi colocado nessa situação de uma quase desnecessidade de trabalhar, com a organização social e a cultura se amoldando no sentido de garantir--lhe uma larga margem de lazer, mas que sofreu, simultaneamente, a miserável situação de produzir apenas o estritamente necessário para garantir uma sobrevivência pautada em mínimos vitais.[109]

---

105 Celso Furtado, *op. cit.*; Maria Sylvia de Carvalho Franco, *op. cit.*; Warren Dean, *Rio Claro...*

106 Emília Viotti da Costa, *Da Monarquia à República...*; Lúcio Kowarick, *op. cit.*; Márcia Naxara, *op. cit.*; entre outros.

107 Celso Furtado, *op. cit.*; Maria Sylvia de Carvalho Franco, *op. cit.*; Emilia Viotti da Costa, *Da Monarquia à República...*; Verena Stolcke, *Cafeicultura...*; Douglas H. Graham e Sérgio Buarque de Holanda Filho, *Migrações internas no Brasil (1872-1970)*. São Paulo: IPE/USP, 1984; entre outros.

108 Celso Furtado, *op. cit.*; Maria Sylvia de Carvalho Franco, *op. cit.*; Emilia Viotti da Costa, *Da Monarquia à República...*; Verena Stolcke, *Cafeicultura...*; Douglas H. Graham e Sérgio Buarque de Holanda Filho, *Migrações internas no Brasil (1872-1970)*. São Paulo: IPE/USP, 1984; entre outros. Verena Stolcke, *Cafeicultura...*; José Sebastião Witter, *op. cit.*, p. 393-467,

109 Maria Sylvia de Carvalho Franco, *op. cit.*, p. 32.

No entanto, estas definições do lugar e do modo como estes homens se inseriram no mundo do trabalho ("espalhar-se paralelamente", "nãointegração", "residual", "participação acessória e intermitente", "homens dispensáveis", "desvinculados dos processos essenciais à sociedade") parecem não condizer com importante documentação referente ao cotidiano do trabalho no mundo rural paulista.

Autores que estudaram documentação de fazendas, jornais, processos judiciais, relatórios oficiais e documentação cartorial[110] perceberam que, na prática, estes homens estavam inseridos quer nas grandes plantações, quer nas médias e pequenas propriedades dedicadas à agricultura para exportação ou à agricultura comercial voltada ao mercado doméstico.

No recenseamento agrícola e zootécnico do estado realizado em 1901, publicado no *Anuário Estatístico de São Paulo*, os trabalhadores nacionais constituíam 57% dos trabalhadores totais recenseados. Eles eram maioria na atividade agrícola (55,8%), na extrativa (57,3%) e na zootécnica (79,1%), conforme a Tabela 2.

Tabela 2 – Pessoal empregado nos setores agrícola, extrativo e zootécnico Estado de São Paulo – 1901

		Pessoal empregado		
Setores	**Nº de estabelecimentos**	**Nacionais**	**Estrangeiros**	**Total**
Agrícola	52.443	180.480 (55,84%)	142.741 (44,16%)	323.221
Extrativa	1.191	2.145 (57,26%)	1.601 (42,74%)	3.746
Zootécnica	19.038	15.713 (79,1%)	4.152 (20,9%)	19.865
Total	**72.672**	**198.338 (57,19%)**	**148.494 (42,81%)**	**346.832**

Fonte: *Annuario estatistico de São Paulo (Brazil) 1901. São Paulo: Typographia do Diario Official, 1904, p. 642.*

110 Maria Silvia C. Beozzo Bassanezi, *Fazenda de Santa Gertrudes. Uma abordagem quantitativa das relações de trabalho em uma propriedade rural paulista. 1895-1930.* Rio Claro/São Paulo: tese de doutoramento apresentada à Faculdade de Filosofia, Ciências e Letras da Unesp, 1973; Warren Dean, *op. cit.*; Rosane Messias, *op. cit.*, Denise A. S. de Moura, *op. cit.*, Maria Lúcia Lamounier, *Ferrovias, agricultura de exportação e mão de obra...*; Maria Lúcia Lamounier, *Agricultura e mercado de trabalho. Trabalhadores...*

Maria Sílvia Bassanezi, ao estudar a documentação da Fazenda Santa Gertrudes, no município de Rio Claro, notou que o colono era a principal figura da lavoura cafeeira, representando mais da metade dos trabalhadores nela empregados, sendo em sua maior parte de origem estrangeira.[111] Mas também mostrou que muitas outras atividades eram realizadas por brasileiros, especialmente aquelas mais intermitentes.[112]

Sabe-se, além do mais, que a produção de café não se resumia à lavoura, envolvendo também outras atividades importantes tanto para o seu beneficiamento quanto para a sua distribuição. Além disso, a empresa agrícola, para funcionar como um todo, exigia uma infinidade de outras tarefas e trabalhadores. O colono podia ser, portanto, apenas a principal figura da *lavoura*, isto é, do trabalho do *cultivo* do café. Todo o restante do trabalho, inclusive as tarefas envolvidas no beneficiamento, eram realizadas por trabalhadores sob outros tipos de regimes de trabalho.[113] Em 1906 eram considerados operários agrícolas segundo o Ministério da Agricultura: "jornaleiros, colonos, empreiteiros, feitores, carreiros, carroceiros, machinistas, foguistas e outros empregados em prédio rural".[114] E todos estes eram imprescindíveis para o funcionamento da empresa agrícola.

A fazenda cafeeira necessitava, para seu funcionamento, de uma complexidade de atividades que eram muitas e contínuas, exigindo mão de obra abundante, variada e adaptada a todos os tipos de serviços. Os trabalhadores nacionais, segundo Maria Silvia Bassanezi, constituíam a maioria nas atividades de

111 Aliás, uma dificuldade que existe para aquele que se debruça sobre a documentação do período para verificar a inserção do nacional no mundo do trabalho, é que muitas vezes a palavra colono era utilizada como sinônimo de trabalhador rural em geral; outras vezes, era utilizada como sinônimo de trabalhador imigrante (quer sob contrato de colonato, quer não).

112 Maria Silvia C. Beozzo Bassanezi, *Fazenda de Santa Gertrudes...*

113 José de Souza Martins, *O cativeiro da terra*, p. 81; Chiara Vangelista, *op. cit.*, Maria Silvia C. Beozzo Bassanezi, *Fazenda de Santa Gertrudes...*

114 De acordo com regulamento das leis nº 1150, de 5 de janeiro de 1904; e nº 1607, de 29 de dezembro de 1906 In: *Ministério da Agricultura. Relatório apresentado ao presidente da Republica dos Estados Unidos do Brasil pelo Ministro de Estado da Industria, Viação e Obras publicas, Miguel Calmon Du Pin e Almeida no anno de 1907.* Rio de Janeiro: Imprensa Nacional, 1907.

administração e de escritório,[115] bem como na supervisão de trabalhos manuais e nos trabalhos de empreitada. Também trabalhavam como maquinistas, carreiros, carroceiros, pedreiros, carpinteiros, no terreiro e no benefício do café. Mas também eram colonos (em menor medida) e camaradas.

Com base na documentação desta mesma fazenda e também na da fazenda Palmares, ambas no município de Rio Claro, Warren Dean apontou que os brasileiros eram muitas vezes contratados como camaradas – trabalhadores pagos por mês para cuidar da plantação em turmas. Além destes, havia os trabalhadores pagos por dia de trabalho eventual. O autor constatou que em Rio Claro, em 1905, havia brasileiros trabalhando em todas as propriedades.[116]

Outros trabalhos mais recentes vêm dando maior destaque à utilização da mão de obra nacional neste período, tentando desvendar não só *onde* ela estava trabalhando, mas *como* ela estava trabalhando. Estas obras vêm mostrando que estes trabalhadores foram usados de diversas formas, sejam nas grandes e médias plantações para exportação, sejam na agricultura para o mercado interno ou no trabalho de construção das estradas, dos caminhos e das ferrovias.

Na época de declínio do escravismo em Campinas, no final do século XIX, sitiantes e fazendeiros estabeleciam ajustes com camaradas brasileiros sem recursos que os ajudavam em períodos de muito trabalho.[117] Também lavradores de roças de alimentos negociavam ajustes de trabalho com as propriedades maiores que lhes garantiam condições para manter e cumprir as obrigações de suas roças, atividade principal de sua sobrevivência. Os contratos ou ajustes informais de trabalho deveriam permitir a conciliação das tarefas específicas de suas roças e tanto o trabalho a jornal (trabalho por dia) quanto por empreitada (por tarefa a ser cumprida) permitiam a manutenção destas tarefas particulares dos trabalhadores. Estudando, entre outras fontes, os anúncios de jornais de Campinas,

---

115 A autora atribui a escolha de brasileiros para estes cargos devido à familiaridade e experiência com o trabalho. Também eram contratados para os cargos administrativos os portugueses já estabelecidos há algum tempo no Brasil. Maria Silvia C. Beozzo Bassanezi, "Absorção e mobilidade da força de trabalho numa propriedade rural paulista (1895-1930)". In: *Anais do II Congresso e História de São Paulo (O Café)*, São Paulo, 1975, p. 245.

116 Warren Dean. *Rio Claro...*, p. 165.

117 Denise A. S. de Moura, *Saindo das sombras*, p. 64.

Denise Moura notou que inúmeras possibilidades de ajustes de trabalho eram oferecidas para o trabalhador nacional livre, sugerindo que havia a tendência de flexibilização das relações de trabalho, pois muitos dos anúncios ofereciam formas de ajustes a jornal, empreitada ou nas *condições usuais* para colonos.[118]

Prática comum, portanto, entre os brasileiros trabalhadores de roças de alimentos era intercalar trabalhos diferentes em diversas propriedades ao mesmo tempo, o que era permitido principalmente pelo contrato de empreitada.[119] Tanto os proprietários procuravam ajeitar nos contratos critérios que permitissem a intermitência, como os próprios homens livres preferiram negociar acertos de trabalho atentos à irregularidade, como garantia da possibilidade de envolvimento com tarefas de outros. Mesmo trabalhando em propriedades maiores, voltadas para a produção de gêneros para o mercado, os pobres livres preferiam não abrir mão de uma série de atividades paralelas, que iam desde o negociar até o trabalhar para outros.[120] Denise Moura mostrou que muitos desses ajustes entre grandes fazendeiros e pequenos sitiantes de um lado e trabalhadores livres pobres despossuídos de outro, por terem sido firmados apenas verbalmente, foram se perdendo, impedindo que o cotidiano de trabalho do pobre livre fosse percebido.[121]

A construção de caminhos e pontes também necessitava cada vez mais de trabalhadores. Os cafezais expandiam-se e exigiam acessos cada vez mais amplos, diversificados e rápidos para o seu escoamento. Pedreiros, canteiros, serventes, carpinteiros, cavouqueiros, serradores e lavradores de madeira eram ofícios frequentemente requisitados para os serviços das estradas e caminhos e executados, principalmente por trabalhadores nacionais.[122]

Nas grandes plantações, o nacional era correntemente utilizado nas épocas de muito trabalho, como nas épocas de colheita, especialmente como colhedores

118 Denise A. S. de Moura, *Cafeicultores e lavradores de roças...*, p. 79-107.

119 Denise A. S. de Moura, *Saindo das sombras...*, capítulo 3.

120 Denise A. S. de Moura, *Saindo das sombras...*, p. 120.

121 Denise A. S. de Moura, *Saindo das sombras...*, p. 120.

122 Denise A. S. de Moura, *Saindo das sombras...*, p. 83.

de café e para as várias atividades de beneficiamento.[123] Na região de Araraquara e São Carlos, onde as plantações de café conviveram lado a lado com a agricultura comercial de alimentos muitas vezes nas mesmas propriedades, a mão de obra dos nacionais brancos, negros e mestiços foi amplamente utilizada em conjunto com a dos escravos.[124]

Maria Lúcia Lamounier mostrou que há registro de inúmeros brasileiros trabalhando ao lado de imigrantes, sob contrato de parceria e locação de serviços nas fazendas de São Paulo na segunda metade do século XIX e antes do advento da imigração em massa. Em 1855, as colônias de Souza Queiróz, em Limeira, possuíam 87 brasileiros, e em 1857 chegaram a 305 brasileiros, num total de 625 colonos. Ao final da década de 1870, nas fazendas São Gerônimo e Cresciumal, propriedades do Barão de Souza Queiróz em Limeira e Pirassununga, havia 688 trabalhadores livres, incluindo 339 brasileiros; na colônia Santa Bárbara, também propriedade do Barão em Limeira, havia 304 trabalhadores livres, dentre os quais 250 brasileiros.[125]

Neste período, também a construção das ferrovias foi um grande absorvedor de mão de obra livre nacional. Este setor não se ressentia da falta de trabalhadores, pelo contrário, contou com enorme contingente de trabalhadores brasileiros que afluíam para seus serviços quando os salários eram remuneradores.[126]

Após iniciada a grande imigração, brasileiros continuaram a ser importantes como colhedores de café e trabalhadores para as ferrovias paulistas, no início do século XX. Em 1911, a *Agência Oficial de Colocação*, departamento fundado em 1906 pela Secretaria da Agricultura do Estado, e vinculado à Hospedaria dos Imigrantes, intermediou a contratação de 3.898 pessoas contratadas a salário, das quais 2.389 (ou 61,3%) brasileiras. Do total, 2.314 se empregaram na lavoura e

123 Denise A. S. de Moura, *Saindo das sombras...*, p. 83 Também Chiara Vangelista, *Os braços da lavoura. Imigrantes e "caipiras" na formação do mercado de trabalho paulista (1850-1930)*. São Paulo: Ed. Hucitec/Istituto Italiano di Cultura/Instituto Cultural Ítalo-Brasileiro, 1991, p. 49.

124 Rosane Messias, *op. cit.*, p. 142 e seguintes.

125 Maria Lúcia Lamounier, estudando a documentação sobre as colônias existentes no Arquivo Público do Estado de São Paulo, achou inúmeros outros dados quantitativos e qualitativos que mostram a grande utilização do trabalhador nacional já na segunda metade do século XIX. Maria Lúcia Lamounier, *Agricultura e mercado de trabalho. Trabalhadores...*, p. 357-358.

126 Lamounier, *op. cit.*, p. 365-367.

1.534 nas estradas de ferro. Neste mesmo ano, a Agência intermediou a contratação de 144 apanhadores de café (contratados apenas para a colheita), dos quais 102 brasileiros.[127]

O trabalhador nacional: o trabalhador temporário sazonal

> São Paulo começou em certas fazendas a utilizar caboclos na cultura do café; também Pernambuco e Ceará empregam um grande número de trabalhadores livres do país para a cana e o café, o mate, a borracha, a madeira, e ainda todos os produtos que não dependem de um trabalho contínuo de cultura são feitos frutificar, colhidos e preparados quase na sua totalidade pelos habitantes do campo.[128]

Apesar de o nacional ser encontrado nas mais diversas tarefas e segmentos do mundo rural paulista, uma característica que sobressai no modo de sua inserção era a da instabilidade de sua ocupação, isto é, o fato de ser geralmente inserido no mundo do trabalho nas tarefas sazonais e temporárias.

Mesmo Celso Furtado, ao se referir à importância dos agregados, aponta a sua utilização como trabalhador temporário em certas épocas, como uma justificativa para a sua manutenção dentro da fazenda: "A este [proprietário de terras] interessava basicamente que o maior número de pessoas vivesse em suas terras, cabendo a cada um tratar de sua própria subsistência. Desta forma, o senhor das terras, *no momento oportuno*, poderia dispor da mão de obra de que necessitasse".[129]

Chiara Vangelista, referindo-se à introdução de imigrantes nas fazendas de café paulistas antes da imigração em massa, afirma: "o fazendeiro evita, assim, introduzir estavelmente na sua propriedade a mão de obra brasileira; esta é, no entanto, empregada em uma série de *trabalhos sazonais* indispensáveis ao bom funcionamento da plantação [...]".[130]

---

127 Secretaria da Agricultura, Commercio e Obras publicas do Estado de São Paulo. *Boletim do Departamento Estadual do Trabalho*, ano 1, nº 1-2, São Paulo: 1912, p. 202-206.

128 Couty, Louis. *Le Bresil em 1884*, p. 106, *apud* Chiara Vangelista, *op. cit.*, p. 44.

129 Celso Furtado, *op. cit.*, p. 129 (grifo nosso)

130 Chiara Vangelista, *op. cit.*, p. 49 (grifo nosso).

Segundo Vangelista, o trabalhador nacional que durante a escravidão já era o trabalhador destinado às tarefas temporárias, após o término do regime escravista continua nesta mesma posição, trabalhando ao lado do elemento permanente de serviço (agora o colono) nas tarefas sazonais as mais diversas. No período escravista, a fazenda costumava ter três categorias fundamentais de trabalhadores: o escravo que se ocupava do trabalho de plantação propriamente dito e de algumas atividades colaterais como a produção dos bens de subsistência e tratamento do café; o escravo destinado aos trabalhos domésticos; e os trabalhadores temporários, muitos deles habitantes nas terras não exploradas do latifundiário e que se ocupavam do desmatamento, da criação, da colheita ajudando os escravos etc.

Ainda segundo a mesma autora, quando a mão de obra escrava tornou-se mais difícil e mais cara, os agregados começaram a participar ativamente da vida da fazenda, deixando-se ao escravo o trabalho do cafezal e do artesanato: "ao passo que o caboclo desempenha o papel de *trabalhador temporário* nas atividades colaterais ou durante a colheita. É, então, sobretudo esta camada de população rural (...) que oferece, depois da abolição da escravatura, a maior parte da mão de obra assalariada".[131]

Warren Dean, estudando as fazendas cafeeiras de Rio Claro, mostrou que além dos agregados havia ainda uma população flutuante de trabalhadores de posição precária – os camaradas – "*contratados para determinadas tarefas ou para ajudar na colheita.* Nenhum desses grupos era empregado para trabalho regular na plantação, sendo utilizados somente para certas tarefas especiais como limpar mato, construir estradas ou guiar carroças".[132]

Dean também mostrou que, ainda no final do século XIX, fazendas de Rio Claro dependiam grandemente das turmas de trabalhadores assalariados (geralmente solteiros) fornecidos por empreiteiros independentes. Nesse sistema se

---

131 Chiara Vangelista, *op. cit.*, p. 220 (grifo nosso). De teor semelhante: "O trabalhador nacional parece não ter se adaptado à substituição do escravo: o trabalho na plantação de café requer um empenho intenso e constante, portanto, com um grande emprego de mão de obra estável: somente no período da colheita poder-se-á fazer uso temporariamente de mão de obra provisória". Chiara Vangelista, *op. cit.*, p. 46.

132 Warren Dean, *Rio Claro...*, p. 35-6 (grifo nosso).

"empregava muitos jornaleiros, em particular durante a colheita, *os quais eram pagos por dia de trabalho eventual,* colheita e secagem dos frutos nos terreiros".[133]

Também ao se referir ao papel ocupado pelos ex-escravos, agora componentes da ampla categoria chamada de trabalhador nacional a bibliografia costuma localizá-lo nas tarefas mais intermitentes: "Com a abolição da escravatura, os ex-escravos se introduzem nesta faixa de população *marginal* que oferece ao mercado uma força de trabalho a ser empregada *irregularmente,* enquanto na fazenda o trabalho estável é executado *exclusivamente* por colonos europeus".[134]

Apesar de estar presente em praticamente todas as fazendas e propriedades médias e pequenas, e apesar de representar mais da metade dos trabalhadores empregados em 1901 (conforme Tabela 1), boa parte da bibliografia tendeu a considerar estes homens como trabalhadores acessórios e marginais. Como veremos, no entanto, a atividade agrícola, sendo ela marcada por tarefas descontinuadas, exigia um tipo de trabalhador que pudesse se adaptar a este padrão intermitente de demanda por mão de obra. Em outras palavras, um trabalhador que pudesse se arregimentado apenas para o trabalho temporário, levando-nos a crer que, ser uma mão de obra temporária, nestas circunstâncias, não é ser acessório e residual, mas sim ser necessário para estruturar a própria atividade produtiva.

---

133 Warren Dean, *Rio Claro...*, p. 163-4 (grifo nosso).

134 Chiara Vangelista, *op. cit.*, p. 50. Ver também, Cláudia A.Tessari, *op. cit.*, capítulo 3.

Capítulo II

As exigências sazonais de mão de obra na agricultura paulista

INICIALMENTE, QUANDO ANALISAMOS o mercado de trabalho rural, temos de ter em mente que as análises sobre o mercado de trabalho urbano não servem para o agrícola, pois este tem uma especificidade muito própria. Na agricultura o trabalho não é como aquele que se faz na fábrica ou na oficina. Ele não é o trabalho padronizado, contínuo, previsível, linear e relativamente independente dos ciclos naturais. O trabalho agrícola é sujeito ao ciclo de vida de cada planta, sujeito às intempéries climáticas e, principalmente, sujeito às épocas do ano – de frio, de chuvas, de sol intenso ou de geada. Estes fatores implicam que na agricultura a demanda por trabalho não seja regular ao longo do ano agrícola e nem de um ano para outro, fazendo o tipo e a quantidade de trabalhos requeridos ao longo do processo de produção variarem muito durante o ano e de ano para ano.

O ciclo vegetativo, as estações climáticas e as diferentes atividades que devem ser realizadas em cada etapa do ciclo (plantar, cultivar, colher) condicionavam momentos de *mais trabalho* ou *menos trabalho* e, até mesmo, momentos de *vacância*, quando praticamente não se trabalhava.

No período aqui estudado, em que a produção agropecuária ainda estava quase que totalmente sujeita a determinações naturais, visto que a modernização tecnológica no campo ainda estava longe de acontecer, o processo de trabalho apresentava uma grande oscilação sazonal quanto às exigências de mão de obra. Somente as inovações biológicas aplicadas na agricultura brasileira a partir da segunda metade do século XX poderiam vir a reduzir esta alta oscilação nas exigências de trabalho. Como avaliou José Graziano da Silva, estudando o progresso técnico na agricultura paulista durante o século XX: "... quando a produção agropecuária está ainda sujeita às determinações naturais, a quantidade de pessoas necessárias para trabalhar numa atividade qualquer varia conforme as estações do ano, porque é em função das mesmas que se fixa o período de produção dessa atividade".[1]

O lavrador tinha (e em boa medida ainda tem) bem pouco controle sobre os mais diversos fatores que influenciavam a produção, tanto em termos quantitativos como qualitativos. Assim, temperatura e umidade, fatores essenciais para o florescimento e amadurecimento adequado da plantação, eram praticamente incontroláveis, levando a que o melhor momento para plantar ou semear, o melhor momento para cultivar ou colher, fossem ditados pelas variações climáticas. Por exemplo, plantar determinada variedade mais tarde que o recomendado, quando os dias diminuem de luminosidade, podia fazer que a planta florescesse mais cedo, não completando o seu ciclo vegetativo normal, não rendendo bons frutos; outro exemplo, plantar fora do período ideal levaria a germinação a coincidir com momentos de chuva muito forte, o que poderia danificar a plantação. Portanto, praticamente todas as tarefas do mundo agrícola tinham momento certo para serem efeitas: "O mês de fevereiro é pouco favorável para a incubação de aves, castração de animais, corte de madeira e fatura de obras. Essas coisas devem ser feitas no devido tempo para que surtam o efeito desejado".[2]

Assim, em determinada época o trabalho *tinha* de ser realizado; em outras, ele *não devia* ser feito: "Esses trabalhos não se fazem impunemente fora do tempo, é preciso aqui ser opportunista, transigir um pouco com as circunstâncias que independem dos nossos caprichos e vontade".[3]

Além dos fatores climáticos, como temperatura e umidade, outro fator que sujeitava o trabalho na agricultura era o ciclo de vida de cada planta, o qual implicava um certo tipo de tarefa e esta uma determinada quantidade de trabalho, fosse em duração, fosse em número de trabalhadores.

O ciclo de produção agrícola costuma ser dividido em quatro etapas bem distintas: o *plantio*, que envolve também a preparação do solo para receber a semente ou muda; o *cultivo*, quando se trata da plantação já feita, cuidando para

---

1 José Graziano da Silva, *Progresso técnico e relações de trabalho na agricultura*. São Paulo: Hucitec, 1981, p. 40.

2 *Almanach Ilustrado do Lavrador Paulista para 1906 organizado por Julio Brandão Sobrinho, inspector do 1º distrito agronomico*. São Paulo: Duprat & Comp., 1906, p. 21.

3 Calendario Agricola In: *Almanach Ilustrado do Lavrador Paulista para 1906*... p. 20.

que ela não pereça, capinando a terra para arrancar as ervas daninhas, replantando aquelas que não vingaram; a *colheita*, quando se colhe o resultado da plantação e dos cuidados; e o *beneficiamento*, etapa que pode envolver as mais variadas tarefas, de acordo com o fruto colhido, tais como secagem, debulha, lavagem etc.

Geralmente, para qualquer que fosse o produto agrícola (café, algodão, cana-de-açúcar ou alimentos em geral), as épocas de *plantio* e *colheita* eram as que exigiam maior necessidade de braços. Assim, em determinadas épocas, especialmente nestas, a necessidade de braços se elevava repentinamente para uma dada área ou volume de produção, em outras épocas, no entanto, esta necessidade baixava drasticamente. Às vezes, esse período de pico de necessidades de trabalho era muito curto, especialmente no caso da colheita de produtos altamente perecíveis. Outras vezes era mais longo, prolongando-se por meses. Terminado o plantio e/ou colheita, seguia-se um período de menor atividade nas lides agrícolas, como é o caso da época dos *tratos culturais* e/ou *preparo do solo*.[4]

A essa variação nas exigências de mão de obra somavam-se os tempos de *não trabalho*. Além de ter oscilações, a ocupação da mão de obra na agricultura não é contínua como o é na maioria dos ramos industriais, havendo momentos em que simplesmente não havia trabalhos a realizar numa determinada cultura.

Apesar de cada planta possuir calendário próprio, e ter uma distribuição muito particular das tarefas ao longo dos meses do ano, quando analisamos as atividades do mundo rural paulista do início do século XX em conjunto, percebemos que havia duas estações bem marcadas e, nestas, a diferença entre as necessidades de mão de obra também eram bastante evidenciadas.

Estação seca: tempo de trabalho

Apesar das quatro estações do ano, o calendário agrícola brasileiro podia ser reduzido a duas estações bem delimitadas: *estação quente ou das águas* (que ia de setembro a abril) e *estação fria ou da seca* (que ia de abril a setembro).

---

4 José Graziano da Silva, *op. cit.*, p. 49; Carlos Rodrigues Brandão, *op. cit.*, p. 57.

Figura 1 – Estações do calendário agrícola paulista

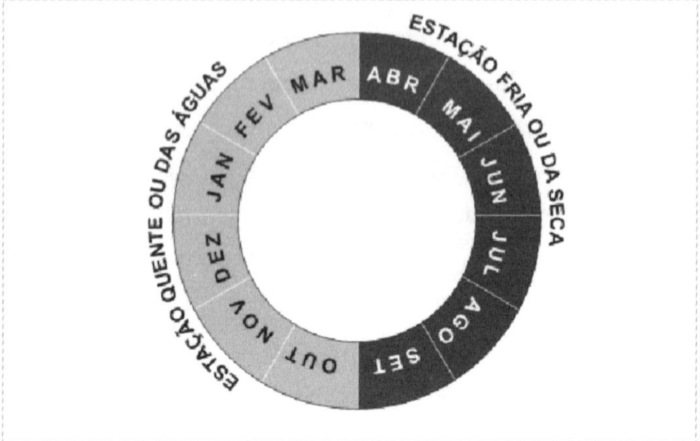

Fonte: Calendario Agricola. In: *Almanach do Lavrador Paulista para 1906*... p. 20-50.

A estação fria ou seca era a estação de trabalho mais intenso. Era a época das *colheitas* que se processavam no hemisfério sul, especialmente as colheitas de produtos comerciais paulistas (café e cana-de-açúcar).

Quase todos os tipos de plantas tinham sua colheita nesta época do ano, fossem algumas de ciclo vegetativo curto (que são plantadas e colhidas logo em seguida, como as leguminosas), fossem as permanentes (como o café) ou, ainda, as temporárias (como a cana-de-açúcar e o algodão). Além disso, era ainda nesta estação que se dava a *plantação*, a outra atividade que demandava mais trabalho na agricultura.

Em abril iniciava-se a época da *colheita*, que para algumas culturas podia prolongar-se até agosto. Em setembro iniciava-se a época de *plantio*, podendo prolongar-se até outubro. Sendo estas duas atividades as que demandavam mais trabalho, e sendo que a colheita das principais culturas ocorriam no mesmo período em São Paulo, vê-se que entre os meses de abril e setembro o volume de trabalho na agricultura paulista era intenso.

Entre os períodos que demandavam mais trabalho (época de *plantio* e de *colheita*), o das colheitas demandava ainda mais pois quase sempre coincidia com o beneficiamento do fruto colhido. Além disso, as colheitas muitas vezes deviam ser feitas numa velocidade maior, sob o risco de perder boa parte dos frutos maduros:

> [em abril] os fazendeiros de café devem abandonar tudo para colherem o café despolpado, porque há lugares em que o café amadurece de uma vez, e então torna-se impossível despolpar mais da metade da colheita; o resto só fica preparado como café ordinário que se vende pela metade ou dous terços do café lavado.[5]

Neste período, o trabalho era intenso não apenas porque os frutos tinham de ser colhidos e muitos deles logo em seguida beneficiados, mas também porque era necessário aproveitar o tempo seco para o transporte das mercadorias produzidas nas fazendas e sítios. As mercadorias deviam ser transportadas brevemente porque as estações chuvosas provocavam enchentes e alagamentos nas estradas de rodagem, dificultando o transporte das mercadorias ou tornando as estradas intransitáveis.[6]

No tempo seco também deviam acontecer as mais diversas atividades não agrícolas do mundo rural, tais como os consertos e construções das instalações das propriedades e das estradas e caminhos: "São trabalhos que devem ser feitos logo, neste mês: a limpa dos pastos, a reparação das cercas, a limpeza dos tapumes [...]".[7]

Até mesmo as obras públicas tinham de ocorrer no tempo seco. A Superintendência de Obras Públicas do Estado de São Paulo, em ofício pelo qual autorizava os consertos da estrada de rodagem que ligava a Freguesia da Água Branca à do Ó, ressalvava: "mas elles só deverão ser executados em tempo de seca, porque o tempo chuvoso não só dificulta o trabalho como também peiora as condições da estrada [...]".[8]

Era nesta época, também, que devia acontecer a castração de animais, visto que o tempo seco dificultava a proliferação de moscas e mosquitos e tornava mais fácil a cicatrização: "(...) Julho é mês proprio para corte de madeira e castração de animais da fazenda, sobretudo porcos...".[9]

---

5 Calendario Agricola de S. V. Vigneron Jousselandiére In: *Catechismo de agricultura*, p. 49.

6 João Ayres de Camargo. *As estradas de rodagem do Estado de São Paulo; artigos publicados no Jornal do Commercio de São Paulo*. São Paulo: Typographia Brasil de Rothschild & Co., 1923 p. 20.

7 Calendario Agricola In: *Almanach Illustrado do Lavrador paulista para 1906...*, p. 23.

8 Ofício da Superintendencia de Obras Publicas do Estado de São Paulo, 22 abr. 1890.

9 Calendario Agricola In: *Almanach Illustrado do Lavrador paulista para 1906...*, p. 25-27.

Também era o caso do *preparo do solo* para a plantação de novos pés de cafés que tinha de ser feito no tempo seco. A formação dos cafezais compreendia as operações de roçada, derrubada, queima, traçado dos carreadores, alinhamento e covagem.[10] Todas estas operações eram realizadas na *estação fria ou seca*: "A época das roçadas deverá ser o periodo da seca, isto é, quando as chuvas não possam atrapalhar esse serviço nem difficultar a queima. Prefere-se, em geral, o periodo de Maio a Agosto".[11] Além disso, outras tantas atividades deveriam acontecer durante esta mesma estação:

> Continua a derrubada do mato grosso, a roçagem das capoeiras, a rotea... Termina-se a limpeza dos pastos e o destocamento das terras desbravadas, reparam-se as cercas, desobstruem-se os regos e vallados, e conclue-se o concerto das dependencias da fazenda (...) Faz-se a provisão necessaria de lenha para o gasto do anno, agora que as baixadas estão enxutas e podem ser percorridas pelos carros.[12]

Após terminada a colheita, tinha início a época do plantio, a outra tarefa bastante exigente em mão de obra:

> Ei-nos chegados ao mês das plantações para todo o hemisfério do Sul [...] Em setembro semeiam-se, pois, todas as plantas indigenas e as estrangeiras já aclimadas no nosso hemispherio. Plantam-se agora: milho, feijão, arroz, algodão, canna, quiabo, mandioca, mamona, abobora, batata doce e ingleza, inhame etc. semeiam-se fumo, arvores fructiferas e de madeira de lei [...].[13]

Como a plantação deveria acontecer em setembro, nos meses que antecediam a plantação a terra devia ser preparada, e, portanto, o preparo da terra para o plantio dos mais diversos vegetais acabava coincidindo com o período de colheita

---

10 Augusto Ramos. *O café no Brasil e no estrangeiro*. Rio de Janeiro: Pap. Santa Helena, 1923, p. 89.

11 Augusto Ramos, *op. cit.*, p. 89.

12 Calendario Agricola In: *Almanach Illustrado do Lavrador paulista para 1906...*, p. 25-27.

13 Calendario Agricola In: *Almanach Illustrado do Lavrador paulista para 1906...*, p. 28.

e beneficiamento: "A colheita do café e o serviço do terreiro constituem a grande faina do mez; mas o preparo da terra destinada ao plantio dos outros vegetaes não deve ser negligenciado [...]".[14]

Temos, portanto, que na *estação fria ou seca*, que em São Paulo abrangia os meses de abril a setembro, a demanda por trabalho era intensa. Neste período, coincidiam as fases de colheita, plantação e o preparo do solo dos principais produtos cultivados em grande escala na lavoura paulista (café e cana-de-açúcar). Coincidiam também neste período seco a castração dos animais, o beneficiamento e transporte dos produtos colhidos, os consertos e construções. A concentração, neste período do ano, das etapas mais exigentes de trabalho com as várias outras tarefas faziam desta estação o tempo de trabalho.

Estação das águas: tempo de vacância

Na *estação quente ou das águas*, a qual tinha início em outubro e se estendia até março, o trabalho a ser realizado era bem menor. Em outubro, quando tinha início a estação, o trabalho na agricultura paulista começava a diminuir, atingindo o nível mais baixo de necessidade de mão de obra nos meses de novembro, dezembro e janeiro. O calor intenso e as chuvas tornavam inviáveis diversos trabalhos neste período. Quando analisamos o calendário do agricultor paulista, nos meses entre outubro e março, o que mais se nota são indicações de atividades que *não* deviam ser feitas nesta época do ano:

> Bem poucos são os serviços culturaes que se praticam neste mez. Não se fazem mais colheitas; as roçadas já não são possíveis; restam apenas os trabalhos de capina e alguma semeadura atrasada (...) a plantação de novembro é condemnavel por dois motivos principaes: em primeiro logar, a maturação corre risco de ser prejudicada pelo frio do outono e depois os trabalhos são muito mais custosos e incertos, devido á persistencia das chuvas. Esta plantação é forçada e só deverá ser executada em caso de força maior (...) Novembro é mau mez para chocar galinhas e castrar animais domésticos.[15]

---

14 Calendario Agricola In: *Almanach Illustrado do Lavrador paulista para 1906...*, p. 25.

15 Calendario Agricola In: *Almanach Illustrado do Lavrador paulista para 1906...*, p. 28-29.

Novembro, dezembro, janeiro, fevereiro e março são, no estado de São Paulo, os meses mais úmidos e mesmo muito úmidos. Em dezembro, mês que marcava o início das grandes precipitações aquosas e do calor intenso, trabalhava-se menos ainda: "Em regra não se planta cousa alguma durante o mez de Dezembro".[16]

No entanto, se a maior parte das atividades deviam acontecer no tempo seco e não na *estação quente ou das águas*, a lavoura de cereais, contrariamente, concentrava seu ciclo de produção nesta época do ano. Eram chamados cereais os principais alimentos cultivados em São Paulo na época: milho, feijão, arroz e batata. O milho, por exemplo, era plantado em São Paulo entre agosto e setembro, mas era colhido na época quente, entre fevereiro e março. O mesmo valia para o arroz, o feijão e a batata: "O único serviço que tem plena atividade neste mez é a colheita de cereaes, cultivados pela rotina".[17]

Além dos cereais, outra atividade favorecida neste período de chuvas era a pesca: "em Dezembro as pescas são abundantes".[18]

Como as chuvas faziam crescer mato e erva daninha, era neste período do ano, durante a *estação das águas*, que ocorriam as capinas nas lavouras comerciais de café e cana-de-açúcar, atividade importante, porém menos exigente em mão de obra: " [...] a capina ou carpa é a única operação cultural que tem justo cabimento no mez de Novembro".[19]

Em fevereiro, as atividades permitidas e necessárias começavam a aumentar, atingindo o pico na *estação seca*, como já foi assinalado: "effectivamente nessa época do anno já o sol começa a descambar para o equador. O calor e as chuvas começam a diminuir e os trabalhos rurais são mais fáceis".[20]

---

16 Calendario Agricola In: *Almanach Illustrado do Lavrador paulista para 1906...*, p. 29-30. Para o calendário agrícola paulista e sua relação com os índices pluviométricos, ver também Pierre Monbeig, *op. cit.*, capítulo II.

17 Calendario Agricola In: *Almanach Illustrado do Lavrador paulista para 1906...*, p. 29-30.

18 Calendario Agricola In: *Almanach Illustrado do Lavrador paulista para 1906...*, p. 29-30.

19 Calendario Agricola In: *Almanach Illustrado do Lavrador paulista para 1906...*, p. 28-29.

20 Calendario Agricola In: *Almanach Illustrado do Lavrador paulista para 1906...*, p. 20.

Tabela 3 – Síntese das atividades realizadas na agricultura paulista por estação

Estação fria ou seca (abril a setembro)	Estação quente ou das águas (outubro a março)
Corte e moagem da cana-de-açúcar	Capinas em geral (café, cana-de-açúcar, algodão, lavoura de alimentos)
Colheita e beneficiamento do café	Algumas semeaduras atrasadas
Colheita de frutas do gênero *citrus*	Colheita de cereais (milho, feijão, arroz, batata)
Preparação do solo para as plantações de setembro em diante	Plantio de cereais (milho, feijão, arroz, batata)
Castração de animais	Trabalhos de horticultura (plantio e colheita)
Reparos nas estradas e instalações	Pesca
Limpeza dos pastos e valados	
Derrubada da mata	
Plantação do milho, feijão, algodão, cana-de-açúcar, café etc.	

Fonte: Calendario agricola In: *Almanach Illustrado do agricultor paulista, 1906*, p. 20-50.

A sazonalidade do trabalho no café

O trabalho na lavoura cafeeira atendia a duas etapas bem distintas. A primeira era a da *formação do cafezal*, que envolvia a abertura de uma nova fazenda ou de áreas novas dentro de uma propriedade já produtiva e consistia na derrubada da mata, na preparação do terreno para plantação e na formação do cafezal propriamente dita. A segunda etapa era a da *manutenção* das fazendas (ou áreas) já produtivas. Cada uma destas duas etapas requeria atividades muito diferenciadas ao longo do ano agrícola.

A primeira etapa, a da *formação do cafezal*, era feita apenas uma vez, visto que a planta, já transformada em arbusto, durava décadas. Ela envolvia as tarefas de desmatamento (ou derrubada), queimada e destocamento (quando se retiravam os tocos de árvores), preparo do solo para a plantação e a semeadura do café.

Este trabalho de desmatamento e preparação do solo para a semeadura tinha início geralmente no mês de abril, após terminada a época das chuvas.[21] Como a

21 Augusto Ramos, *op. cit.*, p. 89. Ver também Zuleika Alvim, *Brava gente! Os italianos em São Paulo. 1870-1920*. São Paulo: Brasiliense, 1986, p. 77.

terra onde o novo cafezal ia ser formado era geralmente coberta de mata virgem, o primeiro trabalho a ser realizado era eliminá-la. Este principiava pela roçada com foice e facão dos arbustos existentes entre as árvores maiores. Roçado este mato miúdo, procedia-se a derrubada, com o machado, das árvores maiores. Quando, depois de certo tempo, a vegetação derrubada secava, ateava-se fogo na área e, depois, arrancavam-se os tocos remanescentes das árvores. No todo, a atividade de formação se estendia por alguns meses: entre março e abril, ocorria a derrubada; em maio, junho e parte de julho, deixava-se secar as árvores abatidas; e em parte de julho e agosto, fazia-se a queimada.[22]

Limpo o terreno, marcavam-se os locais dos futuros cafeeiros e faziam-se as covas para receber as sementes ou mudas dos futuros pés de café. A semeadura do café era feita diretamente no terreno definitivo nos meses de setembro ou outubro.

A partir de então e durante aproximadamente quatro anos, dava-se o período denominado de formação do cafezal. Neste período o terreno devia ser mantido limpo para que a vegetação concorrente do café não inviabilizasse o que havia sido plantado. Para isto, realizavam-se de 4 a 6 capinas anuais e a replanta de pés de café nas covas em que os pés originalmente plantados não haviam vingado.

Para as fazendas já constituídas e produtivas (aproximadamente após o quinto ano depois que o cafezal havia sido plantado), a manutenção da produção cafeeira era subdividida nas tarefas de *capina*, de *colheita* e de *beneficiamento* do café já colhido.

A primeira tarefa, a da *capina* ou *carpição* do terreno, consistia em arrancar os capinzais e ervas daninhas com a enxada e com as mãos. A *capina* ou *carpição* (também chamada de *limpa* ou *cultivo*) era parte do *trato*, um termo mais geral que incluía também a remoção de galhos mortos, replantio de mudas mortas, coroação da terra antes da safra e espalhamento do cisco depois de terminada a colheita. Esta tarefa devia ser realizada com regularidade, caso contrário as plantas jovens não se desenvolveriam e os cafeeiros mais velhos se tornariam improdutivos. Cuidados inadequados, portanto, reduziam em muito a colheita.

Apesar da existência dos capinadores mecânicos naquele período,[23] a capina era realizada ainda com o uso da enxada tornando este trabalho mais contínuo e

---

22 Zuleika Alvim, *op. cit.*, p. 78.

23 Luiz Queiroz, "Algumas palavras sobre a cultura do café." In: *Revista Agricola*, ano 1, nº 6, 1º nov. 1895, p. 93-94.

regular ao longo do ano. Se entre uma colheita e outra devia ser feita em média cinco capinas, e se cada trabalhador costumava cuidar de mais de dois mil pés,[24] o trabalho de capinar os pés de café acabava por ser o mais contínuo. O ano agrícola costumava durar de outubro a setembro e, dentro dele, o trabalho de capinar costumava ser feito entre novembro e abril, com intervalos (tempo vagante) neste período, como mostra a Tabela 4.

Excluindo-se a tarefa mais contínua e regular na qual consistia a carpição, o restante das inúmeras outras tarefas da fazenda cafeeira, e mesmo da cultura do cafezal, era sazonal.[25] Além dos cuidados dos pés de café, na entressafra (período entre duas colheitas e quando deviam ser realizadas as cinco capinas acima referidas) eram realizadas também as tarefas de poda, decote e extrumação das árvores.[26]

A etapa da colheita era a de maior trabalho na lavoura cafeeira e durava cerca de quatro meses e meio, abarcando em São Paulo os meses de maio a agosto. Neste momento do ano agrícola, todos os esforços deviam estar concentrados para a realização desta tarefa: "É excusado dizer que a colheita do café constitue a grande faina da época [...] Isto quer dizer que se povoam os terreiros...".[27]

Uma vez que no Brasil as cerejas de café amadureciam praticamente todas ao mesmo tempo,[28] a colheita precisava ser feita apenas uma vez em cada cafezal. Ela devia ser feita de maneira a estar finalizada antes de as chuvas começarem.

---

24 Thomas Davatz. *Memórias de um colono no Brasil (1850)*. Belo Horizonte: Itatiaia; São Paulo: Edusp, 1980, p. 65; Secretaria da Agricultura, Commercio e Obras Publicas do Estado de São Paulo. *Boletim do Departamento Estadual do Trabalho*, ano 1, nº 1-2, ..., p. 21.

25 Na década de 1880, Luiz Monteiro Caminhoá, professor de Biologia Industrial da Escola Polytechnica no Rio de Janeiro, visitando as fazendas cafeeiras do Rio de Janeiro, notou que os trabalhadores dedicados à cultura cafeeira representavam, em média, 61% do total de trabalhadores. Luiz Monteiro Caminhoá, *Cana de assucar e café. Relatório apresentado ao Governo Imperial pelo engenheiro Luiz Monteiro Caminhoá*. Rio de Janeiro: Typographia Nacional, 1880.

26 Secretaria da Agricultura, Commercio e Obras Publicas do Estado de São Paulo. *Boletim do Departamento Estadual do Trabalho*, ano 1, nº 1-2..., p. 21.

27 Condições da Lavoura In: Secretaria da Agricultura, Commercio e Obras Publicas do Estado de São Paulo. *Boletim da Agricultura*. Anno de 1903, VI, nº 1. São Paulo: Red. da Revista Agricola, 1905, p. 193.

28 Apesar de as cerejas irem amadurecendo aos poucos em cada pé de café, no Brasil as épocas de florescência, frutificação e amadurecimento eram bem marcadas, diferentemente do que acontecia nas terras altas da Colômbia e América Central, onde os ramos dos cafeeiros ficavam carregados de flores, frutos verdes e cerejas maduras simultaneamente durante a maior parte do ano. Thomas Holloway, *Imigrantes para o café...* p. 55.

O início da brotação, que resultaria nos frutos que seriam colhidos no próximo ano, acontecia logo após o término da colheita, entre setembro e novembro, coincidindo com o começo das chuvas. Se a colheita se atrasasse ou se não fosse feita, ela interferiria na florada e, portanto, na colheita posterior, de maneira adversa.[29]

Ao mesmo tempo em que a colheita era realizada, eram requeridos os trabalhos de transporte (carregamento dos carros e transporte do café dos campos até ao terreiro e às máquinas onde os frutos seriam beneficiados) e de beneficiamento do fruto colhido.

O beneficiamento do café devia se dar praticamente concomitante à colheita, o que implicava que neste período ocorresse o pico de demanda de trabalho: "É frequente no Brazil guardar-se [o café colhido] para ser despolpado no dia seguinte ao da colheita, ou mesmo para mais um ou dois dias, o café reservado áquella operação".[30]

Ao mesmo tempo em que os cafés estavam sendo colhidos, eram levados quase que diariamente para os terreiros, onde seriam espalhados ao sol para secar. Por alguns dias seguidos o café seria mexido com o rodo várias vezes diariamente, amontoado e coberto no final do dia, até que estivesse seco e pudesse ser transportado às máquinas para beneficiamento.

Logo após o beneficiamento, o café devia ser ensacado e transportado até as estações ferroviárias mais próximas. O ano agrícola era dado por terminado quando, finda a colheita, acontecia o "espalhamento do cisco" (ou a última capina).

A Tabela 4 mostra as tarefas envolvidas no cultivo de café distribuídas ao longo dos meses do ano agrícola. Percebe-se que as tarefas eram descontínuas e sazonais, implicando demandas de trabalho variadas ao longo do ano, diferenciadas por tipo de tarefa, por quantidade de trabalhadores ou por intensidade de trabalho. Nas fazendas em que havia áreas de café em formação paralelamente às áreas já produtivas, o pico de demanda de trabalho era ainda mais acentuado, pois a preparação do terreno e o plantio deviam acontecer no mesmo momento em que ocorria a colheita. Era, então, no momento da colheita e beneficiamento que o pico de demanda por mão de obra acontecia: "A colheita marca o período de

29 Thomas Holloway, *Imigrantes para o café...*, p. 57.

30 Augusto Ramos, *op. cit.*, p. 149.

maior actividade nas fazendas e exige a cooperação de todo o pessoal valido – homens, mulheres e crianças – resultando desse facto a grande procura de operarios, que nunca serão demais para o serviço".[31]

Tabela 4 – Calendário agrícola do café – formação, cultivo e colheita

Mês	Etapa de formação do cafezal	Etapa de cultivo, colheita e beneficiamento
Janeiro		Carpa do cafezal
Fevereiro		
Março	Derrubada	Carpa do cafezal
Abril	Derrubada	Carpa do cafezal, colheita dos primeiros cafés
Maio	Formação das mudas	Colheita e beneficiamento do café
Junho	Formação das mudas	Colheita e beneficiamento do café
Julho	Queimada	Colheita e beneficiamento do café
Agosto	Queimada	Colheita e beneficiamento do café
Setembro	Transplantação das mudas	Limpeza do cafezal ("esparramar o cisco")
Outubro	Transplantação das mudas	
Novembro		Carpa do cafezal
Dezembro		Carpa do cafezal

Fonte: Calendario agricola In: *Almanach Illustrado do agricultor paulista, 1906*... e Zuleika Alvim, *op. cit.*, p. 78.

Neste momento, todos os recursos deveriam ser canalizados para a efetivação da colheita a qual exigia tarefas variadas (não só as da colheita propriamente dita, mas também do transporte e beneficiamento) que, por sua vez, deveriam ser levadas a cabo em ritmo intenso e num curto prazo.

A lavoura cafeeira, portanto, apesar de exigir grande quantidade de mão de obra permanente (para os *tratos culturais* ou *capinas*), ainda assim mantinha diferenças significativas quanto às exigências de trabalho ao longo do ano agrícola: "O segundo embaraço resulta do *desequilíbrio* entre o número de trabalhadores

31 Condições do trabalho na lavoura cafeeira do Estado de São Paulo..., p. 21.

necessários para o tratamento dos cafezaes e o reclamado pelos trabalhos das colheitas; *este último muito maior*".[32]

Como pode ser observado na Tabela 5 que traz dados da "Estatística Especial do Café" realizada em 1900 e publicada no *Boletim da Agricultura*, para o período da colheita eram necessários, em média, 54% mais trabalhadores, representados pela coluna "trabalhadores extras necessários no tempo da colheita".[33]

Tabela 5 – Trabalhadores permanentes e temporários nas fazendas de café – 1900

Municípios	Fazendas de café	Trabalhadores			Total de pés de café	
	Número total	Existentes no momento da pesquisa	Necessários para completo funcionamento da propriedade	Extras necessários no tempo da colheita	Maiores de 4 anos	Menores de 4 anos
Araçariguama	11	66	100	147	135.900	9.000
Atibaia	249	1.806	2.251	2.784	2.308.600	2.506.600
Bananal	111	1.753	2.027	2.589	4.071.700	551.800
Pilar	10	45	70	154	84.500	5.000
Sertãozinho	60	9.594	há falta	2.810	7.345.388	4.410.600

Fonte: Estatística especial da lavoura de café nos municípios de Araçariguama, Atibaia, Bananal, Pilar, Sertãozinho e Redempção In: *Boletim de Agricultura. Anno de 1900.* São Paulo: serie 1, nº 6, 1900, (suplemento)

Além das atividades diretas necessárias para o tratamento, colheita e beneficiamento do café, a manutenção de uma fazenda cafeeira exigia outras tantas atividades para seu pleno funcionamento: trabalhos de conserto das instalações, trabalho nas serrarias, carpintaria, ferraria de animais, olaria, pessoal para o cuidado com os

32 Augusto Ramos, *op. cit.*, p. 104. (grifo nosso)

33 Esses dados assemelham-se aos de Caminhoá, que mostrou que, em média apenas 61% do total de trabalhadores escravos iam para a lavoura continuamente. Assmelham-se também aos de Bassanezi, que mostrou que os colonos representavam pouco mais da metade do total de trabalhadores da fazenda Santa Gertrudes entre 1895 e 1930. Luiz Monteiro Caminhoá, *op. cit.*; Maria Silvia C. Beozzo Bassanezi, *Fazenda de Santa Gertrudes...*, p. 246.

currais dos animais de tração etc. A manutenção de toda a empresa agrícola cafeeira exigia, assim, os mais variados tipos de trabalho, em momentos diferentes no tempo e com exigências também diferentes quanto ao número de trabalhadores. Era necessário certo número de pessoal permanente para o trabalho regular de capina dos cafezais; um outro número de trabalhadores temporários para as tarefas diversas da fazenda; outro número, maior ainda, para a colheita e beneficiamento do café. Cada atividade, dependendo das tarefas requeridas, do tempo necessário para efetuá-la e do número de trabalhadores necessários, correspondia a determinado sistema de trabalho, os quais serão estudados no *Capítulo IV*.

A sazonalidade do trabalho na agricultura de alimentos

Também o trabalho na lavoura de alimentos (ou de cereais, como era chamada na época) consistia em ta refas diferenciadas ao longo do ano, alternando momentos de alta e de baixa exigência de trabalho, dependendo do tipo de tarefa a ser realizada e do tempo disponível para efetuá-la. A demanda de trabalho na lavoura de alimentos, por ser esta última composta de diferentes plantas (milho, arroz, feijão, mandioca, batata, abóbora, leguminosas, entre muitas outras) era formada por uma mescla de tarefas exigidas por cada uma delas. Em alguns momentos estas tarefas coincidiam no tempo e, em outros, podiam ser intercaladas.

A lavoura de alimentos (seja a roça familiar feita para a subsistência, seja a comercial voltada para o mercado interno) por ser composta em grande parte por plantas de ciclo vegetativo curto, exigia, a cada ano, as mesmas tarefas: lavrar a terra; plantar a semente (ou a rama ou o tubérculo) sob a terra preparada; cuidar do que foi plantado carpindo o terreno semeado entre as ruas dos vegetais já crescidos; realizar a colheita; tratar do que colheu, cuidando da armazenagem do que vai ser consumido ao longo do ano ou vendido ao mercado; transformar os produtos (descascar, pilar, bater, moer, torrar etc.); e comercializar o excedente colhido ou transformado.[34]

A cada ano agrícola, os trabalhadores faziam e refaziam todas ou quase todas estas tarefas agrícolas, artesanais e mercantis. A elas se somavam muitas outras: o

34 Carlos Rodrigues Brandão, *op. cit.*, p. 50.

trato das criações (aves, porcos, gado); os cuidados da horta e do pomar; os reparos dos objetos de montaria ou de trabalho com a terra; a criação do artesanato de costume (roupas de algodão, óleo de mamona, esteiras de palha, pequenos objetos de couro ou de barro) etc.[35]

No caso de terra já cultivada, o trabalho começava com o seu preparo para receber semente, variando conforme o relevo e a vegetação, podendo requerer trabalhos com o machado, com a foice ou com a enxada. No caso de terra virgem, ainda havia o trabalho da derrubada da mata, da queimada e o do destocamento. Em relação à época do ano em que devia acontecer, esta etapa variava de cultura para cultura.

Após o preparo do terreno, tinha lugar o plantio, cujo tempo podia variar muito dependendo do número de pessoas envolvidas no trabalho e das técnicas utilizadas. Entre o plantio e a colheita, a planta exigia trabalho contínuo de carpição, quando o trabalhador deveria mantê-la livre das ervas daninhas, bem como deveria revolver a terra ao redor da planta.

A quantidade de vezes que uma cultura deveria ser carpida variava: o milho e o feijão exigiam uma limpa a cada vinte e dois dias (este espaço de tempo era maior nas terras mais cansadas, onde, sendo menos férteis, o mato e ervas daninhas cresciam mais lentamente). Este era também o espaço de tempo para a carpição da batatinha. O arroz precisava de duas limpas, no caso de ele ter sido plantado sem o sistema de irrigação ou de uma limpa, no caso de arroz irrigado.[36]

O tempo dedicado à colheita e o tipo de trato posterior dado aos grãos ou tubérculos também variava, no entanto, de qualquer forma, uma regra era válida: o trabalho da safra era feito em ritmo mais veloz que todas as operações de trabalho agrícola anteriores.

Cada tipo de planta cultivada na lavoura de alimentos tinha seu ciclo de vida. Havia as mais sazonais (as de ciclo vegetativo curto, como algodão, milho, arroz e feijão), algumas temporárias, cujo ciclo vegetativo dura de um ano a um ano e meio (como mandioca e cana-de-açúcar) e as permanentes (como as árvores frutíferas).

No período estudado, os alimentos mais cultivados em São Paulo eram o milho, o feijão, a mandioca e o arroz.

---

35 Denise A. S. de Moura, *Saindo das sombras...*; Carlos Rodrigues Brandão, *op. cit.*, p. 51.

36 "No interesse da polycultura". In: Secretaria da Agricultura, Commercio e Obras Publicas do Estado de São Paulo. *Boletim da Agricultura. Anno de 1914*, serie 15, nº 4-5, abr.-maio 1915, p. 635.

Milho

O milho, um dos alimentos que compunham a base da alimentação do brasileiro, era o cereal mais cultivado em São Paulo, inclusive pelo fato de ele produzir bem em qualquer região do estado.[37] Em 1902, todos os distritos agronômicos do estado[38] produziam o cereal em abundância:

> Haverá, portanto, abundancia de milho, como já houve no anno passado, sendo para desejar que não haja importação desse cereal. De facto, assim parece, porque tive occasião de ver em muitos logares, e mormente em Pitangueiras, talhões e talhões de milho, parecendo ser a cultura principal, e até nos cafezaes formados.[39]

O milho é uma planta de ciclo vegetativo curto e, em São Paulo, seu cultivo costumava acontecer entre agosto (ou setembro) e fevereiro (ou abril). Entre agosto e, no mais tardar setembro, conforme corresse a estação, o milho era plantado. Em geral, cinco meses depois do plantio procedia-se a colheita. Entre o plantio e a colheita costumava-se fazer três limpas ou capinas. Após a colheita, o

---

37 "No interesse da polycultura". In: Secretaria da Agricultura, Commercio e Obras Publicas do Estado de São Paulo. *Boletim da Agricultura...* p. 630.

38 O Decreto nº 752 de 15 de março de 1900 criou os distritos agronômicos do estado de São Paulo e as comissões municipais de agricultura. Dividia-se, assim, o estado de São Paulo em seis distritos: o 1º, por onde passava a Estrada de Ferro Central, tinha por sede a capital do estado e era constituído pelos municípios do norte do estado (do Vale do Paraíba até a cidade de São Paulo); o 2º abarcava em boa parte municípios servidos pela Estrada de Ferro Mogiana e pela Paulista, tinha como sede o município de Campinas e se estendia por Rio Claro, Araras e Leme. Equivalia aproximadamente à chamada zona central do estado; o 3º, formado pelos municípios servidos pela Estrada de Ferro Mogiana, tinha por sede a cidade de Ribeirão Preto; o 4º, formado pelos municípios servidos pela Estrada de Ferro Paulista, tinha por sede a cidade de São Carlos do Pinhal e equivalia aproximadamente à região conhecida como paulista; o 5º distrito, formado pelos municípios servidos pela Estrada de Ferro Sorocabana, equivalia ao que se convencionou chamar Zona da Sorocabana. Tinha por sede a cidade de Sorocaba; e, o 6º distrito, formado pelos municípios do litoral sul, tinha por sede a cidade de Iguape. Decreto nº 752 de 15 de março de 1900 que cria os districtos agronomicos e as comissões municipais; Thomas Holloway, *Imigrantes para o café...* p. 31-50.

39 "Condições da lavoura no mez de dezembro". In: Secretaria da Agricultura, Commercio e Obras Publicas do Estado de São Paulo. *Boletim da Agricultura. Anno de 1902*. São Paulo: Red. da Revista Agricola, nº 12, dezembro de 1902, p. 826.

milho era conduzido ao terreiro, onde, se o tempo estivesse seguro, ficaria tomando sol durante alguns dias.[40] O milho não precisa necessariamente ser beneficiado logo após ter sido colhido. Se os trabalhadores tivessem necessidade de se dedicar a outras tarefas, poderiam transcorrer meses até que o milho fosse beneficiado.

Quando o milho estava sendo plantado e quando estava sendo colhido, a necessidade de trabalho era intensa, diminuindo na época em que precisava apenas ser capinado. Excluindo-se o período entre agosto e abril, quando era plantado, capinado e colhido, o milho não demandava trabalho, ocorrendo o período de vacante.[41]

Feijão

Outro alimento cultivado em praticamente todas as áreas do estado de São Paulo era o feijão. Em São Roque, por exemplo, em 1901, a cultura chegava a ser feita em "*escala um tanto considerável*".[42] Em dezembro de 1902, no 4º distrito, "*O feijão também tem dado boa renda... não tão boa quanto a do milho, é comtudo este ano a colheita do feijão bem maior que a passada*".[43]

Os lavradores paulistas lidavam com dois tipos de feijão: o *feijão das águas*, que era plantado entre setembro e novembro e colhido três meses depois, entre dezembro e janeiro; e o *feijão da seca*, plantado em fevereiro e março e colhido em abril e início de maio. Estes dois tipos de feijão ainda se subdividiam em numerosas variedades, das quais a mais cultivada no estado era a conhecida pelo nome de feijão-mulatinho. Os feijões são plantas de cultura rápida e fácil, mas muito exigentes quanto à qualidade da terra, que devia ser fresca e fértil. Em geral, a colheita era feita após cerca de quatro meses e meio depois do plantio, quando se arrancavam os feijoeiros com as respectivas vagens, destituídas já de quase todas as suas folhas. Costumava-se fazer duas capinas entre o plantio e a colheita.[44]

---

40 "No interesse da polycultura...", p. 631-632.

41 Na verdade, o milho podia ser cultivado fora deste período ideal, não rendendo, no entanto, bons frutos.

42 "Condições da lavoura no mez de janeiro". In: Secretaria da Agricultura, Commercio e Obras Publicas do Estado de São Paulo. *Boletim da Agricultura*. Anno de 1901. São Paulo: Red. da Revista Agricola, serie 1, nº 1, janeiro de 1901, p. 45.

43 "Condições da lavoura no mez de dezembro...," p. 826.

44 "No interesse da polycultura...", p. 640.

O ciclo de cultivo do feijão, portanto, levando-se em conta, conjuntamente, o *feijão das águas* e o *feijão da seca*, ia de setembro a abril (ou início de maio), período em que ele requeria trabalho. No período entre maio e setembro ocorria a vagante, quando não se trabalhava nesta cultura.

Arroz

Na primeira década do século XX, em São Paulo, o arroz passou a ser um cereal importante para a lavoura comercial de alimentos, especialmente para aquela voltada ao comércio regional e intraestadual. Em 1902, no 3º distrito, tomavam "extraordinário desenvolvimento as plantações de arroz que promettem abundantissima colheita [...]".

Já em 1910 o produto figurava como o segundo artigo de exportação do estado de São Paulo, era produzido especialmente no 6º distrito agronômico, na região de Iguape e municípios circunvizinhos (Cananeia, Conceição de Itanhaém, Caraguatatuba, Iguape, São Sebastião, Villa Bella, Xiririca, Santos, São Vicente, Natividade e Ubatuba) e exportado pela estrada de ferro Central do Brasil e pelos portos de Cananeia e Santos: "Esta exportação de 1910 [11.592 toneladas], quasi egual á de 1909, coloca nosso Estado á frente de todos os outros da Republica que exportam tão procurado cereal".[45] Em 1914, de todos os cereais, o arroz já era considerado o mais rendoso e o que se vendia mais facilmente.[46]

Também uma planta de ciclo vegetativo curto, o arroz era plantado geralmente entre agosto e novembro e, às vezes, até meados de dezembro, no caso de falta de chuvas. Em março, estava pronto para ser colhido.[47] Geralmente eram necessárias duas limpas. No caso do arroz cultivado sob o sistema de irrigação, bastava apenas uma limpa ou capina. O período em que esta cultura exigia trabalho, portanto, coincidia com o período de demanda por trabalho no milho e feijão, mas não coincidia com o pico de trabalho das lavouras comerciais, especialmente o café e a cana-de-açúcar.

---

45 *Mensagem enviada ao Congresso Legislativo a 14 de julho de 1911 pelo Dr. M. J. Albuquerque Lins, presidente do Estado*. São Paulo: Duprat & Comp., 1911, p. 27.

46 "*No interesse da polycultura...*", p. 637.

47 "*No interesse da polycultura...*", p. 635-637.

Mandioca

A mandioca, tubérculo cultivado em abundância em toda parte do estado era, apesar disso, uma cultura geralmente feita para consumo próprio, não merecendo atenção nos relatos dos inspetores dos distritos agronômicos, publicados nos Boletins de Agricultura.

Ela podia ser plantada em qualquer época do ano "a plantação podendo ser feita alguns meses antes do frio ou no começo das chuvas",[48] mas preferencialmente deveria ser plantada no fim da estação em que caíam as chuvas mais pesadas, para que "as plantinhas não venham a sofrer muito com as secas ou com as grandes chuvas".[49]

A colheita acontecia entre um ano e meio e dois anos após o plantio. A época da colheita dependia da variedade cultivada, porque as raízes de algumas não estavam maduras senão depois de dezesseis a vinte meses, enquanto a de outras já podiam ser arrancadas com treze a quatorze meses.[50]

Geralmente três meses após o plantio dava-se a primeira limpa, arrancando-se as estacas que brotaram mal, e ao fim de quatro ou cinco meses amontoava-se a terra em volta das plantas.[51]

Como os ciclos agrícolas das principais culturas alimentares paulistas coincidiam no tempo, os trabalhadores entrecruzavam as tarefas efetuadas em cada planta, podendo ao mesmo tempo colher um dado tipo de vegetal e ter de carpir a roça de outro, por exemplo.

Além disso, como havia esta correspondência no tempo entre os ciclos das principais culturas (como vimos, entre setembro e novembro plantavam-se o milho, o feijão e o arroz, que eram colhidos entre dezembro e abril), a rotina do trabalho do lavrador de alimentos oscilava entre períodos de mais trabalho e menos trabalho. Os momentos de *preparo do terreno*, *plantio* e *colheita* eram os que exigiam mais trabalho. Entre o período de plantio e colheita, quando a planta exigia apenas a *limpa*, o lavrador trabalhava menos. E trabalhava menos ainda nas épocas de vacante, entre a última colheita e o preparo do terreno para as próximas plantações. Assim,

---

48 "*No interesse da polycultura...*", p. 638

49 "*No interesse da polycultura...*", p. 638.

50 "*No interesse da polycultura...*", p. 638.

51 "*No interesse da polycultura...*", p. 638

no caso do agricultor paulista de alimentos, o período de trabalho ocorria entre setembro e abril. Entre maio e julho se dava uma vacante, e entre fins de dezembro e começo de janeiro, uma outra de menor duração.

Isto não significava, porém, que no tempo da vacante os trabalhadores ficariam sem ter o que fazer. Era neste período que se realizavam todos os outros serviços da manufatura rural doméstica, como fiar e tecer o algodão nos teares manuais, moer a cana nas moendas, ralar e extrair a fécula da mandioca, preparar a farinha de milho etc. Ainda havia os trabalhos da horta, do cuidado com os animais e a manutenção das ferramentas.[52]

A sazonalidade do trabalho no algodão

No período aqui analisado, a produção de algodão também foi importante para algumas áreas do estado, especialmente ao redor daquela onde já havia acontecido o ciclo algodoeiro paulista da primeira metade do século XIX.

Nos primeiros anos do século XX, a cultura do algodão foi tomando incremento em São Paulo, especialmente no 5º distrito, na zona Sorocabana, como mostra a Tabela 6. Em 1903 podia-se dizer que a produção estava concentrada nesta zona e que estava ainda se estendendo pelos municípios do 2º distrito:

> ella [a plantação de algodão] só se fazia, como hoje, em Campo Largo de Sorocaba, Araçariguama, Piedade, Itapetininga, S. Luiz do Parahytinga, Porto Feliz, Sarapuhy, Tatuhy, Capivary, Capão Bonito, Piracicaba, Monte-Mór, Guarehy etc. Sendo o municipio de Tatuhy, presentemente, o que mais algodão produz em todo o Estado. Vão agora estabelecendo plantações S. Carlos do Pinhal, Mogy-Mirim, Campinas etc.[53]

---

52 Carlos Rodrigues Brandão, *op. cit.*, p. 62-64; Denise A. S. de Moura, *Saindo das sombras*... Segundo estes autores, os caipiras e sitiantes também aproveitavam este período do ano para o lazer, como para visitar parentes e amigos e para as festas religiosas. Segundo Carlos Rodrigues Brandão, o ciclo agrícola destas diversas culturas alimentares orientava o trabalho na agricultura do caipira paulista e era entremeado pelo calendário de festas religiosas. As grandes festas, romarias e visitas entre parentes ocorriam com mais frequência nos períodos de vacantes que, de certo modo, determinava a variação dos ciclos da vida social.

53 Gustavo R. P. D'Utra, *Cultura do algodoeiro*. São Paulo: Ed. da Revista Agricola, 1904, p. 11. Ver também *Relatórios da Secretaria da Agricultura, Commercio e Obras Publicas*, anos de 1903, 1904, 1912-1913.

Em 1916, a zona Sorocabana, ainda a principal zona produtora, onde se concentravam a cultura e a indústria do algodão paulista, concorria com 80% da produção algodoeira do estado.[54] Nesta região, o algodão era geralmente cultivado em pequenas propriedades, em sítios ou áreas arrendadas.[55] Já na zona central, onde o algodão também vinha sendo plantado, a cultura era rotacionada com a cana-de-açúcar: "na região de Vila de Americana, numa grande propriedade pertencente à fábrica de tecidos Carioba, a rotação de cultura era feita entre o algodão e a cana-de-açúcar geralmente milho, depois algodão e depois 3 anos de cana-de-açúcar".[56]

Planta de cultura anual, sua produção aumentava ou diminuía de acordo com a oscilação dos preços e com a perspectiva de melhores rendimentos. Também pelo fato de ser uma cultura rápida, foi muito útil para, em período de boas cotações, ser usada como produto subsidiário na produção das grandes fazendas e mesmo como desbravadora de floresta virgem. Além do mais, foi fonte de ganhos adicionais ao cafeicultor, que sofria os efeitos das geadas e das quedas de preços do café desse período.

Após a maior geada da história do café em São Paulo, em 1918, que danificou muitos cafeeiros e comprometeu a colheita dos anos seguintes, muitos cafeicultores plantaram algodão para garantir algum rendimento para suas terras: "Como é sabido, foi principalmente para o algodão que voltaram as suas vistas os agricultores que mais de perto sofreram os efeitos da grande geada. Assim se explica o formidável incremento que tomou a cultura da útil malvácea, mesmo em zonas que só conheciam a cultura do café".[57]

---

54 Gustavo R. P. D'Utra, *Cultura do algodoeiro*. 2. ed. São Paulo: Casa Duprat, 1916.

55 Rui H. P. Leite de Albuquerque, *Capital comercial, indústria têxtil e produção agrícola: as relações de produção na cotonicultura paulista, 1920-1950*. São Paulo: Hucitec; Brasília: Conselho Nacional de Desenvolvimento Científico e Tecnológico, 1983, p. 205; Julio Brandão Sobrinho, *O algodão e a sua cultura*. São Paulo: Editora da Rev. Agrícola, 1904, p. 38; Secretaria dos Negocios da Agricultura, Commercio e Obras Publicas do Estado de São Paulo. *Relatorio da Secretaria da Agricultura. Anno 1904...*; Arno Pearse, S. *Brazilian Cotton...*, p. 43-76.

56 Arno Pearse, S. *Brazilian Cotton...*, p. 80.

57 Secretaria de Estado dos Negocios da Agricultura, Commercio e Obras Publicas do Estado de São Paulo. *Relatório apresentado ao Dr. Altino Arantes, presidente do Estado pelo Dr. Candido Nanzianzeno Nogueira da Motta, secretario da Agricultura, Commercio e Obras Publicas. Anno de 1919*. São Paulo. Para a descrição de áreas do Estado que estavam utilizando o algodão como um complemento aos ganhos do café após as geadas de 1918, ver Arno S. Pearse, *Brazilian Cotton; being the report of the journey of the International cotton mission through the cotton states of São Paulo, Minas Geraes, Bahia, Alagôas, Sergipe, Pernambuco, Parahyba, Rio Grande do Norte*. Manchester: Taylor, Garnett, Evans &

Há duas espécies principais de algodão – herbáceo e arbóreo –, e estas ainda são subdivididas em várias outras espécies. O algodão cultivado no estado de São Paulo era o algodão herbáceo, preferido pelos cultivadores por ter menor ciclo vegetativo, ser de melhor rendimento e de mais fácil colheita, e pelo fato de sua colheita não coincidir com a do café e a da cana-de-açúcar:

> Os preferidos [as espécies do algodão herbáceo] pelos nossos cultivadores pela vantagem que offerecem, por se abrirem as suas capsullas em 6 mezes, de poder subir o seu rendimento, em bôas condições, a mais de 400 arrobas por alqueire e de ser a sua colheita a mais fácil e econômica, por poder ser realizada por meninos, em vista do seu porte pequeno, não coincidindo a épocha de sua colheita com a das outras principais culturas, como café, canna, etc, o que **tem muita importância na pratica**.[58]

O algodão arbóreo, por outro lado, não oferecia ao agricultor paulista nenhuma destas vantagens:

> Nem uma dessas vantagens nos offerece o algodoeiro arbóreo, que precisa de nove mezes para abrir suas maçãs, dá no máximo 100 arrobas por alqueire, é de colheita difficil, que só pode ser feita por homens, não pode ser plantado nos cafezaes, porque suas raízes volumosas, chupando a humidade do terreno, dessecam-no e estragam o desenvolvimento do cafeeiro, e, finalmente, a sua colheita concorre com a do café e com a moagem de cana.[59]

Como a época da colheita do algodão não coincidia com a do café (e nem com a da cana-de-açúcar), o algodão chegou a ser plantado nas terras intercalares das ruas de cafezais:

---

co., 1922 p. 82-92 Para a implantação do algodão para compensar as perdas do café numa fazenda tradicionalmente cafeeira, ver Maria Silvia C. Beozzo Bassanezi, *Fazenda de Santa Gertrudes*... p. 93.

58 Gustavo R. P. D´Utra, *Cultura do algodoeiro*... 1916, p. 179. (grifo nosso)

59 Julio Brandão Sobrinho, *O algodão e a sua cultura*... p. 20.

> dobrando-se o producto das colheitas combinadas sem emprego de maior força de braços e, portanto, sem quasi augmento de despezas, [...] visto como, intercalados os algodoeiros nos cafezaes as carpas ou os amanhos de uns aproveitarão aos outros, e, em qualquer hypothese, as épocas da colheita de algodão não coincidem com as do café.[60]

O ciclo do cultivo do algodão plantado no estado de São Paulo durava entre seis e sete meses, indo de agosto ou setembro, quando era plantado, e terminando entre abril ou maio, quando era colhido: "A melhor época de plantar [algodão] é de Agosto a Outubro, convindo que se faça isto depois das primeiras chuvas de Agosto ou de Setembro, que é o melhor mez."[61]

Entre o plantio e a colheita eram necessários os cuidados com a planta, que consistiam nas *limpas* (ou carpições) e nas *amontoas* (quando se amontoava terra ao pé das plantinhas) que deviam ser feitas no mínimo três vezes durante este período.[62] Além da limpeza, o algodão exigia atenção especial dedicada à aplicação do Verde Paris, produto que impedia a proliferação das lagartas, visto que o algodoal era muito suscetível às pragas e insetos, como a lagarta-rosada ou o curuquerê,[63] praga que estragou boa parte da plantação do estado no ano de 1917.[64]

A *colheita* do algodão herbáceo começava em fevereiro e durava pelo menos três meses. Como em São Paulo "davam-se ao mesmo tempo botões de flor, flores em diversos graus de desabrochamento, frutos verdes, de vez e maduros",[65] a colheita chegava a durar três meses, fazendo-se em geral três grandes colheitas, e outras pequenas entre aquelas, de 8 em 8 dias.[66] Em alguns anos, porém, a

60 Julio Brandão Sobrinho, *O algodão e sua cultura...*, p. 89.

61 "No interesse da polycultura...", p. 642.

62 "o interesse da polycultura...", p. 642.

63 "No interesse da polycultura...", p. 642.

64 Secretaria de Estado dos Negocios da Agricultura, Commercio e Obras Publicas do Estado de São Paulo. *Relatorio apresentado ao Dr. Altino Arantes, presidente do Estado pelo Dr. Candido Nanzianzeno Nogueira da Mota, Secretario da Agricultura, Commercio e Obras Publicas. Anno de 1918*. São Paulo.

65 Julio Brandão Sobrinho, *O algodão e a sua cultura*, p. 37.

66 "No interesse da polycultura", p. 643; D'Utra, Gustavo R. P. *Cultura do algodoeiro...*, 1904, p. 88.

colheita chegava a durar mais de três meses e meio devido à irregularidade da estação ou devido à espécie ou variedade cultivada.[67]

A exigência de trabalho no algodão, portanto, estava concentrada entre os meses de plantio (agosto ou setembro) e os meses de colheita (a partir de fevereiro até abril ou maio), quando todo o seu ciclo vegetativo era cumprido e as tarefas de *plantio*, *cuidado* e *colheita* eram requeridas. A partir de maio até setembro (pouco mais de quatro meses), ou seja, até que se iniciasse um novo ciclo, dava-se o período de vagante.

Por volta de 1915, a produção do algodão em São Paulo requeria, em média, 107 dias de trabalho, sendo os dias restantes de vagante. Dos dias de trabalho, 44% eram dedicados à tarefa da colheita.[68] O período do ano em que os trabalhos na lavoura do algodão herbáceo deviam ser feitos coincidia com o da lavoura de alimentos, mas não com o período de colheita do café e da cana-de-açúcar.

A sazonalidade do trabalho na lavoura canavieira

Entre as lavouras chamadas lavouras comerciais pela documentação da época (café, cana-de-açúcar, algodão e fumo), a lavoura canavieira era, depois da de café, a mais importante no estado de São Paulo.[69] Ela havia sido responsável pelo ciclo de crescimento econômico paulista durante o século XIX e, posteriormente, após um pequeno recuo, quando deixou espaço para o avanço do café, continuou também a avançar em várias áreas do Oeste paulista ao lado dele.

O crescimento concomitante ao café durante a segunda metade do século XIX e primeiras décadas do século XX foi derivado do aumento do consumo doméstico que, por sua vez, foi impulsionado pelo grande crescimento populacional

---

67 Gustavo R. P. D'Utra, *Cultura do algodoeiro...* 1904, p. 92.

68 Rui H. P. Leite de Albuquerque, *op. cit.*, p. 113.

69 Note-se que as lavouras chamada comerciais eram aquelas que haviam sido voltadas, em algum momento da história brasileira, para o abastecimento do mercado externo. Não significava, no entanto, que elas ainda eram voltadas para a exportação, como é o caso do algodão e da cana-de-açúcar que, no período abrangido por esta pesquisa, tinham como destino abastecer o mercado doméstico paulista. A documentação excluía das lavouras chamadas comerciais uma ampla gama de produtos voltada para abastecer os mercados locais mas que nunca haviam sido cultivadas com vista ao mercado externo, como o milho, o feijão, o arroz etc. Portanto, o termo "lavouras comerciais" usado pelas fontes do período não abarcavam a totalidade das lavouras destinadas ao mercado.

no estado. Portanto, essa segunda fase da cana-de-açúcar em São Paulo era voltada ao mercado interno, diferentemente daquela primeira, conhecida como ciclo do açúcar, voltada ao mercado externo.[70] Em 1903, Julio Brandão Sobrinho, inspetor do 3º distrito agronômico, explicava esta segunda fase:

> ... A decadencia não foi tão considerável nem manifesta, já porque não constituia artigo de exportação, já porque sem numero de engenhocas espalhadas em todo o Estado e multiplicando-se em cada anno reclamavam a materia prima que se transformava quasi exclusivamente em rapadura para satisfazer ás necessidades da população da roça e, principalmente, em aguardente que deixou em todos os tempos um lucro nunca inferior a 50%.[71]

Os engenhos destinados ao fabrico do açúcar e da aguardente dividiam-se em duas classes: centrais e pequenos engenhos e engenhocas. Em 1903, o estado de São Paulo contava com 10 engenhos centrais de açúcar. O número de pequenos engenhos e engenhocas havia sido estimado, três anos antes, em 2.494 engenhocas, sendo 2.299 para aguardente, 123 para açucar e 72 para rapadura.[72]

Os engenhos centrais, que incorporavam as inovações da Revolução Industrial na produção dos derivados de cana, como a moenda a vapor e as turbinas centrifugadoras, haviam sido fundados nas duas últimas décadas do século XIX e estavam localizados em Piracicaba, Villa Rafard, Porto Feliz, Lorena, Piracicaba, São Simão, Franca, Araraquara, Jabotical e Pirassununga.

---

70 Para a fase do ciclo canavieiro paulista do século XVIII, Maria Tereza Schorer Petrone, *A lavoura canavieira em São Paulo...* Para a interpretação de que na segunda metade do século XIX não houve a substituição da lavoura canavieira pela cafeeira, mas uma convivência de ambas, ver José Evando Vieira de Melo. Melo, "Café com açúcar: a formação do mercado consumidor de açúcar em São Paulo e o nascimento da grande indústria açucareira paulista na segunda metade do século XIX". In: *Saeculum Revista de História.* João Pessoa/PB, nº 14, jan./jun. 2006. Ver também Pedro Ramos, "História econômica de Piracicaba (1765-1930): as particularidades do complexo canavieiro paulista". In: Eliana T. Terci (org.), *O desenvolvimento de Piracicaba: história e perspectivas.* Piracicaba: Editora da Unimep, 2001.

71 Julio Brandão Sobrinho, *Lavouras de canna e de algodão...*, p. 560.

72 Julio Brandão Sobrinho, *Lavouras de canna e de algodão...*, p. 577.

Apesar da importância dos engenhos centrais, por volta do início do século XX, mais de 80% de todo o açúcar e quase a totalidade da aguardente produzidos em São Paulo eram provenientes dos pequenos engenhos e engenhocas. Da produção total de açúcar estimada no estado em 65.661.530 kg em 1901/1902, os pequenos engenhos e engenhocas foram responsáveis por 86,21% e, do total de aguardente, estimado em 80.421.167 litros, responderam por 98,67%.[73]

As engenhocas de maior capacidade no estado, em 1903, localizavam-se em: São Carlos do Pinhal (do major José Ignácio de Camargo Penteado); Franca (de Manoel Dias do Prado); São João da Boa Vista (de José Cabral de Vasconcellos); Araraquara (de Luiz de Barros); Boa Vista das Pedras (do capitão Aurelio Civatti); Campinas (do coronel João Aranha); e, em São Roque (de Jaime Diederichsen).[74]

A produção de cana-de-açúcar estava distribuída por praticamente todas as regiões do estado de São Paulo, excluindo-se o 1º e 2º distritos, onde ela era feita em pequena escala. A principal região canavieira era aquela que havia sido responsável pelo ciclo do açúcar paulista no século XVIII e que ficou conhecida como "quadrilátero do açúcar". Segundo dados do *Recenseamento agrícola do Estado*, de 1901, publicados no *Anuário Estatístico de São Paulo* e constantes da Tabela 6, aquela região respondia por 48% da produção, com destaque para os municípios de Piracicaba, Capivari e Porto Feliz. A lavoura canavieira também era bem desenvolvida no 3º distrito, responsável por 86,7% da produção de aguardente.[75] Segundo Julio Brandão, no 3º distrito agronômico, a cana-de-açúcar era a principal cultura depois do café:

> Esta constitue a melhor lavoura, depois da do café, principalmente nos municipios de Franca, S. Simão, Pirassununga, S. João da Boa Vista, Jardinopolis, Sertaozinho etc. Abrangendo as plantações existentes uma área de 6.237 alqueires divididos por 540 fazendas principais produzindo 35.000 pipas de aguardente e cerca de 1.000.000 arrobas de assucar provenientes de 2 uzinas de 1ª

73 Julio Brandão Sobrinho, *Lavouras de canna e de algodão...*, p. 587-588.

74 Julio Brandão Sobrinho, *Lavouras de canna e de algodão...*, p. 577.

75 *Annuario estatistico de São Paulo (Brasil) 1905: estatistica economica e moral.* São Paulo: Typ. Espindola & Comp., vol. 2, t. 2, 1907, p. 57-60.

> ordem, 6 de 2ª ordem e 501 engenhocas, sendo 20 centraes, 64 movidas por agua, 131 por vapor e 286 por animal.[76]

As canas mais cultivadas em São Paulo eram: a rosa, a riscada, a roxa, a bourbon, a cayenna e a taquara. A primeira era "a que mais perfilha e engrossa, e é reputada, por todos, como a melhor para assucar";[77] a roxa era preferida para o fabrico da aguardente; a bourbon era a mais cultivada pelos proprietários das pequenas engenhocas, por ser muito tenra e caldosa; as demais variedades apresentavam inconvenientes; e a cana taquara, "mui comum no nórte do Estado, não presta para nada senão para forragem".[78]

O trabalho na agromanufatura canavieira consistia de duas fases: a fase agrícola, onde se plantava e colhia a cana-de-açúcar; e a fase manufatora, onde se extraíam os derivados do produto da lavoura – melado, açúcar, aguardente e álcool.

A primeira fase, a fase agrícola, era também dividida em três etapas: a da *plantação*; a do *trato* ou *capina* (realizados até que a cana atingisse a maturidade para ser cortada) e o *corte* propriamente dito.

Sendo uma lavoura temporária, a cana-de-açúcar não era plantada todos os anos e nem o período entre uma plantação e outra era regular de região para região. No 3º distrito, a cana-de-açúcar, uma vez plantada, durava entre 16 e 20 anos; em Araraquara e outros pontos a duração podia chegar a seis anos; e, nas demais localidades, a cana era replantada de três em três anos ou de quatro em quatro anos.[79]

O período de plantação no estado de São Paulo ia de setembro a dezembro, mas era costume plantá-la principalmente entre novembro e dezembro.

A época da safra, quando a cana-de-açúcar era cortada e moída, costumava ir de maio a meado de novembro. A moagem da cana, quando o melado é extraído, depois fervido, clarificado, coado, temperado e purgado, até que se obtenha o açúcar, iniciava-se logo após o início do corte e tinha de ocorrer praticamente ao mesmo tempo que ele para evitar que a cana cortada estragasse.

---

76 Julio Brandão Sobrinho, *Lavouras de canna e de algodão...*, p. 562.

77 Julio Brandão Sobrinho, *Lavouras de canna e de algodão...*, p. 571.

78 Julio Brandão Sobrinho, *Lavouras de canna e de algodão...*, p. 571.

79 Julio Brandão Sobrinho, *Lavouras de canna e de algodão...*, p. 571.

Na entressafra, entre o plantio e o corte, todo o tratamento limitava-se a três capinas.

As exigências de trabalho na lavoura canavieira eram ainda mais sazonais que no café. Ao necessitar de apenas três capinas por ano (enquanto o café necessitava de, no mínimo, cinco), o número de trabalhadores para as tarefas da entressafra era pequeno. Além do mais, havia localidades em que a cana, depois de plantada, durava muito tempo (como no 3º distrito), não havendo praticamente necessidade de mão de obra para o plantio. Somado a este fato, estava o de que a necessidade de capina ia diminuindo com a idade da plantação. Assim, nas regiões onde a cana-de-açúcar tinha de ser replantada com mais frequência eram menores as diferenças entre as necessidades de mão de obra nos períodos de plantio, safra e entressafra (quando ocorriam as capinas).

A agromanufatura canaviera apresentava também grande sazonalidade nas exigências de trabalho, porque as tarefas da safra tinham um período muito rígido para serem efetuadas. Dessa maneira, durante a época de corte, a necessidade de trabalho elevava-se muito e repentinamente:

> Antes de 1º de Maio, na primeira quinzena mesmo deste mez, as cannas não se prestam ainda á moagem, tendo ainda um gráo saccharino mui pequeno; depois de 15 de Novembro, póde-se dizer mesmo no mez de Novembro, a diminuição do assucar é notável, elle transforma-se em glucose, ou as cannas passam, e as moendas não funcionam mais por não haver, portanto, materia prima [...].[80]

Além do mais, os engenhos centrais implantados em alguns municípios do estado aumentaram a diferença entre o *quantum* de trabalho exigido na safra e o exigido na entressafra, ao fazer crescer a produtividade na fase industrial sem alterar a produtividade da fase agrícola, já que na lavoura, "o sistema de cultivo e[ra] o rotineiro que todos conhecem".[81] Assim, aumentou-se a necessidade de trabalhadores para o corte para dar conta de abastecer em menor tempo e em maior quantidade as moendas.[82]

---

80 Julio Brandão Sobrinho, *Lavouras de canna e de algodão...*, p. 582.

81 Julio Brandão Sobrinho, *Lavouras de canna e de algodão...*, p. 580.

82 Para o aumento da sazonalidade dos trabalhos na agromanufatura canavieira derivada da criação dos engenhos centrais, ver Eliana Terci, *A agroindústria canavieira de Piracicaba...*

Tabela 6 – Distritos agronômicos de São Paulo: produção agrícola e pessoal empregado – 1904

			Pessoal empregado			Aguardente	Algodão	Arroz	Assucar	Café	Feijão	Milho
Distrito	**Número de Municipios**	**Nº de estabelecimentos**	**Nacionaes**	**Entrangeiros**	**Total**	**Qtde. em pipas**	**Qtde. em arrobas**	**Qtde. em litros**	**Qtde. em arrobas**	**Qtde. em arrobas**	**Qtde. em litros**	**Qtde. em litros**
1º	137	14887	42177	3713	45890	18114	15200	9080100	235449	1757556	15016043	90889386
2º	23	39427	99638	55284	154922	52805	24112	17435940	268900	9615928	40207463	257359287
3º	23	6197	26045	69692	95737	845298	450	20563702	62357	11545245	43671255	149066670
4º	15	8203	24725	61851	86576	16562	1301	40010875	305388	10060244	24700463	173770420
5º	51	13699	45509	29949	75458	35810	507924	19237762	838631,5	5995835	18361955	293229282
6º	11	4376	7926	62	7988	6272	0	10545055	23620	90633	1708312	14136470
Totais	**260**	**86789**	**246020**	**220551**	**466571**	**974861**	**548987**	**116873434**	**1734345,5**	**39065441**	**143665491**	**978451515**

			Pessoal empregado			Aguardente	Algodão	Arroz	Assucar	Café	Feijão	Milho
Distrito	**% de municípios**	**% de estabelecimentos**	**% Nacionaes**	**% Entrangeiros**	**% Trabalhadores**	**%**	**%**	**%**	**%**	**%**	**%**	**%**
1º	52,69	17,15	17,14	1,68	9,84	1,86	2,77	7,77	13,58	4,50	10,45	9,29
2º	8,85	45,43	40,50	25,07	33,20	5,42	4,39	14,92	15,50	24,61	27,99	26,30
3º	8,85	7,14	10,59	31,60	20,52	86,71	0,08	17,59	3,60	29,55	30,40	15,23
4º	5,77	9,45	10,05	28,04	18,56	1,70	0,24	34,23	17,61	25,75	17,19	17,76
5º	19,62	15,78	18,50	13,58	16,17	3,67	92,52	16,46	48,35	15,35	12,78	29,97
6º	4,23	5,04	3,22	0,03	1,71	0,64	0,00	9,02	1,36	0,23	1,19	1,44
Totais	**100**	**100**	**100**	**100**	**100**	**100**	**100**	**100**	**100**	**100**	**100**	**100**

Nota: As porcentagens são referidas em relação ao total do estado.

Fonte: *Annuario estatistico de São Paulo (Brasil) 1905: estatistica economica e moral*. São Paulo: Typ. Espindola & Comp., vol. 2, t. 2, 1907, p. 57-60

Figura 2 (Mapa) – Localização e produção dos distritos agronômicos do estado de São Paulo – 1904

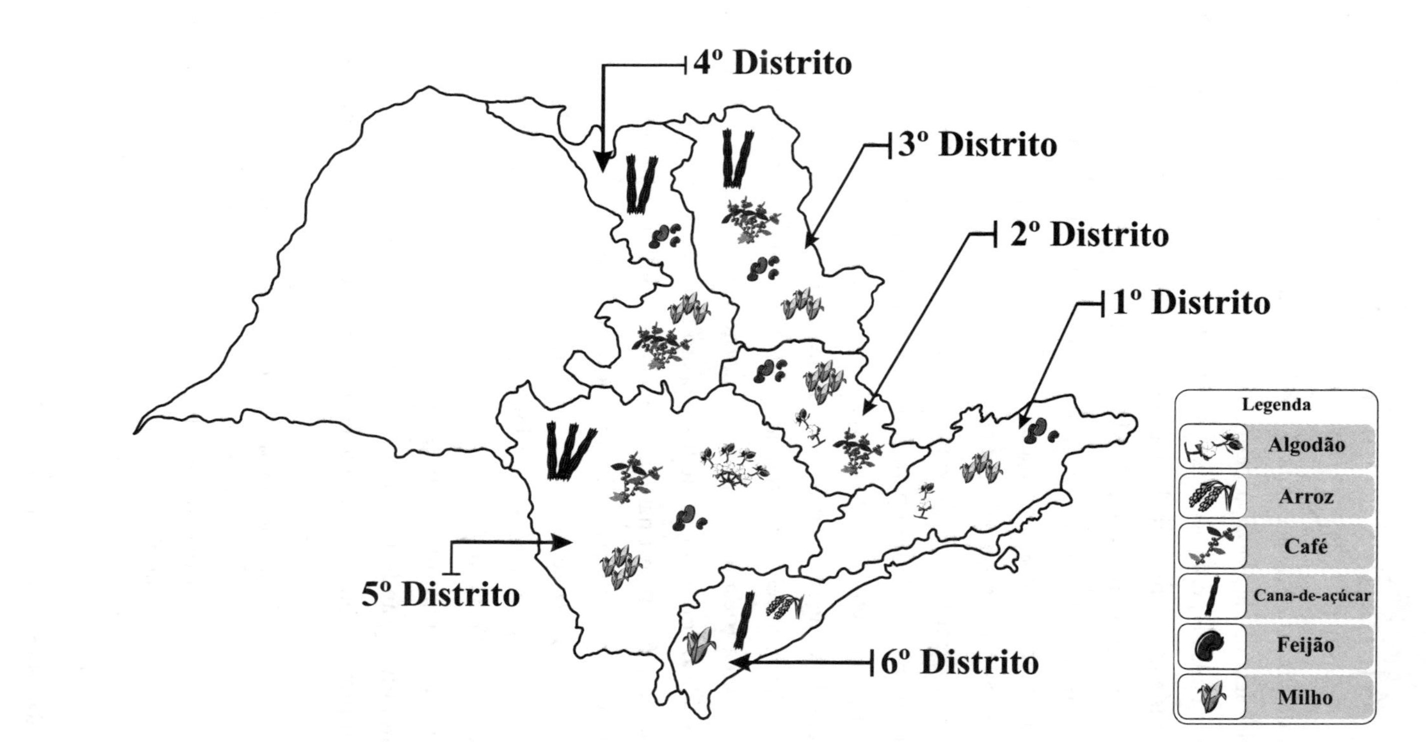

Fonte: *Annuario Estatístico de São Paulo (Brasil) 1905: estatistica economica e moral.* São Paulo: Typ. Espíndola & Comp., vol. 2, t. 2, 1907, p. 57-60. Elaboração do autor.

Além da sazonalidade, a incerteza

Além da própria inconstância do trabalho ao longo de um único ano, proveniente das leis da natureza, a demanda por mão de obra na lavoura cafeeira, no período analisado, era inconstante por outros fatores: variava de região para região dependendo da fertilidade (regiões de terras mais férteis e clima mais propício necessitavam de mais trabalhadores tanto para o trato do café, porque as ervas daninhas cresciam mais rapidamente, quanto para a colheita, pois os cafezais eram mais produtivos); variava de propriedade para propriedade (de acordo com a idade dos cafeeiros e com a distância entre um cafeeiro e outro, ou mesmo por causa das diferentes tarefas de que necessitava a propriedade em determinado momento); variava de ano para ano, pois um ano de boas colheitas podia ser sucedido por um de colheitas ruins etc.[83]

A tarefa de secagem do café nos terreiros, por exemplo, exigia mão de obra em quantidades variáveis e por tempo indeterminado. Se o café fosse posto para secar sem a casca (despolpado) e o sol favorecesse, a secagem se realizava em poucos dias. Caso contrário, se ele fosse posto para secar com a casca, a operação era mais demorada e ficava na dependência do bom ou mau estado do tempo e de cuidados especiais por parte dos operários do terreiro.[84]

Em geral, tentava-se estimar o volume da próxima colheita com base na florada, que começava a acontecer logo após a última colheita (entre setembro e novembro). Portanto, era nessa época, no início de um novo ano agrícola, que as fazendas tinham de tentar estimar o volume de produção da nova safra. Geralmente, uma grande florada era sinal de colheita abundante. No entanto, qualquer imprevisto podia fazer que esta promessa não se concretizasse:

> Já se viu em outro lugar como uma florada está sujeita, às vezes, a completo fracasso. Para inutilizá-la em sua quase totalidade, basta, coincidindo com o desabrocho dos botões, que sobrevenha uma chuva pesada, um prolongado vento muito frio ou que, em

---

83 Augusto Ramos, *op. cit.*; Thomas Davatz, *op. cit.*

84 Condições do trabalho na lavoura cafeeira do Estado de São Paulo..., p. 20.

> virtude de secas anteriores ou de uma grande colheita, estejam enfraquecidas as árvores.[85]

Mesmo que a florada se salvasse durante os meses que se seguiam à florescência do cafeeiro, ainda assim os grãos estavam sujeitos a se perderem, desfalcando as colheitas e "cumprindo ao fazendeiro estar alerta para se não enganar nas suas avaliações".[86]

O regime pluvial do clima tropical de São Paulo, com suas chuvas irregulares, era agravante para a inconstância das colheitas que era ainda mais prejudicada nas áreas de povoamento mais novo. Pierre Monbeig, em sua descrição sobre as condições do clima do planalto ocidental paulista, faz inúmeras referências à incerteza das colheitas derivadas do regime incerto de chuvas:

> Os planaltos ocidentais de São Paulo e os do norte do Paraná apresentam em toda a sua extensão [ ] um regime pluviométrico de tipo tropical indiscutível. Certamente, como sempre acontece, esse regime é acompanhado *pela irregularidade das chuvas e também das colheitas*. O fazendeiro se compraz em afirmar, com pessimismo bem camponês, que em vinte anos não há senão quatro boas colheitas de café.[87]

Além dessa inconstância do volume de colheita que acontecia entre um ano e outro proveniente da ação do clima sobre a planta, a incerteza quanto ao volume a ser colhido na próxima safra ocorria porque, em geral, um ano de grande colheita era seguido por outro de pequeno rendimento: "É certo, porém, que mesmo na melhor época essa produtividade [do cafezal] não é idêntica todos os anos, mais intensifica-se, ao contrário, de dois em dois anos, sendo considerável a diferença entre uma boa safra e uma safra pobre".[88] Essa alternância de boas e más colheitas ocorria porque, nos anos de abundância, a seiva das árvores era canalizada para a formação

---

85 Augusto Ramos, *op. cit.*, p. 118.

86 Augusto Ramos, *op. cit.*, p. 119.

87 Pierre Monbeig, *op. cit.*, p. 62. (grifo nosso)

88 Thomas Davatz, *op. cit.*, p 64. Bassanezi, baseando-se na série de dados sobre colheita e produção na fazenda Santa Gertrudes, percebeu a tendência de, em duas colheitas consecutivas, haver uma diferença de produção de 30%. Maria Silvia C. Beozzo Bassanezi, *Fazenda Santa Gertrudes...*, p. 90.

dos frutos, ficando os cafeeiros esgotados e sem força suficiente para formar uma boa florada, que, por sua vez, resultaria nos frutos da colheita subsequente.[89]

Estes fatores determinavam grande dificuldade para se estimar a quantidade de mão de obra necessária, especialmente para a época da colheita. Como elas podiam variar muito de um ano para outro –"É fato sabido no campo cafeeiro: as colheitas se sucedem mas não se parecem"[90] – e como os vários indícios de boa colheita podiam não se concretizar, era extremamente difícil para o fazendeiro estimar, ao certo e antecipadamente, o número de trabalhadores necessários.

A duração e intensidade da floração fornecia, portanto, uma indicação aproximada de quão abundante ou rarefeita seria a colheita subsequente e, portanto, da quantidade de mão de obra que seria necessária para dar conta da apanha das cerejas. As estimativas, no entanto, podiam não se concretizar. Era no momento da florada, e, portanto, no início de um novo ano agrícola, que os fazendeiros realizavam novos contratos com os colonos ou renovavam os já existentes. No entanto, o número de colonos contratados não se baseava na quantidade de mão de obra necessária para a colheita, mas no número de braços necessários para manter o cafezal limpo durante a entressafra, visto que o cafezal teria de ser tratado, invariavelmente, sendo boa ou má a perspectiva de frutificação. Logo, havia diferença entre a quantidade de trabalho constante, isto é, a quantidade que invariavelmente seria necessária para cuidar do cafezal na entressafra, independentemente da previsão da colheita, e a quantidade de trabalho no pico, o *quantum* de trabalho necessário para colher e beneficiar o café.

Estas dificuldades para mensurar a demanda por mão de obra provenientes da incerteza e da inconstância do trabalho ao longo do ano agrícola implicaram a necessidade de que trabalhadores, em não pequeno número, ficassem relegados à posição de reserva de mão de obra. Mas não uma reserva que viria a ser explorada apenas anos mais tarde, como muitos autores já apontaram, mas uma reserva de mão de obra para estes momentos de pico de trabalho.

---

89 Luiz Monteiro Caminhoá, *op. cit.*, p. 96.

90 Augusto Ramos, *op. cit.*, 118.

Considerações ao capítulo

A nossa ideia é que a sazonalidade da atividade agrícola e as exigências intermitentes de trabalho podem nos dizer muito sobre como o mercado de trabalho agrícola se organizou. Quando observamos separadamente o calendário agrícola das principais culturas desenvolvidas na agricultura do Oeste paulista no início do século XX, temos que a demanda por mão de obra, em sua maior parte, era instável não só ao longo do ano, mas também de ano para ano.

A intensidade do trabalho na agricultura não dependia apenas das leis naturais do ciclo vital de cada tipo de planta, mas também da dança do tempo e dos seus efeitos sobre todos os seres vegetais e animais com que o lavrador lidava. Cada tipo de planta que fazia parte do mundo rural (quer do mundo do caipira, quer do mundo do trabalhador das grandes lavouras) tinha seu ciclo de vida. Havia as plantas de ciclo vegetativo curto (como feijões, arroz, ervilhas, grão-de-bico, cenoura, beterrabas etc.) e havia aquelas permanentes, como o café e as árvores frutíferas. Havia também as de vida temporária, como a cana-de-açúcar e a mandioca, que deviam ser plantadas de tempos em tempos, mas não todo ano. Dessa maneira, em alguns momentos, os trabalhos podiam ser realizados com mais tempo e com menor volume de mão de obra e, em outros momentos, devia ser realizado com maior velocidade e com maior número de trabalhadores, implicando que todas as culturas tivessem momentos bem marcados de picos e baixas solicitações de mão de obra.

Quando observamos em conjunto os calendários agrícolas, podemos perceber que as demandas sazonais por trabalho que cada planta implicava, quando sobrepostas, faziam que, num período específico do ano, na *estação fria ou seca*, houvesse bem maior demanda por trabalho, visto que nele coincidiam não só as colheitas das principais culturas comerciais do estado de São Paulo (café e cana-de-açúcar), mas também os trabalhos da horticultura, as atividades de castração de animais e as derrubadas e obras em geral, como os consertos de estradas e cercas, limpeza de valados etc.

Havia na agricultura, portanto, momentos em que a atividade era intensa, fosse porque coincidia o ciclo das várias plantas, fosse pela coincidência da colheita e beneficiamento, ou fosse ainda pela necessidade de aproveitar o tempo seco para a realização das várias tarefas agrícolas e não agrícolas do meio rural.

A sazonalidade do trabalho agrícola, gerando necessidades intermitentes de trabalho, criava períodos de pico e de baixa solicitação de trabalhadores, implicando em demanda instável por trabalho. Para o trabalhador que tinha acesso à terra a demanda irregular por mão de obra permitia-lhe que ofertasse seu trabalho para as outras propriedades de maneira irregular, o que, por sua vez, significava-lhe possibilidade de complementação da renda. No entanto, para o trabalhador que não tinha acesso à terra e que não conseguia trabalho que pudesse intercalar às ocupações intermitentes da lavoura, a demanda irregular por trabalho significava (des)ocupação temporária.

Como a estrutura produtiva das fazendas paulistas exigia uma quantidade grande de trabalho e de trabalhadores (pessoal para o serviço da lavoura, para o serviço do beneficiamento, para o cuidado dos animais, para a manutenção das instalações da fazenda, para o transporte do fruto das colheitas, para a poda etc.), e como estas atividades não eram contínuas ao longo do tempo, pelo contrário, muitas delas coincidiam, percebe-se que a demanda por trabalho nas fazendas era bastante irregular, com picos e baixas bem marcados.

Um dado importante é que quando sobrepostas as exigências sazonais de trabalho da agricultura de alimentos com as da agricultura comercial (especialmente do café e cana-de-açúcar) e dos trabalhos não propriamente agrícolas requeridos nas fazendas (beneficiamento e benfeitorias), percebe-se a não coincidência das fases de pico de trabalho na primeira com as da segunda, como pode ser visto- na Tabela 7. Os três meses de trabalho vago na lavoura de alimentos (maio, junho e julho) coincidiam justamente com os meses de trabalho intenso na cafeicultura, na lavoura canaviera e nas benfeitorias.

Tabela 7 – Calendários: Plantio, colheita e benfeitorias na lavoura paulista (primeiras décadas do século XX)

	JAN	FEV	MAR	ABR	MAI	JUN	JUL	AGO	SET	OUT	NOV	DEZ
CEREAIS	PLANTIO batata inglesa e feijão colheita feijão das águas	PLANTIO batata inglesa e feijão COLHEITA milho	COLHEITA milho arroz feijão da seca	COLHEITA milho e feijão (seca)				PLANTIO milho, batata inglesa e arroz	PLANTIO milho, batata inglesa, arroz e feijão	PLANTIO milho e arroz	PLANTIO milho e arroz	COLHEITA feijão das águas
ALGODÃO		COLHEITA	COLHEITA	COLHEITA				PLANTIO	PLANTIO	PLANTIO		
CANA-DE-AÇÚCAR				CORTE	CORTE	CORTE	CORTE	CORTE	PLANTIO	PLANTIO	PLANTIO	
CAFÉ			(A) DERRUBADA	(A) DERRUBADA	(B) FORMAÇÃO DOS VIVEIROS COLHEITA	QUEIMADA FORMAÇÃO DOS VIVEIROS COLHEITA	QUEIMADA FORMAÇÃO DOS VIVEIROS COLHEITA	QUEIMADA COLHEITA	TÉRMINO, COLHEITA E ESPALHAMENTO DO CISCO			
BENFEITORIAS				REPAROS (nas estradas e instalações) DERRUBADA LIMPEZA dos pastos, valados e caminhos	REPAROS (nas estradas e instalações) DERRUBADA LIMPEZA dos pastos, valados e caminhos	REPAROS (nas estradas e instalações) DERRUBADA LIMPEZA dos pastos, valados e caminhos	REPAROS (nas estradas e instalações) DERRUBADA LIMPEZA dos pastos, valados e caminhos					

(A) Derrubada da mata para o plantio, no caso de lavoura em expansão.

(B) Para a transplantação, no caso de lavoura em expansão.

OBS: Milho, arroz e feijão: entre o plantio e a colheita deveriam ocorrer as "limpas" ou "capinas"
Algodão: entre o plantio e a colheita deveriam ocorrer as "limpas" e o extermínio do curuquerê
Café: no período entre uma colheita e outra, deveriam ocorrer as limpas (5 ao todo)
Cana-de-açúcar: entre uma colheita e outra deveriam ser feitas no máximo 3 limpas

Fonte: Boletim de Agricultura (vários anos); *Almanach do agricultor paulista* (1906). Elaboração do autor.

Percebe-se também que o trabalho na agricultura de alimentos era do mesmo modo irregular e descontínuo, gerando uma oferta potencial de trabalho também sazonal, pois aqueles que tinham suas próprias lavouras de alimentos não podiam, na maior parte das vezes, escolher entre trabalhar ou não trabalhar nas lavouras próprias simplesmente pelo fato de que, em determinados períodos do ano, parte dos trabalhos agrícolas *tinha de ser* realizada e parte *não devia ser* feita, condicionando quando e de que maneira iriam ofertar sua mão de obra.

Portanto, aqueles que tinham acesso à terra de alguma maneira e que estavam fora das fazendas poderiam complementar sua renda trabalhando nas *colheitas* de café e cana-de-açúcar, mas dificilmente poderiam trabalhar *carpindo* os cafezais (pelo menos não o número de pés de café que os colonos estavam obrigados a carpir), pois naquele momento do ano deveriam estar trabalhando em suas roças. Além do mais só poderiam firmar contratos flexíveis, que lhes permitissem conciliar as intermitências do trabalho na cultura de alimentos com as comerciais.

No entanto, o que a documentação nos mostrou também é que os calendários agrícolas não devem ser levados em conta tão rigidamente, pois poderia sofrer alterações conforme corriam as estações em cada ano ou conforme as diferenças de clima entre as diversas regiões do estado ele. Assim, o autor do *Calendário do agricultor paulista* ressalvava em 1906: *"Os trabalhos agricolas não ficam, em absoluto, subordinados a taes divisões, pois os elementos climatericos actuam poderosamente e trazem constantes e fundas modificações. Assim sendo, o nosso calendario servirá apenas para guiar o lavrador dentro dos limites n'elle traçados"*.[91]

Em regiões de clima mais quente, por exemplo, o café amadurecia mais cedo[92] e todo de uma vez, podendo as cerejas serem colhidas com maior rapidez. Em outras regiões, como no extremo sul do estado, em Cerqueira César, Itatinga, etc., as colheitas eram mais tardias e, em outras ainda, as cerejas não amadureciam todas de uma vez, sendo preciso colher uma por uma.[93]

---

91 Calendario agricola... 1906, p. 20.

92 Alberto Kulmann, "Imigração" In: *Revista Agricola*, São Paulo: ano VI, 15 abr 1901, p. 20.

93 Relatório sobre a avaliação da safra de café de 1907. Secretaria da Agricultura, Commercio e Obras Publicas do Estado de São Paulo. *Boletim da Agricultura. Anno de 1906*. São Paulo: Red. da Revista Agricola, 7ª serie, nº 12, dezembro de 1906, p. 568.

Além do mais, mesmo que os momentos de maior exigência de trabalho na lavoura de alimentos e na lavoura comercial não coincidissem, as fazendas não poderiam contar exclusivamente com a mão de obra que estava alocada na primeira, pois o tempo da colheita do café era também o tempo do preparo da terra para a plantação dos cereais que ocorreria em setembro ou outubro; além de o tempo entre o término de uma atividade (a colheita de milho, por exemplo, que era feita em abril) e o início de outra (como a colheita do café, que em alguns lugares começava no final de abril) ser muito pequeno, chegando às vezes a coincidir.

Desse modo, as ofertas e demandas por trabalho eram sazonais e podiam muitas vezes ser intercaladas, mas, em outras vezes, podiam ser desencontradas. Quando analisamos o ciclo de cultivo das plantas que faziam parte do mundo rural paulista, notamos que, apesar de as tarefas mais demandantes de trabalho (*plantio* e *colheita*) poderem se dar em períodos distintos (como no caso do ciclo dos cereais e do algodão que pareciam ser complementares ao do café), os trabalhadores podiam ter de realizar um ou mais tipo de atividade ao mesmo tempo, pois a colheita de uma cultura podia coincidir com a limpa de uma outra, ou mesmo com o início do preparo do terreno para uma terceira. Podiam, também, no momento de colheita nas fazendas, ter de beneficiar os frutos de sua própria lavoura. Em junho, por exemplo, momento de pico de demanda de trabalho nas lavouras de café e cana-de-açúcar, também deviam ser realizados vários outros serviços, podendo conflitar com a demanda de trabalho nas grandes plantações:

> Aí estão trabalhos que urgem sejam feitos sem mais delonga: a roçagem das capoeiras, a limpeza dos pastos, a reparação das cercas, o serviço dos celleiros, as colheitas tardias ou que não puderam ser completamente realizadas antes, e tantas outras coisas semelhantes, inclusive concertos nas casas e instalações rusticas e corte de madeiras [...] *Tudo isto se faz em junho.* Mas a grande tarefa da época [além da colheita do café] é a estercadura dos terrenos a semear em fins de Agosto ou em Setembro.[94]

Referindo-se à possibilidade de contar apenas com o trabalho temporário dos sitiantes localizados nos núcleos coloniais, um fazendeiro paulista ponderava:

94 Calendario Agricola. In: *Almanach Illustrado do Lavrador paulista para 1906...*, p. 192. (grifo nosso)

> Pelo nucleo nós capinaríamos os cafezaes com camaradas e na colheita recorreriamos ao nucleo, mas o habitante delle ou por não precisar ou por ter de trabalhar nas industrias provenientes da pequena propriedade, taes como a fabricação da farinha de mandioca, a extracção do mel de abelhas, a preparação do azeite de mamona, da manteiga e outras, impedil-o-ia de nos colher café...[95]

Dessa maneira, só era possível o sitiante arranjar-se nos serviços das fazendas se as intermitências do trabalho da roça de alimentos coincidissem com tais intervalos; caso contrário, era difícil para o pequeno lavrador deixar de colher ou plantar no dia propício, uma vez que era sua produção que corria o risco de ser perdida. Denise Moura notou que, de fato, nos dias de não trabalho na roça, esses lavradores se dirigiam, por exemplo, aos consertos das estradas, mostrando uma maneira de articular o tempo da roça com o tempo de outras atividades.[96]

Assim, não dava para contar com o trabalho regular dos pequenos sitiantes, apesar de eles serem necessários. Por causa disso, segundo Moura, tanto os proprietários procuraram ajeitar nos contratos critérios que permitissem a intermitência, como os próprios trabalhadores preferiram, muitas vezes, negociar acertos de trabalho atentos à irregularidade, como garantia da possibilidade de envolvimento com tarefas de outros.[97]

As exigências sazonais de mão de obra na agricultura poderiam não ser um problema, no caso de as demandas e ofertas de trabalho serem complementares ao longo do ano ou no caso de haver atividades nas quais os trabalhadores pudessem se ocupar nos períodos de entressafra. Ou ainda no caso de serem complementares entre diferentes regiões, como sempre ocorreu na região Nordeste, onde trabalhadores migravam temporariamente das regiões do Agreste e Sertão para a região canavieira na época da seca nas primeiras,[98] ou como ocorria em Minas

---

95 Dario Leite de Barros, "A cultura mechanica dos cafezaes". In: *Revista Agricola*. São Paulo, nº 143, 15 jun. 1907, p. 393.

96 Denise A. S. de Moura, *Saindo das sombras...*, p. 92.

97 Denise A. S. de Moura, *Saindo das sombras...*, p. 102.

98 Manuel Correia de Andrade, *op. cit.*

Gerais, onde os trabalhadores migravam de várias regiões do estado para a Zona da Mata a fim de trabalhar no período de colheita do café.[99]

Outro dado que se verifica é que a sazonalidade da produção agrícola se acentua à medida que uma região se especializa, isto é, torna-se monocultora. Se uma região, por exemplo, tivesse combinação tal de atividades cujos picos de demanda de mão de obra se sucedessem, seria possível encontrar trabalho durante a maior parte do ano.[100]

Assim, a sazonalidade da agricultura pode dizer muito sobre a maneira como o mercado de trabalho agrícola se organizou. Em regiões do estado altamente monocultoras, a demanda por mão de obra se concentrava marcadamente num único período, havendo alta (des)ocupação temporária e havendo necessidade, ao mesmo tempo, de grande exército de reserva para os momentos de pico:

> Por outras palavras, no intervalo das safras, sobram não poucos braços dos que trabalharam nas colheitas e ao menos que não disponha o fazendeiro de um trabalho suplementar, em que ocupar as sobras, torna-se inevitável ou a dispensa desses braços, com o risco de fazerem falta na colheita seguinte, ou a sua conservação, ganhando a mesma cousa.[101]

Em regiões em que as diferentes culturas tinham ciclos complementares, poderia não haver grande ociosidade nem falta de mão de obra: "Nas regiões em que abundam as pequenas propriedades e nas quaes a cultura cerealifera é largamente praticada, há quase sempre *abundancia de braços...*".[102]

Em regiões de expansão do café, como no caso das regiões abrangidas pelo 3º e 4º distritos agronômicos, onde havia pés com maior produtividade (e portanto maior necessidade de braços para as colheitas) e pés de café para serem

99 Ana Lúcia Duarte Lanna, *A transformação do trabalho...*

100 José Graziano da Silva, *Progresso técnico e relações de trabalho na agricultura*, p. 113.

101 Augusto Ramos, *op. cit.*, 104 (grifo nosso).

102 Carlos Duarte, "Considerações sobre a cultura mechanica do cafeeiro". In: Secretaria da Agricultura, Commercio e Obras Publicas do Estado de São Paulo. *Boletim da Agricultura. Anno de 1913.* São Paulo: 14ª serie, nº 5, maio de 1913, p. 304 (grifo nosso).

plantados, o pico de demanda por trabalho era bem acentuado. Em fazendas em que havia áreas de café em formação paralelamente a áreas já produtivas, o pico de demanda de trabalho era ainda mais acentuado no período de colheita, pois o desmatamento e plantio dos novos pés deviam ocorrer neste mesmo período, significando um aumento da concorrência por mão de obra, caso fossem os mesmos trabalhadores os utilizados para um ou outro serviço.

Assim, nas áreas em que o café estava em expansão, onde havia pés já produtivos e pés para serem plantados, tinha de haver mão de obra suficiente para as duas tarefas. Estas regiões mais novas costumavam ser mais monocultoras e mais despovoadas, acentuando ainda mais a sazonalidade e a necessidade de mão de obra temporária abundante ou da fixação da mão de obra dentro das fazendas.[103]

Segundo Brant, nas áreas de penetração, onde havia escassez de força de trabalho e monocultura (que, por sua vez, implicava que as necessidades máximas de mão de obra dos diversos estabelecimentos se dessem simultaneamente), tornava-se necessária a fixação e manutenção de contingentes populacionais disponíveis no interior das unidades produtivas que seriam necessários para os momentos de auge da atividade econômica. A partir do momento em que a área encontrava-se plenamente povoada, do ponto de vista das necessidades do capital agrícola, tornava-se possível "racionalizar" o emprego, diminuindo gradualmente a massa de trabalhadores subempregados no interior das fazendas para convertê-los, pelo desemprego, em exército de reserva.[104]

Nas regiões mais antigas do café, por outro lado, onde os cafezais eram menos produtivos e onde havia menores áreas virgens para novas plantações, a necessidade de mão de obra era menor. Além do mais, estas regiões costumavam ser mais policultoras e mais povoadas. Nelas não só a demanda por trabalho nas colheitas de café era menor (dada a menor produtividade das plantas) como o pico de demanda por trabalho era menos marcado por quase não haver novas derrubadas e plantações de café e por haver diversidade de culturas (como na região constituída pelo 5º distrito, a zona Sorocabana, altamente policultora),

103 Para a evolução da produção e da população nas diferentes zonas, ver Sérgio Milliet, *op. cit.* Ver também Tabela 6 deste livro.

104 Vinícius Caldeira Brant, *op. cit.*, p. 70.

além do fato de a oferta de mão de obra ser mais abundante e estar próxima das fazendas (nas propriedades policultoras voltadas para a produção de alimentos).

Para lidar com a inconstância das exigências de trabalho e com a incerteza das colheitas, os fazendeiros procuravam manter residindo nas fazendas o número de trabalhadores necessário para os *tratos culturais*, recorrendo a trabalhadores temporários para as épocas de maior necessidade de mão de obra. É importante lembrar que parte desta mão de obra estava dentro da própria fazenda, na reserva de mão de obra constituída pelos familiares dos colonos (mulheres e filhos menores), mas boa parte também era arregimentada fora:

> Em summa, o lavrador deve proceder de modo que tenha o menor numero de trabalhos a executar em Dezembro. Basta considerar o que se dá todos os annos. Muitas vezes o fazendeiro tem *grandes turmas pagas por dia* e, vindo a invernada, vê-se forçado a pagar-lhes, sem que tenham ocupação.[105]

Então, o mercado de trabalho agrícola era em grande parte formado por trabalho temporário, com contratos (muitas vezes verbais) para tarefas específicas e por tempo determinado. Queremos salientar que este mercado de mão de obra temporária era afetado tanto pela demanda quanto pela oferta, ambas sazonais. Como vimos, não apenas a demanda por mão de obra nas lavouras para exportação era bastante cíclica, mas também uma importante parcela da oferta potencial de trabalhadores, aquela que tinha, de alguma maneira, acesso à terra, também era sazonal.

Há, portanto, dois aspectos importantes a serem considerados quando tentamos mostrar as relações entre as exigências sazonais de mão de obra na agricultura e o mercado de trabalho agrícola paulista: i) a sazonalidade da agricultura de exportação, que implicava a existência de mão de obra em quantidade variável disponível para momentos diversos do ciclo de produção, isto é, que houvesse mão de obra suficiente, disponível para os momentos de pico de demanda, principalmente; ii) e a sazonalidade da agricultura de subsistência, que implicava na oferta desta mão de obra também de maneira sazonal.

---

105 Calendario Agricola. In: *Almanach Illustrado do Lavrador paulista para 1906...*, p. 30.

Diversas fontes e mesmo boa parte da bibliografia apontam para o trabalho temporário como o "lugar" ocupado pelo nacional nas fazendas e, por isso, afirmam que ele quase não foi utilizado como mão de obra.[106] Parece-nos que a bibliografia, apesar de perceber que o brasileiro era o trabalhador temporário por excelência, tendeu a tratar o trabalho irregular e, portanto, o trabalho do nacional, como um trabalho marginal, e o trabalho estável como o preponderante, o que, como vimos, não consistia na realidade. Ao levarmos em conta que boa parte do trabalho agrícola era irregular, podemos, então, relativizar esta hipótese de sua "quase não utilização".

O que nos parece é que a historiografia entendeu os trabalhos esporádicos e irregulares como um trabalho menos importante, "acessório", menos importante em termos da atividade principal e menos importante em termos quantitativos. No entanto, o *trabalho agrícola é irregular*. O trabalho constante é que é exceção. Apesar disso, isto é, apesar de ser muito importante, este tipo de trabalho dificultava (e dificulta até hoje) a formalização de contratos escritos, levando a que estes trabalhadores simplesmente não apareçam (ou apareçam pouco) na documentação, o que acabou por se propagar como o seu "pouco trabalho".

A inserção irregular e sazonal (e muitas vezes conflitiva) do trabalhador nacional no mercado de trabalho não era residual, mas estrutural. A dependência do trabalho agrícola em relação aos ciclos e incertezas naturais gerava uma demanda incerta e sazonal por trabalho. Assim, o trabalhador nacional era parte importante e necessária na estruturação da atividade econômica da época, pois se adaptava (mesmo que de modo incerto e conflitivo) à demanda incerta e sazonal por trabalho.

---

106 Ver discussão bibliográfica no *Capítulo 1*.

Capítulo III

Nem escasso, nem vadio, nem instável. Apenas temporário

A VADIAGEM, A INSTABILIDADE E A ESCASSEZ da mão de obra nacional eram a outra face de uma mesma moeda: a das exigências sazonais de trabalho na agricultura, tanto no que se referia à oferta quanto no que se referia à demanda por mão de obra.

Ao exigir quantidade e intensidade de trabalho de maneira intermitente, a agricultura gerava momentos de ócio seguidos de momentos de trabalho intenso. Nos momentos de pico de demanda de trabalho na agricultura paulista, em que eram requeridos não poucos braços, parecia haver escassez de mão de obra. Nos momentos de entressafra, no entanto, sobravam trabalhadores que, se não tivessem outra atividade na qual empregar seu trabalho, ficariam ociosos.

Nos momentos de trabalho intenso na pequena agricultura de alimentos, os trabalhadores não poderiam se empregar na lavoura comercial, muitas vezes deixando o trabalho na grande propriedade para ir cuidar de seu pedaço de terra, parecendo, dessa maneira, instáveis. Nos momentos de menor necessidade de trabalho, no entanto, se não arranjassem outra ocupação, pareceriam estar "vadiando".

O braço escasso

Por parte das fontes, das falas dos fazendeiros e estudiosos dos problemas da agricultura, uma argumentação que permeou o discurso quanto à mão de obra no Brasil, durante séculos, foi a "falta de braços". A população seria insuficiente em número para suprir a necessidade de mão de obra da grande lavoura. A historiografia, no entanto, já mostrou que esta tão anunciada "falta de braços" era um mito. Utilizado ora para justificar a importação de mão de obra africana (durante o regime escravagista), ora a asiática, ora a europeia, este argumento foi acionado em épocas diferentes sempre com o mesmo fim: justificar a necessidade de trazer do exterior a mão de obra necessária para o trabalho da grande lavoura brasileira.[1]

Eisenberg já mostrou que a população brasileira livre em São Paulo na época da transição da escravidão para o trabalho livre representava mais de dois terços da população total, além de mostrar que a taxa de crescimento dos nacionais livres era bem maior que a da população escrava, sugerindo inclusive que grande parte deste crescimento deve ser creditado à migração interna. Não haveria, portanto, falta de possíveis trabalhadores no sentido quantitativo.[2]

Há também que se levar em conta o aumento crescente da demanda por mão de obra dada a expansão das lavouras cafeeiras, intensa neste período. A abertura de novas fazendas exigia gente para as derrubadas, para a limpa, preparação do terreno e para o plantio. Gente também para a construção das instalações da fazenda, como terreiros, casas de trabalhadores, cercas, caminhos etc. Depois de formada a fazenda e o cafezal, gente para cuidar dos novos pés de café. Aliado ao aumento da demanda na lavoura cafeeira, havia o aumento da produção necessária para manter toda esta gente: açúcar, milho, feijão, arroz, criação etc.

Se no mundo rural a demanda por mão de obra era crescente, no mundo urbano não era diferente. Impulsionado pela expansão cafeeira, crescia o estabelecimento de pequenas unidades industriais de bens de consumo (alimentos, bebidas, cigarros, charutos, vestuário, calçados), cresciam os serviços urbanos (comércio, serviços públicos, serviços domésticos, transportes) e a construção civil, com a construção de igrejas, teatros, hotéis, alargamento de ruas e praças, instalação da infraestrutura urbana de água e esgoto etc., tornando tanto quanto necessária mão de obra para estas atividades. Ainda havia a expansão das linhas férreas, exigindo mão de obra qualificada e não qualificada abundante para os trabalhos da implementação das estradas de ferro, que envolviam as mais variadas tarefas: derrubada da mata, preparação do terreno (drenagem de pântanos, movimentos de terras, escavações, entre

1 Sobre a imigração asiática, ver Luiz Felipe Alencastro, e Roberto Catelli, "Trabalho escravo e trabalho compulsório no Brasil: 1870-1930". In: *Relatório de pesquisa (1987-1989)*. São Paulo: Cebrap, 1989; Maria Lúcia Lamounier, A lei de locação de serviços.

2 Peter L. Eisenberg, *Homens esquecidos: escravos e trabalhadores livres no Brasil – séculos XVIII e XIX*. Campinas: Editora da Unicamp, 1989, p. 223-227.

outras tarefas), assentamento de dormentes etc.[3] Portanto, se o crescimento populacional era grande, a demanda por mão de obra era também crescente, podendo dar a impressão de que o número de trabalhadores era sempre insuficiente.

No entanto, ao mesmo tempo em que encontramos na documentação referências à falta de braços, encontramos também referências à abundância de trabalhadores, geralmente subaproveitados ou que eram aproveitados apenas na época de pico de trabalho e depois ficavam desempregados. A "falta de braços" seria, portanto, o *slogan* da propaganda para convencer a opinião pública da necessidade da subvenção governamental à imigração. Em 1888, um fazendeiro alertava:

> É erro gravíssimo de observação e ainda maior o de continuar a usá-lo como *argumento de propaganda*, o pensar que o Brasil tem falta de braços em relação à zona até agora coberta pelas culturas. Com os trabalhadores que temos no país podemos e devemos produzir pelo menos quatro ou cinco vezes mais do que tem sido a produção agrícola até agora.[4]

Na realidade, parecia não se saber exatamente se havia ou não população suficiente para suprir a demanda por mão de obra na lavoura cafeeira, e as opiniões divergiam: "São Paulo precisa de braço. Precisa de braço para manter e aumentar sua lavoura... É uma quantidade que pode chegar a proporções vertiginosas, conforme a opinião de cada qual e a sofreguidão dos amantes do exagero(...)".[5]

Se alguns afirmavam faltar trabalhadores, outros afirmavam sua abundância. Contrariando o discurso de que havia falta de braços, Daefert, diretor do Instituto Agronômico do Estado de São Paulo, tentando esclarecer a situação do mercado de mão de obra agrícola em São Paulo em 1895, notava que o problema não era a falta de trabalhadores, mas o seu *excesso*, desestimulando o progresso técnico e tornando mais cara a produção. Para o autor, o problema estava nos

3 Sobre os trabalhos e trabalhadores na construção das ferrovias, ver Maria Lúcia Lamounier, "Agricultura e mercado de trabalho..."

4 *Gazeta de Mogy Mirim*, 7 jun. 1888, *apud* Chiara Vangelista, *op. cit*, p. 44. (grifo nosso)

5 "Emigração inter-regional para as colheitas". In: Secretaria da Agricultura, Commercio e Obras Publicas do Estado de São Paulo. *Boletim do Departamento Estadual do Trabalho*, ano 7, nº 23, p. 281.

métodos pouco aperfeiçoados da lavoura, ou seja, no trabalho ainda rotineiro, feito a enxada, que utilizava muita mão de obra:

> Para cultivar todos os cafezaes, cannaviais, capinzaes etc. que existem em São Paulo, incluindo a administração, a contabilidade e o transporte local, o beneficiamento e o despacho ao mercado, são precisos 95.975 lavradores prussianos. Por que é que este mesmo serviço ocupa entre nós 1.070.248 pessoas?[6]

Também responsabilizando a falta de melhor técnica agrícola pela aparente "falta de braços", escrevia um articulista da *Revista Agrícola* em 1896:

> Falta-nos braços? Nunca me esquecerá o quadro que vi um dia... era um bonito campo, e um bonito dia, o sol brilhava no horizonte, 15 homens suando, virando a terra com pesadas enxadas enquanto uma junta de bois, medios e gordos descançavam, deitados á sompra de copada mangueira!! Falta-nos braços? Quer-me parecer que nos sobra ignorancia.[7]

O *slogan* "falta de braços", no entanto, não se restringia ao argumento numérico que, por sua vez, podia derivar da falta absoluta de mão de obra ou da falta de produtividade do trabalho. Faltariam trabalhadores no Brasil, também, porque não se podia contar com o trabalho da população brasileira que era preguiçosa, instável e exigente:

> [a população nacional] É uma população *respeitavel em numero*, sobria, docil e de facil direcção. Se tivermos forças dirigentes, conhecedoras do que vale a mechanica agricola, se a bondade e a energia debellarem a *vadiagem, um dos maiores cancros que nos devoram*, conseguiremos transformar a nossa lavoura, augmentar a riqueza e, consequentemente,

---

6 F. W. Daefert, "A falta de trabalhadores agrícolas em São Paulo". In: *Relatório do Instituto Agronômico do Estado de São Paulo em Campinas, Colecção dos Trabalhos Agrícolas extrahidos de 1888 – 1893*, São Paulo:Typ. Da Companhia Industrial de São Paulo, 1895, p. 207.

7 F. Albuquerque, "A nossa lavoura". In: *Revista Agricola*, São Paulo: anno II, nº 18, 1 jul 1896, p. 107.

> proporcionar o bem estar á grande massa de brasileiros que vegeta miseravelmente, desde o Norte até o Sul.[8]

A escassez de mão de obra tratava-se de uma asserção genérica, sem fundamentos quantitativos, feita em virtude de interesses regionais ou imigrantistas. Assim, Célia Maria Marinho de Azevedo considerou que por traz do *slogan* "falta de braços para a lavoura" estava, na verdade, uma série de motivos diferentes que tornavam difícil a utilização do trabalhador nacional da maneira como os fazendeiros desejavam.[9] No sudeste do Rio de Janeiro, analisado por Hebe Castro, era o fato de os fazendeiros dependerem quase que exclusivamente do trabalho dos libertos (porque o trabalho na lavoura não atraía os trabalhadores nascidos livres e porque a imigração se tornava uma esperança cada vez mais distante para a região) que causava a "escassez de braços".[10]

Em outras sociedades caracterizadas pela grande lavoura e pela escravidão, durante seus processos de emancipação escrava, a "falta de mão de obra" foi sempre uma forma resumida de descrever as maneiras pelas quais os libertos procuraram determinar as condições, ritmos e compensação pelo trabalho tanto seu como de sua família.[11] No Brasil, se anteriormente a questão da escassez da população foi justificativa para a importação de escravos, após a Abolição a escassez teria continuado, porque os ex-escravos não estariam aptos a trabalhar sob o novo regime de trabalho livre, sendo necessário um tempo para que estes pudessem aprender a nova ética do trabalho por meio da educação e de leis repressivas.[12] Assim, a escassez de braços teria continuado a existir, visto que não se podia contar nem com o trabalho do nacional livre nem com o do ex-escravo.

---

8 Pedro Gordilho Paes Leme, "Immigração". In: *Revista Agricola*, São Paulo, anno IX, nº 5, 15 abr. 1904, p. 219.

9 Célia M. M. Azevedo, *Onda negra, medo branco...* p. 136.

10 Hebe Maria Mattos de Castro, *Das cores do silêncio: os significados da liberdade no Sudeste escravista. Brasil, século XIX.* Rio de Janeiro: Arquivo Nacional, 1995, p. 358

11 Eric Foner, *Nada além da liberdade: a emancipação e seu legado.* Rio de Janeiro: Paz e Terra; Brasília: CNPq, 1988, p. 70.

12 Cláudia A. Tessari, *op. cit.*, p. 67-71.

Chiara Vangelista observou ainda outro aspecto quanto à questão da escassez de trabalhadores em São Paulo relacionado à divisão do trabalho baseada em quesitos étnicos. Para a autora, a divisão das tarefas nas fazendas segundo o caráter étnico (imigrantes como colonos e brasileiros como camaradas) criava uma insuficiência artificial da oferta, evidenciando uma contradição típica do mercado de mão de obra paulista: um vasto exército de reserva acompanhado pela escassez de mão de obra. Dado o fracionamento do mercado, tanto no nível de demanda como no de oferta, obtinha-se uma efetiva carência de mão de obra, porque nem toda a oferta podia ser empregada da mesma maneira dentro da fazenda. Assim, famílias estrangeiras poderiam ser empregadas como colonos, mas brasileiros individuais, que viviam no setor agrícola de subsistência ou nas parcelas marginalizadas urbanas, poderiam ser empregados apenas como apanhadores, assalariados ou camaradas, mostrando que não havia falta absoluta de braços, mas, se existisse, era localizada num tipo de trabalhador específico, o colono estrangeiro.[13]

Sem descartar a importância de todas estas questões relativas à escassez ou não de trabalhadores, o que pretendemos é acrescentar mais um dado à discussão. Após analisarmos o padrão de demanda por mão de obra na agricultura paulista, consideramos que outros fatores devem ser levados em conta para a explicação desta tão propalada "falta de braços".

Como vimos, a lavoura paulista era marcada por alta sazonalidade da demanda por mão de obra e por relativa sazonalidade na oferta também (quando esta se referia a trabalhadores que também cultivavam suas roças de alimentos). Portanto, é difícil dizer se havia ou não escassez absoluta de mão de obra. O mesmo se pode dizer sobre a escassez relativa. Explicando melhor: se havia escassez, a que época do ano ela se referia, isto é, a afirmação de que faltavam braços tinha como referência o nível de trabalhadores necessários para os momentos de pico ou de baixa requisição de trabalho?

Poderia haver uma *escassez sazonal por mão de obra*, típica de setores que necessitam de grande quantidade de trabalho apenas por um curto período de tempo, exigindo a existência de uma oferta fortemente elástica de trabalho para estes

---

13 Chiara Vangelista, *op. cit.*, p. 77-78.

períodos curtos.[14] Como afirmou José Graziano, em economias agrícolas tipicamente sazonais "há sempre trabalhadores demais para as necessidades médias e de menos para as necessidades temporárias".[15]

A questão da escassez sazonal de mão de obra já foi demonstrada por Maria Lúcia Lamounier. Para os trabalhos de construção das ferrovias em São Paulo nas últimas décadas do século XIX, podia haver abundância de trabalhadores nos momentos em que a lavoura de alimentos e de exportação requisitavam pouco trabalho, e contrariamente, podia haver falta de trabalhadores nos momentos em que as tarefas na lavoura exigiam muito trabalho.[16]

Além de concordarmos com a autora, queremos acrescentar que a escassez deve ser observada também como sendo provocada pela demanda. Se tivermos esta questão em mente – a da escassez sazonal de mão de obra provocada pela demanda – e analisarmos o discurso contido na documentação quanto à falta de trabalhadores, perceberemos que muitas vezes a expressão "falta de braços" estava relacionada especificamente ao problema da grande demanda por mão de obra estrita a uma determinada época do ano, para a qual não podiam faltar trabalhadores. Em 1906, Everardo Souza, da Comissão de Agricultura de Dourados escrevia: "Si, para a nossa lavoura, *toda a dificuldade está na colheita, para a qual é necessário grande número de braços,* cumpre-nos, como dissemos, atrair o mais possível esses braços".[17] Ou, ainda quando Altino Arantes, presidente do Estado de São Paulo afirmou que tomaria medidas para evitar a escassez de braços para a colheita: "... o Governo, attento á necessidade de prover a lavoura de braços,

---

14 Tomamos esta expressão emprestada de Ignácio Rangel que, no seu texto *A questão agrária brasileira*, de 1962, refere-se ao problema da "escassez sazonal de mão de obra" e à necessidade que ela implica de uma "oferta fortemente elástica por mão de obra". Ignácio Rangel, "A questão agrária brasileira". In: César Benjamim (org). *IgnácioRangel. Obras reunidas*. Vol. 2. Rio de Janeiro: Contraponto, 2005, p. 23-80.

15 José Graziano da Silva, *Progresso técnico e relações de trabalho...*, p. 51.

16 Maria Lúcia Lamounier, Ferrovias, agricultura de exportação e mão de obra no Brasil...; e Maria Lúcia Lamounier, Agricultura e mercado de trabalho...

17 Everardo Souza, "Em prol de ambos". In: *Revista Agricola*. São Paulo: ano XI, nº 128, 15 mar. 1906, p. 97. (grifo nosso)

não descurará os meios de evitar uma possivel crise pela *escassez da mão de obra em relação a colheitas* eventualmente mais abundantes".[18]

A "falta de braços", portanto, caso realmente existisse, podia não ser geral, mas restrita a períodos específicos do ano agrícola, especialmente no período de colheita, quando coincidiam várias atividades da agricultura paulista. São inúmeras as indicações na documentação de que havia, na verdade, excessivo pessoal para determinadas fases do trabalho: "e não será o lavrador, como hoje se dá, forçado a manter durante o anno todo *pessoal em excesso* para se garantir nos períodos de maior movimento, nas colheitas, por exemplo".[19]

Era a alta demanda por mão de obra concentrada no tempo que causava um fato tão contraditório: a *escassez* e, ao mesmo tempo, a *ociosidade* da mão de obra. Ao acarretar que em determinado período as exigências de trabalho tivessem de ser supridas abundante e rapidamente, a demanda sazonal por mão de obra fazia parecer que, em determinados momentos, não havia gente o suficiente, pelo menos não o bastante para assegurar a empresa rural contra a ameaça de ter de concorrer por mão de obra na época de pico da demanda por trabalhadores. Ao mesmo tempo, ao acarretar que em outros momentos quase não houvesse trabalho a ser realizado, toda esta gente que era necessária para os momentos de pico ficava sem trabalho.

Não estamos afirmando, no entanto, que havia efetiva escassez de braços, mesmo nos momentos de pico de trabalho. Queremos dizer que havia falta de gente abundante para garantir que as fazendas não tivessem de concorrer entre si e com outros setores por mão de obra na hora em que mais necessitavam dela: "Para o fazendeiro esta é a hora crítica em todo o seu anno de trabalho, por estar em causa da renda de sua propriedade. A pêrda da colheita é a ruína".[20]

A alegação da falta de braços, portanto, não só encobria os diferentes motivos que dificultavam o emprego dos nacionais (nascidos livres e ex-escravos) nas condições desejadas pelos fazendeiros, como também servia de propaganda

---

18 Mensagem apresentada ao Congresso Legislativo, em 14 de julho de 1916, pelo Dr. Altino Arantes, presidente do Estado de São Paulo, p. 42. (grifo nosso)

19 Augusto C. da Silva Telles, A producção brazileira. *Revista Agricola.* São Paulo, anno VII, nº 66, 15 jan. 1901, p. 6. (grifo nosso)

20 Augusto Ramos, *op. cit.*, p. 209.

para justificar a formação do abundante exército de reserva, isto é, uma massa de trabalhadores que devia estar disponível no momento imediato em que a fazenda deles necessitasse.

Já em 1908, a abundância de braços garantia não apenas a manutenção do controle do trabalho, como também a total liberdade aos fazendeiros para demitir seus empregados sem pagar-lhes o devido e, ainda assim, conseguir substituí-los rapidamente. Anselmo Hevia Riquelme, ex-ministro plenipotenciário do Chile no Brasil, assim traduziu a realidade do trabalho em São Paulo, no início do século:

> Quando este [o fazendeiro] não entra em acordo com os trabalhadores quanto ao pagamento dos salários ou por qualquer outra causa, ele os demite da fazenda e só tem que, em seguida, acudir à hospedaria, onde contrata no ato e nas mesmas condições, o número de trabalhadores que deseja ou necessita. [...] dada a abundância de imigrantes nela existente, [...] os imigrantes aceitam e firmam qualquer contrato que se lhes apresente, no seu desejo de encontrar o quanto antes uma colocação.[21]

A "escassez de braços" tinha como ponto de referência, portanto, o exército de reserva necessário para os momentos de pico de trabalho, momento crucial para a empresa rural cafeeira, quando a falta de trabalhadores prontamente disponíveis para as *fainas agrícolas* poderia significar enormes perdas: "[os fazendeiros] são mais alarmados que qualquer outro pela instabilidade do trabalho agrícola, porque a falta de braços no momento da colheita pode ser desastrosa".[22] Em outras palavras, a "escassez" era o nome dado à necessidade de oferta altamente elástica de mão de obra que a atividade sazonal necessitava para sua flexibilidade de custos, dando à empresa cafeeira a certeza de conseguir arregimentar trabalhadores de maneira intermitente, na quantidade necessária e apenas pelo tempo requerido pelo capital.

---

21 Chile. Ministerio de Relaciones Esteriores. *Informe especial sobre La colonizacion em El Brasil por Anselmo Hevia Riquelme, ex ministru Pleniputenciario de Chile en dicha nacion*. Santiago de Chile, Imprenta Nacional, calle de la Moneda, núm. 1434, 1908, p. 80.

22 Pierre Denis, *op. cit.*, p. 226.

O braço vadio

Ao mesmo tempo em que fazendeiros, seus representantes e corpo técnico apontavam a escassez de trabalhadores como justificativa para trazerem mão de obra do exterior, apontavam também a existência de abundantes turmas de vadios, ociosos, *sem eira nem beira,* a perambular pelas cidades e estradas, sem se fixar em trabalho algum. Aqui temos explícita a contradição de um mercado de trabalho que, ao mesmo tempo em que requeria muitos trabalhadores por um período concentrado no tempo, em outros períodos deles não necessitava.

Se os nacionais eram realmente indolentes e preguiçosos, por que então eram utilizados em tantas tarefas temporárias, como vimos anteriormente? Gilberto Freyre, em seu livro sobre a população do açúcar no Nordeste, já havia afirmado que uma das características comuns às várias regiões americanas de colonização monocultora foi o emprego do trabalhador apenas durante uma parte do ano, na outra parte ficando um período de ócio.[23] Rebeca Scott, estudando a transição da escravidão para o trabalho livre em Cuba, uma economia açucareira, apontou que banir a vadiagem numa economia com alta demanda de trabalho sazonal era "também num certo sentido contraditório, já que alguns trabalhadores estavam condenados a ficarem desempregados na entressafra".[24]

O problema da ociosidade ou vadiagem do trabalhador nacional, que durante o regime de trabalho escravo já era apontado como um dos motivos para o seu "quase não trabalho", após a Abolição tomou dimensões ainda maiores.

Sérgio Buarque de Holanda já havia discutido a questão do gosto do brasileiro pelo não trabalho, herança de nossa tradição ibérica que nos fazia afirmar a tendência em rejeitar o trabalho manual. Na psicologia ibérica, formadora também da nossa, nos tempos da colonização, o ócio sempre contou mais que o negócio, de forma que a atividade produtora era pouco valorosa.[25] As decisões do governo português, no período colonial, viriam dificultar ainda mais o desenvol-

23 Gilberto Freyre, *Nordeste: aspectos da influência da cana sobre a vida e a paisagem do Nordeste do Brasil.* 5. ed., Rio de Janeiro: José Olympio, 1985, prefácio, p. XIII.

24 Rebecca J. Scott, *Emancipação escrava em Cuba: a transição para o trabalho livre, 1860-1899.* Rio de Janeiro: Paz e Terra, Campinas: Unicamp, 1991, p. 223.

25 Sérgio Buarque de Holanda, *Raízes do Brasil.* Rio de Janeiro: José Olympio, 1991, p. 10.

vimento das indústrias e ofícios artesanais. E, ao longo de nossa história colonial, essas tendências apenas seriam reafirmadas.[26]

A escravidão viria ainda se somar a essas condições que dificultavam o desenvolvimento de uma ética do trabalho, aviltando-o e associando-o ao cativeiro. A ociosidade, que até então era prerrogativa dos ricos e enriquecidos, encontrou, assim, condições para fermentar entre pessoas de várias classes sociais.[27]

O próprio conceito de vadiagem era definido em relação à categoria social na qual o homem estava inserido. As ordenações filipinas definiam o vadio como indivíduo sem ocupação, sem senhor e sem moradia certa, excluindo desta categoria, portanto, o senhor e o escravo.

A forma como as elites brasileiras e os legisladores construíram os conceitos de "vadiagem" e "ociosidade" permitia enquadrar como "elemento perigoso" uma extensa faixa da população, uma vez que os pobres, não sendo senhores nem escravos e estando submetidos a ocupações instáveis, eram potencialmente "vadios" e "ociosos".

Com a Abolição, ainda outras questões virão à tona quanto a este tema. Com ela, abala-se toda a estrutura de poder na qual a sociedade vinha se apoiando ao longo de três séculos e se torna então necessária a redefinição dos princípios básicos que iriam delinear a nova sociedade baseada no trabalho livre. Assim, não só os limites entre a autoridade pública e a privada precisariam ser redefinidos, mas também a própria significação do crime deveria ser mais bem circunscrita e definida.

Sob a escravidão, os limites entre a autoridade pública e a privada permaneciam indefinidos, e muitos crimes eram encarados como problemas de trabalho e resolvidos dentro das fazendas pelos fazendeiros. Um roubo, por exemplo, efetuado por um escravo, era resolvido pelo senhor, que lhe aplicava as penas. Porém, com a transição da escravidão para a liberdade, o crime precisava ser discutido e redefinido. Foi neste ambiente que o conceito de vadiagem, prevista como crime, precisava também ser reelaborado.[28]

---

26 Denise A Soares de Moura, "Café e Educação no século XIX". In: *Cadernos Cedes*, ano XX, nº 51, 2000, p. 33.

27 Lúcio Kowarick, *Trabalho e vadiagem – a origem do trabalho livre no Brasil.* São Paulo: Brasiliense, 1987.

28 Eric Foner. *Nada além da liberdade: a emancipação e seu legado*. Rio de Janeiro: Paz e terra; Brasília: CNPq, 1988, p. 101.

Boris Fausto notou que apesar da estigmatização de camadas sociais destituídas com o rótulo de "vadios" ser um dado a percorrer a história brasileira desde o período colonial, na cidade de São Paulo esta questão passou a merecer destaque especial a partir da última década do século XIX, momento caracterizado por profundas transformações estruturais.[29]

Praticamente todas as sociedades que passaram pela escravidão moderna, no seu processo de transição, se preocuparam com a disciplinarização da população necessária para a formação da sociedade do trabalho.[30] A Abolição colocava outro desafio à classe proprietária: a necessidade de organizar o mercado de trabalho e estabelecer um novo código disciplinar que prescindisse dos métodos coercitivos, fundamentados nos instrumentos de coerção física, até então aplicados aos escravos. Naquele momento, os libertos e sua movimentação de uma fazenda a outra ou da área rural para as cidades confundiam-se com os vadios e, assim, a vadiagem transfigurava-se em coerção à liberdade dos cativos emancipados.[31]

A nova sociedade que alguns pensavam instaurar devia ser construída sobre uma outra ética do trabalho, o que implicava uma alteração no modo de compreender e valorar o trabalho que devia ser disciplinado, regular e dignificante. Mas como formar esta nova ética do trabalho regular e disciplinado, se as condições materiais para isto não existiam, isto é, se a própria exigência de trabalho não era "disciplinada" e "regular"? Em uma economia com alta demanda por trabalho

---

29 Boris Fausto, *Crime e cotidiano. A criminalidade em São Paulo (1880-1924).* São Paulo: Brasiliense, 1984, p. 40.

30 Luiz Felipe de Alencastro mostrou que o problema da vadiagem que tomou dimensão importante nas Antilhas Britânicas em 1833 e nas Antilhas Francesas em 1848 era frequentemente divulgado na imprensa brasileira da época assinalando já a preocupação com os problemas que poderiam vir com a Abolição no Brasil. Luiz Felipe de Alencastro e Roberto Catelli, Trabalho escravo e trabalho compulsório no Brasil: 1870-1930. *Relatório de pesquisa (1987-1989)*, São Paulo: Cebrap, 1989, p. 58. Para o problema da vadiagem nas Antilhas, ver ver Eric Foner, *op. cit.;* para o problema em Cuba, ver Rebecca Scott, *op. cit.*; para a província de Tucumán, na Argentina, ver Daniel Campi, "Captacion e retencion de la mano de obra por endeudamiento. El caso de Tucuman en la segunda mitad del siglo XIX". In: Daniel Campi (org.), *Estudios sobre la historia de la industria azucareira argentina*, vol. 1, Universidade Nacional de Jujuy, Universidade Nacional de Tucuman. Para o problema em Buenos Aires, ver Samuel Amaral, *The rise of capitalism on the Pampes. The estancias of Buenos Aires, 1785-1870.* Londres: Cambridge University Press, 1998.

31 Hebe Maria Mattos Gomes de Castro, *Das cores do silêncio...*, p. 309-315; Cláudia A. Tessari, *op. cit.*, capítulo 3.

sazonal era contraditório reprimir o ócio, visto que muitos trabalhadores ficavam sem trabalho na entressafra.

José de Souza Martins afirma que essa ética do trabalho necessária para o desenvolvimento capitalista será criada em São Paulo no colonato.[32] Para o colono havia trabalho regular, pois o papel atribuído a ele na divisão social do trabalho era aquele mais constante: o *trato ou capina mais a colheita*. Ao trabalhador brasileiro, no entanto, cabiam as atividades irregulares da agricultura, o trabalho temporário que, nem por isso, deixavam de ser importantes. Havia, portanto, uma cisão entre os trabalhadores, uma cisão com base étnica. As formas de trabalho acessíveis a estes dois grupos de trabalhadores (trabalho regular, feito pelos colonos, e trabalho temporário, feito pelos camaradas e outras categorias) estavam fortemente relacionadas a grupos populacionais diferentes (imigrantes de um lado e nacionais de outro). Assim pode-se entender, portanto, por que estes grupos tendiam a ter representações diferentes.

No entanto, apesar de serem representadas de maneira diversa, as duas formas de trabalho (regular e temporário) estavam relacionadas a atividades importantes para estruturar a atividade econômica. Nenhuma delas negava a organização econômica, nem mesmo a atividade irregular e inconstante a negava, pelo contrário, ambas eram adequadas e necessárias para estruturá-la.

É importante salientar que o termo "vadio" era usado para abarcar uma grande variedade de categorias indesejáveis à sociedade e não só o desocupado ou desempregado.[33] Tanto o aumento de pessoas desempregadas na entressafra, quanto a diversão dos pobres urbanos (como os jogos e batuques e o frequentar as praças e vendas à noite) bem como o destino dos meninos e meninas menores de idade e de origem humilde e a mendicância, eram encarados como vadiagem e precisavam ser corrigidos.[34] No município de Piracicaba, no período pós-Abolição, as

---

32 José de Souza Martins, *O cativeiro da terra...*

33 Cláudia Alessandra Tessari, *op. cit.*, p. 96-106. Para a importância do termo vadiagem para a detenção de prostitutas na cidade de São Paulo, ver Boris Fausto, *op. cit.*, p. 73-76. Para esta mesma relação no Rio de Janeiro, ver Lerice de Castro Garzoni, *Vagabundas e conhecidas: novos olhares sobre a polícia republicana (Rio de Janeiro, início século XX)*. Campinas, [s. nº], 2007. Para se ter ideia da indefinição do termo vadio no período, em Itu adversários políticos do chefe de polícia eram detidos por vadiagem quando encontrados nas ruas conversando. *A Cidade de Ytú*, 26 fev. 1916.

34 Há toda uma linha interpretativa na historiografia e antropologia social que viu na vagabundagem (e na malandragem) uma forma de resistência ao capitalismo. Ver, por exemplo, Célia Maria Marinho

mais diversas categorias sociais e as mais diversas situações eram encaradas como vadiagem. Além do mais, a vadiagem, por ser ao mesmo tempo um conceito amplo e indefinido, era utilizada para manter as classes pobres sob rígido controle no município, especialmente o ex-escravo.[35]

Para Stein, os fazendeiros criados na tradição escravista de que os trabalhadores deveriam trabalhar durante todas as horas do dia, não poderiam deixar de considerar os ociosos como "vagabundos".[36] Não aceitar trabalhar pelas condições oferecidas pelas fazendas também era interpretado como vadiagem. Segundo Eisenberg, a "vagabundagem" resultava menos do baixo caráter moral, ou do mau policiamento, do que da falta de estímulo. "Os baixos níveis salariais, a escassez de terras, o hábito de pagar em espécie ou em parcelas e de cobrar preços inflacionários pelos produtos vendidos no barracão – eram outros tantos fatores de desestímulo do trabalhador rural".[37] O autor também considerou que a própria falta de emprego, junto com a falta de atrativos das condições do trabalho livre nos engenhos, permitia aos fazendeiros rejeitar muitos trabalhadores, mas as precárias condições de trabalho também levavam muitos trabalhadores a recusarem empregos fixos nos engenhos.[38]

Em vista do que viemos estudando até aqui consideramos importante acrescentar mais um dado à questão da vadiagem do trabalhador nacional. O do *desemprego*. Ligia Osorio Silva, comentando o trabalho de Boris Fausto sobre a criminalidade e o controle social nas primeiras décadas do século XX na cidade de São Paulo, já havia chamado a atenção para o *desemprego* como motivo para

---

Azevedo, *op. cit*, para quem o grande e alardeado tema da ociosidade do nacional não passava de uma manifestação superficial a encobrir questões muito profundas, enfrentadas pelos proprietários num momento de reacomodação das relações de produção, questões que expressavam o próprio embate entre resistência (dos homens livres e pobres nacionais) e opressão (por parte dos grandes proprietários e seus representantes políticos), que na interpretação simplificada dos cafeicultores não passava de "vagabundagem", "incapacidade para o trabalho" e/ou "escassez de braços". Ver também Denise A. S de Moura, *Saindo das sombras...*

35 Cláudia A. Tessari, *op. cit.*, capítulo 3. Rebecca Scott notou também esta indefinição do conceito de vadiagem em Cuba, no período pós-emancipação. Rebeca Scott, *op. cit.*, p. 226.

36 Stanley Stein, *Vassouras: um município brasileiro do café, 1850-1900.* Rio de Janeiro: Nova Fronteira, 1990, p. 302.

37 Peter L. Eisenberg, *Modernização sem mudança...* p. 214.

38 Peter L. Eisenberg, *Modernização sem mudança...*, p. 249.

a "vadiagem".[39] Achamos imporante, no entanto, acrescentar ainda outro dado, o do *desemprego sazonal*, aquele provocado pela demanda inconstante por trabalho no campo. Devemos lembrar que a ocupação fixa não era predominante, muito menos a ocupação que durava o ano inteiro. Portanto, a menos que o trabalhador conseguisse arranjar outra coisa para fazer entre sua dispensa e sua recontratação, ficaria "desempregado".

Nas economias agrícolas pré-industriais, o desemprego na entressafra não tinha a mesma conotação daquele das economias industriais. Nas primeiras, marcadamente agrícolas e manufatoras, boa parte do *tempo de trabalho* não coincidia com o *tempo de produção*, sendo o primeiro geralmente menor que o segundo. Assim, havia o tempo de trabalho mas também o tempo de vagante, tempo sobrante durante o tempo de produção.

Na atividade agrícola há divergência entre o *tempo de trabalho*, quantidade de tempo que o trabalhador dedica às tarefas do processo de produção, isto é, preparar a terra, plantar, cultivar e colher, e o *tempo de produção* propriamente dito, quantidade de tempo necessária para que o produto esteja pronto. Exemplificando: em 1888, na lavoura cafeeira paulista, estimava-se que o trabalhador gastaria 175 dias para tratar e colher o café. Estes 175 dias teriam de estar distribuídos em meio aos 360 dias decorridos entre uma colheita e outra. Conclusão: o tempo de trabalho era de 175 diass enquanto o tempo de produção era de 360.[40] Outro exemplo: por volta de 1915, estimava-se o tempo de trabalho na lavoura algodoeira paulista em 107 dias, enquanto o tempo de produção era estimado em 300 dias.

Nas economias pré-industriais, este tempo sobrante não era encarado como desemprego, porque o trabalhador empregava-o na produção dos artigos para sua subsistência (fossem alimentos, fossem seus derivados, fosse a construção civil, entre outros). Já nas economias agrícolas industriais, o tempo sobrante na agricultura, que continuou a existir, passa a ter menos possibilidade de ser preenchido pela lavoura para subsistência e pela manufatura rural doméstica, já que a indústria vem produzir parte do que era produzido nestas atividades. Além disso, o incremento tecnológico

39 Ligia Osorio Silva, Comentário ao texto de Boris Fausto, "Controle Social e criminalidade em São Paulo (1890-1924). In: Paulo Sérgio Pinheiro (org.), *Crime, violência e poder*. São Paulo: Brasiliense, 1983.

40 *Gazeta de Piracicaba*, 14 ago. 1888.

na agricultura tende a intensificar a exigência sazonal de mão de obra na atividade agrícola, o que, por sua vez, amplia o tempo sobrante. Temos, então, dois processos combinados, ambos derivados da industrialização, que radicalizam a demanda intensa de trabalho num período e o não trabalho no restante do ano.[41]

Se o "tempo sobrante" não tinha a conotação de desemprego, no entanto, tinha a de ociosidade. Quando havia a roça de subsistência e a manufatura rural acessória, alguns dos que ficavam desempregados na entressafra voltavam para os trabalhos em suas roças de alimentos, outros para os trabalhos da manufatura doméstica e outros ainda iam em busca de ocupações intermitentes onde pudessem se empregar no período entre as colheitas, como no trabalho da construção das ferrovias. Portanto, quando o trabalhador ainda tem acesso à terra e quando ainda é o trabalhador que produz quase tudo de que necessita para a sobrevivência, o desemprego sazonal não tem a conotação de desemprego, mas de ociosidade.

Para os trabalhadores que estavam no campo, essa discrepância entre o tempo de trabalho e o tempo de produção, no entanto, ao ser compensada pela manufatura rural acessória e pela roça de subsistência, não tinha grandes implicações: se não havia nada ou se havia pouco o que fazer na lavoura principal, as pessoas trabalhavam mais na roça de subsistência ou em casa, o que deixou de ser possível quando desapareceu a manufatura doméstica.

> É um erro pensar que essas variações na absorção da mão de obra na agricultura tivessem maiores implicações para a família camponesa. Na verdade, a questão só se apresenta no sistema capitalista, com a separação cidade/campo, tendo como ponto de referência principal a dissolução do artesanato rural.[42]

Já para a empresa rural, a possibilidade de os trabalhadores se ocuparem em outras tarefas na época da entressafra significava também que eles poderiam se

41 Ignácio Rangel, "O desenvolvimento econômico no Brasil (1954)". In: César Benjamim (org.). *Ignácio Rangel. Obras reunidas*. Vol. 1. Rio de Janeiro: Contraponto, 2005; José Graziano da Silva, *Progresso técnico e relações de trabalho...*

42 José Graziano da Silva, *Progresso técnico e relações de trabalho...*, p. 50.

dedicar a algumas destas tarefas também na safra, isto é, nos momentos de alta demanda por trabalhadores, diminuindo a elasticidade da oferta de mão de obra.[43]

O trabalhador, portanto, quando ainda havia a manufatura rural acessória, não estava "desempregado", estava trabalhando para si próprio. Porém, este trabalhar para si próprio era muitas vezes encarado como ociosidade. Conforme notou Denise Moura: "o lugar do trabalho não passava necessariamente pela fazenda ou pelas atividades institucionalizadas, mas não era assim que a elite cafeeira o concebia em termos do discurso, silenciando outras condutas, generalizando-as e metaforizando-as".[44]

Assim, quando o trabalhador ainda não está dissociado de seus meios de produção, quando ele ainda tem capacidade para produzir a maior parte daquilo que necessita para a subsistência, os momentos de "ociosidade" na lavoura eram também momentos de trabalho para ele, mesmo que os fazendeiros não encarassem dessa maneira.

Em novembro, por exemplo, quando "as pescas [eram] abundantes",[45] era também a estação das águas, época em que "bem poucos são os serviços culturaes que se praticam... não se faz mais colheitas; as roçadas já não possíveis; restam apenas os trabalhos de capina e alguma semeadura atrasada".[46] Mesmo assim, encontrar um trabalhador pescando ou preparando a vara de pesca em pleno dia da semana podia ser encarado como vadiagem. Da mesma maneira, eram tidas como vadiagem as tarefas de manutenção de seus meios de trabalho e de subsistência, tarefas como consertar os cabos de enxada, preparar a farinha de mandioca, o trato das criações, os cuidados com a horta de alimentos e o pomar.

Denise Moura notou que, na medida em que estas atividades marcavam outras durações que contrastavam com as da lavoura de café, eram representadas como vadiagem e indolência. Notou também que, diferentemente da prática cotidiana, no âmbito legislativo o calendário agrícola tradicional era desconsiderado, favorecendo a formação de uma imagem estereotipada do trabalhador nacional

43 Esta questão será retomada quando da discussão sobre os núcleos coloniais, no capítulo V.

44 Denise A. Soares de Moura, *Saindo das sombras...*, p. 255.

45 *Almanach Ilustrado do Lavrador Paulista...*, p. 29.

46 *Almanach Ilustrado do Lavrador Paulista...*, p. 28.

livre. Para a autora, a defesa de leis repressoras da vadiagem baseava-se nos períodos do ano em que o plantador de roça achava-se obrigatoriamente preso às demandas de trabalho em suas lavouras e, por isso, não podia se engajar nos trabalhos da agricultura para exportação.

> A realidade era de que se as solicitações de trabalho para a lavoura de café coincidissem com períodos de plantio e colheita nas roças de alimentos, o lavrador recusaria este trabalho ou o cumpriria descontinuadamente. Os representantes da grande lavoura, contudo, trataram esta realidade como "fuga do trabalho", estereótipo que ganhava força, especialmente em períodos de maior demanda de trabalho na economia cafeeira, nos quais era imprescindível recorrer a todos os recursos.[47]

Ora, mas como vimos, a agricultura requer mão de obra de maneira intermitente e muitas vezes extremamente concentrada no tempo. Se a economia de determinada região fosse formada de maneira que as várias demandas sazonais de mão de obra se intercalassem umas às outras, o emprego na região seria mais estável. Já em regiões monocultoras, o problema do desemprego sazonal era maior, visto que a monocultora, ao elevar repentinamente numa mesma região a demanda por trabalho, num outro momento fazia baixar em todas as propriedades esta necessidade de trabalhadores. Assim, ao mesmo tempo em que seria necessário grande contingente de mão de obra para garantir a elasticidade da oferta, deixaria também desempregado, no momento da entressafra, este mesmo contingente.

No município de Piracicaba, por exemplo, onde as lavouras de café e cana-de-açúcar no início do século conviveram lado a lado e se expandiram concomitantemente, havia um problema sério de ociosidade, ou melhor, de desemprego encarado como vadiagem. Como vimos, tanto a cultura cafeeira quanto a canavieira têm picos de demanda por trabalho nos mesmos meses do ano, entre abril e agosto, quando ocorrem tanto a colheita e beneficiamento do café quanto o corte e moagem da cana-de-açúcar. Portanto, nos períodos da entressafra ficava muita gente desempregada, o que era nomeado como vadiagem:

---

47 Denise A. Soares de Moura, *Cafeicultores e lavradores de roças*...p. 98.

> [...] Em Piracicaba, em determinada fase do ano a *vagabundagem* é muito maior do que em outros tempos. Explica-se: o Engenho Central da Cia Sucrerie começa sua moagem em maio e termina em novembro. Durante seu funcionamento é grande o número de braços empregados, quer nos canaviais para o corte de cana, quer no próprio Engenho para o fabrico do açúcar. Assim sendo, até que recomece a moagem, encontram-se muitos indivíduos *desempregados*, à espera de que aquele trabalho reclame os seus serviços.[48]

O que pretendemos mostrar, portanto, é situações nomeadas como vadiagem deviam ser, em boa parte das vezes, *desemprego sazonal* ou o resultado dele. Assim, aqueles que não tinham acesso à terra e não conseguiam intercalar trabalhos de maneira a permanecer ocupado, seriam encarados como vadios mesmo aqueles que tinham de alguma maneira acesso à terra e à manufatura rural doméstica e conseguiam usar o tempo sobrante na lavoura de alimentos e na manufatura rural doméstica, também seriam encarados nestes momentos como ociosos.

O braço instável

Outra característica relacionada ao trabalhador nacional e fortemente apontada pelos fazendeiros e pela própria historiografia, que se debruçou sobre as fontes do período para justificar a "quase não utilização" da mão de obra brasileira e, então, a imigração em massa, foi a instabilidade destes trabalhadores que não se prestavam ao serviço regular. No entanto, as mesmas fontes, muitas vezes, afirmavam que para os trabalhos mais instáveis eles eram excelentes trabalhadores: "Os caboclos e os libertos, se não oferecem um trabalho contínuo, são excelentes para os trabalhos temporários de desmatamento ou ainda para a criação e condução do gado".[49]

A tese da instabilidade do trabalhador nacional era utilizada como uma das justificativas para a opção por trazer imigrantes estrangeiros para trabalhar na lavoura cafeeira de São Paulo. O trabalhador nacional seria instável, isto é, não

---

48 *Gazeta de Piracicaba*, 03 abr. 1909.

49 Louis Couty, *Le Bresil em 1884*, p. 321, *apud* Chiara Vangelista, *op. cit.*, p. 50. (grifo nosso)

permanecia por muito tempo num mesmo trabalho ou numa mesma propriedade e executava as tarefas de maneira sempre intermitente.

Porém, durante o período da imigração em massa, quando levas e levas de imigrantes estrangeiros chegavam a São Paulo todos os anos, o problema da instabilidade também afetava estes trabalhadores, mesmo que de outra maneira. O imigrante era instável porque, ao final de cada ano agrícola, quando vencia seu contrato, retirava-se da propriedade à procura de nova oportunidade fosse em outra fazenda, fosse em outra atividade, principalmente nas cidades, fosse em outro país (voltando para o país de origem ou se arriscando em novos lugares).[50] Esta instabilidade, considerada por Pierre Denis, em 1911, a mais impressionante característica da vida rural no Estado de São Paulo.[51] era causada em boa medida pela inconstância da própria demanda por mão de obra para a colheita:

> As causas de exodo de colonos para a republica platina são, entretanto, bem conhecidas. *Depois de uma enorme colheita como a do anno findo, e na emergencia de uma safra muito reduzida no ano seguinte*, era natural que os trabalhadores das fazendas, apurados os seus pecúlios, viessem avolumar o movimento de retiradas, que anualmente, depois da colheita, se opera entre os colonos.[52]

O final da colheita era seguido por uma migração geral dos trabalhadores agrícolas, que livremente se deslocavam. Algumas estimativas chegavam a apontar que entre 40% e 60% dos colonos deixavam as fazendas anualmente. Segundo Denis, não era exagero dizer que pelo menos um terço das famílias empregadas

---

50 As cidades constituíram um importante foco de atração dos imigrantes que estavam no campo. Verena Stolcke e Michael Hall, *op. cit.*, Maria Thereza S. Petrone, "Imigração". In: Sérgio Buarque de Holanda. *História geral da civilização brasileira: O Brasil Republicano*. São Paulo: Difel, 1985, t. III, vol. 2, p. 95-113.

51 Pierre Denis, *op. cit.*, p. 207.

52 Secretaria dos Negocios da Agricultura, Commercio e Obras Publicas do Estado de São Paulo. *Relatorio apresentado ao Dr. Jorge Tibiriçá, presidente do Estado de São Paulo pelo Dr. Carlos Botelho, Secretario da Agricultura. Anno 1906*. São Paulo: Typographia Brazil de Carlos Gerke, 1907, p. XIII) (grifo nosso)

nas plantações deixava seus locais de trabalho de ano para ano. "Todos os fazendeiros, assim, viviam em constante temor de ver suas colônias vazias em setembro."[53]

Então, os trabalhadores em geral, tanto nacionais quanto estrangeiros, eram instáveis? Por que essa coincidência? Ora, como vimos, o trabalho permanente (aquele que era regular ao longo do ano) não era o predominante. O que predominava, na realidade, era o trabalho irregular, ou seja, o trabalho que era feito em épocas específicas e por determinado período de tempo. Como, então, dizer que o trabalhador era instável, se o próprio trabalho era inconstante e irregular?

Quanto à instabilidade do colonato, ela era relacionada, é certo, a outras questões, à inconstância das colheitas e à fragilidade da relação entre o trabalhador e a terra que o próprio sistema de colonato criava e que o fazia migrar de fazenda para fazenda ou para outro país. Como os próprios observadores da época afirmavam, o colono vinha para o Brasil na esperança de se tornar proprietário. Quando percebiam que essa esperança dificilmente se realizaria, dado o monopólio da terra em São Paulo, partiam para a Argentina, para os Estados Unidos ou voltavam para seu país de origem:

> Promove-se intensivamente a imigração, porque a lavoura cafeeira clama por falta de braços. E, por maior que seja a quantidade dos imigrantes introduzidos, nunca a falta de braços cessa, porque os recém-chegados ou vêm substituir os que se repatriaram ou os que se emanciparam da condição de assalariados.[54]

Por mais que a instabilidade do colono fosse de fato relacionada a outras questões além da inconstância da colheita, o que nos interessa aqui é destacar que na lavoura paulista do período todos os trabalhadores pareciam ser instáveis.

Quando Bassanezi analisou as ocupações na fazenda Santa Gertrudes, uma das mais importantes fazendas de café do estado de São Paulo, notou certa correlação entre nacionalidade e tempo de permanência na fazenda. O elemento

53 Pierre Denis, *op. cit.*, p. 206.

54 Secretaria dos Negocios da Agricultura, Commercio e Obras Publicas do Estado de São Paulo. *Relatorio de 1903 pelo Dr. Luiz de T. Piza e Almeida, Secretario da Agricultura*. São Paulo: Typographia do Diario Official, 1904.

italiano e o germânico eram os mais estáveis, permanecendo na fazenda em média 8 anos, entretanto, metade dos italianos permanecia menos que 4,5 anos, enquanto metade dos germânicos menos que 7,5 anos. O português ou nacional e o espanhol permaneciam em média 5 anos. Ao mesmo tempo, a autora mostrou que também havia certa correlação entre o tipo de contrato e o tempo de permanência. O camarada solteiro era o mais instável, ficando em média 3,1 anos na fazenda, sendo que 67,2% não ultrapassavam os 3 anos. Depois do camarada, era o colono o mais instável, enquanto os trabalhadores que exerciam as demais ocupações permaneciam na fazenda por um período de tempo maior.[55] Estas duas relações (nacionalidade e tipo de contrato), porém, quando correlacionadas entre si, nos mostram que os nacionais eram os mais instáveis, porque justamente eram contratados para as tarefas mais inconstantes: eram contratados como camaradas por dia ou por empreitada, tipos de ajustes de trabalho que permitiam ao fazendeiro desfazer-ser do trabalhador a qualquer momento.

Rosane Messias, também ao estudar documentação de fazendas, mostrou que os brasileiros, contratados como trabalhadores por dia, eram arregimentados pelas mesmas fazendas durante anos seguidos, demonstrando que os fazendeiros não viam nesta "instabilidade" um problema, se não tenderiam a contratar, em anos subsequentes, trabalhadores diferentes. Contrariamente, este era um tipo de contrato que beneficiava a própria fazenda, que podia pagar apenas pelos dias de trabalho necessários.

Muitas pessoas trabalhavam por pouco tempo em cada fazenda durante os momentos de pico de trabalho e tinham de mudar de uma ocupação a outra (quando conseguiam), se não quisessem ficar sem remuneração durante a entressafra: "eles eram vadios e irregulares no trabalho e às vezes iam de uma fazenda a outra. Mas eles eram muito dóceis e fáceis de manejar; suas necessidades e demandas eram muito poucas e suas ambições inferiores".[56]

Portanto, tratar a mão de obra como instável é paradoxal num mundo em que o próprio trabalho era irregular. O trabalho é que era instável, mais do que a mão de obra o era, tanto é que várias medidas sugeridas no período por fazendeiros, secretários de agricultura e pessoal técnico para diminuir a instabilidade

---

55 Maria Silvia C. Beozzo Bassanezi, *Fazenda de Santa Gertrudes...*, p. 263-264.

56 Pierre Denis, *op. cit.*, p. 188.

desta mão de obra, passavam por alternativas que visavam estabilizar a *demanda* por trabalho e não alterar características morais do trabalhador. Nas discussões em torno da instabilidade do trabalhador imigrante, as sugestões giravam em torno de medidas que resultassem na criação de oportunidades de trabalho ao longo de todo o ano agrícola. Esta necessidade, que as fontes designavam como necessidade de "fixar o trabalhador ao solo", consistia em dar ao trabalhador alternativas de trabalho no momento de desocupação, ou seja, consistia em encontrar soluções para que os trabalhadores tivessem meios de vida nos períodos de menor demanda por trabalho nas lavouras comerciais:

> O recurso consistirá na vulgarização das culturas ou industrias susceptiveis de se consorciarem á exploração cafeeira. Essas culturas ou industriais deveriam utilizar a mão de obra durante 8 mezes do anno e deixa-la disponivel durante a colheita do café.[57]

Se observarmos os expedientes colocados em prática na lavoura paulista do período para estabilizar a mão de obra, um fator predominará: o trabalho temporário na lavoura comercial, complementado com o trabalho na roça de alimentos. Fosse no colonato, na parceria ou nos contratos de formação dos cafezais.

Apesar de estarmos frisando a importância de observarmos a própria instabilidade da demanda por trabalho, não devemos nos esquecer que uma parte da oferta de trabalho também era instável: o trabalhador que oferecia sua mão de obra às fazendas de maneira que pudesse intercalar as tarefas na grande propriedade com as tarefas de sua roça alimentar. Denise Moura, que estudou as relações de trabalho entre o pequeno lavrador de roças de alimentos e a grande propriedade cafeeira em Campinas, mostrou que a presença dos pequenos lavradores no mercado de mão de obra cafeeiro revelava o ajustamento de temporalidades de trabalho diferentes, ou seja, o ritmo de trabalho da roça se ajustava ao da fazenda produtora e exportadora de café. A autora também mostrou, no entanto, que da parte dos cafeicultores isto envolveu a criação de uma série de

57 A Fauchère, "Melhoramentos possiveis diante da situação economica da cultura cafeeira no Brasil". In: Secretaria da Agricultura, Commercio e Obras Publicas do Estado de São Paulo. *Boletim da Agricultura. Anno de 1914.* São Paulo: 15a serie, ns. 4-5, abr.-maio 1914, p. 47.

estereótipos sobre o trabalhador nacional livre, que posteriormente foram incorporados pela historiografia.[58]

Fases de vacância no trabalho das roças eram as mais favoráveis para o mercado de trabalho cafeeiro, pois era quando se podia contar com a mão de obra dos lavradores. Como estas fases eram curtas, os ajustes de trabalho provisórios ou que estabelecessem apenas a entrega do trabalho concluído, sem prescrever durações, eram os mais convenientes e preferidos pelos lavradores. Ajustes de trabalho nas propriedades cafeeiras poderiam até ocorrer nas fases de demanda de trabalho nas roças de alimentos, desde que não interferissem nas suas exigências de plantio e colheita.[59]

O conjunto da documentação investigada por Denise Moura lhe permitiu levantar a hipótese de as razões que levavam os trabalhadores nacionais ao desvio temporário de suas obrigações estarem associadas às demandas cíclicas de trabalho nas roças de alimentos. Mas a própria autora ponderou que esta hipótese, contudo, diz respeito especificamente ao segmento dos lavradores que tinham acesso à terra, enquanto o trabalhador nacional livre (ou liberto) e pobre englobava diversas categorias sociais que necessitam ser mais bem compreendidas nas suas diferentes inserções no mercado de mão de obra livre em formação.[60]

Se adicionarmos à questão da oferta instável por mão de obra a questão da instabilidade da demanda, podemos inferir que todos estes segmentos sociais constituintes da categoria "trabalhador nacional" estavam sujeitos a trabalhar apenas esporadicamente, a não ser que conseguissem intercalar "empregos" com diferentes prazos de duração, ou que conseguissem empregos que se sucedessem ao longo do ano.

Portanto, a *escassez de braços*, a *ociosidade do trabalhador nacional* e a *instabilidade dos trabalhadores* compõem a outra face de uma mesma moeda: a das exigências altamente sazonais e incertas de trabalho numa economia agrícola pré-capitalista.

58 Denise A. Soares de Moura, *Cafeicultores e lavradores de roças*... p. 96.

59 Denise A. S. de Moura, *Cafeicultores e lavradores de roças*..., p. 98.

60 Denise A. S. de Moura, *Cafeicultores e lavradores de roças*... p. 98.

As exigências intermitentes e incertas de mão de obra, se por um lado, podem explicar em boa parte características do trabalho que eram atribuídas ao trabalhador, por outro lado podem explicar também a necessidade de manutenção de uma população ociosa que era crucial para o desenvolvimento adequado das atividades altamente sazonais.

O discurso da "falta de braços", portanto, pode ser lido como o discurso da necessidade de grande número de trabalhadores disponíveis à fazenda nos momentos de pico de trabalho possibilitando a flexibilidade que o capital requer. E estar disponível significava estar pronto para ser arregimentado em número, pelo prazo necessário e no exato momento em que o trabalho nas fazendas exigisse, em outras palavras, compor uma oferta elástica de trabalhadores.

Se o capital precisa de flexibilidade da mão de obra, o capital no campo, com as características da inconstância das exigências de trabalho, precisa mais ainda. É assim que podemos entender que, ao mesmo tempo em que havia gente ociosa, havia falta de trabalhadores.

Capítulo IV

A permanência do trabalho temporário

ESTAS CARACTERÍSTICAS ESPECIAIS do trabalho agrícola (a inconstância da demanda por mão de obra e a dificuldade de se estimar ao certo e antecipadamente o número de trabalhadores necessários para a colheita) determinou, em momentos históricos diferentes, diferentes relações de trabalho. No Brasil, durante a escravidão, elas implicaram na autossuficiência das fazendas, maneira encontrada para manter a mão de obra ocupada ao longo de todo o ano. Na transição da escravidão para o trabalho livre, em São Paulo, a partir de 1880, quando a escravidão já estava fadada ao seu término, implicou uma configuração especial de trabalho nas principais lavouras comerciais: o colonato associado ao trabalho temporário sazonal. Estas relações de trabalho irão perdurar por toda a primeira metade do século XX com pequenas modificações, quando então o sistema de colonato será praticamente substituído pelo trabalho volante (trabalho temporário de não residentes).

Durante o regime de trabalho escravo no Brasil, o caráter sazonal e incerto da agricultura acabava por acentuar uma característica da economia escravista: a baixa capacidade de variação do *quantum* de mão de obra *vis a vis* as variações na necessidade de trabalho exigidas pela produção. Como já demonstramos em outra parte deste livro, a agricultura, especialmente aquela do período aqui estudado, era marcada pela sazonalidade, mesmo que o grau de sazonalidade pudesse variar de cultura para cultura. Esta característica, portanto, vinha a acentuar aquela que Gorender chamou de "lei da rigidez da mão de obra escrava", própria do escravismo colonial.[1]

1 Jacob Gorender, ao estudar as "leis" que eram exclusivas do modo de produção escravista, contrapondo às leis que eram gerais a qualquer modode produção, enumerou cinco leis: a lei da renda monetária; a lei do investimento inicial na aquisição do escravo; a lei da rigidez da mão de obra escrava; a

Para o autor, "a rigidez da mão de obra escrava significa o seguinte: a quantidade de braços de um plantel permanece inalterada apesar das variações da quantidade de trabalho exigida pelas diferentes fases estacionais ou conjunturais da produção".[2] Se o escravo não se libertava do senhor, tampouco este se libertava do escravo nas fases da produção em que menos trabalho era requerido. Isto é, como o proprietário adquiria o próprio escravo em geral por toda sua vida útil, mas não a força de trabalho do escravo por um período de produção limitado, a fazenda escravista estava atrelada ao escravo.

Para Gorender, a "rigidez da mão de obra escrava" não estava relacionada apenas às conjunturas de alta e baixa solicitação de trabalho que são intrínsecas a qualquer atividade agrícola, derivadas da sazonalidade, mas também estava relacionada ao fato de o senhor estar atado ao escravo tanto nas conjunturas de baixa econômica, isto é, nos momentos de baixo preço do produto, quanto nas conjunturas de alta de preços, pois a aquisição de escravos não poderia ser adaptada com versatilidade às necessidades de produção impostas pelo mercado mundial ou pelo caráter sazonal da produção agrícola. Nos momentos de baixa de preço do produto, o senhor não poderia se desfazer do escravo; e nem no momento de alta nos preços ele conseguiria, com a rapidez necessária, adquirir mais escravos.

Mesmo se pensarmos que, em tese, o fazendeiro, nas conjunturas de baixa de preço, poderia vender parte de seus escravos, o faria com prejuízo, pois os preços dos cativos também caíam com a baixa cotação das mercadorias exportáveis. Além disso, o fazendeiro não venderia seus escravos, pois no momento de alta precisaria deles novamente e seria imprudente se desfazer de parte do plantel já treinado e disciplinado, sem contar que corria o risco de ter de comprar na época de alta após ter vendido na baixa.

---

lei da correlação entre a economia mercantil e a economia natural na plantagem escravista; e a lei da população escrava. O que nos interessa aqui, no entanto, é apenas refletirmos sobre esta 5ª lei, a da rigidez da mão de obra escrava, ou melhor dizendo, como a questão da sazonalidade era "equacionada ou não" durante a vigência da escravidão no Brasil. Jacob Gorender, *O escravismo colonial.* São Paulo: Ática, 1985. Para Nelson Werneck Sodré, esta "lei da rigidez da mão de obra" não era exclusiva da escravidão, mas estava presente em maior ou menor grau em todos os modos de produção (Conforme Carlos Alberto Cordovano Vieira, *Interpretações da colônia: leituras do debate brasileiro de interpretação marxista.* Campinas, [s.nº], 2004, p. 164).

2 Jacob Gorender, O escravismo colonial..., p. 210

Diferente do que ocorre na economia estritamente capitalista, em que o empresário entretém com os operários uma relação contratual passível de ser desfeita a qualquer momento, na economia escravista o senhor estava atado ao escravo. Se, na economia capitalista, tem-se uma fase de alta demanda por trabalho (seja porque o ciclo de produção está nos seus momentos de grande requisição de trabalho, seja porque a conjuntura econômica é de alta de preço, requerendo o aumento da produção), a empresa contrata mais operários, sem fazer qualquer adiantamento de capital-dinheiro para isso. Se a fase é de baixa demanda por trabalho, por outro lado, a empresa capitalista terá de arcar apenas com certa ociosidade do seu capital fixo. No caso do fazendeiro escravista, no entanto, tal possibilidade, a de adequar a quantidade de mão de obra de acordo com as necessidades de produção, não existia.[3]

Esta rigidez, ou falta de flexibilidade, inerente à escravidão, levava à necessidade de o *quantum* da produção ter de ser decidido levando-se em conta a quantidade disponível de escravos que a fazenda possuísse. Ora, então, as dimensões da produção seriam decididas de acordo com o número de braços disponíveis na época do pico de trabalho na fazenda (época da colheita e do beneficiamento do produto). Alice Canabrava, estudando a lavoura algodoeira em São Paulo durante o regime de trabalho escravo, também se referiu ao problema de o plantio ter de ser limitado pela quantidade de mão de obra existente e que fosse suficiente para dar conta dos trabalhos dos momentos de pico de necessidade de trabalhadores:

> São as dificuldades para obter a mão de obra na época da colheita e não propriamente o trato das plantações que restringiam a cultura algodoeira, pois aquele mesmo número de escravos poderia entreter maiores campos de plantio, se houvesse possibilidade de conseguir excedentes de braços durante a época da colheita.[4]

Assim, enquanto o fazendeiro capitalista, tendo facilidade de obter mão de obra, podia dimensionar o plantio pela sua disponibilidade de capital, o fazendeiro

---

3 Jacob Gorender, *op. cit.*, p. 210-211.

4 Alice P. Canabrava, "A grande lavoura". In: *História geral da civilização brasileira*, Brasil Monárquico, t. 2, vol. 4, São Paulo: Difusão Europeia do Livro, 1968, p. 214-15.

escravista teria de estimar o cultivo pelo plantel disponível na fase de pico do trabalho agrícola, quando se conjugavam a colheita, o beneficiamento e o transporte das mercadorias. Esta rigidez ou inflexibilidade levava a, no mínimo, três consequências: 1) nos momentos intercalares da safra (momentos em que era requerida menor quantidade de trabalho, seja em ritmo, seja em número de trabalhadores), parte do plantel de escravos ficava ocioso ou, ao menos, ficava ocioso em relação ao trabalho produtivo da lavoura principal; 2) os fazendeiros tenderiam a ter, na fazenda, atividades que pudessem ser intercaladas à produção principal, a fim de manter o escravo produtivo nas fases estacionais ou nas fases de baixa de preço do produto principal; e 3) as inovações tecnológicas que poupassem mão de obra nas fases intercalares não seriam atrativas, mas, ao contrário, intensificariam o problema, pois o pico de trabalho – a colheita – é de difícil mecanização.[5]

Dado que a produção máxima tinha de ser estimada pela quantidade de mão de obra que a fazenda tinha à sua disposição na época de pico de trabalho, nos momentos de entressafra da produção principal a fazenda teria de arcar com uma certa ociosidade da mão de obra escrava, assumindo os custos de sua manutenção tanto nos momentos em que seu trabalho estivesse sendo requerido quanto nos momentos de menos trabalho.

Caminhoá, visitando as fazendas escravistas produtoras de cana-de-açúcar e café no Rio de Janeiro e São Paulo na década de 1880, notou que em algumas fazendas, apenas pouco mais da metade dos escravos dedicava-se à cultura do café, capinando e limpando o cafezal, enquanto a outra metade dedicava-se ou às atividades domésticas ou às atividades suplementares: "Si nós compararmos o pessoal total da fazenda com o empregado propriamente na cultura, veremos que ahi figura pouco mais da metade, sendo o resto destinado á outras occupações secundárias, resultando um atrazo no serviço."[6]

---

5 Além destas, Jacob Gorender viu ainda outra consequência da rigidez da mão de obra, a da sobrecarga de trabalho imposta aos escravos nos momentos de pico de trabalho nas fazendas, quando eles tinham de se submeter a extensas jornadas de trabalho. Jacob Gorender, *op. cit.*, p. 217-222.

6 Luiz Monteiro Caminhoá, *op. cit.*, p. 83.

Na fazenda São Manoel, por exemplo, de propriedade de Justino Barbosa, situada no município de Santa Maria Magdalena, no Rio de Janeiro "o serviço da roça é[ra] feito por 115 escravos, com quanto [fosse] de 237 o seu pessoal".[7]

Fernando Henrique Cardoso, estudando as condições de produção dos charqueadores do Rio Grande e comparando com as dos saladeros da região do Prata, também deu atenção à questão da sazonalidade e da impossibilidade da quantidade de trabalhadores ser adaptada facilmente às necessidades da produção.[8] O autor notou que o charqueador gaúcho, comprando escravos, comprava força de trabalho que excedia às necessidades médias de trabalho e, por isso, a capacidade ociosa de produção de seus estabelecimentos era uma constante.

> De fato, em setembro, outubro e novembro, fora da época da safra e da preparação dos derivados do gado, enquanto os produtores platinos paravam, os charqueadores continuavam trabalhando, porque era preciso ocupar os escravos, tanto por motivos extra econômicos (para mantê-los ativos e disciplinados) como para aproveitar a força de trabalho em alguma forma de produção que, se não dava lucros, permitia ao charqueador a "ilusão do trabalho".[9]

A necessidade de se estimar a quantidade de mão de obra pelos momentos de pico de trabalho na fazenda se, por um lado, implicava certa ociosidade dos escravos, não significava, contudo, que eles ficassem sem trabalhar. Outra consequência da rigidez da mão de obra escrava era a coexistência nas fazendas de trabalhos que pudessem ser intercalados ou feitos nos momentos em que o plantel de escravos não estivesse totalmente empregado. Nas fazendas escravistas cafeeiras, ao lado da lavoura comercial, crescia, então, a lavoura de alimentos, a

---

7 Luiz Monteiro Caminhoá, *op. cit.*, p. 41.

8 Fernando Henrique Cardoso, *Capitalismo e escravidão no Brasil Meridional. O negro na sociedade escravocrata do Rio Grande do Sul*. São Paulo: Paz e Terra, 1997, p. 172-186. Não está em discussão aqui a interpretação que Fernando Henrique faz do papel da escravidão no Brasil meridional, bem como não está em discussão a interpretação que Jacob Gorender faz do modo de produção escravista. Um aspecto da atividade econômica baseada no trabalho escravo relativo à sazonalidade agrícola é tratado por estes dois autores com vários pontos em comuns. É o que consideramos relevante para este estudo.

9 Fernando Henrique Cardoso, *op. cit.*, p. 173.

criação de animais e outras atividades que pudessem ser efetuadas na fazenda. Preferencialmente estas atividades deviam poder ser efetuadas nos momentos de menos trabalho na lavoura comercial e deviam vir rebaixar o custo de manutenção da mão de obra, visto que esta teria de ser mantida quer nos momentos de mais trabalho, quer nos de menos.

Assim, ao lado das produções canavieira, cafeeira ou algodoeira (lavouras de exportação na época da escravidão), crescia nas fazendas a lavoura de alimentos, especialmente do milho, necessário para alimentar o pessoal da fazenda e os animais destinados ao trabalho. Além da produção de alimentos (milho, feijão, mandioca, amendoim, mamona, criação de aves, suínos e ovelhas) figuravam nas fazendas de café paulistas do século XIX: equipamento necessário para o beneficiamento do café, serraria, carpintaria, marcenaria, forja de ferreiro, ferraria de animais, olaria, selaria, fiação e tecelagem de algodão e de lã; alfaiataria, oficina de sapateiro, lavanderia, cozinhas, cocheira, enfermaria, currais e pastagens para animais de tração etc.

Nos estabelecimentos de charque do Rio Grande, Fernando Henrique Cardoso notou que a tendência era a de os charqueadores estenderem as operações do processo produtivo por todo o ano para ocupar o escravo permanentemente. As charqueadas, então, evitavam a concentração de todas as tarefas de industrialização nos meses da safra e as adiavam o mais possível para os meses seguintes. Para Fernando Henrique Cardoso, a necessidade de estender as operações do processo produtivo por todo o ano não estimulava nenhuma forma de organização mais racional do trabalho. Se numa atividade sazonal fosse introduzido progresso técnico que garantisse maior rapidez na produção, o escravo permaneceria ocioso a maior parte do tempo, sem contudo, diminuir os custos da manutenção do plantel de escravos, por isso, o senhor de escravos interessava-se antes por ocupar sempre o escravo do que por ocupá-lo melhor ou mais produtivamente.[10]

---

10 Fernando Henrique Cardoso, *op. cit.*, p. 179-180. Para Fernando Henrique, isso mostra o sentido anti-capitalista do sistema escravista: na economia capitalista, economiza-se a retribuição ao trabalho, isto é, diminui-se o tempo de trabalho necessário para a manutenção do operário gasto na produção. Na economia escravista, como o senhor adquire compulsoriamente a força de trabalho do escravo em todos os momentos da vida, significa fazer com que, durante todo o tempo, o escravo desgaste sua força de trabalho, mesmo que seja em tarefas que signifiquem um desperdício de tempo em termos do processo de produção.

Portanto, o sistema escravista, ao trazer o problema da rigidez da mão de obra, trazia o problema também do desestímulo a inovações que poupassem trabalho, a não ser que estas viessem poupar mão de obra dos momentos de pico de demanda por trabalho, pois de nada adiantaria poupar a das fases intercalares se, nas fases de pico de trabalho, as exigências de mão de obra continuassem altas.

A introdução de inovações poupadoras de mão de obra na fase intercalar, portanto, não reduzindo o tempo de produção e não reduzindo a necessidade de mão de obra nos momentos de pico de trabalho, apenas aumentavam a ociosidade do trabalhador na entressafra, por isso a não flexibilidade da quantidade de trabalho na escravidão era um limitante à introdução de inovações poupadoras de mão de obra.[11] No caso das inovações que aumentavam a produtividade do trabalho na época do pico, como as inovações para o beneficiamento, elas foram implementadas nas décadas em que a escravidão já estava fadada a desaparecer.[12]

Assim, a escravidão bloqueava o desenvolvimento de uma racionalidade capitalista, notadamente no que diz respeito à flexibilidade e ao uso racional do trabalho e no que diz respeito à tendência para aumentar a composição orgânica do capital, visando o aumento da produtividade do trabalho. Portanto, para o desenvolvimento capitalista no Brasil era necessário superar o problema da rigidez da mão de obra escrava, em boa medida, um problema atrelado à sazonalidade. Veremos que, em larga medida, o uso do trabalho temporário será decisivo para isso.

Apesar da hipótese do dimensionamento da quantidade de mão de obra pelo pico de trabalho, é corrente na historiografia a ideia de que já se recorria ao trabalho temporário de escravos ou de homens livres especialmente para as tarefas mais inconstantes e para as tarefas não ligadas diretamente ao trabalho da lavoura, como para os consertos, o transporte, o trabalho industrial do açúcar etc.[13]

Já durante o período escravista, a fazenda cafeeira se utilizava do trabalho temporário para driblar o problema da sazonalidade agrícola e a rigidez da mão de obra escrava. Quando esta era insuficiente para dar conta das tarefas dos momentos de pico de exigências de trabalho, recorria-se à mão de obra livre. Junto

11 Jacob Gorender, *O escravismo colonial...*, p. 217.

12 Emilia Viotti da Costa, *op. cit.*; Verena Stolcke, *op. cit.*

13 Caio Prado Jr., *op. cit.*; Paula Beiguelman, *op. cit.*; Maria Sylvia de Carvalho Franco, *op. cit.*; Warren Dean, *op. cit.*; Lúcio Kowarick, *op. cit.*; Chiara Vangelista, *op. cit.*; entre outros.

com a manutenção de um plantel de escravos em número maior que as necessidades médias de mão de obra, as fazendas escravistas ainda assim utilizavam de trabalho temporário, fosse do escravo alugado, fosse do trabalhador livre agregado, fossem dos sitiantes moradores próximos à fazenda ou de turmas de trabalhadores que iam de uma fazenda a outra. Todos estes eram utilizados para contornar a rigidez da mão de obra escrava nos momentos de mais trabalho.

Nas lavouras canavieiras de São Paulo e Rio de Janeiro do século XIX, onde a mão de obra especializada era escassa, os senhores de engenho alugavam uns aos outros escravos experientes em certos ofícios da fabricação do açúcar. A prática do aluguel também se generalizou nas fazendas de café depois de cessado o tráfico. Na década de 1880, Caminhoá mencionou a presença de numerosos escravos alugados na fabricação do açúcar, bem como a contratação de trabalhadores livres.[14]

No período escravista, a fazenda cafeeira costumava manter três categorias de trabalhadores: o escravo que se ocupava do trabalho da plantação propriamente dita, isto é, da produção dos alimentos e do cultivo do café; o escravo destinado aos trabalhos domésticos na casa do senhor; e os *trabalhadores temporários* que se ocupavam do desmatamento, da criação, da colheita ajudando os escravos etc. Warren Dean mostrou que no final do século XIX, já na época do declínio do escravismo, as fazendas cafeeiras dependiam grandemente das turmas de trabalhadores assalariados. Essas turmas não eram empregadas para trabalho regular na plantação, sendo utilizadas somente para certas tarefas especiais como limpar mato, construir estradas ou guiar carroças.[15]

Pierre Denis, citando relatório do inspetor do Ministério da Agricultura, Carvalho de Moraes, que havia percorrido as fazendas paulistas em 1870, comentou que a cultura da cana-de-açúcar era ainda toda feita por escravos, mas todos os outros

---

14 Luiz Monteiro Caminhoá, *op. cit.* Essa prática também se verificou em outros lugares, como em Cuba, à medida que o afluxo de africanos deixou de ser suficiente para sanar a escassez da oferta de novos escravos. Também se recorria a turmas de trabalhadores livres para tornar mais flexíveis o custo com mão de obra. Rebecca J. Scott, *Emancipação escrava em Cuba: a transição para o trabalho livre, 1860-1899*. Rio de Janeiro: Paz e Terra; Campinas: Editora da Unicamp, 1991, p. 113.

15 Warren Dean, *Rio Claro...*, p. 35-6.

trabalhos agrícolas eram feitos por trabalhadores livres: *"camaradas que recebiam salários mensais, eram irregulares no trabalho e às vezes iam de uma fazenda a outra"*.[16]

A importância do trabalho temporário aumentou na medida em que a utilização de escravos foi se tornando inviável por causa do fechamento das fontes de renovação da mão de obra escrava no Brasil (o fechamento do tráfico internacional em 1850, a libertação dos nascidos de mães escravas a partir de 1871 e o fechamento do tráfico interprovincial em 1886). Segundo Chiara Vangelista, quando a mão de obra escrava tornou-se mais difícil e mais cara, no final do século XIX, os agregados começaram a participar mais ativamente da vida da fazenda: deixou-se ao escravo o trabalho do cafezal e do artesanato, os trabalhos mais constantes da lavoura, ao passo que o caboclo passou a desempenhar com mais frequência o papel de trabalhador temporário nas atividades colaterais ou durante a colheita.[17]

Denise Moura mostrou que, no período de declínio do escravismo, sitiantes residentes próximos às fazendas frequentemente ajustavam contratos de trabalho temporário verbais ou escritos com fazendas cafeeiras campineiras.[18] Para a autora esses ajustes de trabalho com mão de obra livre local era mais frequente do que aquele que, em geral, a historiografia costuma lhe atribuir. Trabalhadores livres caipiras eram "ajustados" no trabalho das fazendas e propriedades médias de café para realizar os mais diversos trabalhos, a maior parte deles intermitentes e sazonais. Maria Lúcia Lamounier também mostrou que os trabalhos da construção das estradas de ferro paulistas sofriam da escassez de trabalhadores na época de colheita do café, após a qual a oferta de trabalhadores para a construção se normalizava ou era até abundante. Dessa maneira, comprova-se que os trabalhadores, já naquela época, iam e vinham de uma atividade a outra e, o que para nós é o mais importante, que eles estavam nas grandes fazendas nos momentos de pico de trabalho.[19]

A importância de se recorrer ao trabalhador livre para contornar o problema da rigidez da mão de obra escrava especialmente nos momentos de pico de

---

16 Pierre Pierre Denis, *Brazil. 1911*, p. 188.

17 Chiara Vangelista, *op. cit.*, p. 220.

18 Denise Soares de Moura, *Saindo das Sombras*... Ver também a mesma autora em artigo de 2007.

19 Maria Lúcia Lamounier, *Ferrovias, agricultura de exportação e mão de obra no Brasil*...

trabalho também foi apontada por Rosane Messias, que mostrou que algumas fazendas da região de São Carlos no período de declínio do escravismo costumavam contratar temporariamente trabalhadores nacionais livres para trabalharem ao lado dos escravos na colheita de café. Também mostrou que este recurso não era tão esporádico, visto que estes trabalhadores foram contratados em vários anos diferentes. Na documentação da fazenda Quilombo, no atual município de São Carlos, por exemplo, no livro conta corrente de 1877 e 1878 constavam dezoito trabalhadores livres registrados como "colhedores de café". O plantel de escravos da fazenda (escravos da lavoura e domésticos) totalizava na mesma época 121 pessoas.[20]

Se, durante a escravidão, a hipótese é que o dimensionamento da quantidade de trabalhadores de uma fazenda era calculado pelo momento de pico de exigência de trabalho e este número acabava por limitar a área plantada, o que aconteceu após o fim da escravidão? Quais mudanças ocorreram no tocante ao dimensionamento do *quantum* de trabalhadores antes limitado pela rigidez da mão de obra escrava?

Se, por um lado, o problema da rigidez da mão de obra diminuiu com a possibilidade de contratar força de trabalho e não mais adquirir trabalhadores, por outro lado, certa rigidez ainda existia: aquela intrínseca aos trabalhos agrícolas, proveniente da sazonalidade e incerteza dos trabalhos e aquela proveniente de um mercado de trabalho ainda em formação, quando ainda não havia o exército de reserva necessário para dar elasticidade à oferta de mão de obra. Além do mais, dadas a sazonalidade das tarefas e a incerteza das colheitas, como manter a estratégia de estimar a quantidade de mão de obra baseando-se nos momentos de pico da demanda por trabalho? Estimar a mão de obra baseando-se nos momentos de exigência máxima parecia ser mais viável para as culturas anuais, plantadas praticamente a cada ano e sobre as quais se tinha maior previsibilidade da safra, como a cana-de-açúcar e o algodão, afinal "a cultura da canna tem sobre a do café, a vantagem na regularidade das colheitas".[21] Nestas culturas anuais, a própria plantação

20 Rosane Carvalho Messias, *op. cit.*, p. 136-143.

21 Luiz Monteiro Caminhoá, *op. cit.*, p. 14. Apesar da maior regularidade das colheitas, a lavoura de cana-de-açúcar apresenta maior discrepância entre a quantidade de trabalho para o trato e para o corte.

era adequada ao número de escravos disponíveis para o momento de pico, como afirmou Alice Canabrava referindo-se à lavoura algodoeira em São Paulo durante o regime de trabalho escravo.[22] Já para as culturas permanentes, como é o caso do café, em que a plantação era feita uma única vez e cuja colheita podia variar intensamente de ano para ano, havia menor previsibilidade da safra e, então, maior dependência da contratação de trabalhador tem porário.

O aumento da necessidade de mão de obra por ocasião do plantio, e especialmente da colheita, foi contornado pelas grandes propriedades em São Paulo no pós-Abolição por uma mescla de trabalho permanente e trabalho temporário consubstanciado no arranjo colonato + trabalho temporário sazonal que, por sua vez, envolvia vários expedientes. Um deles era ocupar a mão de obra parte do tempo na produção da sua própria subsistência, como ocorria no colonato (também na parceria e no arrendamento),[23] com o compromisso de prestação de serviços sob a forma de assalariamento temporário na atividade comercial do proprietário, segundo as conveniências deste. Outro expediente era contratar a mão de obra de pequenos proprietários da própria região ou de municípios vizinhos que migravam periodicamente em busca de trabalho. Outro ainda era contratar o trabalho de turmas volantes que desempenhavam os mais diversos trabalhos em diferentes fazendas. De qualquer forma, todos estes se constituíam em trabalhadores temporários sazonais pelo menos nas épocas de pico de exigências de trabalho.

Colonato e trabalho temporário

> O mesmo problema da variação sazonal das exigências de força de trabalho existia também anteriormente na cultura do café e o colono representou uma solução admirável numa época em que o mercado de trabalho estava em gestação: presente na época da colheita como assalariado, sobrevivia com sua roça de subsistência – que preferencialmente era inclusive intercalar ao café – nos demais meses do ano.[24]

---

22 Alice P. Canabrava, *A grande lavoura...*, p. 214-15.

23 Para contratos de parceria e colonato nas várias regiões cafeeiras de São Paulo e as diferenças nas permissão para a cultura intercalar, ver Rogério Naques Faleiros, *op. cit.*

24 José Graziano da Silva, *op. cit.*, p. 113.

A partir de meados da década de 1840 começaram as primeiras experiências mais organizadas com o trabalho livre, a fim de substituir os escravos nas tarefas mais permanentes do trabalho agrícola. Como vimos, o trabalhador livre brasileiro já era utilizado em maior ou menor medida ao lado do trabalhador escravo. Porém, o trabalho livre ainda estava restrito aos trabalhos mais intermitentes e sazonais e não era o predominante. No entanto, a partir de meados de 1840, passou a acontecer em algumas fazendas paulistas experiências mais organizadas para substituir o trabalho escravo pelo livre, se não ainda na sua totalidade, pelo menos em grande parte. Foi assim que trabalhadores imigrantes estrangeiros e trabalhadores brasileiros passaram a ser engajados também nos trabalhos mais estáveis da lavoura cafeeira paulista, no trato do cafezal. Desde então, até a década de 1880, tentaram-se várias formas de "contrato" de trabalho, incorporando modificações ao longo do tempo até se chegar a uma forma que acabou por se generalizar nas fazendas cafeeiras de São Paulo: o colonato.[25]

As primeiras experiências para a substituição do trabalhador escravo pelo livre nas tarefas mais permanentes da atividade cafeeira envolveram contratos de parceria. Com eles, o fazendeiro financiava todo o transporte dos imigrantes de seu país de origem até a fazenda, bem como os gêneros alimentícios e as ferramentas de trabalho necessários aos imigrantes, até que estes pudessem reembolsá-los com o produto de suas próprias colheitas. Ao iniciar o contrato, os trabalhadores recebiam certo número de pés de café sobre os quais seriam responsáveis pelo *trato* e *colheita*. O fazendeiro lhes cederia um pedaço de terra onde cultivariam suas próprias culturas alimentares. Se nesse pedaço de terra produzissem mais do que sua família pudesse consumir, a metade do excedente caberia ao fazendeiro. O pagamento dos trabalhadores era equivalente à metade do café colhido e vendido e à metade do excedente das culturas alimentares. Os imigrantes teriam de pagar as despesas feitas pelo fazendeiro em seu benefício com pelo menos metade de seus ganhos anuais com o café.[26] O contrato de parceria não trazia especificada sua duração, mas os imigrantes não poderiam deixar a fazenda até terem pago suas dívidas. A família inteira era, coletivamente, res-

25 O sistema de colonato também se generalizou na lavoura canavieira paulista na região de Piracicaba. Eliana Tadeu Terci, *A agroindústria canavieira de Piracicaba...*

26 Verena Stolcke, *op. cit.*, p. 20.

ponsável pela dívida de cada membro. Assim, se o marido morresse, a viúva e os filhos seriam obrigados a cumprir o contrato, bem como os órfãos se ambos os pais falecessem.[27]

Num primeiro momento, o sistema de parceria parecia ter dado certo e aumentou o número de fazendeiros interessados em implementar este sistema em suas fazendas do Oeste paulista. No entanto, já na década de 1860, os fazendeiros estavam desanimados com os resultados destas experiências. Várias foram as causas que levaram ao insucesso do sistema de parceria: medidas fraudulentas dos fazendeiros; a dívida inicial muito difícil de ser paga; a inadaptação dos imigrantes ao meio rural tropical, ao clima e aos hábitos locais; etc.[28] Os trabalhadores, desiludidos com a possibilidade de diminuir suas dívidas, passaram a dar mais atenção às culturas alimentares que ao café, o que tornava ainda mais difícil o pagamento das dívidas e prejudicava os cafezais que, sem os devidos cuidados, tornavam-se menos produtivos.

Foi então que os dois principais problemas da parceria – a dívida inicial difícil de ser amortizada e a dificuldade em controlar a produtividade do trabalhador – foram parcialmente contemplados no contrato de locação de serviços. O fazendeiro agora pagava ao trabalhador uma importância fixa por alqueire (50 litros) de cerejas entregues, reduzindo a incerteza sobre os ganhos do trabalhador, eliminando atrasos nos pagamentos e encorajando os trabalhadores a se aplicarem com maior empenho no cuidado e colheita de café. Também o tamanho da roça de subsistência foi estabelecido em proporção aos pés de café cultivados, ou era cobrado aluguel por essas terras, tentando, dessa maneira, desencorajar os trabalhadores a desviarem trabalho para as culturas de gêneros alimentares. Além de tudo, o contrato de locação de serviços dava maior respaldo legal ao fazendeiro, que poderia recorrer à Lei de Locação de Serviços de 1837. Mas, se o contrato de locação de serviços dava aos fazendeiros maior respaldo para aplicar sanções penais mais severas, mesmo assim não conseguia fazer que a produtividade da mão de obra na cafeicultura fosse mais

27 Warren Dean, *Rio Claro...*, p. 97.

28 Emília Viotti da Costa, *Da Monarquia à República*.... Ver também Thomas Davatz, *op. cit.* para os motivos de insatisfação dos colonos suíços na fazenda Ibicaba.

alta e, além do mais, mantinha a principal cláusula que desincentivava o trabalhador: a alta dívida inicial difícil de ser amortizada.[29]

O problema da dívida foi resolvido definitivamente quando o governo paulista começou a subsidiar totalmente a imigração. Vários fatores foram favoráveis a que se instalasse um fluxo imigratório de vulto para São Paulo, entre eles as condições sociais vigentes nas áreas emigratórias da Europa, como o processo de proletarização dos camponeses italianos, que eram expulsos do campo e não absorvidos pelas cidades, e também as consequências das lutas militares que acompanharam o seu processo de reunificação. Ao mesmo tempo, no continente americano, os países que concorriam com o Brasil na atração de população estrangeira (Estados Unidos e Argentina) sofriam uma queda no seu ritmo de crescimento econômico, ao passo que a demanda de força de trabalho para a lavoura cafeeira se acentuava, dada a expansão da lavoura provocada pelos altos preços do café no mercado internacional.

A imigração em massa subsidiada pelos cofres públicos reduziu muito os custos iniciais de mão de obra, pois os fazendeiros agora só teriam de adiantar dinheiro para a alimentação e para as ferramentas agrícolas. Além disso, as multas antes cobradas pelo abandono das fazendas agora passaram a ser cobradas pela não execução da carpa, tentando eliminar a possibilidade de o trabalhador se dedicar mais ao cultivo no seu lote de terra que ao trato do cafezal. Também as roças de subsistência passaram a ser regularmente distribuídas em proporção ao número de pés tratados pela família. Por fim, os fazendeiros começaram a introduzir uma nova forma de remuneração, que consistia num sistema misto de pagamento: por tarefa (o trato do cafezal e tarefas extras efetuadas na fazenda) e por volume de café colhido.

Após a Abolição, em 1888, as fazendas de café de São Paulo que ainda não adotavam este sistema misto de trabalho (que foi chamado de colonato) passaram a adotá-lo para as tarefas exclusivamente agrícolas da produção cafeeira, enquanto para as várias outras tarefas que a produção do café e o funcionamento da empresa agrícola demandavam, adotou-se o trabalho assalariado.

---

29 Para os vários motivos que não incentivavam a produtividade e o empenho do trabalhador sob o contrato de locação de serviços, ver Verena Stolcke, *Cafeicultura...*, p. 32-40.

Nas fazendas cafeeiras, então, passaram a vigorar geralmente três formas de contrato de trabalho: "a de salario, a de apanhadores e a de colono".[30] As duas primeiras formas de contrato eram voltadas para os trabalhadores temporários contratados para tarefas específicas. A terceira forma, a de colono, referia-se a um tipo de contrato de trabalho que durava o ano todo mas, na prática, era uma mescla de trabalho para si, de trabalho regular e de trabalho temporário para o fazendeiro.

Nas fazendas com cafeeiros já em idade produtiva, o proprietário assalariava temporariamente pessoas para fazer frente às maiores exigências de trabalho no plantio e na colheita (especialmente) e procurava manter residindo na propriedade sua exigência média de braços, representada pelo número de trabalhadores necessários para os tratos culturais. Estes trabalhadores residentes responsáveis pelos tratos culturais eram aqueles contratados sob o sistema de colonato. Logo, a quantidade de colono não era estimada pelo pico, mas pela base, isto é, pela exigência média necessária para a manutenção do cafezal que deveria ser cuidado independentemente da previsão de colheita futura.

Em 1903, época de crise cafeeira, tendo em vista baixos preços do café, o fazendeiro conservava o pessoal indispensável, tentando concluir o serviço no menor prazo possível e contratando trabalhadores assalariados. A medida para contornar a rigidez da mão de obra e tornar a contratação mais flexível não era mais estender o tempo de trabalho, como acontecia na escravidão, mas dispensar o pessoal temporário nos momentos em que ele não se fazia necessário:

> Actualmente o lavrador conserva o pessoal indispensável, para não deixar perecer a lavoura, e se, por acaso, tem qualquer trabalho extraordinario, é forçado recorrer ao braço assalariado. Hoje, porém, nada compensa estas despezas, por isso, elle trata de concluir o serviço no menor praso possivel e de despedir estes trabalhadores...[31]

---

30 "Condições do trabalho na lavoura cafeeira do Estado de São Paulo". In: Secretaria da Agricultura, Commercio e Obras Publicas do Estado de São Paulo. *Boletim do Departamento Estadual do Trabalho*, ano 1, nº 1-2, 4o trim. 1911 – 1o trim. 1912, São Paulo: 1912, p. 20.

31 Candido F. Lacerda, *Estudo da meiação, parceria etc. e das suas vantagens. Propaganda para os lavradores e colonos por Candido F. de Lacerda.* São Paulo: Typographia Brazil de Carlos Gerke, 1903, p. 26.

Apesar de o contrato ser realizado entre o colono e o fazendeiro, este sistema de trabalho previa a contratação de unidades familiares, isto é, o colono que assinava o contrato trazia junto de si a família. O número de pés de café dos quais se incumbia de cuidar durante um ano era um múltiplo da capacidade de trabalho de cada trabalhador que sua família possuísse. Esta capacidade de trabalho era medida como uma "enxada", e por "enxada" entendia-se um trabalhador adulto com plena capacidade física trabalhando em tempo integral. Os menores, de 12 a 16 anos, e as mulheres eram considerados "meia-enxada". Assim, por exemplo, se a família dispunha de dois filhos, um de 13 e outro de 15 anos, para tratarem do cafezal junto com o pai, estes três trabalhadores seriam considerados como consistindo em duas "enxadas" (uma "enxada" + duas "meias-enxadas").[32] Por sua vez, o número de pés de café de que um trabalhador homem adulto (ou uma enxada) podia encarregar-se variava de acordo com o treino que tinha, das características do cafezal (com maior ou menor espaçamento entre os cafeeiros, com terreno mais ou menos pedregoso, etc.) e do número de carpas que tinha que efetuar durante o ano. Em geral, uma enxada costumava tratar de cerca de 2 mil pés de café. É importante destacar que o número de "enxadas" não correspondia à capacidade total de trabalho que a família podia dispor para trabalhar no cafezal, mas apenas à capacidade que dispunha para efetuar as atividades de *cultivo* do cafezal durante o ano agrícola.

O sistema de colonato previa quatro tipos de remuneração, de acordo com as tarefas executadas: 1) uma parcela *monetária fixa* paga anualmente para os *tratos culturais* (trato ou capina) de determinado número de pés de café; 2) um *pagamento monetário variável proporcional* (pela *colheita*); 3) um pagamento *monetário variável por dia de serviço ou por tarefa*, pago por atividades extras exercidas pelo colono ou seus familiares; e 4) um pagamento *não monetário*, equivalente à possibilidade de o colono e sua família usufruírem dos produtos de parcela de terra da fazenda por eles cultivada com culturas alimentares.

Cada tipo de remuneração se relacionava a um tipo de tarefa desempenhada, bem como com sua regularidade. O pagamento *fixo* se referia exclusivamente ao trabalho que era fixo, assíduo, isto é, ao *trato* do cafezal. Já os pagamentos *variáveis* correspondiam às tarefas que eram mais sazonais e mais instáveis de ano para

32 Brasilio Sallum Jr., *op. cit.*, p. 99; Thomas Holloway, *Imigrantes para o café...*, p. 56.

ano. E o pagamento na forma de usufruto da terra se referia ao pagamento das tarefas não produtivas do cafezal, isto é, o colono e sua família trabalhavam nas suas próprias culturas alimentares ou no cuidado dos animais quando o cafezal não exigisse o seu trabalho.

A referência para o pagamento dos *tratos culturais* era o preço pago por mil pés tratados. Os colonos recebiam esta remuneração em parcelas: trimestral, bimestral (a forma mais comum) ou mensalmente. Importa destacar que, uma vez atribuído a uma família o número de cafeeiros que se julgava ser ela capaz de cultivar, segundo as condições previamente estipuladas, podia ser calculado de antemão o salário anual que proviria do trato dos cafeeiros.

Este pagamento monetário fixo se referia exclusivamente ao trabalho que era permanente, isto é, que deveria ser feito várias vezes no ano e que tinha de ser realizado independentemente do volume da colheita. Referia-se ao trabalho mais assíduo que o cafezal exigia e que se distribuía ao longo do ano agrícola; isto é, consistia na carpição ou capina que ocorria, em geral, cinco vezes por ano.

A *colheita*, por sua vez, era paga tendo como referência a quantidade de café colhido, medido em alqueire, que equivalia a 50 litros. Este pagamento monetário variável proporcional referia-se ao volume de cerejas colhido no momento da safra e correspondia a um trabalho sazonal, ou seja, ao trabalho na tarefa que era mais inconstante, fosse pelo fato de ocorrer apenas uma vez ao ano, fosse pelo fato de a quantidade de trabalho em cada colheita depender da produtividade das plantas em cada ano. Era uma remuneração variável pois era paga de acordo com o volume de café colhido.

A remuneração por *serviços extraordinários* (não relacionados com o *trato* e a *colheita*) que os membros individuais da família viessem a efetuar durante o ano era baseada no dia de serviço ou na tarefa executada. Por exemplo: para o pagamento do trabalho de movimentar o café no terreiro, calculava-se o salário por dia; na feitura de covas para o plantio, a remuneração era por "empreita", quer dizer, por cova feita. A utilização extraordinária do trabalho dos colonos era feita na medida das necessidades da fazenda e segundo o andamento das tarefas ordinárias (trato e colheita) correspondentes a cada família. Tais serviços abrangiam roçadas de pastos, confecção ou consertos de cercas, feitura de covas, movimentação do café no terreiro etc. O pagamento desses serviços não era efetuado aos indivíduos trabalhadores, mas à família, através do seu chefe, no fim do ano agrícola.[33] Este pagamento monetário variável por dia de trabalho ou por tarefa extra realizada referia-se ao pagamento de um trabalho temporário, correspondente às atividades menos assíduas da fazenda cafeeira.

O pagamento *não monetário* se dava sob a forma de concessão de usufruto de terras da fazenda para o plantio do milho, feijão e, às vezes, arroz. A quantidade de terras cedidas era proporcional ao número de cafeeiros cultivados pela família do colono. A proporção e a localização das terras variavam bastante de zona para zona de produção e, mesmo, de fazenda para fazenda. As terras passíveis de serem cultivadas pelos colonos podiam estar localizadas fora do cafezal, dentro do cafezal já formado (mais de cinco anos) mas não fechado, ou dentro dos cafezais em formação. Nenhuma destas alternativas excluía a outra, podendo, inclusive, haver uma combinação das três. A plantação de cereais em terras fora do cafezal era realizada à vontade pelo colono. Apenas se fixava a exata localização e o tamanho da área a ser cultivada. O aproveitamento de terras intercafeeiras se fazia segundo condições rígidas, estabelecidas no momento do contrato. Tais condições referiam-se não só ao local das plantações, como também ao número de "carreiras" de feijão e milho a serem plantadas nas ruas do cafezal. Em geral, os colonos detinham a propriedade dos produtos que cultivavam, mas ao fazendeiro era reservada, por contrato, a prioridade de compra.[34]

O contrato incluía também o direito de o colono criar animais de porte – vacas, cavalos ou muares – seja no pasto da fazenda, seja em pasto separado, o da colônia. O número de animais era sempre estabelecido proporcionalmente ao número de cafeeiros de que uma família colona se encarregava. A proporção variava, entretanto, de acordo com a disponibilidade de pasto da fazenda e a situação do mercado de trabalho. Era comum, no entanto, que para cada três ou quatro mil pés tratados se permitisse uma cabeça de gado, não importa de que tipo fosse.[35]

No momento da colheita, os colonos e seus familiares perdiam o vínculo com os talhões de café (partes em que o cafezal costumava ser dividido para ser tratado)

33 Brasilio Sallum Jr., *op. cit.*, p. 100.

34 Para a descrição de contratos que envolviam o produto da cultura intercalar, ver mais detalhes em Rogério Naques Faleiros, *op. cit.*

35 Brasilio Sallum Jr. *op. cit.*, p. 102.

sobre os quais eram responsáveis pelo trato. Durante a colheita, o cafezal representava uma unidade, ao contrário do trato, em que o cafezal era dividido entre as várias famílias de colonos. Como a plena maturação dos frutos em todo o cafezal, e mesmo em cada cafeeiro, não ocorria simultaneamente, e dado que o fruto depois de colhido não continuava o processo de amadurecimento, era preciso aguardar que nos cafeeiros de um talhão a maioria dos grãos estivesse madura para então iniciar a colheita. Todos os colonos e seus familiares principiavam a colheita no mesmo dia, porém não necessariamente no setor do cafezal que cultivavam. Era a administração da fazenda que decidia em qual dos talhões se iniciaria a colheita, decisão esta fundada no grau de maturação dos frutos dos cafeeiros que os compunham.

Decidido o início da colheita e o local por onde começariam o trabalho, os colonos eram conduzidos ao talhão. Lá era indicado a cada família, conforme a capacidade de colher dos seus membros, certo número de filas de cafeeiros cujos frutos deveriam apanhar. Efetuada a colheita de um talhão, os colonos eram levados para outro, onde os frutos dos cafeeiros estivessem adequadamente amadurecidos. Realizada a colheita do talhão, repetia-se, então, o mesmo procedimento em talhões subsequentes. Os colonos e seus familiares ganhavam pelo produto obtido, pouco importando se era deste ou daquele pé de café.[36]

O pagamento monetário fixo se referia exclusivamente ao trabalho que era permanente, isto é, que deveria ser feito várias vezes no ano e que teria de ser realizado independentemente do volume da colheita. Referia-se ao trabalho mais assíduo que o cafezal exigia e que se distribuía ao longo do ano agrícola: a carpição ou capina que ocorria, em geral, cinco vezes por ano.

A remuneração não monetária, por sua vez, correspondia ao pagamento referente aos *tempos mortos do café* (momentos em que o café praticamente não exigia trabalho ou que o exigia em menor quantidade e intensidade).[37] Na verdade,

36 Brasilio Sallum Jr., *op. cit.*, p. 224. Segundo o autor, esta era mais uma vantagem do colonato. Ao colocar todas as famílias uma ao lado da outra na colheita, este sistema estimulava a concorrência e diminuía os gastos com controle da produtividade, uma vez que, se uma família se atrasasse numa árvore, outra família já podia vir colher a próxima. Brasilio Sallum Jr., *op. cit.*, p. 84.

37 Alguns autores chamam esta forma de pagamento de "remuneração em espécie", visto que não se pagava em dinheiro, mas sob a forma de uso da terra e da possibilidade dos frutos ali cultivados serem inteiramente do colono. Sallum Jr., no entanto, considera esta remuneração um arrendamento. De qualquer forma, a sua utilidade para o rebaixamento do pagamento monetário ao colono e sua

correspondia a um não pagamento, visto que era feito por meio da concessão de um pedaço de terreno (que ficava localizado entre as fileiras de café, no caso de cafezais novos; ou em áreas separadas, no caso de cafezais antigos) onde o colono e sua família plantavam alimentos para a subsistência e criavam animais domésticos.

A atividade do colono e de seu núcleo familiar era, portanto, múltipla: os homens e as pessoas mais fortes da família empenhavam-se nos cuidados assíduos do café e também nos cuidados das roças de subsistência; as mulheres e crianças cuidavam das roças de alimentos e criação; e, na época da colheita, todos colhiam café.

O sistema de colonato não era apenas um sistema misto de remuneração, mas também um sistema misto de trabalho, combinando o trabalho permanente e o trabalho temporário. Além de mesclar o trabalho fixo (o trabalho do colono na capina) com o trabalho temporário do próprio colono (em tarefas extras efetuadas nos *tempos mortos do café*), o sistema de colonato mesclava o trabalho do colono com o trabalho temporário de sua família, a qual consistia num reservatório de mão de obra temporária utilizada nos momentos de pico de trabalho nas fazendas (a colheita).

Sallum Jr. questionou o porquê do movimento de reprodução de capital na produção cafeeira do Oeste paulista implantar sistematicamente uma forma *não capitalista de exploração do trabalho.*[38] Em outros termos, a questão central para o autor era: por que tal relação não capitalista, a do arrendamento das terras a uma parte dos trabalhadores, que supunha capacidade excedente de trabalho das famílias contratadas não utilizada diretamente pelo capital, era necessária à reprodução do capital investido na produção de café?[39] Mais à frente, em seu livro, o próprio autor responde a questão:

> Na época da colheita, acabava, portanto, a "ociosidade" existente no resto do ano agrícola. Esta "ociosidade" não era, entretanto,

---

família é consenso na bibliografia. Ver Verena Stolcke, *op. cit.*; Thomas Holloway, *op. cit.*; Emília Viotti da Costa, *op. cit.*; José de Souza Martins, *op. cit.*; Brasilio Sallum Jr., *op. cit.*; entre outros.

38 "A produção dos colonos nas terras arrendadas não era capitalista. Era produção simples de mercadorias porque a força de trabalho com que produziam não era assalariada e, portanto, não era fruto da exploração de mercadorias (força de trabalho) compradas, mas composta da própria família dos colonos-produtores; e porque só uma fração do produto se realizava como mercadoria, ficando o restante para a subsistência dos produtores diretos". Brasilio Sallum Jr., *op. cit.*, p. 192.

39 Brasilio Sallum Jr., *op. cit.*, p. 210.

> fruto de qualquer "irracionalidade" no modo de organizar as forças produtivas durante o processo de cultivo do café. [...] Diríamos mais: a ociosidade era produto necessário do capital que, no nível dos seus portadores, os fazendeiros de café, chegava a assumir a forma de "plano", de capacidade de trabalho ociosa planejada. Tratava-se de "ociosidade" produzida no cultivo para ser suprimida na colheita. Ela consistia num meio, em condições de escassez relativa de força de trabalho, que possibilitava ter-se à mão capacidade de força suplementar para a colheita".[40]

O sistema de colonato, portanto, foi uma solução encontrada num momento de transição quando o mercado de trabalho ainda estava em gestação: conciliando o trabalho permanente com o trabalho temporário, permitia a sobrevivência do colono e de sua família nas épocas mortas do café, mantendo uma reserva de mão de obra que seria imprescindível para a época da colheita e para os outros trabalhos temporários.

Verena Stolcke e Michael Hall já haviam mostrado que o regime de trabalho do colonato, ao empregar famílias em vez de trabalhadores avulsos, era importante porque representava uma reserva de mão de obra que estaria à disposição do fazendeiro, dentro de suas próprias terras, para ser utilizada nos momentos de pico de demanda de mão de obra, diminuindo a necessidade do fazendeiro de recorrer à concorrência no incipiente mercado de trabalho.[41]

Gervásio Rezende, avaliando as políticas trabalhista, fundiária e de crédito agrícola no Brasil, apontou que o colonato na cafeicultura, ao empregar famílias e ao permitir que seus membros mantivessem a produção de alimentos, era um tipo de contrato de trabalho que se adequava à peculiaridade do trabalho agrícola – a sazonalidade. Sob o regime de colonato, os membros da família que não eram necessários na época de entressafra poderiam se dedicar à cultura de alimentos

---

40 Brasilio Sallum Jr., *op. cit.*, p. 238.

41 Verena Stolcke e Michael Hall, *op. cit.*, p. 110. Ver também Paula Beiguelman, *op. cit.*, p. 108. Alvim ressaltou também que o trabalho familiar era um valor caro ao imigrante já em sua terra de origem: "A família, enquanto unidade trabalhadora, permaneceu porque também interessava à classe subalterna. Em São Paulo, como na pátria expulsora, o trabalho do grupo era, na verdade, a única forma possível de sobrevivência". Zuleika Alvim, *op. cit.*, p. 92.

e ao trato dos animais, e, na época da safra, estariam disponíveis para suprir a necessidade de aumento de mão de obra.[42]

O costume de conceder um pedaço de terra dentro da fazenda, como vimos, não foi criado no colonato, mas já existia no sistema escravista. Também a manutenção, dentro da fazenda, de culturas alimentares que tivessem momentos de alta e baixa exigências de trabalho intercalares aos da cultura comercial, era prática generalizada no sistema escravista como forma de driblar o problema da rigidez da mão de obra escrava. Segundo Chiara Vangelista, este costume de conceder um pedaço de terra apresentava uma dupla vantagem: permitia ao fazendeiro minimizar os custos monetários do trabalho e garantia ao colono a subsistência, independente da colheita do café, dos reveses do mercado internacional e do arbítrio do fazendeiro.[43] É necessário acrescentar aqui que este costume permitia, também, que a mão de obra se mantivesse ocupada ao longo de todo o ano, contornando o problema da sazonalidade do trabalho.

Em agosto de 1888, a *Gazeta de Piracicaba* traduziu um artigo que havia sido publicado no jornal de língua alemã *Germania*, de São Paulo. O artigo tinha a intenção de mostrar que o trabalho livre era mais apropriado que o do escravo, dadas as oscilações de necessidades de trabalho derivadas da sazonalidade da agricultura. Pelos cálculos do autor, uma família constituída de três trabalhadores gastaria no trabalho do café (trato e colheita) apenas 58% dos dias de trabalho de um ano: "O colono, tendo 300 dias de trabalho no anno, e tendo gasto em carpas e colheitas apenas 175 dias, restam-lhe ainda 125 para cuidar em outros afazeres".[44]

Então, o que fazer com o trabalhador nestes outros dias em que o café não solicitava trabalho? Dispensá-los e recontratá-los quando novamente o processo de trabalho os requisitasse? Não. Nestes outros dias restavam-lhe tempo "para cuidar em outros afazeres", mas estes deveriam ser feitos dentro da fazenda, nas terras de propriedade do fazendeiro, plantando, cultivando e colhendo alimentos cujas exigências e quantidades de trabalho não rivalizassem com as exigências de trabalho no cafezal:

42 Gervásio Castro de Rezende, "Políticas trabalhista, fundiária e de crédito agrícola no Brasil: uma avaliação crítica". In: *Revista de Economia e Sociologia Rural*, Rio de Janeiro: vol. 44, nº 1, jan.-mar. 2006, p. 6. Também Verena Stolcke e Michael Hall, *op. cit.*, p. 110; e Vinícius Caldeira Brant, *op. cit.*, p. 51.

43 Chiara Vangelista, *op. cit.*, p. 174.

44 *Gazeta de Piracicaba*, 14 ago. 1888.

"Admittindo que, devido a dias chuvosos ou por ausencia ainda, perca uns 55 dias, vêm-lhe a restar ainda 70 dias para cuidar em suas plantações, para as quaes todo fazendeiro lhe fornece as terras necessarias, fornecendo-lhe tambem morada gratis".[45]

Como o tamanho da área cedida para o colono para a cultura de alimentos era estipulada de acordo com o número de pés de café que ele e sua família podiam cultivar, e como o arrendamento destas terras era condicionado a que nelas só se plantassem culturas cujos picos de trabalho não coincidissem com os do café, as famílias dos colonos na época da colheita não tinham tarefas a realizar nas terras arrendadas que as distraíssem do trabalho nos cafezais:[46] *"O cylo vital do milho, do arroz, do feijão e de outras plantas annuaes começa justamente quando se acaba a colheita do café e pode prolongar-se até os meses de março e abril".*[47]

A Tabela 8 traz as tarefas realizadas pelo colono durante o ano agrícola, tanto na lavoura cafeeira quanto na de alimentos. Visto que os calendários agrícolas das atividades de subsistência e do café eram complementares entre si, permitir que o colono e sua família plantassem alimentos dentro da fazenda representava uma maneira de lidar com a questão da exigência sazonal de mão de obra, trazendo múltiplas vantagens.

Ao permitir o usufruto de terras com culturas alimentares, o colonato trazia a vantagem da diminuição do custo monetário da mão de obra, que ficava limitado, então, ao pagamento pela carpa do cafezal e pela colheita, isentando o fazendeiro de dispender pagamento monetário para manter o trabalhador nos tempos mortos do trabalho no café. Além disso, reduzia-se a parcela monetária necessária para a subsistência do trabalhador. Também, ao garantir que o colono e sua família tivessem onde empregar sua capacidade de trabalho numa atividade que não rivalizava com o café e que era realizada dentro de suas terras, a fazenda cafeeira tinha assegurado, durante todo o ano agrícola, o trabalhador dentro da fazenda, que estaria disponível

45 *Gazeta de Piracicaba*, 14 ago. 1888.

46 Brasilio Sallum Jr., *op. cit.*, p. 235. Além disso, o contrato de colonato, ao prever multas se a família de trabalhadores efetuasse um menor número de capinas por ano do que as exigidas, dificultava que a deixassem de bem cuidá-lo para tratarem principalmente das suas roças de subsistência.

47 J. Motta Sobrinho, "Cultura mechanica do cafeeiro". In: Secretaria da Agricultura, Commercio e Obras Publicas do Estado de São Paulo. *Boletim da Agricultura. Anno de 1913*. São Paulo: 14a serie, ns. 11-12, nov.-dez. de 1913, p. 747.

no momento de pico de trabalho, garantindo uma oferta estável de mão de obra, de boa qualidade, dentro de suas próprias terras. Para Stolcke e Hall, o fazendeiro obtinha assim este trabalho adicional a um custo mais baixo do que aquele que ele teria pago caso o tivesse buscado no mercado,[48] além de os lotes para cultivo de subsistência representarem um incentivo para os trabalhadores, ao mesmo tempo que reduziam o custo da reprodução do trabalho.[49]

Tabela 8 – Ano agrícola do colono

	Mês	Tarefas no café	Tarefas na cultura de alimentos
Entressafra	Outubro	trabalhos extras requeridos pela fazenda	semeadura do milho e do feijão
	Novembro	primeira carpa do cafezal	trato dos cereais
	Dezembro	segunda carpa do cafezal	tratos do milho, colheita do primeiro feijão
	Janeiro	terceira carpa do cafezal	tratos do milho
	Fevereiro		semeadura do segundo feijão
	Março	quarta carpa do cafezal	trato dos cereais
Safra	Abril	quinta carpa do cafezal, colheita dos primeiros cafés	colheita do milho e do segundo feijão
	Maio	colheita do café	
	Junho	colheita do café	
	Julho	colheita do café	
	Agosto	colheita do café	preparo do terreno para receber o milho e o feijão
	Setembro	limpeza do cafezal ("esparramar o cisco")	

Fonte: Zuleika Alvim, *op. cit.*, p. 78-8; "No interesse da polycultura...", p. 628-43.

48 Verena Stolcke e Michael Hall, *op. cit.*, p. 90.

49 Verena Stolcke e Michael Hall, *op. cit.*, p. 110. Também Caldeira Brant, estudando o trabalho volante na zona da Alta Sorocabana, chegou à conclusão de que permitir o plantio de bens de subsistência possibilitava manter disponível, a todo o momento, a força de trabalho para as tarefas de um processo de plantação descontínuo, somente remunerando o trabalho produtivo efetivamente prestado nas plantações. Vinícius Caldeira Brant, *op. cit.*, p. 51.

A grande propriedade, cedendo parte de suas próprias terras para que os trabalhadores a explorassem por conta própria durante o período de não trabalho, chamados "tempos mortos" do cafezal, conseguiria manter o reservatório de mão de obra, mas um reservatório privado, livrando-se da disputa por trabalho que as várias grandes propriedades fariam no momento da colheita, visto que o momento de grande demanda coincidia nas lavouras cafeeiras e canavieiras e também nos trabalhos não agrícolas do mundo rural. Além do mais, evitando a concorrência por mão de obra, se não conseguiam impedir, ao menos diminuíam a possibilidade de um aumento significativo dos salários pagos por dia de serviço prestado nos momentos em que coincidiam os "picos" de exigência de mão de obra da fazenda cafeeira com a lavoura de alimentos.

O sistema do colonato, portanto, ao mesclar vários tipos de pagamento (monetário fixo, monetário variável e não monetário) e ao mesclar trabalho permanente com trabalho temporário, representava uma solução engenhosa porque permitia contornar vários problemas do ponto de vista da reprodução do capital: permitia a redução da parcela monetária do salário (pois possibilitava a redução da parcela do salário efetivamente paga);[50] permitia o pagamento exclusivo do trabalho efetuado; permitia diminuir os custos de arregimentação da mão de obra suplementar na época da colheita; e permitia o ajuste automático de parte dos custos ao volume produzido a cada ano, por meio do pagamento por produção na época da colheita ou ainda por meio da flexibilidade trazida pelo cultivo de subsistência, que podia absorver mais tempo de trabalho do colono e familiares nas épocas de menores colheitas ou menores preços. Enfim, permitia driblar, em boa parte, o problema da rigidez da mão de obra derivado das exigências sazonais de trabalho na agricultura.

Temos, então, que com a forma de trabalho colonato há uma maior elasticidade da oferta de trabalho no interior da unidade produtiva, o que aumentava a flexibilidade do trabalho neste regime perante a rigidez do trabalho escravo. Se esta rigidez bloqueava o desenvolvimento da racionalidade capitalista, temos,

---

50 Ou porque reduzia o salário necessário para a subsistência do trabalhador, pois parte ele mesmo produziria nas terras cedidas pelas fazendas, ou porque permitia a dedução, dos salários efetivamente pagos, do valor referente ao arrendamento destas terras. Esta última explicação encontra-se em Brasilio Sallum Jr., *op. cit.*

então, que o colonato liberará as possibilidades deste desenvolvimento. Ora, o curioso é que "formas não capitalistas de exploração do trabalho" tornam-se uma mediação importante para a consolidação do capitalismo e de sua racionalidade.

Além de tudo, o colonato, sendo uma forma de recriação da pequena propriedade de subsistência dentro das fazendas, atendia a dois corolários da formação de um mercado de trabalho: o exército de reserva e o mercado de bens de subsistência. Como afirma Caldeira Brant:

> Como o desenvolvimento do mercado de bens de subsistência e o desenvolvimento do mercado de trabalho são processos associados, o funcionamento da monocultura cafeeira em área previamente despovoada implicava em encontrar sucedâneos para ambos os pressupostos da produção capitalista. A solução mais frequente foi a de associar a instalação dos trabalhadores, como moradores, nas próprias unidades produtivas com a inserção, nos interstícios das grandes plantações comerciais, da produção de mantimentos [...].[51]

Quando a cultura dos cereais era feita entre as fileiras do cafezal, havia a vantagem de os colonos cuidarem dela ao mesmo tempo em que cuidavam do café, visto que o trato do cafezal coincidia com o trato, plantação e colheita dos cereais. Quando em terrenos separados, só podiam ocupar-se dela nas tardes de sábado e aos domingos, ou quando o cafezal não exigisse o seu trabalho. Nesse segundo caso, também as mulheres e crianças se responsabilizavam pelos cuidados com os cereais, enquanto os homens tratavam do café.

Em regiões de expansão da cafeicultura em São Paulo, regiões de pequena densidade populacional, trazer trabalhadores para trabalharem apenas na cultura de exportação acarretaria o problema de escassez de alimentos ou escassez de trabalhadores caso os alimentos fossem cultivados em áreas separadas do cafezal. Seria necessário pessoal para carpir o café e pessoal para cuidar da cultura de alimentos. Nas áreas novas, a permissão dada ao colono de usufruírem de terras localizadas entre os pés de café economizava mão de obra, visto que ao mesmo

---

51 Vinícius Caldeira Brant, *op. cit.*, p. 51.

tempo em que o trabalhador cuidava dos cereais, cuidava do café, aumentando a produtividade do trabalho.

Nos momentos finais da escravidão, quando a cafeicultura se expandia em São Paulo ao mesmo tempo em que já haviam se esgotado as fontes de renovação da mão de obra escrava, estender o cafezal para terras novas que permitiam a cultura intercalar, já era uma alternativa para aumentar a produtividade do trabalho. Quando Caminhoá, em 1880, questionou fazendeiros sobre as constantes derrubadas para as novas plantações de café, deixando atrás de si cafezais ainda em condições de produzir, a justificativa não estava relacionada à maior produtividade dos cafezais novos, mas à necessidade de grande produção de milho que, em terras novas, produziam mais com a vantagem de economizar mão de obra:

> O milho é a principal alavanca do fazendeiro, já como alimento para o pessoal da fazenda, já para os animais destinados ao trabalho; necessita-se pois uma quantidade proporcional aos gastos. Ora, para isso, se carece grandes plantações sendo neste caso utilisados os terrenos em que se acham os cafezaes: mas, como o milho não produz bem nestes terrenos, senão durante 9 a 10 annos, quando muito, torna-se preciso fazer novas derrubadas, onde se quer cultivar apenas este cereal. Dá-se porém, o caso de serem precisas duas a três capinas, e isso no mesmo tempo em que se deve beneficiar os cafezaes: é assim que eles não tendo braços sufficientes com que possam fazer face ao augmento de trabalho, associam a cultura do café a do milho.[52]

Apesar de o colonato ser uma forma engenhosa de trabalho que solucionava múltiplos problemas, desde os derivados das exigências sazonais da agricultura até aqueles derivados de um mercado de trabalho em formação (tais como a falta de um exército de reserva plenamente formado e da falta de um mercado de bens de subsistência), ainda assim ele não era suficiente para dar a flexibilidade necessária requerida pela fazenda cafeeira capitalista. Juntamente com o colonato, não havia fazenda que não utilizasse o trabalho temporário sazonal de não residentes na propriedade:

52 Luiz Monteiro Caminhoá, *op. cit.*, p. 53.

> [...] Não há fazendeiro que não empregue pessoal desligado [de vínculos com a fazenda], não apenas para tratar de alguns pés de café mas também para consertar estradas, cuidar de animais, podar etc.[53]

O trabalho temporário sazonal

Quando analisamos a documentação de âmbito mais geral e de cunho mais argumentativo, aquela que havia sido escrita para discutir a transformação do trabalho ou as questões agrícolas em geral, e que tinham, muitas vezes, fins propagandísticos (como o *Boletim do Departamento Estadual do Trabalho, Boletim da Agricultura* e a *Revista Agrícola)* percebemos que as referências ao trabalhador nacional ou ao trabalhador assalariado temporário eram mais negativas, justificando quase sempre a necessidade ou de imigração ou de medidas repressivas à vadiagem. Já quando observamos a documentação de cunho descritivo que diz respeito ao cotidiano do mercado de trabalho, isto é, que diz respeito às demandas e ofertas de trabalho ou ao dia a dia do trabalho nas fazendas, verificamos que os trabalhadores nacionais e o trabalhador temporário sazonal não só eram necessários em todas as fazendas durante todo o ano agrícola, como sua utilização era corriqueira, necessária, aceita e seu uso efetivo era generalizado.

Na transição da escravidão para o trabalho livre, já nos últimos anos do regime escravista e após a Abolição, o trabalho temporário, que antes parece ter sido apenas complementar ao trabalho escravo, foi tomando maior importância especialmente em algumas regiões: aquelas que podiam contar com um potencial de mão de obra local. Após a Abolição, as funções mais sazonais passam a ser desempenhadas pelos trabalhadores temporários assalariados (que recebiam por dia, por semana, por mês ou por tarefa), enquanto as funções mais permanentes da agricultura passam a ser desempenhadas por trabalhadores contratados sob o regime de trabalho do colonato. É importante notar, no entanto, que mesmo o colono e sua família representavam trabalhadores temporários em uma época específica do ano agrícola, a colheita, ou quando os trabalhos do trato do cafezal o permitiam.

53 Augusto Ramos, *op. cit.*, p. 559.

Segundo o Departamento Estadual do Trabalho, por volta de 1912, nas fazendas cafeeiras paulistas, além do colonato, costumavam vigorar duas outras formas de contrato de trabalho: a de *salário* e a de *apanhadores*. Estas duas formas referiam-se, geralmente, a trabalhadores não residentes (diferente, portanto, do colono) contratados para tarefas específicas e sazonais. Apesar de o Departamento classificar sistemas de trabalho temporário apenas nestes dois tipos mais gerais (trabalhadores *a salário* e *apanhadores*), a pesquisa sobre a documentação que reflete mais direta e concretamente o mundo do trabalho agrícola do período mostra uma realidade ainda mais complexa do que a apresentada pelo Departamento, envolvendo outros tipos de ajustes e de ocupações variadas.

Os trabalhadores *a salário* eram contratados geralmente pela própria administração da fazenda e seus contratos podiam ser semanais, quinzenais ou mensais (diferente, novamente do colono, cujo contrato durava um ano). Segundo o *Boletim do Departamento Estadual do Trabalho*, aos trabalhadores assalariados, por volta de 1912, "por 10 horas de serviço paga(va-se) de 2 a 3 mil réis, com alimentação e alojamento, ou de 3 a 4 mil réis, com alojamento mas sem alimentação".[54] Todos estes trabalhadores ficavam dispostos em alojamento fornecido pelas fazendas enquanto durasse o contrato.

A bibliografia e a documentação costumam chamar o trabalhador contratado *a salário* como *camarada*. No entanto, na prática, o que se verificava era uma infinidade de designações e ocupações que dificulta o estudo desta categoria de trabalhadores. A bibliografia mais geral, quando trata da estrutura do trabalho nas fazendas de café paulistas, costuma dividir os trabalhadores em: colonos (incluindo seus familiares), camaradas e empreiteiros. Pela pesquisa em jornais de dois municípios do Oeste paulista, verificamos que estas categorias eram realmente as mais frequentes. No entanto, em cada uma delas, à exceção dos colonos, havia uma diversidade enorme de ajustes e tipos de tarefas envolvidas que dificultavam uma definição geral e exata das tarefas e tipos de "contrato" a que estava sujeita cada categoria de trabalhador. Assim, o *camarada* podia ser também um "trabalhador por turma" ou um "jornaleiro". O *empreiteiro* que podia ser aquele o

54 *Condições do trabalho na lavoura cafeeira do Estado de São Paulo...*, p. 20.

qual tinha sob suas ordens vários outros trabalhadores ou podia ser aquele que, individualmente, se responsabilizava por entregar determinado serviço pronto numa data estipulada e que trabalhava sozinho, isto é, sem nenhum trabalhador sob suas ordens, mas que havia aceito uma tarefa por empreitada.

Na bibliografia, também, o mesmo termo – "camarada" – é usado pelos autores para designarem trabalhadores diferentes. Assim, por exemplo, Sallum Jr. designa como *camarada* tanto os trabalhadores que *desempenhavam as mais diversas funções, ao sabor das determinações diárias da administração* aos quais chamou de "camaradas propriamente ditos – 'volantes'", como os trabalhadores mais especializados, que trabalhavam preferencialmente em tarefas mais delimitadas, aos quais chamou de "camaradas mais especializados".[55]

Já Bassanezi não considerou todos os trabalhadores assalariados como camaradas, mas apenas uma parte deles. A autora, ao analisar a estrutura ocupacional da Fazenda Santa Gertrudes, dividiu todos os trabalhadores a salário em: camaradas; trabalhadores em "ocupações não especializadas"; trabalhadores em "ocupações especializadas"; e trabalhadores que se "transferiam de ocupação". Portanto, na prática, além da ocupação/designação de camarada, a autora notou mais de cinquenta outras diferentes ocupações, a ponto de, no final do trabalho, arrolar as mais frequentemente encontradas na documentação da fazenda e resumir suas tarefas. Entre as ocupações/designações estavam: aprendiz de seleiro, agrimensor, avulso, beneficiador, camarada, campeiro, candieiro, carneireiro, castrador, cocheiro, cortador de capim, cozinheiro, fazedor de fubá, ferreiro, matador de formigas, hortelão, foguista, oleiro, pedreiro, tirador de toras, tratador de porcos, varredor etc.

Bassanezi definiu como camarada especificamente o indivíduo solteiro morador em "casas de camaradas" da própria fazenda, prestando os mais diversos serviços conforme a necessidade da fazenda. Dividiu-os em *camaradas* simplesmente e *camaradas de turma* (este último aquele que prestava seu serviço sob a supervisão de um chefe, o feitor ou fiscal de turmas).[56] Para a autora, o camarada trabalhava no terreiro, na colheita, na abertura de caminhos e estradas, no conserto de pontes, na plantação de cereais e no cafezal da fazenda que não estava

55 Brasilio Sallum Jr., *op. cit.*, p. 105.

56 Maria Silvia C. Beozzo Bassanezi, *Fazenda de Santa Gertrudes...*, p. 251.

sob a responsabilidade dos colonos. O seu trabalho estava diretamente ligado às necessidades imediatas da propriedade, aos serviços mais urgentes.[57]

Deixando de lado a dificuldade de agregar estes trabalhadores numa única categoria, o importante a frisar é que sua presença era essencial tanto em termos quantitativos quanto em termos estruturais, isto é, para permitir o pleno funcionamento da empresa agrícola. Os trabalhadores contratados na base salarial na Fazenda Santa Gertrudes representavam uma média de 49,5% do total de empregados registrados nos livros conta correntes da Fazenda entre 1895 e 1930. Destes, 41,5% eram camaradas ou tinham "ocupações especializadas", ou exerciam "ocupações não especializadas", ou, ainda, "transferiam de ocupação", conforme mostra a Tabela 9. Os outros trabalhadores assalariados executavam serviços de "supervisão de trabalhado", "administração e escritório" ou eram "empreiteiros".

Tabela 9 – Fazenda Santa Gertrudes
Distribuição das tarefas dos colonos durante o ano agrícola

Ocupação	Frequência da amostra	Porcentagem
Colono	146	50,52
Camarada	59	20,42
Ocupações não especializadas	33	11,42
Ocupações especializadas	15	5,19
Transfere de ocupação	13	4,5
Supervisão de trabalho	9	3,11
Empreiteiros	7	2,42
Administração e escritório	7	2,42

Fonte: "AFS6 – Contas Correntes – 1895 – 1930". In: Maria C. Beozzo Bassanezi, *Fazenda Santa Gertrudes...*, p. 132.

Estas estimativas da representatividade proporcional destas categorias de trabalhadores, no entanto, nos dão apenas uma noção de sua importância numérica. Estes números, no entanto, mereceriam ser mais bem analisados, já que

57 Maria Silvia C. Beozzo Bassanezi, *Fazenda de Santa Gertrudes...*, p. 125.

esta é uma média para um período muito longo (1895-1930), as proporções de trabalhadores pode ter se alterado de um ano para outro de acordo com a conjuntura econômica, ou de acordo com a maior ou menor disponibilidade de mão de obra colona ou temporária sazonal. Além do mais, esta proporção podia ser maior ou menor conforme com o momento do ano agrícola em que ela é analisada.

Como sabemos, as exigências de quantidade de trabalho variavam de época para época do ano e, então, esta proporção deve mudar se a base de referência forem os momentos de pico ou se forem os momentos de baixa utilização de trabalhadores na fazenda. Ainda se ponderarmos que esta estimativa baseia-se apenas nos trabalhadores registrados nos livros conta corrente da fazenda enquanto sabemos que não eram registrados nem os familiares dos colonos, nem os trabalhadores que estavam sob às ordens dos empreiteiros, e se supusermos que os trabalhadores contratados como apanhadores na época do pico de trabalho também não apareciam registrados nos livros conta corrente da fazenda,[58] esta proporção tem de ser relativizada novamente. As questões que ficam, portanto, são: esta proporção se manteve ao longo do período ou se alterou de acordo com as diferentes conjunturas dos ciclos econômicos? Em caso afirmativo, em que sentido foi alterada, isto é, como foram redistribuídos os colonos e os trabalhadores temporários no arranjo colonato + trabalho temporário sazonal? Ou ainda: esta proporção é válida para os momentos de pico de trabalho ou para os momentos de necessidades médias de trabalho?

Não responderemos, no entanto, estas questões. Elas estão registradas aqui apenas como indicações de que apesar de nos utilizarmos neste texto dos números calculados por Bassanezi, sabemos que as informações ainda deixam muitas lacunas. De todo modo, uma coisa é certa, os trabalhadores remunerados com base em salário, não colonos, eram significativos para a fazenda cafeeira.

A fazenda Santa Gertrudes foi uma das mais importantes fazendas de café do Estado, sendo considerada modelo: utilizava maquinários dos mais modernos para o beneficiamento, foi uma das primeiras a usar energia elétrica e era uma das fazendas com maior produção de café do Estado. Por isso, sua documentação é

58 Pelo menos a autora não faz menção a estes trabalhadores.

representativa da estrutura ocupacional de uma grande fazenda e nela fica comprovada a importância do trabalho temporário assalariado. Nas propriedades menores e menos colonizadas, a necessidade de contratar trabalhadores assalariados era ainda maior. Warren Dean, comparando a documentação da Fazenda Santa Gertrudes, com a da Fazenda Palmares, também localizada no município de Rio Claro, porém bem menor que a primeira, notou que a Fazenda Palmares dependia grandemente das turmas fornecidas por empreiteiros independentes. Palmares também empregava muitos jornaleiros (camaradas avulsos pagos por dia de trabalho eventual, colheita e secagem dos frutos nos terreiros), em particular durante a colheita.[59]

Os colonos, por se manterem fixos ao longo do ano, eram mais facilmente visualizados no mundo rural e na documentação, e mais facilmente contabilizados. Geralmente contratados no início do ano agrícola, costumavam permanecer por pelo menos um ano na fazenda, tempo que durava o contrato de colonato. Quanto aos camaradas, cujos contratos podiam ser feitos em base mensal, semanal, quinzenal ou diária, e cuja contratação se dava o ano todo, sua visualização e quantificação é mais imprecisa ou mesmo impossível.[60] De qualquer forma, em maior ou menor medida, estes trabalhadores estavam presentes em todas as plantações de café, eram indispensáveis nos processos de beneficiamento e de ensacamento do produto e nos trabalhos de carpintaria, marcenaria, consertos etc.

Além do mais, a uniformidade das tarefas desenvolvidas pelo colono torna esta categoria de trabalhadores mais fácil de ser visualizada no mundo do trabalho e mais facilmente descrita, o que facilita seu estudo enquanto grupo. Mesmo que as tarefas desenvolvidas pelos colonos fossem diversificadas, de maneira geral elas podiam ser agrupadas em dois tipos: o *trato* e *a colheita* do café. Os assalariados, no entanto, eram contratados para uma infinidade de tarefas diferentes, por

---

59 A Fazenda Palmares tinha a quarta parte da produção de Santa Gertrudes, não possuía aparelho beneficiador e estava altamente endividada no período estudado pelo autor. Warren Dean, *Rio Claro...*, p. 163.

60 Bassanezi notou que 47% das contratações dos colonos da fazenda Santa Gertrudes (numa média dos 35 anos pesquisados) se deram no 4º trimestre do ano (outubro a dezembro), enquanto a contratação de trabalhadores assalariados estava distribuída ao longo de todos os trimestres. Maria Silvia C. Beozzo Bassanezi, *Fazenda de Santa Gertrudes...*, p. 154-155

prazos diversificados e em momentos diferentes do ano. Deixando claras todas estas dificuldades envolvidas no estudo da figura dos trabalhadores assalariados, tentemos organizá-los.

Assalariados e camaradas

Os trabalhadores *a salário* (fossem eles chamados de camaradas, jornaleiros ou avulsos) eram contratados para a realização de serviços *não especializados* ou serviços *mais especializados*. Os não especializados desempenhavam as mais diversas funções, ao sabor das determinações diárias da administração da fazenda: quebrar milho, capinar as plantações de café que não estivessem a cargo de colonos ou tipos diversos de plantações, roçar pastos, consertar caminhos, movimentar café no terreiro, cuidar dos animais da fazenda etc.[61] Os mais especializados trabalhavam como podadores, aradores, maquinistas, mecânicos, ferreiros, carpinteiros, pedreiros, cocheiros, carroceiros e os empregados no beneficiamento do café.[62] O fato de ele ser especialista em uma atividade não significava que também não desempenhasse outras funções quando a empresa agrícola assim necessitava. Um carroceiro, por exemplo, nos dias de chuva, não ficava sem trabalhar, mas ia debulhar milho no barracão da fazenda.

As figuras mais representativas, em termos numéricos, entre os trabalhadores cuja atividade podia ser identificada eram os carroceiros, seguidos dos carpinteiros e pedreiros. Na Fazenda Santa Gertrudes, no ano agrícola de 1912-13, dos 135 trabalhadores assalariados (excluindo-se aqueles designados como camaradas, empreiteiros e o pessoal da administração e supervisão), 23 eram carroceiros; no ano seguinte, dos 108 assalariados, 22 eram carroceiros. Estes trabalhadores eram encarregados de todo o serviço de transporte dentro dos limites da fazenda e da propriedade para a cidade ou para as estações de trem mais próximas. Os carpinteiros e pedreiros, que no ano agrícola de 1912-13 eram em número de 13 e 15, respectivamente, eram necessários

61 Maria Silvia C. Beozzo Bassanezi, *Fazenda de Santa Gertrudes...*, p. 126; Brasilio Sallum Jr., *op. cit.*, Chiara Vangelista, *op. cit.*, entre outros.

62 Condições do trabalho na lavoura cafeeira do estado de São Paulo..., p. 21. Ver também Chiara Vangelista, *op. cit.*, p. 204 e Thomas Holloway, *op. cit.*

para as novas construções, ampliações e manutenção em todos os setores que a propriedade exigia.[63]

Todos estes trabalhadores eram contratados individualmente, diferentemente do colono, que era contratado em unidade familiar. Podiam ser contratados diretamente pela administração da fazenda ou serem empregados indiretamente por meio de empreiteiros, os quais tinham suas turmas de camaradas. O contrato ou acordo, neste caso, era efetuado entre a fazenda e o empreiteiro, e este se responsabilizava por entregar o serviço pronto e por arregimentar os trabalhadores necessários para a execução da tarefa. O contrato do camarada era com o empreiteiro e durava o tempo da tarefa a ser realizada.[64]

Havia os trabalhadores assalariados que desempenhavam funções mais permanentes ao longo do ano (tais como a de transporte ou o cuidado dos animais de trabalho) e havia aqueles que desempenhavam as funções mais sazonais, como varrer o café no terreiro, cortar capim etc.

Dada a variedade de tarefas executadas por trabalhadores *a salário*, eles estavam presentes na fazenda praticamente durante o ano todo, mas suas tarefas e contratos eram intermitentes e sazonais. Eles eram importantes para a plena realização dos vários trabalhos envolvidos na empresa rural cafeeira e, em alguns casos, até mesmo para as tarefas mais assíduas, tradicionalmente deixadas a cargo do colono:[65] "Precisa-se de uma turma de trabalhadores de roça para capinar café constituída de 15 ou 20 trabalhadores. Trata-se na rua Ipiranga, nº 5".[66]

Os trabalhadores assalariados podiam ser contratados entre os não residentes ou entre os residentes na fazenda, neste último caso geralmente entre os familiares dos colonos, e eram contratados a salário em determinadas épocas do ano para executar apenas alguns trabalhos mais esporádicos.

Os familiares dos colonos poderiam ser empregados, algumas vezes, nas tarefas mais extraordinárias desempenhadas pelos camaradas, mas não nas tarefas mais permanentes, pois se a estas se dedicassem, acabariam por descuidar de

---

63 Maria Silvia C. Beozzo Bassanezi, *Fazenda de Santa Gertrudes...*, p. 273.

64 Zuleika Alvim, *op. cit.*, p. 77.

65 Augusto Ramos, *op. cit.*, p. 203.

66 *Gazeta de Piracicaba*, 20 jan. 1903.

suas obrigações contratuais. Assim sendo, os camaradas não eram empregados para suprir lacunas existentes na população colona das fazendas, mas como seu complemento necessário. Para Sallum Jr., o emprego dos camaradas que desempenhavam funções mais sazonais dependia de dois fatores: de um lado, da deficiência de colonos existente em cada fazenda e, de outro, da necessidade da fazenda em realizar serviços ocasionais. Quanto mais colonizada a fazenda, mais possibilidade tinha a administração de utilizar extraordinariamente os serviços dos colonos e, consequentemente, menos necessidade haveria de contratar trabalhadores avulsos, como camaradas "volantes".[67] No entanto, Bassanezi ao estudar a fazenda Santa Gertrudes, propriedade com grande número de colonos por pés de café e, portanto, bastante colonizada, notou que os familiares de colonos eram contratados *esporadicamente* para trabalhos eventuais e *quase nunca* como camaradas.[68]

Apesar da possibilidade de o colono e seus familiares serem contratados por dia de serviço, nenhuma fazenda estava isenta de ter de recorrer ao emprego dos trabalhadores não residentes. Apesar de os familiares dos colonos poderem ser arregimentados para os trabalhos extraordinários, a maior parte dos trabalhadores contratados a salário, no entanto, era arregimentada entre a população não residente na fazenda, entre a população moradora próxima às áreas de influência da propriedade, nas áreas rurais ou nas urbanas.

Chiara Vangelista, estudando as estatísticas da *Agência Oficial de Colocação*, notou que os trabalhadores assalariados das fazendas cafeeiras não eram contratados no município de São Paulo e deviam, portanto, estar disponíveis nos mercados de trabalho locais.

A *Agência Oficial de Colonização e Trabalho*, depois chamada *Agência de Colocação*, departamento ligado à Hospedaria dos Imigrantes e localizado na cidade de São Paulo, servia como uma verdadeira feira de trabalhadores, encarregando-se de aglutinar as pessoas que estavam à procura de trabalho e de receber os pedidos de demanda por trabalhadores por parte das fazendas conciliando parte da oferta e da demanda de trabalho existente no estado. Desde sua criação,

67 Brasilio Sallum Jr., *op. cit.*, p. 163.

68 Maria Silvia C. Beozzo Bassanezi, *Fazenda de Santa Gertrudes...*, p. 125.

este departamento passou a publicar as estatísticas da demanda por trabalhadores por parte das fazendas do interior, bem como os dados sobre a efetiva contratação realizada por intermédio da Agência que, por sua vez, podia receber procura por três categorias de trabalhadores: *colonos*, *pessoal a salário* e *famílias de apanhadores*.

De acordo com as estatísticas levantadas por Chiara Vangelista, era pequena a porcentagem da demanda por assalariados satisfeita pela *Hospedaria dos Imigrantes*.[69] Além do mais, os próprios fazendeiros não viam a Hospedaria como local para arregimentar trabalhadores assalariados, uma vez que a maior parte da procura lá registrada era voltada para a contratação de colonos e não de assalariados. Em média, a procura por colonos constituía 83% da demanda total por trabalhadores na Hospedaria, enquanto a demanda por assalariados avulsos constituía 13% e a de famílias de apanhadores apenas 3% da demanda total.[70] A autora também notou que havia nítida correlação entre a nacionalidade do trabalhador e a categoria de trabalho para a qual ele era contratado via Agência, mostrando que a maioria dos trabalhadores contratados a salário eram nacionais provenientes, inclusive, de outros estados brasileiros, sobretudo do Nordeste, como mostra a Tabela 10, extraída de Vangelista.[71]

---

69 Chiara Vangelista, *op. cit.*, p. 84.

70 Chiara Vangelista, *op. cit.*, p. 95.

71 Chiara Vangelista, *op. cit.*, p. 105.

Tabela 10 – Trabalhadores e famílias de trabalhadores contratados na Agência Oficial de Colocação – 1906-1929 (Distribuição percentual por procedência*)

Ano	Exterior sobre o total	%	Brasil	%	Capital e interior	%
			Colonos			
1906	20.397	91	585	3	1.501	7
1909	2.385	77	125	4	584	19
1917	2.713	67	497	12	806	21
1918	1.653	64	401	15	546	21
1921	2.405	62	669	17	830	21
1922	1.852	62	650	23	481	16
1923	3.668	86	1.127	26	915	21
1924	4.066	71	1.290	23	830	14
1926	4.447	60	1.396	19	1.590	21
1927	4.447	61	2.684	37	1.337	18
1928	710	27	1.016	38	929	35
1929	740	29	1.142	45	652	26
			Assalariados			
1907	100	4	209	9	2.088	87
1902	194	5	215	6	2.347	66
1917	850	21	864	21	2.308	57
1918	233	9	760	30	1.563	61
1921	1.514	29	1.761	34	1.895	37
1922	1.269	30	1.683	39	1.328	31
1924	1.824	27	2.669	40	1.969	30
1925	1.314	21	3.362	53	1.636	26
1926	577	7	5.065	66	2.088	27
1927	1.030	7	9.634	67	3.760	26
			Apanhadores			
1907	89	29	91	30	126	41
1909	89	10	109	12	710	78
1917	18	41	7	16	19	43
1918	-		-		3	100
1921	21	100	-		-	
1922	-		1	14	6	86
1928	30	37	8	10	42	52
1929	-		11	29	27	71

*Número de contratados sobre total contratado pela Agência.

Fonte: Relatórios da Secretaria da Agricultura, Indústria e Commércio, 1906-1930, extraído de Chiara Vangelista, *op. cit.*, p. 121

Como vimos, no entanto, os trabalhadores assalariados constituíam grande parcela do total de trabalhadores nas fazendas e, então, esta demanda não satisfeita na Hospedaria, na cidade de São Paulo, teria de ser satisfeita por outras vias, certamente, na população local da região de influência da fazenda. Quando analisamos os anúncios de procura por trabalhadores no município de Piracicaba, notamos exatamente o contrário do observado por Vangelista: apenas 13% dos anúncios procuravam por colonos, enquanto 87% referiam-se à procura de trabalhadores assalariados (camaradas, colhedores de café, empreiteiros, trabalhadores de roça, pedreiros, carroceiros etc.).[72]

Estes números, sejam da *Agência Oficial de Colocação* sejam dos anúncios publicados na *Gazeta de Piracicaba*, certamente não dão a medida da demanda por trabalho, mas mostram que havia uma segmentação desse mercado geral de trabalho sendo os colonos procurados entre as famílias de imigrantes disponíveis e os trabalhadores assalariados temporários sendo procurados entre a população nacional local.

A pesquisa em jornais de dois municípios do Oeste Velho paulista, municípios policultores, densamente povoados e com presença da pequena propriedade, mostrou que muitos fazendeiros faziam uso rotineiro dos trabalhadores temporários sazonais residentes próximos à fazenda, uma vez que abundavam anúncios para contratação de serviços em suas propriedades. Estes anúncios propunham os mais variados tipos de ajuste de trabalho: empreiteiros, camaradas, aradores e, especialmente, colhedores. A Fazenda Vassoural, uma das mais importantes do município de Itu no início do século XX, anunciava no jornal, em anos diferentes, a procura pelos mais diversos trabalhadores para diferentes ocupações: "Na fazenda do Vassoural, de propriedade de Pereira Mendes, precisa-se de grande quantidade de trabalhadores. Para tratar na mesma fazenda".[73] Ou ainda: "Fazenda Vassoural. Nessa fazenda precisa-se de colhedores de café, como de trabalhadores de roça. Paga-se bem. Bem assim de alguns empreiteiros para fazer roçadas e picar lenhas".[74]

O *Boletim do Departamento Estadual do Trabalho*, ao argumentar a favor da pequena propriedade como instrumento para diminuir a instabilidade do trabalhador e, ao mesmo tempo, permitir a oferta de mão de obra temporária para as fazendas,

72 Cláudia A. Tessari, *op. cit.*, p. 59-60.

73 *A Cidade de Ytú*, 12 out. 1903.

74 *A Cidade de Ytú*, 07 jun. 1911.

sustentava que nas regiões onde havia a cultura cerealífera em pequena propriedade não faltava mão de obra, pelo menos não na ocasião das colheitas.[75] Ora, como sabemos, os picos de demanda por trabalho na cultura dos cereais e do algodão, este também produzido pela pequena propriedade, podiam ser entrecruzados (como já acontecia entre a pequena lavoura do colono e a grande lavoura do capitalista fazendeiro) e parece que realmente o foram.

Denise Moura mostrou que os pequenos sitiantes entrecruzavam os trabalhos em suas lavouras de alimentos com os trabalhos como camaradas avulsos nas fazendas e sítios médios da região de Campinas na época do declínio do escravismo. A autora mostrou que estes ajustes de trabalho eram comuns e que os fazendeiros e trabalhadores pareciam lidar com eles rotineiramente. Mostrou ainda que ajustar trabalho não era prática corriqueira apenas entre aqueles que margeavam a pobreza sem recursos, mas também entre os próprios pequenos sitiantes, que acertavam seus serviços com outros sitiantes médios e mesmo com as grandes fazendas.[76] A autora também observou que no momento do recrutamento da mão de obra eram oferecidas opções de acordos de trabalho que fossem mais convenientes também aos trabalhadores, levando em consideração algumas de suas exigências e necessidades no tocante à possibilidade de não ter de se descuidar dos trabalhos em seus sítios. No caso dos lavradores de roças de alimentos, os contratos ou ajustes informais de trabalho permitiam a conciliação das tarefas específicas de suas roças. Tanto o trabalho a jornal – pagamento por dia – como por empreitada permitia a manutenção de tarefas particulares dos trabalhadores.[77]

Apesar de sabermos, porém, que estes trabalhadores poderiam intercalar os trabalhos temporários sazonais da agricultura de exportação com o trabalho nas lavouras de alimentos de seus sítios, também sabemos que as fazendas não podiam depender totalmente destes trabalhadores. Eles eram necessários, mas não suficientes para permitir que a fazenda prescindisse do trabalho permanente do colono. Como vimos, alguns trabalhos da lavoura para exportação e da lavoura de alimentos acabavam por coincidir no tempo. Assim, os trabalhadores estavam

75 "Emigração inter-regional para as colheitas". In: Secretaria da Agricultura, Commercio e Obras Publicas do Estado de São Paulo. *Boletim do Departamento Estadual do Trabalho*, ano 7, nº 23, p. 276.

76 Denise A. S. de Moura, *Saindo das sombras...*, p. 64.

77 Denise A. S. de Moura, *Cafeicultores e lavradores de roças de alimentos...*

disponíveis em determinadas épocas, mas não totalmente e, como bem assinalou Alexandre de Freitas Barbosa, oferecer trabalho esporadicamente não se constitui numa oferta típica de mão de obra.[78]

Conforme o tamanho da lavoura de alimentos, ou conforme a variedade de plantas, ou ainda conforme os trabalhos que deviam ser executados entre uma colheita e outra (como consertos nos próprios sítios, consertos nas ferramentas, beneficiamento dos alimentos colhidos etc.), a oferta desta mão de obra podia ser maior ou menor em quantidade e por período de tempo não suficiente para suprir totalmente a necessidade das fazendas. Segundo Denise Moura, arranjar-se nos serviços temporários sazonais só era possível se o tempo do trabalho nas fazendas coincidisse com os intervalos em que os trabalhadores das roças de alimentos colocavam à disposição do capitalista fazendeiro; caso contrário, era difícil para o pequeno lavrador deixar de colher ou plantar no dia propício, uma vez que era sua produção que corria o risco de ser perdida.[79] A autora também mostrou que, dada a intermitência de seus serviços, era comum que estes trabalhadores brasileiros pobres intercalassem trabalhos diferentes, em propriedades diferentes.[80]

No entanto, se esta intermitência na prestação de serviço impedia que a agricultura pudesse contar apenas com estes trabalhadores, não impedia que ela fizesse uso corrente deles e de seu tempo intermitente. Aliás, esta irregularidade era até mesmo interessante, pois a existência de uma população local disponível para os trabalhos também irregulares das fazendas, era ideal: "Na fazenda da Capuava, caminho do Rio Claro, dá-se morada boa, terra para plantar e pasto para quatro animais, mediante *um dia de serviço por semana,* em cuidar em criação".[81]

Portanto, tanto os proprietários procuraram ajeitar critérios nos contratos que permitissem a intermitência, como os próprios homens livres preferiram negociar acertos de trabalho atentos à irregularidade, como garantia da possibilidade de envolvimento com tarefas de outros.[82] Para Moura, o problema é que as faltas cons-

---

78 Alexandre de Freitas Barbosa. *A formação do mercado de trabalho no Brasil: da escravidão ao assalariamento.* Campinas, São Paulo: tese de doutoramento apresentada ao Instituto de Economia/Unicamp, 2003.

79 Denise A. S. de Moura, *Saindo das sombras...*, p. 92.

80 Denise A. S. de Moura, *Saindo das sombras...*, p. 101.

81 *Gazeta de Piracicaba*, 22 set. 1895. (grifo nosso)

82 Denise A. S. de Moura, *Saindo das sombras...*, p. 102.

tantes ou o pouco aparecer às obrigações contratadas ocuparam insistentemente os textos oficiais e foram lidos pela historiografia como uma resistência do homem livre a incorporar noções de tempo e trabalho liberal burguesas, porém, no cotidiano dos lavradores livres e pobres e das fazendas, estas faltas constantes não pareciam ser um problema incontornável.[83] Na documentação de fazendas da região de Araraquara, Rosane Messias deparou-se com trabalhadores brasileiros que faltavam muitos dias ao serviço, mas que anos seguidos eram recontratados pela mesma fazenda, levando a acreditar que estas faltas ao serviço não eram um problema, não a ponto de os fazendeiros se negarem a recontratar estes trabalhadores.[84]

Os ajustes de empreitada também permitiam a dispensa do pessoal nos dias em que sua presença não fosse tão necessária nos serviços, permitindo-lhes uma maior disponibilidade do tempo que podia ser (e geralmente era) empregado em outros e até vários afazeres num mesmo dia. Empreitava-se trabalho para tirar lenha, para roçar, derrubar mata, para construção, para plantar e colher algodão e cereais, para formar cana, para fazer cercas: "Na fazenda Vassoural precisa se de 10 a 20 trabalhadores de enchada, para serviço de carpição, paga-se bem e tambem se acceita empreitada para todo o serviço. Para tratar na mesma fazenda ou nesta cidade com Pereira Mendes à rua da Palma".[85]

Por um lado, se parecia faltar trabalhadores colonos, por outro não parecia haver escassez de trabalhadores para serem contratados como assalariados. Vangelista, analisando a elasticidade da oferta em relação à demanda de cada tipo de trabalhador (colono, a salário e apanhadores), notou que a cada requisição de trabalhadores avulsos assalariados se respondia com uma imediata admissão. Também percebeu que ao incremento da demanda por trabalhadores temporários assalariados não correspondia um incremento paralelo e proporcional do salário, porque no mercado existia uma grande oferta de mão de obra, ao menos no que dizia respeito ao trabalhador assalariado, o que era confirmado pela alta elasticidade da oferta destes trabalhadorse em relação à demanda.[86]

83 Denise A. S. de Moura, *Saindo das sombras...*, p. 110.

84 Rosane Carvalho Messias, *op. cit.*

85 *A cidade de Ytú*, 13 jan. 1895.

86 Chiara Vangelista, *op. cit.*, p. 206.

Assim, a combinação colono + trabalhador temporário aumentava por duas vias a elasticidade da oferta de trabalho, permitindo que o fazendeiro ajustasse a quantidade de mão de obra às exigências sazonais. Agora, nos momentos de baixa exigência, ele podia dispensar os temporários e não mobilizar a família do colono que, contudo, continuavam ao seu dispor nos momentos de aumento da demanda por trabalho.

Trabalhador por turma

Os trabalhadores assalariados eram contratados individualmente e não em unidades familiares, como acontecia com os colonos e algumas famílias de apanhadores. No entanto, mesmo contratados individualmente, podiam desempenhar suas funções coletivamente. Quando trabalhando por turmas, desempenhavam as funções de acordo com as ordens de um fiscal ou feitor de turma. Estes trabalhadores também podiam ter sido arregimentados por um empreiteiro e estar, portanto, trabalhando na fazenda sob as ordens deste. Para muitos trabalhos, os fazendeiros contratavam turmas de trabalhadores, constituídas em 10, 20, 30 e até 40 pessoas:

> Empreiteiros. Precisa-se de 30 trabalhadores para serviço de lavoura, de café e cana na fazenda do Morro Grande, distante desta cidade uma hora e meia de viagem. Paga-se muito bem. Trata-se na mesma com Barreto & Cia.[87]

Muitos dos empreiteiros levavam suas turmas de trabalhadores de fazenda para fazenda. Estas turmas nômades permaneciam temporariamente em uma ou outra fazenda, recebendo o pagamento por dia especialmente no período da colheita ou quando a escassez de colonos ou o abandono imprevisto da fazenda por parte destes requeria um emprego suplementar de mão de obra no cafezal.[88]

> Quando o numero de familias é insufficiente, ajustam-se turmas volantes de nacionaes em sua quasi totalidade, ás quaes, de preferencia, se confia o trabalho de movimentar o café nos terreiros mas que, *em*

87 *Gazeta de Piracicaba*, 21 jun. 1895.

88 Chiara Vangelista, *op. cit.*, p. 203.

> *casos de necessidade aliás frequentes, são utilizadas nas carpas ou limpas dos trechos de cafezaes não colonisados*, assim como no apanho das cerejas. Concluida a colheita é dispensada, em geral, toda essa gente, salvo no caso de persistir a deficiencia de colonos.[89]

Havia também as turmas nômades que realizavam trabalhos especializados, tais como a poda, o decote e a extrumação dos arbustos de café, ou a turma de matadores de formigas. A poda, por exemplo, atividade especializada importante para manter a produtividade do cafeeiro, costumava ser efetuada por turmas de podadores que migravam de uma fazenda a outra executando este serviço.

Outros trabalhadores por turma eram aqueles dedicados às tarefas de manutenção e expansão da infraestrutura da fazenda, os quais trabalhavam nas construções, consertos, limpeza dos pastos e valados, carpição de matos à beira do cafezal, consertos das estradas etc. A Fazenda Santa Gertrudes, por exemplo, para o dia 22 de julho de 1914, registrou na *Folha de diárias pagas* quatro pedreiros, mas estes tinham sob sua responsabilidade outras 13 pessoas trabalhando como servente.[90]

Havia também aqueles empreiteiros que ofereciam os mais diversos serviços, ajustando pessoal em quantidade e com habilidade adequadas para a realização de tarefas diferentes podendo desde podar cafeeiros até plantá-los, ou então fazer cercas de arames ou quaisquer outros serviços: "*Empreiteiros. Os empreiteiros abaixo assinados encarregam-se de podar café e fazer plantação do mesmo, dispondo-os de pessoal muito abilitados, encarregam-se também de fazer cerca de arame e qualquer outro serviço concernente a sua longa practica*".[91]

Como os trabalhadores contratados por empreiteiros geralmente não constavam da documentação da fazenda, já que a fazenda contratava o empreiteiro com a preocupação apenas de que o trabalho fosse entregue pronto no prazo necessário, os ajustes entre empreiteiros e trabalhadores da turma dificilmente podem ser reconstruídos pela documentação das fazendas. Em 22 de julho de 1914, por exemplo, a Fazenda Santa Gertrudes contava com nove empreiteiros,

---

89 Augusto Ramos, *op. cit.*, p. 203 (grifo nosso).

90 Copiador nº 31, 1914, p. 6-7 anexo. In: Maria Silvia C. Beozzo Bassanezi, *Fazenda de Santa Gertrudes...*, p. 255.

91 *Gazeta de Piracicaba*, 28 dez. 1893.

mas não se sabe o número de trabalhadores que estavam sob suas ordens. Neste mesmo dia, a fazenda contava também com duas turmas de camaradas, uma que estava lidando com café no terreiro e outra que estava desbrotando café na colônia de Santo Eduardo. Ao todo, estas turmas constituíam 44 pessoas.[92]

Assim como os trabalhadores individuais contratados diretamente pela administração da fazenda, os empreiteiros e os trabalhadores por turma eram contratados na região de influência da fazenda, mas também era comum serem contratados em regiões circunzinhas mais distantes. As empreitadas para derrubar e formar cafezal, bem como as empreitadas para podar os pés de café, comumente requeriam trabalhadores de outros municípios. No jornal *Gazeta de Piracicaba* foram encontrados anúncios procurando por empreiteiros para formar cafezal nos municípios de Batatais, Botucatu, Brotas, São Carlos do Pinhal, São Pedro, Capivari, São Manuel do Paraíso e Charqueada:

> Derrubada. Precisa-se de empreiteiros para roçar e derrubar de 25 a 30 alqueires de mata no município de São Carlos do Pinhal. A mata é boa tanto para roçar como para derrubar, e fica retirada da fazenda apenas 200 braças; dá-se casa para morada, e além da roçada, tem muito serviço na fazenda. Paga-se bem.[93]
>
> Ou ainda: Roças. Precisa-se de bons empreiteiros para roçar e derribar 500 alqueires de mata em Araraquara.[94]

Uma das mais importantes atividades realizadas pelos empreiteiros e suas turmas de trabalhadores era a derrubada e o preparo do terreno para a formação dos novos cafezais. A utilização de assalariados em derrubadas e roçadas antecedeu inclusive o emprego generalizado de trabalhadores livres. Na época do declínio do escravismo, quando a possibilidade de aquisição de escravos vinha diminuindo, trabalhadores livres brasileiros eram encarregados da derrubada das matas.

---

92 Copiador nº 31, 1914, p. 6-7 anexo. In: Maria Silvia C. Beozzo Bassanezi, *Fazenda de Santa Gertrudes...*, p. 255

93 *Gazeta de Piracicaba*, 27 mar. 1892.

94 *Gazeta de Piracicaba*, 30 abr. 1912.

Segundo a bibliografia, dava-se preferência para estes homens por vários motivos: por já estarem habituados à vegetação tropical, pelo fato de estas tarefas serem menos compensadoras, ou ainda pelo fato de serem perigosas e, portanto, representarem risco de perda do capital investido no escravo.[95] Devemos acrescentar que esta tarefa era temporária e ocasional e, como vimos em outra parte deste texto, coincidia com o período de pico de trabalho nas fazendas, com a colheita do café e com o corte da cana-de-açúcar, o que dificultava o uso da mão de obra escrava na sua execução. Após a generalização do trabalho livre, este conjunto de operações continuou a ser executado por brasileiros, muitos migrantes de municípios paulistas e também de outros estados, especialmente Minas Gerais e da região Nordeste.[96]

Outros trabalhos comumente entregues a empreiteiros com suas turmas de trabalhadores eram o de construção de toda a estrutura necessária para a formação de uma fazenda, como a construção de moradias dos colonos, dos terreiros, das tulhas, do paiol etc. Além dos camaradas que realizavam os serviços não especializados da construção, estas turmas de trabalhadores assalariados era composta de trabalhadores mais especializados: pedreiros, carpinteiros, marceneiros entre outros: "*Empreiteiro. Precisa-se com urgência de empreiteiro para fazer cercas de pau a pique. Dirigir-se ao Engenho Central*".[97] Ou ainda: "*Valleiros: na Fazenda Água Santa, distante 2 léguas desta cidade, preciza-se de uma turma de valeiros para retocar vallos. Para tratar na mesma fazenda, com o administrador sr. Domingos da Rocha Meira. Paga-se bem*".[98]

Logo, também essa forma de "ajuste" ou "contrato" contribuía para aumentar a flexibilidade do trabalho, destacando-se um contingente volante que se deslocava por toda uma região.

Apanhadores de café

Outro tipo de contrato vigente nas fazendas cafeeiras, segundo o Departamento Estadual do Trabalho, era o de apanhadores:

---

95 Paula Beiguelman, *op. cit.*, p. 130-131; José de Souza Martins, *op. cit.*; Brasilio Sallum Jr., *op. cit.*, p. 62-63.

96 Augusto Ramos, *op. cit.*, p. 203.

97 *Gazeta de Piracicaba*, 5 set. de 1919.

98 *Gazeta de Piracicaba*, 24 nov. de 1892.

> No contrato de apanhadores de café, que dura o tempo da colheita (tres a quatro meses), obriga-se o fazendeiro a fornecer gratuitamente ao apanhador transporte da estação próxima á fazenda e desta aquela depois de terminada a colheita, casa de moradia e pagamento semanal, quinzenal ou mensal. [...]... por 50 litros de café colhido, limpo, ensacado e entregue nos carreadores, para a respectiva medição.[99]

Os contratados não poderiam abandonar a fazenda antes de terminar a colheita. Se o fizessem, perderiam um terço do que tivessem ganho e não teriam o direito aos meios de transporte da fazenda à estação mais próxima.[100] Após a colheita, estes trabalhadores contratados como apanhadores eram, em geral, dispensados. Eram pagos por volume colhido, assim como os colonos e seus familiares e, também eram contratados, preferencialmente, em núcleos familiares, chamados *famílias de apanhadores.* Na época de demanda intensa de trabalho, quando as famílias não eram suficientes[101], as fazendas também contratavam os apanhadores avulsos, denominados *solteiros.* Estes podiam ser contratados individualmente, porém mais geralmente eram contratados em turmas, sob a responsabilidade de um empreiteiro:

> Quando o fazendeiro não dispõe de colonos sufficientes, engaja turmas de pessoal para apanha. Essas turmas, a que habitualmente se dá o nome de turmas de solteiros são pagas a jornal e retiram-se findo o serviço. Quase todo esse pessoal reside em outros Estados de onde vem em auxilio das fazendas, tal como na França e na Argentina onde para o trabalho das colheitas chegam trabalhadores italianos temporariamente engajados.[102]

Estas turmas de apanhadores eram compostas de migrantes nacionais, mas também era muito comum serem requisitadas no próprio município onde a fazenda

99 Condições do trabalho na lavoura cafeeira do Estado de São Paulo..., p. 21.

100 Condições do trabalho na lavoura cafeeira do Estado de São Paulo..., p. 25.

101 A fazenda tinha preferência pelo trabalho familiar inclusive na colheita, porque cada um dos membros da família poderia ficar encarregado de colher as cerejas em partes diferentes da árvore: os homens ficavam nas escadas, colhendo o café do alto dos arbustos; as crianças, embaixo, colhendo os da "saia" do cafeeiro; enquanto as mulheres colhiam os do meio.

102 Augusto Ramos, *op. cit.*, 120.

estava localizada: "Colhedores. Precisa-se de uma turma de 15 a 20 pessoas para colher café. Paga-se bem. Para tratar com o major José da Cruz Moraes Sampaio".[103]

Chiara Vangelista, baseando-se nas estatísticas da Agência Oficial de Colocação, publicadas nos *Relatórios da Secretaria da Agricultura, Commércio e Obras Públicas*, notou que a demanda por apanhadores, além de representar muito pouco da demanda total de mão de obra registrada na Agência (apenas 3%), ainda assim não era satisfeita pelos trabalhadores alojados na Hospedaria (apenas 33% da demanda resultava em contrato efetivo de apanhadores).[104] Esta alta porcentagem da demanda não satisfeita e, ao mesmo tempo, a baixa demanda em si, levaram a autora a concluir que as famílias de apanhadores de café não estavam disponíveis na cidade de São Paulo, mas sim na zona rural, na faixa de mão de obra local. Para Vangelista, as grandes famílias de trabalhadores agrícolas que se encontravam na capital do estado eram compostas acima de tudo por imigrantes que tendiam a se inserir estavelmente na plantação; para os trabalhos temporários, ao contrário, havia uma grande oferta de indivíduos avulsos (assalariados) e não de grupos familiares, que eram mais facilmente encontrados na zona de influência da fazenda.[105]

Vangelista demonstrou que no caso de apanhadores havia alta correlação entre um aumento na demanda e um aumento na exportação de café (e, portanto, na produção). No caso de colonos, contrariamente, a autora não notou esta correlação.[106] Ora, mas esta relação é bastante óbvia: como o número de pés de café de uma fazenda não variava de ano para ano, mas a colheita sim e como o número de colonos era relativo ao número de pés de café de que podia tratar, anos de maiores colheitas significavam mais trabalho somente no momento de pico, mas não mais trabalho regular. Ou seja, independente do volume colhido, o número de pés de café era o mesmo, portanto, exigindo o mesmo número de colonos. Já a colheita podia exigir maior ou menor contratação de colhedores e trabalhadores temporários para as tarefas desenvolvidas durante aquele período de pico de trabalho, mas não exigiam a contratação de mais colonos.

---

103 *Gazeta de Piracicaba*, 19 jun. 1909.

104 Chiara Vangelista, *op. cit.*, p. 84.

105 Chiara Vangelista, *op. cit.*, p. 84.

106 Chiara Vangelista, *op. cit.*, p. 92-94.

A pesquisa nos anúncios dos jornais dos dois municípios mostrou que era grande a procura por colhedores de café (e também, em Itu, para colhedores de algodão e, em Piracicaba, para cortadores de cana-de-açúcar), já prenunciando o que se tornaria padrão na agricultura brasileira paulista: a contratação sazonal de trabalhadores temporários sem vínculos com a propriedade para colherem algodão e café ou para cortarem cana-de-açúcar.

Assim como Vangelista notou alta correlação entre demanda por apanhadores e exportação de café, nas pesquisas sobre os jornais pudemos perceber a mesma relação. Se a demanda por apanhadores publicada nos jornais era bastante corriqueira, como pudemos perceber para uma série de cerca de 30 anos,[107] ela era bastante diferente em termos quantitativos de ano para ano, e este maior ou menor número de anúncios era seguido de notícias sobre a maior ou menor colheita nos municípios. Nos anos em que encontramos pouca procura, encontramos notícias sobre a baixa produção de café no município. Contrariamente, nos anos de alta procura, encontramos notícias de que a colheita havia sido abundante.

Na safra de 1893, em Piracicaba, a produção, cafeeira foi muito baixa, cerca de ¼ da do ano anterior.[108] Neste ano, não encontramos anúncios procurando por colhedores. Já em 1895, dois anos depois, a procura por trabalhadores para colher café foi intensa: "*Colhedores de café. Na Fazenda da Boa Vista precisa-se de colhedores de café. O cafezal está bem carregado, paga-se bem e da-se boa casa para alojamento. Trata-se na mesma com o proprietário Victalino Ferraz*".[109] No final do mesmo ano, noticiou-se a abundância da produção no município.[110]

Além disso, nos anos em que estes trabalhadores eram mais requeridos o eram em grande volume. Como anos de grande colheita geralmente eram sucedidos por baixa produção, e como o mesmo fenômeno (de alta ou baixa produção) geralmente coincidia para todas as fazendas de um município e para as fazendas de municípios circunvizinhos que haviam passado pelas mesmas intempéries climáticas, tal como uma geada, um frio intenso, seca prolongada ou chuvas muito fortes, quando a

107 Série de 31 anos para o jornal *Gazeta de Piracicaba* (de 1889 a 1920) e série de 22 anos para o jornal *A Cidade de Ytú* (1893 a 1915).

108 *Gazeta de Piracicaba*, 16 abr. de 1893.

109 *Gazeta de Piracicaba*, 14 jul. de 1895.

110 *Gazeta de Piracicaba*, 22 nov. de 1895.

demanda por trabalho aumentava numa fazenda, aumentava para todas as outras da região. Em 1891, em Piracicaba pediam-se muitos colhedores, em outros municípios também: "Trabalhadores. Em Brotas, na Fazenda Morro Alto, precisa-se com urgência de colhedores de café, que está muito carregado. Paga-se a 400 réis por alqueire, podendo cada colhedor tirar uma diaria de 4$, sem muito custo [...]".[111]

Como podemos perceber, portanto, apesar de os familiares dos colonos serem importantes para dar flexibilidade à mão de obra, não eram suficientes para isso, ao menos não nos municípios que selecionamos para amostra. Pode-se argumentar que estes municípios estavam localizados no Oeste Velho paulista, região que recebeu pequeno número de imigrantes comparado com municípios do Oeste Novo, que possuíam cafeeiros e culturas alimentares mais produtivas e, portanto, que se constituíam em regiões mais atrativas aos imigrantes. De qualquer forma, nesta região da amostra eles eram significativos em número e necessários para estruturar a produção cafeeira.

Todos eles, trabalhadores temporários

Especializados ou não especializados, contratados diretamente ou por meio de empreiteiros, exercendo ocupações mais estáveis ou mais sazonais, residentes ou não residentes, em famílias ou solteiros... Todos eram assalariados temporários.

Podiam ser remunerados por dia de trabalho, por tarefa ou por produtividade, seus trabalhos podiam ser requisitados em diferentes momentos de um ano agrícola, como no caso de aradores, podadores, maquinistas, tiradores de dormentes, trabalhadores de roça, de derrubada etc. ou serem requisitados num único período, como no caso de apanhadores. Suas designações podiam ser várias: avulso, camarada, jornaleiro, trabalhador por turma, solteiro, apanhador, colhedor, matador de formiga, podador..., o que dificultava a sua visibilidade no mundo do trabalho, sem, no entanto, diminuir-lhe a importância para a estruturação da atividade produtiva.

Entre todos estes, os mais sazonais eram aqueles contratados como empreiteiros, carroceiros, camaradas e apanhadores. No ano de 1908, na Fazenda Santa Gertrudes os gastos com empreiteiros totalizaram 15,6% do total das despesas com empregados.[112] Na distribuição dos gastos ao longo dos meses dos anos, os relativos aos

---

111 *Gazeta de Piracicaba*, 4 jun. de 1891.

112 Segundo Maria Silvia Bassanezi, o ano de 1908 foi um ano bastante regular e típico na Fazenda

empreiteiros foram os que tiveram maior variação mensal além de estarem concentrados nos meses de pico de demanda por trabalho nas fazendas cafeeiras: meses de colheita e plantação. Nos meses de junho, julho, agosto e setembro (meses de *colheita*) e em novembro (mês de *plantio*) os gastos com empreiteiros se elevavam, chegando a dobrar em relação à média do ano.

Depois dos empreiteiros, a categoria de trabalhador assalariado que teve maior flutuação de gastos ao longo dos meses do ano foi a de carroceiro, cuja requisição de trabalho também aumentava na época da colheita. O montante gasto com carroceiros era baixo quando comparado com os custos totais com mão de obra da fazenda, tendo sido mais elevado entre julho e novembro, momento em que a produção da fazenda tinha de ser transportada do campo para o terreiro e da fazenda para as estações de trem.

Seguidos dos empreiteiros e carroceiros os camarads estavam entre aqueles que apresentavam maior disparidades salariais ao longo do ano. Seus maiores ganhos estavam concentrados entre julho e dezembro, período que abrangia em boa parte o tempo seco, tempo de colheita, beneficiamento, transporte, preparação do terreno para plantação, plantação propriamente dita, castração dos animais, consertos, derrubadas etc.

Na Tabela 11 reproduzimos os dados de Bassanezi quanto à distribuição das retribuições aos assalariados no ano de 1908. Percebe-se que eram estas as três categorias de trabalhadores assalariados cujas remunerações apresentavam maior variação ao longo do ano, tendo maior relação entre o desvio-padrão e a média salarial anual (49,2% para os empreiteiros, 36,2% para os carroceiros e 25,8% para os camaradas).[113] Devemos lembrar que a alta relação entre o desvio-padrão e a média salarial *do colono* mostrada na tabela é derivada do fato de seus pagamentos serem feitos bimestralmente e, portanto, o desvio padrão resultar muito alto, sem representar, contudo, a verdadeira distribuição de sua renda ao longo dos meses do ano.

Santa Gertrudes, por isso consideramos adequado reproduzir aqui a tabela da autora.

113 Para esta relação, dividimos o desvio-padrão pela média salarial de cada categoria de trabalhador. Quanto maior o quociente, maior a disparidade dos salários em relação à média salarial.

Tabela 11- Fazenda Santa Gertrudes – Despesa mensal com empregados assalariados – 1908

Ocupação	Janeiro	Fevereiro	Março	Abril	Maio	Junho	Julho	Agosto	Setembro	Outubro	Novembro	Dezembro	Total	Média	Desvio Padrão	Desvio padrão sobre média salarial
Pedreiros	749,6	817,8	805,1	782,0	926,0	822,7	1.014,7	901,5	992,0	1.090,7	1.090,9	941,9	10.934,9	911,2	113,2	12,4
Carroceiros	431,4	312,8	372,6	346,2	376,0	848,5	797,4	433,4	721,3	835,4	820,1	583,5	6.878,6	573,2	207,4	36,2
Carreiros	240,0	240,0	236,3	219,4	220,0	200,0	176,0	183,0	243,5	245,0	185,0	185,0	2.573,2	214,4	25,9	12,1
Carpinteiros	1.414,2	1.452,5	1.335,2	1.290,2	1.310,6	1.121,0	1.292,0	1.238,5	1.272,5	1.310,5	1.062,2	1.003,2	15.102,6	1.258,6	128,6	10,2
Campeiros	303,5	404,0	349,4	350,0	400,0	245,0	290,0	302,1	335,5	347,8	420,0	387,3	4.134,6	344,6	50,5	14,7
Avulsos	975,3	1.036,0	1.615,5	1.298,9	1.419,6	1.283,4	2.000,0	1.555,8	1.866,4	1.848,5	1.980,2	1.890,9	18.770,5	1.564,2	346,5	22,1
Camaradas	2.468,6	2.572,4	1.910,1	2.000,0	2.252,6	2.700,8	3.651,8	4.033,0	4.175,0	3.632,6	3.752,7	3.656,4	36.806,0	3.067,2	791,5	25,8
Diversos	1.500,0	1.500,0	1.120,0	1.500,0	1.000,0	1.000,0	1.400,0	1.121,0	1.250,0	1.020,0	2.520,0	1.366,6	16.297,6	1.358,1	398,7	29,4
Empreiteiros	3.100,0	2.200,0	3.100,0	2.500,0	2.000,0	6.200,0	3.600,0	4.500,0	8.349,3	2.000,0	4.250,0	2.700,0	44.499,3	3.708,3	1.825,9	49,2
Total assalariado	**11.182,6**	**10.535,5**	**10.844,2**	**10.286,7**	**9.904,8**	**14.421,4**	**14.221,9**	**14.268,3**	**19.205,5**	**12.330,5**	**16.081,1**	**12.714,8**	**155.997,3**	**12.999,8**	**2.655,5**	**20,4**
Colono			**16.627,6**		**20.935,9**		**25.516,5**	**35.364,2**	**6.937,0**		**23.422,5**		**128.803,6**	**10.733,6**	**8.642,7**	**80,5**
Total geral	**11.182,6**	**10.535,5**	**27.471,8**	**10.286,7**	**30.840,7**	**14.421,4**	**39.738,4**	**49.632,5**	**26.142,5**	**12.330,5**	**39.503,6**	**12.714,8**	**284.800,9**	**23.733,4**	**13.218,0**	**55,7**

Fonte: AFSG – Contas correntes – 1895-1930. In: Maria Silvia C. Beozzo, Bassanezi, *Fazenda Santa Gertrudes*..., p. 138. Elaboração do autor.

Vemos, portanto, que estas categorias de trabalhadores constituíam-se nas que eram demandadas de maneira mais instável ao longo do ano. Seu trabalho era requisitado mais acentuadamente durante o segundo semestre, em geral nos meses secos, de pico de demanda por trabalho. Se somarmos a estas informações os dados referentes ao tempo de permanência na fazenda e a porcentagem de renovação dos empregados por categoria, dados também pesquisados por Bassanezi, temos que estes trabalhadores eram os mais sazonais, não só porque seu trabalho estava concentrado em alguns meses do ano, mas porque eram aqueles que menos tempo permaneciam na fazenda e aqueles que tinham maior taxa de renovação. Segundo cálculos de Bassanezi, de um modo geral, 60% dos camaradas que estavam trabalhando na fazenda em um determinado ano não estaria trabalhando no ano seguinte. Em 1917, por exemplo, esse percentual foi de 70%, isto é, 70% dos que estavam trabalhando em 1917 não apareceram nos registros da fazenda em 1918.

Quanto aos empreiteiros que, como vimos, tinham maior oscilação de trabalho ao longo dos meses de um ano, eram mais "estáveis" de um ano para outro: somente 28% dos empreiteiros que estavam trabalhando na fazenda em 1917 não estavam em 1918[114] (ver mais detalhes na Tabela 12).

Se os empreiteiros pareciam ser mais estáveis, duas dúvidas ainda permanecem. Os trabalhadores que estavam sob suas ordens eram os mesmos de um ano para outro? E as oscilações de renda ao longo do ano, o que significavam? Trabalho mais intenso da turma de empreiteiro com o mesmo número de trabalhadores? Ou maiores contratações por parte dos empreiteiros, contratações estas que se refletiam nos seus maiores ganhos, mas não em maior número de empregados registrados na documentação da fazenda?

Tudo nos leva a crer que estes maiores gastos com empreiteiros significavam maior contratação de trabalhadores por parte deles, especialmente das turmas de trabalhadores contratadas para a colheita, como esta: *"Colhedores. Precisa-se de uma turma de 15 a 20 pessoas para colher café. Paga-se bem. Para tratar com o major José da Cruz Moraes Sampaio".*[115]

114 Maria Silvia C. Beozzo Bassanezi, *Fazenda de Santa Gertrudes...*, p. 151.

115 *Gazeta de Piracicaba*, 19 jun. 1909.

Tabela 12 – Fazenda Santa Gertrudes
Porcentagem de Renovação dos empregados – 1914 e 1917

Ocupação	1914	1917
	Freq. De renovação	Freq. De renovação
Colono	0,10	0,38
Camarada	0,58	0,70
Empreiteiro	0,18	0,28
Supervisão de trabalho	0,10	0,00
Administração e escritório	0,00	0,00
Ocupações especializadas	0,03	0,28
Não especializadas	0,33	0,16

Fonte: "*AFSG* – "*Contas correntes – 1895 – 1930*" In: Maria Silvia C. Beozzo Bassanezi, *Fazenda Santa Gertrudes...*, p. 151. Elaboração do autor

Estes trabalhadores temporários sazonais eram em boa medida trabalhadores nacionais. Na Fazenda Santa Gertrudes, 71,4% dos empreiteiros eram brasileiros ou portugueses e provavelmente quase a totalidade dos trabalhadores de suas turmas era brasileira; 33,7% dos camaradas eram brasileiros ou portugueses, bem como 42,4% das ocupações não especializadas era preenchida por brasileiro ou português. A autora, infelizmente para este nosso trabalho, agregou para fins de análise os brasileiros e portugueses. Desagrupou, porém, os brasileiros negros, e estes eram maioria (53,7%) na categoria de trabalhadores em "ocupações não especializadas". A distribuição percentual da amostragem de Bassanezi segundo a origem e a ocupação seguem na Tabela 13.

Tabela 13 – Fazenda Santa Gertrudes
Distribuição dos trabalhadores segundo a origem e a ocupação – 1895 a 1930

Ocupação	Italiano	Português / nacional	Espanhol	Japonês	Germânico	Bras. Preto	Não identificado
Colono	64,4	21,1	8,9	1,3	0,7	1,3	3,5
Camarada	54,2	33,7	6,8	0,0	0,0	5,0	5,0
Empreiteiro	14,3	71,4	0,0	0,0	0,0	0,0	14,3
Supervisão de trabalho	22,2	77,7	0,0	0,0	0,0	0,0	0,0
Administração e escritório	14,3	57,1	4,1	0,0	14,3	0,0	0,0
Ocupações especializadas	40,0	40,0	6,6	0,0	6,6	0,0	6,6
Não especializadas	30,3	42,4	9,1	0,0	0,0	21,2	18,2
Muda de ocupação	46,1	30,7	15,3	0,0	0,0	7,7	7,7

Fonte: *AFSG – Contas correntes – 1895-1930* In: Maria Silvia C. Beozzo Bassanezi, *Fazenda Santa Gertrudes...*, p. 141. Elaboração do autor

Portanto, excluindo-se os colonos propriamente ditos, que executavam os trabalhos mais permanentes, e um outro número de trabalhadores mais fixos responsáveis pelos serviços gerais, o restante era constituído por trabalhadores contratados temporariamente.[116] Estes trabalhadores temporários podiam ser constituídos pelos familiares dos colonos (mulheres, crianças e idosos) contratados *a salário* esporadicamente para trabalhos extra ou como *apanhadores* na época da colheita. Podiam ser constituídos também de trabalhadores não residentes que mantinham diversos tipos de vínculos com a fazenda: assalariados não especializados contratados na época da colheita; trabalhadores assalariados especializados contratados em qualquer época do ano; trabalhadores contratados individualmente pela administração da fazenda ou por turmas por meio de empreiteiro; famílias de apanhadores ou turmas de solteiros contratadas para as colheitas.

116 Warren Dean, referindo-se ao ex-escravo após a Abolição, afirmou que os fazendeiros não os havia dispensado totalmente: "sua presença ainda era *essencial* para a viabilidade da grande lavoura, pois eles executavam os trabalhos sazonais e instáveis que não eram suficientemente remunerados para atrair os imigrantes". Warren Dean, *Rio Claro...*, p. 148 (grifo nosso)

Além do trabalho do colono e do trabalho temporário de seus familiares, portanto, uma parcela importante dos trabalhadores, porém difícil de ser quantificada, era representada pelos trabalhadores temporários com vínculos diversos com a fazenda cafeeira. Alguns destes eram também residentes na propriedade (como alguns camaradas que moravam em alojamento cedido pela fazenda e inclusive tinham permissão para plantar e criar), porém, a maioria era não residente, ficando alojada na fazenda por curto espaço de tempo.

Frequentemente estes trabalhadores temporários sazonais eram recrutados entre a população residente próxima à fazenda, mas podiam também ser recrutados na Hospedaria dos Imigrantes na cidade de São Paulo (como efetivamente o foram mesmo que em pequeno número, como vimos). Além da população local e da Hospedaria, a oferta de mão de obra temporária sazonal podia ser encontrada entre os trabalhadores migrantes residentes em outros municípios ou vindos de outros estados.

Algumas fontes dizem que o trabalhador temporário assalariado era mais caro. Na realidade, como Sallum Jr. mostrou, o que era caro era o tipo de remuneração assalariada pura em contraposição à remuneração do colono, da qual era descontado o valor referente ao arrendamento das terras sobre as quais o fazendeiro lhe dava o direito de usufruto. Também para aqueles trabalhadores assalariados mais estáveis, quando possível o fazendeiro oferecia a possibilidade de terem suas próprias roças de alimentos. E, o que é mais interessante, em alguns casos até mesmo para os mais instáveis, aqueles que ficavam na fazenda somente o tempo necessário para derrubar e fazer lenha: "*Empreiteiros. Precisa-se de alguns empreiteiros para derrubar mato e fazer lenha, será necessário que tenha de 5 a 10 pessoas. Paga-se bem e dá-se terra para plantar*".[117]

Considerações ao capítulo

> Quando a nossa lavoura não precisar ter nas fazendas mais do que o pessoal de custeio ordinário e poder recorrer na época da colheita a um pessoal externo às fazendas [...] o lavrador ver-se-á mais

117 *Gazeta de Piracicaba*, 9 ago. 1918.

> desembaraçado de despesas e poderá encurtar a duração da epocha da colheita, o que será de superior vantagem [...].[118]

A dependência do trabalho agrícola em relação aos ciclos e incertezas naturais gerava uma demanda incerta e sazonal por trabalho. Assim, o trabalhador temporário era parte importante e necessária na estruturação da atividade econômica da época, pois se adaptava a esta demanda incerta e sazonal. O colonato combinado com o trabalho temporário foi um sistema de trabalho específico, surgido para dar conta da transição entre a escravidão e o trabalho livre e para dar conta da transição entre a predominância do trabalho fixo e residente e a predominância do trabalho temporário não residente (volante) na agricultura paulista.

Ao mesclar trabalho fixo com trabalho temporário sazonal (o primeiro representado pelo colono e o segundo pelos familiares do colono, pelas turmas de solteiros, pelas famílias de apanhadores ou pelos assalariados em geral), este sistema foi uma solução engenhosa que trazia vantagens para o capital em relação ao trabalho escravo, pois possibilitava o aumento da rentabilidade das unidades produtivas permitindo o volume máximo de produção, desonerando o fazendeiro do pagamento da mão de obra nos momentos de não trabalho na lavoura comercial, proporcionando, além do mais, o rebaixamento do preço da mão de obra, tanto do trabalhador fixo, quanto do trabalhador temporário.

Ao verificarmos que a um aumento da colheita correspondia um aumento da utilização de trabalhadores temporários sazonais, especialmente os colhedores, verificamos que o trabalho temporário sazonal, não apenas dos familiares dos colonos, mas sobretudo os dos trabalhadores não residentes nas fazendas, era importante para permitir a flexibilização dos custos de produção de acordo com o seu volume. A disponibilidade destes trabalhadores, portanto, era necessária e crucial.

O contrato de colonato, ao reter o trabalhador dentro da fazenda, protegia somente até certo ponto o fazendeiro dos problemas provenientes da sazonalidade das exigências de trabalho e da incerteza quanto ao volume da colheita. Ao reter o trabalhador e seus familiares até o final do ano agrícola, o contrato de

---

118 Inspetor do 5º distrito agronômico. "Condições da lavoura no mez de setembro". In: Secretaria da Agricultura, Commercio e Obras Publicas do Estado de São Paulo. *Boletim da Agricultura. Anno de 1901.* São Paulo: Red. da Revista Agricola, serie 1, nº 9, setembro de 1901, p. 590.

colonato garantia que *parte* do exército de reserva de mão de obra necessário para a colheita estivesse dentro da fazenda, atrelada a ela por contrato, mas não garantia que ela fosse suficiente para dar cabo de todo o trabalho nos anos de maior demanda. Por mais que o colonato lhe desse flexibilidade, o número de colonos contratado tinha de ser calculado pelo número de pés de café que tinham de ser cuidados, e não pelo número estimado de trabalhadores para a colheita.

Durante a escravidão, o fazendeiro tinha de dimensionar a quantidade de mão de obra necessária para a produção de sua empresa pelo momento de pico de trabalho, o que tinha como uma das consequências o desestímulo à inovação tecnológica. A necessidade de manter os trabalhadores durante todo o ano desestimulava a introdução de progresso técnico na medida em que não fazia sentido introduzir tecnologia poupadora de mão de obra, a não ser que ela existisse de maneira a poupar trabalho em *todo* o ciclo de produção, ou seja, tanto nas tarefas mais intensivas quanto nas menos intensivas em mão de obra.

No arranjo *colonato + trabalho temporário sazonal*, de maneira diferente, a quantidade de mão de obra era dimensionada pelo número de trabalhadores necessária para o *trato* dos cafezais. Estimar a quantidade de trabalho pelo nível necessário para o *trato* (e não pelo pico, isto é, pela *colheita*) e complementar com o trabalho temporário sazonal permitia ao fazendeiro o uso mais racional do fator de produção trabalho, flexibilizando seu custo em relação ao volume produzido, permitindo contornar os problemas derivados da sazonalidade, da inconstância da produção e da oscilação de fases de alta e baixa nos preços do café.

Temos, portanto, possibilidades de gestão dos custos da unidade produtiva em bases capitalistas e adequadas às circunstâncias momentâneas, mesmo que mediadas pelas formas não capitalistas presentes no colonato e pela precariedade própria da itinerância e dos contratos temporários.

Logo, o trabalho temporário associado ao colonato era condição para a modernização, pois permitia maior racionalidade na gestão na medida em que permitia esta composição maior entre colono (trabalhador fixo) e trabalhador sazonal. Caso houvesse facilidade de obtenção de trabalhadores assalariados temporários, a empresa cafeeira poderia até mesmo reduzir o número de colonos. Quanto maior a possibilidade de emprego dos trabalhadores temporários sazonais, maior a flexibilidade.

No entanto, ele ainda gerava problemas do ponto de vista da reprodução do capital, problemas que já estavam colocados quando da transição da escravidão para o trabalho livre e cuja solução também já estava dada, do ponto de vista do capital.

Um dos problemas era a contradição existente entre o regime do colonato e a inovação tecnológica. Ao mesmo tempo em que o arranjo *colonato + trabalho temporário sazonal* favorecia a modernização em vista da escravidão, pois permitia ao fazendeiro vislumbrar possibilidades para cada vez mais contornar o problema da rigidez da mão de obra, o plantio intercalar (necessário para a manutenção do exército de reserva sazonal dentro da fazenda) dificultava o uso de máquinas para capinar o cafezal: "[a cultura intercalar] encarece a carpição do cafezal, porque fica obrigado a fazel-a mão em vez de usar-se de machinas, com as quaes um homem e um a dois animais fazem o serviço de 12 a 14 robustos trabalhadores".[119]

A solução estaria em permitir que a família do colono cultivasse os alimentos em terras separadas do cafezal, mas isto gerava outro problema, o uso não produtivo do fator terra (ou a manutenção de terras não produtivas do ponto de vista do capital) dentro das propriedades, além de ser mais vantajoso para o colono o cultivo intercalar, visto que ele aproveitava a mesma capina para o milho e/ou feijão e para o café.

Outro problema era aquele relacionado ao emprego temporário daqueles que estavam fora das fazendas (turmas, camaradas etc.). Estes trabalhadores deveriam encontrar, nos períodos fora das colheitas, alternativa de trabalho, se não seus salários na época das colheitas teriam de ser mais altos para que pudessem se manter até que a fazenda novamente requisitasse seu trabalho.[120] Aqueles que tinham acesso à terra contornavam esta situação trabalhando nas roças de alimentos nos momentos intercalares aos de pico de trabalho nas lavouras comerciais. No entanto, mesmo esta solução representava um problema. Conforme Graziano da Silva assinalou:

> Essa maneira de contornar o problema da variação sazonal das exigências de mão de obra da grande produção no campo impõe

119 Luiz Queiroz, "Algumas palavras sobre a cultura do café". In: *Revista Agricola*, ano 1, nº 6, 1 nov. 1895, p. 93.

120 Maria Lúcia Lamounier mostrou que muitos brasileiros intercalavam o trabalho nas colheitas de café e nos serviços de construção das ferroviais. Maria Lúcia Lamounier, *op. cit.*

> limites ao seu próprio desenvolvimento, dado que implica sempre na recriação das pequenas unidades camponesas à sua volta, como reservatórios de força de trabalho.[121]

Se o emprego do trabalho temporário sazonal contribuía favoravelmente para a empresa rural cafeeira desobrigando-a dos custos diretos de manutenção dos trabalhadores na entressafra, no entanto, aumentar o trabalho temporário sazonal sobre o trabalho permanente a tornaria vulnerável à escassez de trabalhadores durante os meses críticos da colheita, uma vulnerabilidade que a fazenda conseguia driblar apenas em parte com o sistema de colonato. De qualquer forma, a solução para a flexibilização total dos custos com mão de obra que foi colocada em prática somente na segunda metade do século XX já estava dada e já era reconhecida como tal: o trabalho temporário levado ao extremo com os moradores (ou trabalhadores residentes), sendo expulsos das fazendas e trocados pelas turmas de volantes:

> [o fazendeiro] tendo facilidade de obter o suprimento extraordinário de braços, na ocasião da colheita, reduziria bastante as suas despesas de custeio, dispensando um bom número de pessoal permanente, que agora se vê obrigado a sustentar, para garantia do trabalho regular da fazenda.[122]

A rigidez do trabalho escravo, porém, não era resolvida por completo com o colonato. No período analisado nesta pesquisa, tratamos de um momento em que os "problemas" e a "solução" estavam postos e reconhecidos. A solução é que o trabalho temporário passasse a ser o predominante, enquanto o permanente (o trabalho do colono) passasse a ser minoria. Se a solução ainda não era colocada em prática da forma sob a qual um dia o seria, era por uma questão fundamental

---

121 José Graziano da Silva, *Progresso técnico e relações de trabalho...* p. 3-4.

122 Secretaria dos Negocios da Agricultura, Commercio e Obras Publicas do Estado de São Paulo. *Relatorio apresentado ao Dr. Jorge Tibiriçá, presidente do Estado de São Paulo pelo Dr. Carlos Botelho, Secretario da Agricultura. Anno 1906.* São Paulo: Typographia Brazil de Carlos Gerke, 1907. Para a relação entre a densidade populacional e a necessitade de manutenção de trabalhadores permanentes residentes, ver Vinícius Caldeira Brant, *op. cit.*, p. 52.

– a falta de mão de obra abundante e barata: "O ponto melindroso do problema a resolver hoje, parece-nos, já o dissemos, é o da mão de obra abundante e barata para o nosso trabalho agrícola".[123]

Se os "problemas" e a "solução" já estavam postos e reconhecidos naquele momento, por que ela não era implementada? Era necessário mão de obra barata, prontamente disponível e em quantidade muito maior que aquela exigida nos momentos de pico de trabalho. Só dessa maneira a grande exploração agrícola poderia se desvencilhar definitivamente da necessidade de manter cativa dentro da fazenda parte da mão de obra necessária para seu pleno funcionamento nos momentos de pico de trabalho.

Se a escravidão retinha o trabalhador e protegia o senhor de uma acirrada disputa por mão de obra na época de alta demanda por trabalhadores, o colonato, retendo por contrato o trabalhador e sua família até a espalhação do cisco, continuava a proteger o fazendeiro desta disputa. Se o colonato não lhe garantia, como vimos, todo o pessoal necessário, ao menos lhe garantia que a colheita tivesse início na época devida, dando tempo para que a oferta de mão de obra fosse aumentada com a chegada dos colhedores migrantes temporários das regiões onde a colheita era inexistente ou onde ela costumava terminar mais cedo,[124] ou ainda dando tempo suficiente para que a população vizinha às fazendas terminasse os trabalhos em suas terras.

Sendo insuficiente, o trabalho do colono tinha de ser completado com o trabalho temporário sazonal. Isso era prática comum em regiões onde havia população mais abundante e onde havia o pequeno lavrador ao lado das grandes plantações. Em outras regiões, como as de expansão cafeeira, esta prática era mais difícil de ser implementada. Era necessário, portanto, incrementar a oferta de mão de obra temporária sazonal, especialmente para as empresas rurais destas zonas, que poderiam, então, diminuir sua dependência do pessoal permanente.

As exigências sazonais de mão de obra e as incertezas quanto à colheita geravam problemas para o empregador: problemas de informação quanto à oferta e demanda de trabalhadores e problemas quanto à reserva de mão de obra local

---

123 Augusto C. Silva Telles, "A producção brazileira". In: *Revista Agricola*. São Paulo: 15 jan. 1901, nº 66, p. 3.

124 Em determinadas regiões, a colheita terminava mais cedo por causa do menor número de cafeeiros ou da baixa produtividade daqueles existentes (era o caso do 1º distrito, ou região norte do estado). Em outras regiões, dadas as condições do clima e do solo, a colheita terminava mais cedo que em outras regiões.

prontamente disponível para atender aos chamados da grande lavoura nos momentos de pico de trabalho. A solução, já naquele momento, era conhecida: um imenso exército de reserva de trabalhadores livres, livres para oferecerem sua força de trabalho a qualquer momento em que o capital necessitasse, desvencilhados dos trabalhos para si na própria terra, livres para ir e vir de uma atividade para outra e de região para região, ou, em outros termos, uma oferta altamente elástica de mão de obra. Só assim a fazenda poderia contornar os problemas implicados na manutenção dentro de sua propriedade daquela parcela de "*bocas inúteis, a fim de conservar braços para a colheita*". [125]

125 Germano Vert, "Ainda a crise do café". In: *Revista Agricola*. São Paulo: ano VIII, 15 fev. 1903, nº 91, p. 74.

Capítulo V

Precisa-se de braços fixos ou nômades para as colheitas

> A questão da estabilidade do operário agrícola estará resolvida em prazo breve por si mesma, desde que [...] a lavoura se ache *bastante saturada*, a ponto de estabelecer-se o equilibrio entre a oferta e a procura de trabalhadores. É este sem dúvida o meio práctico de resolver-se o problema.[1]

COM A GRANDE DIMINUIÇÃO DOS PREÇOS DO CAFÉ a partir de 1895, alcançando entre 1901 e 1910 menos da metade dos preços em réis praticados em 1893, e com a grande saída de imigrantes do país em decorrência da crise e favorecida pelo câmbio, a questão da possibilidade da flexibilidade dos custos da empresa rural cafeeira tornou-se muito importante. Como os custos com mão de obra representavam em grande parte os custos totais de produção da empresa rural cafeeira, a possibilidade de flexibilização dos salários monetários permitindo sua redução e sua adequação à quantidade de trabalho realmente requisitada para cada etapa do processo de produção passou a ser crucial.

É a partir deste momento que a possibilidade de flexibilização da "contratação" da mão de obra permitindo o aumento da relação trabalho temporário/trabalho permanente começa a ser mais intensamente discutida. Vindo corroborar para a discussão da possibilidade de alteração desta relação estavam os menores ganhos com o café associados à valorização do *mil réis* a qual tornava mais fácil viajar para o exterior, fazendo que o número de imigrantes que saíam do Brasil para retornar a seu país de origem ou para se mudar para outro país, em especial a Argentina, chegasse

1 "Conclusões a que chegaram os fazendeiros participantes do Congresso Agrícola de São Paulo ocorrido em 30 de setembro de 1896". In: Secretaria de Estado dos Negocios da Agricultura, Commercio e Obras Publicas, *Relatório de 1896 apresentado ao Dr. Manoel Ferraz de Campos Salles, presidente do Estado, pelo Dr. Alvaro Augusto da Costa Carvalho, secretario dos negocios da Agricultura, Commercio e Obras Publicas*. São Paulo: Typ. Espindola, Siqueira & A., 1897, p. 80. (grifo nosso)

a ser, em alguns anos, maior que o número de imigrantes que entravam, como pode ser observado pelos dados da Tabela 14. Esta nova conjuntura tornava imperioso que se pensasse em uma alternativa para a flexibilização dos custos com mão de obra e, também, para a diminuição do montante gasto com a imigração anual maciça, a qual se tornava cada vez mais difícil justificar com a queda dos preços do café.

Tabela 14 – Preço médio do café e Imigração para São Paulo – 1888-1911

Anos	Preço médio do café (p/saco)		São Paulo – Entrada e saída de imigrantes	
	Réis	Libras	Entrada	Saída pelo porto de Santos
1888	29$966	3,15	91.826	
1889	30$837	3,39	27.664	
1890	37$168	3,49	38.291	
1891	52$887	3,26	108.688	
1892	62$098	3,09	42.061	16.555
1893	85$231	4,09	81.755	11.814
1894	89$504	3,74	44.740	18.192
1895	80$853	3,33	136.142	18.916
1896	77$748	2,91	94.987	23.157
1897	55$551	1,74	94.540	24.608
1898	50$249	1,49	42.678	23.007
1899	48$203	1,48	28.367	24.182
1900	52$904	2,06	21.038	27.917
1901	34$525	1,62	70.348	36.099
1902	31$150	1,54	37.831	31.437
1903	29$728	1,47	16.553	36.410
1904	39$061	1,99	23.761	32.679
1905	30$004	1,98	45.839	34.819
1906	29$958	1,97	46.214	41.349
1907	28$939	1,82	28.900	36.269
1908	29$095	1,82	37.278	30.750
1909	31$625	1,98	38.308	34.512
1910	39$643	2,74	39.486	30.761
1911	53$875	3,58	61.508	37.331

Fonte: *Preço do café: Anuário estatístico do Brasil, 1939 – 1940, apud* Sallum Jr., *op. cit.*, p. 110 Imigração: *Anuário estatístico de São Paulo* e *Relatório da Secretaria da Agricultura* de São Paulo, vários anos, *apud* Thomas Holloway, *Imigrantes para o café...*, p. 265.

Neste momento, as discussões em relação à diminuição dos custos com mão de obra passam pela flexibilização do trabalho, girando em torno da possibilidade de mecanizar parte do processo de produção cafeeira (o *trato* ou *cultivo* do cafezal), permitindo aumentar a produtividade do trabalho e dispensar grande número de trabalhadores permanentes. Isso, no entanto, vinha aumentar a necessidade de uma oferta fortemente elástica de mão de obra, visto que aumentaria a diferença entre as exigências de trabalho no pico e as exigências de trabalho na média, isto é, elevaria a sazonalidade das exigências de mão de obra.

O que daria à empresa rural cafeeira esta possibilidade de diminuição do número de trabalhadores permanentes era o adequado suprimento de trabalhadores sazonais para todo e qualquer trabalho da fazenda. Como a experiência lhes mostrava, ter trabalhadores ao lado das fazendas com quem pudessem contar, se não lhes garantia toda a mão de obra necessária para as ocasiões de pico de trabalho, fornecia-lhes, no entanto, maiores chances de contar com colhedores e trabalhadores avulsos sazonais:

> A experiência não tem desmentido esta afirmação da doutrina. As fazendas situadas nas proximidades de nucleos coloniais ou em cujas redondezas se desenvolveu a pequena propriedade – pódem attestal-o os seus donos – não luctam, pelo menos por occasião das colheitas, com dificuldades tão grandes como as que assoberbam os proprietários de terras não favorecidos por aquellas duas condições.[2]

No entanto, como a experiência também lhes mostrava, as fazendas não podiam contar apenas com estes trabalhadores, sob o risco de ficar à mercê deles justamente nos seus momentos de pico de trabalho. Seria necessário, então, ter garantido um suprimento extra de mão de obra para as fases de pico que permitisse diminuir a dependência das fazendas quanto aos trabalhadores permanentes. Introduz-se, assim, outro elemento na argumentação a favor da inundação do mercado de trabalho. Junto ao argumento da "escassez de braços" há agora o argumento da "necessidade do aumento de produtividade". De qualquer maneira, os dois argumentos conduziam

2 "Emigração inter-regional para as colheitas". In: Secretaria da Agricultura, Commercio e Obras Publicas do Estado de São Paulo. *Boletim do Departamento Estadual do Trabalho*, ano 7, nº 23, 2º trim. 1917, p. 277.

para a mesma direção: o aumento do exército de reserva que lhes permitiria o rebaixamento dos salários, fosse diretamente, pela simples saturação do mercado de trabalho, fosse indiretamente, pela flexibilização da contratação.

A mecanização do trato

> *Si se podesse obter gente bastante* [...] Assim também lucraria o fazendeiro, que hoje precisa manter durante todo o anno o pessoal necessário para a colheita. Elle poderia reduzir o seu pessoal á metade e poderia cultivar os seus cafezaes com machinas agricolas, o que ate hoje poucos fazem exactamente pelo motivo de serem obrigados a conservar um grande pessoal durante o intervallo das colheitas".[3]

Com a diminuição vertiginosa dos preços do café no mercado internacional pressionando os lucros da empresa rural cafeeira na primeira década do século XX, tornava-se necessário repensar a forma como o trabalho nas fazendas era organizado. Para ter controle sobre sua taxa de lucro, a empresa precisa conseguir ter controle sobre o preço de venda de sua mercadoria ou controle sobre os custos de produção. Sendo o preço do café formado no mercado internacional e sendo um produto de oferta inelástica, o produtor não podia tentar influenciar o preço via controle da quantidade produzida. Portanto, restava à fazenda a intervenção na taxa de lucro via controle dos custos. Os custos da fazenda de café, no entanto, eram em grande parte representados pelos custos com mão de obra: "como os salários dos trabalhadores representavam a quase totalidade do "custeio" das fazendas de café [...] a profundidade da crise na economia cafeeira dependia, antes de tudo, da flexibilidade dos salários monetários".[4]

Neste período, muito se discutiu sobre as maneiras para promover a diminuição dos custos de produção. A maior parte delas, como veremos, estava relacionada à necessidade de flexibilização dos custos com mão de obra. E, para esta flexibilização, já era clara a necessidade de uma abundante oferta de força de

3 Alberto Kulmann, "Immigração". In: *Revista Agricola*, São Paulo: ano VI, suplemento do nº 69, 15 abr. 1901, p. 32. (grifo nosso)

4 Brasílio Sallum Jr., *op. cit.*, p. 113.

trabalho que pudesse ser canalizada *apenas* para os locais, para as tarefas e para os momentos que as exigências do trabalho a tornassem necessária.

O colonato, o regime de trabalho que tinha substituído o trabalho escravo, ao manter parte da reserva de mão de obra dentro das fazendas para garantir ao menos uma parcela do suprimento de trabalho extra necessário no tempo da colheita se, por um lado, permitia em parte esta flexibilidade, ainda assim era um impeditivo para a plena flexibilidade requerida. Quando observamos os rumos que o trabalho na agricultura brasileira e, sobretudo, a paulista tomaram em meados do século XX e analisamos as maneiras como já encaravam o problema da necessidade de flexibilização da mão de obra naquele período, percebemos que uma tendência clara já se delineava: o ideal para a grande lavoura era depender o menos possível de mão de obra permanente, requisitando trabalhadores apenas quando o trabalho assim exigisse.

Naquele momento, se o colonato era um sistema engenhoso que permitia certa flexibilidade e o rebaixamento nos custos monetários, possibilitando à fazenda driblar em parte os problemas derivados da sazonalidade da agricultura, ao mesmo tempo ele era um impeditivo à mecanização do trato com os capinadores mecânicos já existentes na época. Estes capinadores permitiam grande redução da quantidade de mão de obra utilizada nos períodos mais estáveis do trabalho na lavoura cafeeira, o período do trato: "Não há a menor dúvida que o cafezal cultivado mecanicamente fica muito mais em conta ao fazendeiro do que o tratado pelo processo alcunhado de rotineiro, mas quasi sempre imposto pelas contingencias fataes do meio".[5]

O processo "*alcunhado de rotineiro*" era aquele feito secularmente por meio da enxada e à mão. Durante as tarefas de capina e limpeza, para manter os cafezais livres de ervas daninhas e capim, o trabalhador raspava a superfície do solo com a enxada, cuidando para não prejudicar o sistema extensivo das raízes do arbusto do café, e o que não conseguisse retirar com a ferramenta, o faria com a mão. A exigência de o cafezal ser mantido livre de ervas daninhas era importante nos problemas de organização de trabalho e necessidades de mão de obra. Se a *carpa*

5 Carlos Duarte, "Considerações sobre a cultura mechanica do cafeeiro". In: Secretaria da Agricultura, Commercio e Obras Publicas do Estado de São Paulo. *Boletim da Agricultura. Anno de 1913*. São Paulo: 14a serie, nº 5, maio 1913, p. 303.

não fosse realizada com assiduidade, as plantas jovens não se desenvolveriam e o capim roubaria nutrientes e água do solo, reduzindo as colheitas e enfraquecendo os arbustos. Na medida em que a enxada continuava a ser o instrumento-padrão para esta atividade, o trabalho no cafezal continuava a exigir mão de obra constante em grande número, apesar de em quantidade bem menor que para a colheita.

Os capinadores existentes na época poderiam reuzir a necessidade de mão de obra constante, reduzindo mais ainda os custos com trabalho. Já em 1895, a estimativa era de que com os capinadores existentes, um homem e um a dois animais fariam o serviço de doze a quatorze trabalhadores.[6]

Estas máquinas simples puxadas por animais e dirigidas pelo braço humano, porém, ainda encontravam obstáculos de ordem técnica para serem plenamente utilizadas. No entanto, mesmo que saibamos dos obstáculos existentes, isto não impede de considerarmos as discussões que giravam em torno da possibilidade ou não de sua utilização naquele período relacionada à possibilidade de flexibilizar os custos com mão de obra.

Na primeira década do século, havia uma série de aradores, sulcadores e capinadores mecânicos, muitos deles fabricados no Brasil. Porém, a possibilidade da mecanização do trato ainda ficava prejudicada por uma série de motivos: declividade do terreno; natureza do solo; distância entre as plantas; e, falta de "abundancia de braços fixos ou nomades por ocasião da colheita".[7]

A atividade destas máquinas-ferramentas era impraticável em terrenos inclinados, sendo imprescindível nestes casos a realização do trabalho pelo ser humano. Para os cafezais já formados e que estivessem localizados em terrenos inclinados, este problema era incontornável. Em 1899 estimava-se que metade dos pés de cafés estavam plantados em terrenos montanhosos, o que impedia o uso da carpideira mecânica. Este problema somente poderia ser evitado, portanto, pelas fazendas ainda em formação que pretendessem utilizar capinadores mecânicos.

---

6 Luiz Queiroz, "Algumas palavras sobre a cultura do café". In: *Revista Agricola*, São Paulo, anno 1, nº 6, 1 nov. 1895, p. 93.

7 Carlos Duarte, "Considerações sobre a cultura mechanica do cafeeiro". In: Secretaria da Agricultura, Commercio e Obras Publicas do Estado de São Paulo. *Boletim da Agricultura. Anno de 1913*. São Paulo: 14ª serie, nº 5, maio 1913, p. 303.

O segundo problema, o da natureza do solo, referia-se a terrenos pedregosos, que também impossibilitavam o uso de capinadores. O terceiro problema, o da distância entre os pés de café, referia-se ao fato de os cafezais formados por fileiras de café muito próximas umas das outras ter na proximidade entre as fileiras um impeditivo ao uso de máquinas maiores puxadas por animais.[8]

No entanto, mesmo nas fazendas onde as máquinas podiam ser usadas de modo mais eficaz, com terrenos razoavelmente planos e não pedregosos e onde as plantas não estivessem muito próximas umas das outras, os trabalhadores de enxada ainda tinham de repassar os cafezais para capinar em volta dos caules dos cafeeiros, visto que a carpideira não deveria chegar muito próxima ao pé de café. evitando o atrito dos animais com as árvores. Assim, a cada duas ou três passadas da carpideira, a área ao redor dos pés de café teria de ser carpida à enxada comum.[9]

Quanto ao quarto problema, a falta da "abundância de braços por ocasião da colheita", referia-se ao fato de o trabalho nesta fase do processo de produção (fase de necessidade máxima de trabalho) ter de ser feito à mão. A redução de trabalhadores proporcionada pela mecanização do trato somente seria viável se existisse a certeza da facilidade do abundante braço "fixo ou nômade" para a colheita. A mecanização possível na época, então, ao se referir apenas a uma fase do processo de produção, poupava trabalho, mas aumentava a dependência do capital por trabalho sazonal.

Para Carlos Duarte, que escrevia sobre a possibilidade da mecanização do café em 1913, apesar de todos os problemas expostos impossibilitarem o uso dos capinadores, era este último o principal problema que ainda impedia sua utilização:

> Se indagarmos porque assim procedem [mantendo o uso da enxada ao invés dos capinadores mecânicos] iremos com certeza achar o motivo [...] principalmente nas dificuldades com que arcam por occasião da colheita. Effectivamente, a cultura mecanica, exigindo pessoal pouco numeroso, mais ou menos a vigesima parte do que exigiria a

8 Carlos Duarte, "Considerações sobre a cultura mechanica do cafeeiro...", p. 304.

9 J. Ferreira, "Carta aberta ao Illmo. Snr. Dr. Carlos Botelho". In: *Revista Agrícola*, anno IV, nº 46, 15 maio 1899, p. 180.

> cultura manual, traz o grave inconveniente da deficiencia de braços justamente na epocha em que mais fazem sentir a sua falta.[10]

Quando a inovação tecnológica significou a economia de trabalho nas atividades mais sazonais e mais exigentes em termos de quantidade de trabalho, os fazendeiros do Oeste paulista aderiram à inovação, inserindo nas fazendas as máquinas de beneficiamento do café, por exemplo, já que seu uso não implicava o agravamento dos problemas derivados da sazonalidade do trabalho, pelo contrário, resultava em diminuição na necessidade de mão de obra no momento de maior demanda por trabalho, reduzindo, portanto, as diferenças entre a necessidade média de trabalhadores e a necessidade do pico.

Mecanizar a etapa do *trato (cultivo)* do cafezal, contrariamente, resultaria em aumentar ainda mais esta diferença. Naquele momento em que o mercado de trabalho ainda estava em gestação, aumentar a discrepância entre as exigências de trabalho nos momentos de baixa e nos momentos de pico significava tornar o seu negócio muito vulnerável, pois extremamente dependente do trabalhador extrafazenda. Isso só seria feito, como realmente o foi, cinquenta anos depois, quando a certeza da oferta altamente elástica por mão de obra estava garantida.[11]

O beneficiamento do café era complexo, demorado, exigia mão de obra abundante e produzia resultados incertos, portanto os fazendeiros estavam dispostos a investir muito capital na sua mecanização. Na segunda metade do século XIX, na época do declínio do escravismo, quando a necessidade de poupar trabalho se colocou na ordem do dia, nas fazendas de café do Oeste paulista passou-se dos terreiros de terra para os de tijolo ou macadame, dos pilões e monjolos para as máquinas de beneficiar café. Os altos rendimentos das terras novas do Oeste paulista, os elevados preços atingidos pelo café e a dificuldade crescente de mão de obra incentivaram, a partir de 1870, a aquisição de máquinas de beneficiar.

Nos trabalhos da lavoura, no entanto, os progressos foram mínimos. O cultivo continuou a ser feito segundo a rotina da queimada e da enxada. Se existissem equipamentos que economizassem mão de obra também na colheita, o problema

---

10 Carlos Duarte, "Considerações sobre a cultura mechanica do cafeeiro...". p. 304.

11 José Graziano da Silva, *Progresso técnico e relações de trabalho...*; e Maria Conceição D'Incao e Mello, *O "Boia-Fria": acumulação e miséria*. Petrópolis: Vozes, 1976.

da falta de braços abundantes para esta atividade estaria resolvido. Os aparelhos até aquele momento conhecidos para colherem o café só poderiam ser bem utilizados depois que os frutos estivessem completamente amadurecidos e prestes a cair e, mesmo neste caso, somente seriam viáveis em dias chuvosos. Portanto, a sua utilização poderia acontecer somente após entrar o mês de setembro e ainda assim em dias com chuva. Porém, como no cafezal havia de três a seis floradas, os frutos não amadureciam todos de uma vez. Caso se esperasse que a maior parte dos frutos estivesse madura, aqueles amadurecidos antes cairiam com as chuvas e, então, ficariam imprestáveis, "fica[va] assim fora de duvida que a mão do homem é[ra] indispensável na colheita do café".[12]

A agricultura tem um processo de trabalho que é desfavorável ao capital: a grande diferença entre o *tempo de trabalho* e o *tempo de produção*. Para o café, por exemplo, estimava-se na época um *tempo de produção* de 360 dias, mas um *tempo de trabalho* de apenas 175. Na agricultura, portanto, o progresso técnico pode produzir simplesmente um aumento do *tempo de não trabalho*, mantendo-se inalterado o *tempo de produção*, uma vez que este é na agricultura prescrito por condições naturais.

A menos que a mecanização incida tanto sobre a fase inicial quanto sobre a fase final (isto é, no *plantio* e também na *colheita*), ela não altera o *tempo de produção*. E mesmo que incida sobre a fase inicial e/ou final, a alteração é de pequena monta – questão de dias para um tempo de produção de vários meses. Conforme José Graziano assinalou: "Em resumo, a mecanização da agricultura, ao contrário do que ocorre na indústria, não modifica necessariamente o tempo de produção de uma dada mercadoria; e, como reduz o tempo de trabalho, acaba por aumentar o tempo de não trabalho".[13] Somente a mecanização de todas as fases diminuiria a demanda global por trabalho, enquanto mecanizar apenas uma delas agravaria o problema da sazonalidade.

As atividades do *cultivo* (trato) do cafezal, por serem distribuídas por um período de tempo relativamente longo dentro do ano agrícola, eram realizadas pela mão de obra residente na propriedade, os colonos. Como vimos, a maneira

---

12 J. Motta Sobrinho, "Cultura mechanica do cafeeiro". In: Secretaria da Agricultura, Commercio e Obras Publicas do Estado de São Paulo. *Boletim da Agricultura. Anno de 1913*. São Paulo: 14ª serie, nº 11-12, novembro-dezembro de 1913, p. 747.

13 José Graziano da Silva, *Progresso técnico e relações de trabalho...*, p. 33.

encontrada para lidar com a questão da sazonalidade foi o arranjo *colonato + trabalho temporário sazonal*, lembrando que mesmo o primeiro consistia, em parte, também de trabalho temporário. O número de trabalhadores permanentes, os colonos (ou número de "enxadas"), era, por outro lado, calculado de acordo com as necessidades médias de trabalho (necessárias para as atividades de cultivo). A mecanização dessas atividades aumentaria o tempo sobrante (tempos mortos do café) e diminuiria muito o número de trabalhadores necessários para o trato, reduzindo, portanto, a quantidade média de mão de obra necessária, permitindo reduzir o número de colonos e transformando muitos dos trabalhadores permanentes em temporários.

Com o auxílio da tração animal, a empresa rural cafeeira poderia realizar as mesmas operações com menor uso de braços em consequência do maior rendimento do serviço obtido pelas capinadeiras, mas corria o risco de lhe faltar trabalhadores para a colheita. Essa economia seria efetivamente feita se o fazendeiro pudesse dispensar o trabalho desses operários e com a certeza de conseguir recontratá-los temporariamente a qualquer instante.

Naquele momento, no entanto, quando não havia exército de reserva plenamente formado, mecanizar o trato significava apenas aumentar os tempos mortos do trabalho no cafezal sem contudo ter a certeza de conseguir flexibilizar os, custos com trabalho. Ao não reduzir o período de produção, reduzindo apenas uma parcela do tempo de trabalho (da capina), o tempo de não trabalho aumentaria, não implicando, todavia, na maior flexibilidade dos custos com mão de obra. Naquele momento em que o mercado de trabalho ainda estava em gestação, dispensar mão de obra do colono significava a recontratação deste trabalhador nas mesmas condições por outra fazenda.

Em 1911, Pierre Denis, comentando sobre a crise pela qual passava a lavoura cafeeira e sobre a possibilidade de redução de custos por meio da mecanização do trato, enfatizava que a incerteza de poder contar com braços abundantes na época da colheita fazia que as fazendas tivessem de manter o exército de reserva dentro dela. Para ele, diminuir o número de trabalhadores anuais implicaria que no tempo da colheita aumentasse a desproporção entre os braços requeridos e os braços disponíveis. E o autor indagava: "onde estes braços extras podem ser encontrados na estação da colheita?" Para ele, ainda naquele momento, cada fazenda tinha de ser "*autosuficiente*" em mão de obra, pois os trabalhadores "*sabem muito bem que a necessidade do fazendeiro é sua garantia de bom tratamento*".[14]

José Graziano da Silva, analisando a introdução do progresso técnico na agricultura paulista de meados do século XX, mostrou que a economia de trabalho decorrente da utilização do trator nas atividades do cultivo dependia, para ser tornar efetiva, da existência de um mercado de trabalho que permitisse ao fazendeiro "dispensar" esses trabalhadores e voltar a contratá-los somente na época necessária. Se fossem "dispensados" de uma fazenda numa situação de escassez de mão de obra, certamente passariam a ser residentes em outra, já que essa era a forma de manter "cativa" a força de trabalho necessária àquela exploração: "Em outras palavras, a não existência de um mercado de trabalho plenamente desenvolvido com um excedente de mão de obra disponível para todas as propriedades agrícolas impunha um limite à própria mecanização da lavoura cafeeira".[15]

Portanto, no momento em que parte do exército de reserva era um exército privado, constituído pelos colonos nas épocas mortas do café e pelos familiares dos colonos alocados na lavoura de subsistência mantidos dentro das fazendas, a utilização de capinadores mecânicos poderia ter dois resultados: precisar aumentar a área concedida aos trabalhadores para a cultura alimentar e assim mantê-los dentro das fazendas para os momentos de pico de trabalho, ou precisar de contratar apenas fora da fazenda o trabalhador temporário sazonal, correndo o risco de não encontrar trabalhadores suficientes:

> Algumas pessoas julgam que nos logares com pessoal pouco numeroso, os fazendeiros que cultivassem os cafezaes com machinas agricolas poderiam remunerar melhor os colhedores com o fim de os attrair ás suas fazendas. [...] veremos que uma melhor remuneração aos colhedores não resolveriam o problema, porque, tanto os fazendeiros que cultivassem seus cafezaes a machinas como os que os tratassem a enxada, procurariam, como hoje já fazem, prender os colonos, por contracto, até a espalhação do cisco.[16]

---

14 Pierre Denis, *op. cit.*, p. 215.

15 José Graziano da Silva, *Progresso técnico e relações de trabalho...*, p. 115.

16 Carlos Duarte, "Considerações sobre a cultura mechanica do cafeeiro...", p. 305.

Por volta de 1899, Carlos Botelho testou o emprego de capinadores mecânicos, os capinadores Planet, uma espécie de charrua:"Os seus cafezaes, que exigiam a permanência de trinta famílias para um cultivo conveniente, tiveram trato muito mais cuidado apenas com dez famílias e camaradas de costume, com pouco differença".[17] Porém, ao diminuir o número de famílias com as quais costumava manter limpo seu cafezal (de trinta para dez famílias), Carlos Botelho viu-se embaraçado com a falta de trabalhadores na ocasião da colheita: "sentiu-se profundo desequilibrio por occasião da coroação e colheita porquanto essa se atrasou, sendo dada por terminada no começo do mez de Dezembro!".[18]

Diminuir o número de trabalhadores nas tarefas menos exigentes de trabalho, mantendo-se a grande exigência de mão de obra para as tarefas dos momentos de pico e se mantendo a escassez sazonal de trabalhadores, significaria correr o risco de ver a colheita se atrasar. Portanto, a empresa rural cafeeira só poderia dispensar trabalhadores se tivesse a certeza de os ter disponíveis para os períodos de pico, e isso só lhe seria garantido com amplo exército de reserva.

Caso a fazenda quisesse mecanizar e manter o trabalhador dentro dela, mais terras seriam necessárias para aproveitar o maior tempo ocioso do trabalhador. Estas terras, no entanto, não poderiam estar intercaladas aos pés de café, visto que as culturas alimentares nas ruas do cafezal eram, outro limitador da mecanização do trato:

> Para fazermos uso das machinas nos cafézaes é necessario porém que nelles não se plantem cereaes, os quaes deverão ser cultivados a parte em terrenos apropriados. O colono está habituado a isso, de modo que temos de deshabitua-lo e compensa-lo ainda.[19]

Portanto, a mecanização do trato naquele momento não era possível tanto pelas condições técnicas propriamente ditas (inclinação e constituição do terreno e espaço entre os cafeeiros), mas sobretudo porque exigiria uma remodelação do

---

17 A. Gomes Carmo, "Uma visita a fazenda do Senr. Carlos Botelho – cultura racional do café". In: *Revista Agricola*, São Paulo, anno IV, nº 46, 15 maio 1899, p. 176.

18 A. Gomes Carmo, "Uma visita a fazenda do Senr. Carlos Botelho...", p. 176.

19 Everardo Souza, "Evolução agricola de São Paulo". In: *Revista Agricola.* São Paulo: ano 10, nº 118, 15 maio 1905, p. 210.

sistema de trabalho, extinguindo-se o colonato. Esta extinção, porém, ainda não era possível, porque ainda não havia a abundância de trabalhadores necessária para propiciar a oferta fortemente elástica de mão de obra requerida para os trabalhos sazonais da agricultura.

Em consequência, o sistema de colonato, apesar de ser mais flexível que a escravidão, em certa medida ainda mantinha a rigidez da mão de obra, herança do regime de trabalho escravo, fazendo excessiva a disponibilidade de braços durante a fase intercalar e desestimulando a substituição do trabalho braçal por implementos poupadores de mão de obra.

A dependência do capital por trabalho abundante na colheita foi um impeditivo do progresso técnico. A solução era a abundância de trabalhadores disponíveis só para esta fase. Temos, neste ponto, o limite da solução que o colonato representou para a rigidez do trabalho escravo. Agora, viviam-se os limites do colonato: a rigidez do trabalho perante a sazonalidade e a impossibilidade de não depender de grande quantidade de trabalho permanente.

Foi Gomes Carmo, redator da *Revista Agrícola*, quem relatou esta experiência na fazenda de Carlos Botelho, concluindo que "o emprego do capinador mechanico para o cultivo do café exige[ia] como corollario uma organisação de trabalho mais racional, sem o que pouco vale, porque afinal fica sempre de pé a questão da colheita, que só se faz a braço". Para ele, a solução estaria em fixar o trabalhador ao solo nas terras baixas mais sujeitas a geadas e, portanto, não cultivadas com café. Assim as fazendas teriam, na ocasião da colheita, trabalhador "fixado ao solo e prompto a acudir aos chamados do fazendeiro no momento da colheita, que se effectua justamente, quando o colono tem concluido a colheita de cereaes e se acha disponivel e desejoso de occupação que remunere o seu trabalho sob a forma de salarios".[20]

Para Gomes Carmo, o problema estava no sistema de colonato que, mantendo pessoal excessivo para garantir a colheita, limitava o uso de tecnologia poupadora de mão de obra. A solução para a maior flexibilização estava em ter trabalhadores ao lado das fazendas a quem recorrer nos momentos de pico de trabalho: "corrija-se a organização do trabalho colonial, fixe-se o colono junto às

20 A. Gomes Carmo, "*Uma visita a fazenda do Senr. Carlos Botelho*...", p. 176.

fazendas e o capinador mechanico prestará optimo serviço no cultivo do café".[21] O autor conclui o artigo afirmando que a mecanização do *cultivo* do cafezal só poderia acontecer com a mecanização também da colheita, dado o inconveniente da concorrência entre as fazendas por braços nesta época de pico de trabalho.

Independentemente do fato de a mecanização do trato (termo que incluía o uso de arado, grade e carpideiras) esbarrar em empecilhos técnicos, como a declividade do terreno e a distância entre os pés de café, o problema maior a ser contornado girava em torno da questão da necessidade de mão de obra abundante e barata, fixa ou nômade para a ocasião da colheita. A discussão naquele momento já mostrava que a tendência seria mecanizar o cultivo – tarefa mais constante e que requeria ainda grande número de trabalhadores quando feita à mão e à enxada – e tornar temporário o pessoal permanente. Não o faziam não só porque grande parte dos cafezais havia sido plantada em condições que impossibilitavam o uso destas máquinas-ferramentas, mas porque não havia um exército de reserva plenamente formado.

As discussões mostram que a empresa rural cafeeira sabia dos problemas provenientes da sazonalidade e que a introdução da inovação tecnológica apenas numa etapa do processo de produção do café viria aumentar estes problemas num momento em que poder contar com a oferta fortemente elástica de mão de obra para a colheita era incerto. Mesmo aquelas fazendas que apresentavam condições técnicas para a introdução da tecnologia existente, não o faziam porque temiam ver faltar trabalhadores na época em que mais se precisava deles e somente o fariam, portanto, se tivessem a certeza de poder contar com mão de obra abundante, barata e prontamente disponível em qualquer momento que fosse requerida.

Como a monocultura agravava o problema da sazonalidade, não apenas porque os momentos de pico de trabalho em todas as fazendas ocorreriam ao mesmo tempo, mas porque a inconstância das colheitas se dava de maneira parecida numa mesma região (quando havia aumento ou diminuição de produção causada pelas variações climáticas isto acontecia para todas as propriedades ao mesmo tempo), a única garantia que a fazenda cafeeira teria de não ter de pagar altos salários nos momentos de pico de trabalho era contar com trabalhadores sobrantes, que aceitassem as condições dadas pela fazenda, ávidos que estariam por qualquer remuneração.

---

21 A. Gomes Carmo, "Uma visita a fazenda do Senr. Carlos Botelho...", p. 179.

Enquanto isso não acontecia, era mais vantajoso estender o *tempo de trabalho* do colono, fazendo-o capinar o cafezal à mão e com enxada, evitando estender os *tempos mortos* do café e mantendo-o nestes momentos dentro da fazenda produzindo em suas roças de alimentos e na manufatura rural doméstica.

Outra solução que chegou a ser discutida era a manutenção deste exército de reserva não dentro das fazendas, mas ao lado dela, em núcleos de população que servissem como locais de arregimentação desta mão de obra temporária sazonal. Neste momento abriu-se novamente a discussão em torno dos núcleos coloniais para atender aos reclamos da lavoura para exportação quanto à questão da mão de obra, especialmente no que dizia respeito à questão da flexibilidade dos custos.

Núcleos coloniais: braços fixos para a colheita

> Com a colonização das terras marginais das estradas de ferro em tráfego [...] teríamos dentro de alguns anos conseguido ao mesmo tempo multiplicar as fontes de riqueza publica pela variedade das producções – crear um número considerável de viveiros de trabalhadores rurais, aptos para prestarem seus serviços na época das fainas agricolas da lavoura cafeeira, e ipso facto, tornar intensivas as nossas culturas. Em vez da instabilidade de hoje, não obstante os pesados sacrificios que custa ao fazendeiro a manutenção do excessivo pessoal permanente, teríamos então o trabalho regularizado, sem mais onus que o do pagamento pelos serviços feitos.[22]

Analisar as discussões em torno da questão dos núcleos coloniais, discussão que foi retomada neste período, não é pensar que essa hipótese foi posta em prática de maneira a dar conta do problema da mão de obra temporária sazonal extrafazenda nem entender que ela surtiu os efeitos esperados. No entanto, estas discussões podem auxiliar no entendimento que se pensava acerca da possibilidade de incrementar o uso de trabalhadores desvinculados da fazenda como alternativa para aumentar a flexibilidade do trabalho. Podem também auxiliar no entendimento da

22 Secretaria dos Negocios da Agricultura, Commercio e Obras Publicas do Estado de São Paulo. *Relatorio apresentado ao Dr. Jorge Tibiriçá, presidente do Estado de São Paulo pelo Dr. Carlos Botelho, Secretario da Agricultura. Anno 1904*. São Paulo: Typographia Brazil de Carlos Gerke, 1905.

consciência que setores dos fazendeiros tinham de seus problemas concretos. Aqui, o mais importante não é a solução imaginada, mas o "diagnóstico" que levou à proposta da solução e o porquê de esta solução não poder ser implementada.

O processo de produção na agricultura sendo em grande parte descontínuo e exigindo em grande medida trabalho temporário, originava problemas para a gestão da empresa rural paulista no tocante à gestão de seus custos. Para ela, o ideal seria poder contratar a mão de obra somente nos momentos em que ela fosse realmente necessária, "sem mais ônus que o do pagamento pelos serviços feitos".[23]

No entanto, naquele momento, se o uso de trabalhadores temporários sazonais desvinculados da fazenda era corriqueiro e estruturante da atividade produtiva, a empresa rural cafeeira ainda não podia contar somente com eles, sob o risco de nos anos de grandes colheitas ter de pagar altos salários na concorrência pela mão de obra e/ou ver os frutos amadurecerem demais e perderem o valor.

Nos primeiros anos do século XX, alguns fazendeiros passam a questionar o regime de imigração subsidiada e o colonato. A queda na lucratividade das empresas rurais cafeeiras, derivada dos baixos preços do café cotado no mercado internacional, do câmbio desfavorável e do problema da instabilidade do trabalhador nas fazendas com a contradança dos colonos que livremente se demitiam e logo se engajavam em outra atividade ou em outra fazenda, punham em evidência as limitações do arranjo que havia sucedido a escravidão.

Naquele momento, também, as baixas perspectivas sobre o preço do café e sobre os salários, juntamente com a taxa de câmbio que favorecia a troca de réis por ouro, estimulava a saída de trabalhadores estrangeiros que haviam imigrado para São Paulo. Assim, o saldo migratório chegou a ser negativo em alguns anos. Além do mais, a diminuição da entrada de divisas com a queda do preço do café exportado diminuía a capacidade de importação da mão de obra. No *Relatório da Secretaria da Agricultura de 1904*, Carlos Botelho escrevia:

> Mas hoje, apoz dez annos de pesada experiencia, já é tempo de pensar-se em cousa mais estavel, que consulte a um tempo os

23 Secretaria dos Negocios da Agricultura, Commercio e Obras Publicas do Estado de São Paulo. *Relatorio apresentado ao Dr. Jorge Tibiriçá, presidente do Estado de São Paulo pelo Dr. Carlos Botelho, Secretario da Agricultura. Anno 1904.* São Paulo: Typographia Brazil de Carlos Gerke, 1905.

> sagrados interesses do lavrador e do seu collaborador, o colono, redundando tudo afinal em beneficio do Estado, esgotado com este penoso trabalho das Danaïdes, a despejar entre nós, a custo de ouro, o trabalhador estrangeiro que jamais se fixa e se escoa sempre para fóra, levando consigo economias e familias.[24]

As críticas ao sistema de imigração subsidiada e ao regime de colonato seguiam vários sentidos: o gasto excessivo do Estado para trazer trabalhadores que, no final das contas, ficavam pouco tempo nas fazendas, tornando constante a necessidade de imigração subvencionada; o tipo de imigração que trazia o trabalhador para a lavoura, sem dar atenção à necessidade de fixar este trabalhador no país; e a rigidez do colonato que, ao manter o trabalhador dentro da fazenda, limitava a capacidade de diminuição dos custos via cultivo mecânico.

Uma alternativa posta em discussão neste período para permitir a maior flexibilidade dos custos com trabalho, levando ao barateamento da produção não só por causa da flexibilidade em si, mas também porque permitiria a utilização de carpideiras, arados e grades, era a possibilidade, como vimos, de poder contar com mão de obra abundante, barata e disponível para as colheitas.

> Há, na cultura do café, uma phase em que não se pode empregar as machinas: é a da colheita. A colheita de café reclama durante quatro meses, mais ou menos, um afanoso trabalho. Nos paizes muito povoados, torna-se muito facil esse serviço, porque se consegue de prompto o pessoal preciso; mas no Brasil isso não acontece; pelo que os fazendeiros são obrigados a manter um grande numero de trabalhadores durante todo o anno, unicamente por causa da colheita. Tem-se pois, aqui, uma grande dificuldade contra o abaixamento do preço do café.[25]

Apesar de o colonato constituir, em certa medida, um reservatório de mão de obra para fazer frente às épocas de maior demanda por trabalhadores, em boa parte e com frequência a mão de obra dos colonos e seus familiares não era

---

24 A. Gomes Carmo, "Uma visita a fazenda do Senr. Carlos Botelho…", p. 176.

25 A Fauchère, "Melhoramentos possiveis diante da situação economica…", p. 402.

suficiente nos momentos de maior trabalho. Um expediente a que se recorria nas áreas em que isso era possível era a utilização da mão de obra de pequenos sitiantes para os trabalhos temporários. Frequentemente recorria-se também a trabalhadores temporários sazonais para as mais variadas tarefas da lavoura.

A pequena lavoura de alimentos era um dos reservatórios de mão de obra necessária para as mais variadas atividades não contínuas e sazonais exigidas pelo trabalho agrícola. Portanto, nos locais mais populosos onde havia maior número de pequenas propriedades, havia também maior possibilidade de se contar com trabalhadores temporários sazonais não residentes nas fazendas: "Nas regiões em que abundam as pequenas propriedades e nas quaes a cultura cerealifera é largamente praticada, há quase sempre abundancia de braços [...]".[26]

No entanto, nos locais onde a pequena lavoura de alimentos era insignificante, e onde era pequena a densidade populacional, geralmente locais onde a sazonalidade da atividade era agravada pela monocultura, exigindo maior elasticidade da oferta de mão de obra, as fazendas tinham de ser mais colonizadas.

Para atrair mais colonos, estas fazendas, geralmente localizadas em áreas novas de cultivo e recém-desbravadas, contavam com vantagens: terras mais novas e mais férteis (e, portanto, mais produtivas, propiciando maiores colheitas e maiores ganhos aos colhedores) e maior número de pés de café em formação, o que propiciava maior possibilidade de plantio alimentar intercalar, sendo, portanto, mais atrativas aos colonos.[27] Contraditoriamente, se essas áreas eram mais atrativas, especialmente pelo fato de permitirem melhores possibilidades de plantio intercalar, este fator de atração era um limitador à mecanização do trato. Como vimos, a possibilidade de mecanização esbarrava num empecilho principal: o reservatório de mão de obra abundante.

Nos locais onde este reservatório de trabalhadores temporários sazonais não existisse, talvez ele pudesse ser criado. Foi nesse sentido que voltou a ser discutida no estado de São Paulo a política de criação de núcleos coloniais que poderiam ser

---

26 Carlos Duarte, Considerações sobre a cultura mechanica do cafeeiro..., p. 304.

27 Brasílio Sallum Jr., *op. cit.* Rogério Faleiros, no entanto, analisando os contratos de trabalhos de diferentes regiões do estado de São Paulo, notou que a remuneração mais alta nas áreas mais novas era derivada de salários monetários mais altos e não de maior rendimento proveniente da cultura intercalar. Rogério Faleiros, *op. cit.*

criados em terras do Estado, ou em terras particulares por ele adquiridas. Além destes, seria fomentada a criação de núcleos particulares fundados em terras privadas.

Na primeira década do século XX, quando os baixos preços do café puseram em evidência os gastos excessivos com a subvenção da imigração estrangeira e a necessidade de diminuição dos custos da produção cafeeira, o sistema de colonato, mesmo que associado ao trabalho temporário sazonal, foi posto em xeque. Ficou evidente, naquele momento, que aquele arranjo *colonato + trabalho temporário sazonal* devia ser apenas um sistema transitório posto em funcionamento para dar conta da transformação do trabalho. Mas ele deveria ser também transformado e a modificação teria de se dar pela flexibilização da mão de obra, com o trabalho temporário sazonal de não residentes passando a ser o preponderante.

Para contornar o problema da rigidez do trabalho que ainda existia com o colonato frente às exigências sazonais do trabalho agrícola, a qual exigia oferta altamente elástica de mão de obra, os núcleos coloniais, ao "criar" a pequena propriedade ao lado da grande, seriam os *"viveiros de trabalhadores"* onde as fazendas buscariam mão de obra sazonal para as épocas da colheita:

> As colônias espalhadas pelo Estado offerecerão *em certa quadra do anno trabalhadores úteis e desoccupados* que procurarão novos lucros na colheita que lhes proporcionará a lavoura cafeeira, dando logar a que esta poupe não só o empate na construção de numerosas casas, até aqui destinadas a manter os braços precisos para a garantia da safra, como os gastos avultados do custeio pela substituição das famílias de trabalhadores pelos instrumentos aperfeiçoados de cultura.[28]

Esses núcleos deveriam ser constituídos para a produção de artigos que não concorressem com o café no quesito braços, como os cereais e o algodão:

> Além de que, formariam *viveiros de trabalhadores* que auxiliariam a lavoura nas colheitas de café, para a qual sempre luctam os lavradores por falta de braços, que facilmente conseguirão nos nucleos,

28 Francisco de Toledo Malta, "Homestead". In: *Revista Agricola*, São Paulo, anno X, nº 114, p. 2. (grifo nosso)

> *sendo as colheitas, como são, nos meses de desoccupação para elles e para suas famílias, podendo todos, com vantagens recíprocas, empregar-se naquela laboração.*[29]

Para cumprir o propósito de fornecedor de braços temporários sazonais para as grandes fazendas, os núcleos tinham de se dedicar a culturas cujas exigências de trabalho fossem intercalares às exigências na grande propriedade (assim como os colonos que estavam dentro das grandes fazendas que somente podiam plantar milho, feijão a algum arroz) e deviam, além do mais, estar localizados próximos às fazendas cafeeiras e às ferrovias. O algodão herbáceo era uma alternativa para estes núcleos, visto que sua colheita não coincidia com a do café:

> O pequeno proprietário [dos núcleos], explorando diretamente o seu lote de terras, deixando de pagar salários, dispensando o empate de capitais, auferindo renda de outras fontes, tais como de salários na época das fainas agrícolas nas fazendas de café, ou da produção de diversos gêneros para custeio ou para vender, pode resolver o problema da produção do algodão por baixo preço, não sofrendo a concorrência do café, antes podendo dele tirar auxílio quanto ao capital porventura necessário.[30]

Como os ciclos de produção dos cereais e do café podem ser intercalados, mas não no seu todo, pois em alguns momentos as tarefas de um coincide com as do outro (como no caso da preparação das sementeiras para a plantação dos cereais que devia ser feita em julho, época de pico de trabalho na fazenda cafeeira), estes núcleos tinham de estar localizados próximo às fazendas, para que houvesse tempo de o trabalhador efetuar o trabalho no seu lote de terra e vir colher café nas grandes propriedades. Também tinha de estar próximo às ferrovias, para permitir o escoamento da produção dos lotes e também garantir que servissem realmente como

---

29 B. A. Gavião Peixoto, "O povoamento do solo. Cartas dos snrs Visconde de Ouro Preto e Conselheiro Gavião Peixoto sobre o assumpto". In: *Revista Agricola*, São Paulo, ano X, nº 114, 15 jan. 1905, p. 34. (grifo nosso)

30 Secretaria dos Negocios da Agricultura, Commercio e Obras Publicas do Estado de São Paulo. *Relatorio de 1903 pelo Dr. Luiz de T. Piza e Almeida, Secretario da Agricultura*. São Paulo: Typographia do Diario Official, 1904.

viveiros de braços temporários, uma vez que a proximidade das ferrovias facilitaria o transporte dos trabalhadores para as fazendas de café mais distantes.

> Devemos tratar de colonisar, em primeiro logar, as terras servidas por estradas de ferro e *situadas dentro das zonas em que se encontram as fazendas de café e onde são abundantes as terras proprias para outras culturas* [...] A colonisação ahi terá assegurado o seu bom êxito, não só porque os productos dos núcleos terão facilidade de transporte para os mercados, como tambem porque os colonos terão, na época em que lhes sobra tempo, trabalho seguro e remunerador na colheita e outros serviços da grande lavoura.[31]

O decreto que criou a Agência Official de Colonisação e Trabalho, em 1906, previa, inclusive, o pagamento do transporte de trabalhadores dos núcleos coloniais para se engajarem nas colheitas das fazendas de café:

> Art. 43. – Durante o período das colheitas, a Agencia Official de Colonisação e Trabalho deverá providenciar de accordo com as instrucções do Secretario de Agricultura, no sentido de ser facilitado aos colonos localizados nos nucleos coloniaes o seu transporte de ida e volta em estrada de ferro, quando se ajustarem para trabalhar nas fazendas.[32]

Desta forma, contemplando também os interesses da grande lavoura, a política de núcleos coloniais passou a ter seu papel reinterpretado, sendo positivamente reavaliados por alguns como reservatórios humanos para os períodos agrícolas de maior atividade.[33] Somente assim é que a política de núcleos coloniais

---

31 Secretaria dos Negocios da Agricultura, Commercio e Obras Publicas do Estado de São Paulo. *Relatorio apresentado ao Dr. Jorge Tibiriçá, presidente do Estado de São Paulo pelo Dr. Carlos Botelho, Secretario da Agricultura. Anno 1904.* São Paulo: Typographia Brazil de Carlos Gerke, 1905, p. 132 (grifo nosso)

32 Decreto nº 1.355 de 10 de abril de 1906, que cria a Agencia Official de Colonisação e Trabalho. In: Secretaria da Agricultura, Commercio e Obras Publicas do Estado de São Paulo. *Boletim da Agricultura. Anno de 1906.* São Paulo: Red. da "Revista Agricola", 7a serie, nº 4, abr. p. 153.

33 Sobre esta mudança de avaliação em relação aos núcleos, ver: Maria Tereza Schorer Petrone, "Imigração". In: História geral da civilização brasileira, t. III (O Brasil Republicano), vol. 2 (Sociedade e Instituições, 1889-1930), São Paulo: Difel, 1985, p. 93-133; Regina Maria D'Aquino Fonseca

poderia ter algum resultado, pois a verba para a compra das terras, loteamento e construção da infraestrutura seria proveniente da renda do café, principal fonte de renda do estado de São Paulo. Em 1911, Pierre Denis escrevia:

> A vida em São Paulo é tão relacionada com a cultura do café que a nova política de colonização não teria tido chance de se tornar popular se os próprios fazendeiros não tivessem apoiado a ideia. Eles são mais alarmados que qualquer outro pela instabilidade do trabalho agrícola, porque a falta de braços no momento da colheita pode ser desastrosa [então] ponderaram que estabelecendo colonos proprietários a uma pequena distância das plantações de café, eles teriam à mão um corpo de trabalhadores que necessariamente lhes seriam um público fiel a quem eles poderiam recorrer no momento necessário. [...] Este argumento selou a aliança entre defensores da grande e da pequena propriedade.[34]

Em 1908, Antonio Candido Rodrigues, defensor da política de núcleos coloniais como viveiro de braços, abria o *Relatório da Secretaria da Agricultura,* assegurando que a intenção da nova política sobre os núcleos não era concorrer com a grande lavoura em questão de braços:

> No Estado de S. Paulo, onde predomina a grande lavoura e onde o Estado tira as suas rendas principalmente do seu quasi unico producto, o café, só se pode planejar e realisar uma colonisação razoavel e practica de maneira que aquella não venha a soffrer com esta, ou por outra, que continuem á sua disposição, como antes, os

---

Gadelha, *Os núcleos coloniais e o processo de acumulação cafeeira (1850-1920):* contribuição ao estudo da colonização em São Paulo. São Paulo: tese de doutoramento apresentada ao Departamento de História da FFLCH/USP, 1982. Ver também Paula Beiguelman, *op. cit.*, p. 91. Para uma discussão mais geral sobre os temas de pesquisas relacionados aos núcleos coloniais em São Paulo, ver Vera Lucia Amaral Ferlini e Elisabeth Fillipini."Os núcleos coloniais em perspectiva historiográfica". In: *Revista Brasileira de História*. São Paulo, vol. 3, nº 25-26, set. 92-ago. 93, p. 121-132. Agradeço a Julio Cesar Zorzenon a indicação da leitura da obra de Regina M. D. F. Gadelha.

34 Pierre Denis, *op. cit.*, p. 226.

> braços precisos. Porque da renda, que o café produz, é que tem de sahir as despesas a fazer com a colonisação.[35]

Pode, assim, na primeira década do século XX, ser reanimada (se bem que em pequena medida) a política de núcleos coloniais fundados pelo Estado, como um suplemento para as necessidades da lavoura de café, e não como um programa competitivo daquela. Enquanto no sul do Brasil estas colônias eram vistas como um modo de tomar posse de terras fronteiriças desocupadas, em São Paulo elas deviam ser estabelecidas dentro das zonas cafeeiras, para se tornarem fontes de produtos alimentícios localmente produzidos e de mão de obra extra durante o auge da colheita.

Na década de 1820 já havia aparecido a dicotomia entre as formas de utilização do imigrante no país: o braço para a grande lavoura em substituição ao escravo ou a sua localização em pequenas propriedades. Durante toda a história da imigração para o Brasil encontram-se essas duas tendências ou se entrechocando ou coexistindo pacificamente, conforme os interesses dos que estavam no poder. Durante a Primeira República, continuaram a existir as duas correntes de imigração para o Brasil já esboçadas no Império: uma fornecendo braços para a grande lavoura do café e a outra promovendo o povoamento de áreas escassamente povoadas por meio do estabelecimento de pequenas propriedades.[36]

Em São Paulo, desde 1886, o governo do estado tinha praticamente abandonado a política de colonização, voltando-se para subsidiar e atrair imigrantes para o engajamento na grande lavoura, enquanto a existência dos núcleos coloniais estava restrita a desenvolver centros de agricultores voltados para a produção de gêneros alimentícios e também para atuar como fator de propaganda do progresso deste estado no exterior.[37] Segundo Regina Gadelha, que estudou a política de núcleos coloniais em conjunto com o processo de acumulação cafeeira, durante o regime republicano em São Paulo pode-se distin-

---

35 Secretaria dos Negocios da Agricultura, Commercio e Obras Publicas do Estado de São Paulo. *Relatorio apresentado ao Dr. Jorge Tibiriçá, presidente do Estado de São Paulo pelo Dr. Carlos Botelho, Secretario da Agricultura. Anno 1907.* São Paulo: Typ. Brazil de Rothschild & Co, 1908.

36 Maria Tereza Schorer Petrone, "Imigração". In: *História geral da civilização brasileira...*

37 Regina Maria D'Aquino Fonseca Gadelha, *op. cit.*, p. 150.

guir duas fases distintas que nortearam a criação dos núcleos. Uma primeira fase, que se estende até aproximadamente 1896/97, e uma segunda, iniciada em 1900, que define mais claramente o papel destes núcleos no processo de acumulação e expansão cafeeira.[38]

A primeira fase da política de núcleos coloniais durante a Primeira República em São Paulo foi mais apoiada pelos representantes dos interesses do norte do estado. A decadência das fazendas de café do norte implicou que deputados representantes desta região passassem a se interessar pela colonização. Após a Abolição, foram eles os que mais lutaram para obter os benefícios trazidos pela criação de núcleos coloniais, os quais possibilitariam a valorização de suas terras e a restauração da combalida economia regional. Portanto, nesta primeira fase, a zona mais favorecida pela criação de núcleos foi o norte do estado, com quatro núcleos, seguida da região circunvizinha da capital, com três núcleos.[39]

Os núcleos localizados na região norte foram instalados em propriedades adquiridas pelo estado onde se fazia sentir a queda da renda propiciada pelos cafezais. Em todos, as terras achavam-se esgotadas para plantio em grande escala do café ou eram impróprias para sua cultura. Segundo Gadelha, provavelmente estes proprietários não obteriam comprador, numa época de escassez de moedas, capital e crédito, não fosse a ação assumida pelo Estado. Já os núcleos localizados na região circunvizinha da capital vinham suprir outra necessidade: produzir alimentos para a região num momento em que terras apropriadas e braços estavam sendo canalizados para a produção cafeeira.[40]

Na segunda fase identificada por Gadelha, os novos núcleos estavam dentro das zonas cafeeiras e em regiões cortadas pelas estradas de ferro, servindo aos interesses da grande lavoura como viveiros de trabalhadores. O fato de estarem localizados nestas regiões daria a eles maior possibilidade de sucesso que os núcleos anteriormente fundados no estado, visto que os anteriores ou estavam localizados quase sempre em lugar inconveniente, ou no fundo do sertão em terras

38 Regina Maria D'Aquino Fonseca Gadelha, *op. cit.*, p. 150. Ver também José de Souza Martins, *A imigração e a crise do Brasil agrário*. São Paulo: Pioneira, 1973, p. 54-63, para quem os núcleos teriam a função auxiliar a separação do trabalhador da força de trabalho.

39 Regina Maria D'Aquino Fonseca Gadelha, *op. cit.*, p. 158.

40 Regina Maria D'Aquino Fonseca Gadelha, *op. cit.*, p. 164.

excelentes mas sem vias de comunicação e longe dos mercados, ou perto destes, mas em terras estéreis.[41]

A localização dos núcleos nesta segunda fase ocorreria de forma a atender critérios mais técnicos e econômicos do que políticos, permitindo-lhes um melhor rendimento produtivo, sem descuidar dos interesses dos grandes fazendeiros de café, quer pela valorização das áreas marginais às suas fazendas, quer fornecendo trabalhadores em épocas de maior demanda de trabalho.

Em seis anos, entre 1905 e 1911, foram criados onze núcleos coloniais estatais. Destes, apenas um estava localizado fora da área cafeeira, em Ubatuba. Os núcleos fundados entre 1905 e 1907, com sua respectiva localização, foram: núcleo Jorge Tibiriçá (localizado no atual município de Corumbataí, na época região pertencente ao 3º distrito agronômico); Nova Odessa (no atual município de Nova Odessa, no 2º distrito); Conde do Pinhal (em Ubatuba, no 6º distrito); Gavião Peixoto (no atual município de Gavião Peixoto, no 4º distrito) e Nova Europa (no atual município de Nova Europa, também no 4º distrito).

Entre 1910 e 1911 foram fundados: Nova Veneza (no atual município de Sumaré, no 2º distrito); Boa Vista (em Jacareí, no 1º distrito); Conde do Parnaíba (em Conchal, no 3º distrito); Juquiá (em Juquiá, no 6º distrito); Visconde de Indaiatuba (em Mogi-Mirim, no 2º distrito); e Martinho Prado (também em Mogi-Mirim, no 2º distrito).[42]

A maior parte destes núcleos estava encravada em terras de grandes fazendas, como é o caso da Sesmaria do Cambuhy, de propriedade do Conselheiro Bernardo Avelino Gavião Peixoto, a qual compreendia cerca de oito fazendas de café, abrangendo terras situadas nos municípios de Araraquara, Matão e Ibitinga. Os três núcleos ali formados (Gavião Peixoto, Nova Pauliceia e Nova Europa), além de estarem encravados em meio a estas fazendas, representavam ponta de lança do povoamento naquela região, situada em pleno coração da zona produtora de café. No entanto, era tão difícil atrair pequenos produtores para o local que

---

41 Alberto Kulmann, "*Immigração...*", p. 33.

42 Regina Maria D'Aquino Fonseca Gadelha, *op. cit.*, p. 165.

o governo se viu obrigado a facilitar mais ainda a forma de pagamento dos lotes, além da prevista no decreto que criava estes núcleos.[43]

Também é o caso da Sesmaria de Conchal, situada no atual município de mesmo nome, cujo retalhamento deu origem aos núcleos de Martinho Prado Júnior, Visconde de Indaiatuba e Conde de Parnahyba. Fundados em terras de antigas fazendas de café e cortados pela Estrada de Ferro Funilense, representam o avanço da pequena propriedade em direção a zonas ainda pouco povoadas. Esperava-se que estes núcleos viessem diminuir o poder de barganha dos trabalhadores das fazendas locais, que frequentemente ameaçavam greves buscando melhores salários.[44]

Nesta segunda fase, também, a política de núcleos, além de tentar contemplar aos interesses da grande lavoura quanto à flexibilidade dos custos com mão de obra, ainda servia para assistir fazendeiros falidos. O Estado, comprando propriedades ou arcando com os custos do loteamento de terras doadas por grandes proprietários (como foi o caso com os núcleos formados na propriedade do Conselheiro Gavião Peixoto), subsidiava diretamente os empresários cafeeiros que ganhariam tanto com a venda dos lotes quanto com a possibilidade de contar com trabalhadores sazonais para as épocas de pico de trabalho: "No entanto, é fácil de ver que a colonização das terras particulares traz a dupla vantagem de facilitar a venda das mesmas, por melhores preços, e de fornecer, nas épocas apropriadas, um bom contingente de braços aos próprios fazendeiros que deles careçam".[45]

Mesmo tentando contemplar os interesses da grande lavoura e apesar do ônus que a política de imigração em massa subvencionada significava também para as finanças do Estado, os fazendeiros nunca se convenceram das vantagens comparativas dos núcleos, mesmo porque, como veremos, para a grande lavoura, as vantagens que alguns imaginavam que os núcleos trariam não se concretizavam

43 Regina Maria D'Aquino Fonseca Gadelha, *op. cit.*, p. 240.

44 Secretaria dos Negocios da Agricultura, Commercio e Obras Publicas do Estado de São Paulo. *Relatorio apresentado ao Dr. Carlos Augusto Pereira Guimarães, vice-presidente do Estado em exercício pelo Dr. Paulo de Moraes Barros, secretario de Estado. Annos de 1912-1913.* São Paulo: Typ. Brasil de Rothschild & Cia, 1914, p. 200.

45 Secretaria dos Negocios da Agricultura, Commercio e Obras Publicas do Estado de São Paulo. *Relatorio apresentado ao Dr. M. J. Albuquerque Lins, presidente do Estado pelo Dr. Antonio Candido Rodrigues, secretario da Agricultura. Anno de 1908.* São Paulo: Typ. Brasil de Rothschild & Cia, 1909.

na prática. Assim, apesar da criação de alguns núcleos coloniais por parte do governo e da iniciativa particular, nunca foram assumidos em escala significativa os projetos de colonização formadores de braços temporários para a lavoura.

Pouco se tem notícia sobre o sucesso destes núcleos como viveiros de trabalhadores temporários sazonais para as fazendas de café. Na documentação pesquisada encontramos quase nenhuma referência aos núcleos como viveiros *efetivos* de trabalhadores sazonais. As referências se restringiam a informações sobre crescimento da produção e da variedade de produtos cultivados, bem como à capacidade dos colonos em quitar a dívida de seus lotes.

Uma das poucas referências encontradas na documentação pesquisada sobre a utilização *efetiva* dos residentes nos núcleos como trabalhadores temporários sazonais para as colheitas de café, estava no *Relatório da Secretaria da Agricultura de 1907*. Relatava-se que o governo havia fornecido turmas de colhedores para as fazendas, no total de 815 pessoas, vindas dos núcleos de Nova Odessa, Tibiriçá e Campos Sales.[46] O relatório, no entanto, referia-se justamente aos trabalhos efetuados pela pasta sob responsabilidade de Carlos Botelho, um dos mais ardorosos defensores da ideia de núcleos coloniais como viveiros de braços temporários, tendo sido inclusive durante sua gestão à frente da Secretaria da Agricultura que a maior parte dos núcleos da segunda fase foi criada. Também em sua gestão a Agência Oficial de Colocação foi implantada, trazendo no regulamento de sua criação a possibilidade do subsídio estatal ao transporte da população dos núcleos para as colheitas.

Em 1911, Pierre Denis indagava: "A criação destas colônias tem fornecido aos fazendeiros de café, como era esperado, uma reserva de trabalho disponível no tempo da colheita? Aqui, novamente, nós teremos de esperar mais alguns anos antes de responder".[47]

Seis anos depois, no *Boletim do Departamento Estadual do Trabalho*, encontramos resposta para sua indagação: "a experiencia não tem desmentido essa afirmação da doutrina. As fazendas situadas nas proximidades de núcleos coloniais

---

46 Secretaria dos Negocios da Agricultura, Commercio e Obras Publicas do Estado de São Paulo. *Relatorio apresentado ao Dr. Jorge Tibiriçá, presidente do Estado de São Paulo pelo Dr. Carlos Botelho, Secretario da Agricultura. Anno 1906*. São Paulo: Typographia Brazil de Carlos Gerke, 1907.

47 Pierre Denis, *op. cit.*, p. 231.

ou em cujas redondezas se desenvolveu a pequena propriedade (...) não lutam, pelo menos por ocasião das colheitas, com dificuldades tão grandes como as que assoberbam os proprietários de terras não favorecidos por aquelas duas condições". Porém logo em seguida, o texto do *Boletim* acrescentava que se a pequena propriedade (e nela incluídos os núcleos coloniais) não vinha produzindo, na medida desejada, os resultados em relação à mão de obra agrícola, isto era devido a uma destas duas causas:

> Ou os grandes fazendeiros não têm sabido aproveitar a vizinhança dos pequenos, obstinando-se na sua immoderada preferência pelos recemchegados; ou os pequenos proprietários têm encontrado para o exercício de sua actividade um campo de tal modo vantajoso, que não lhes sobra tempo ou disposição para acrescentar aos lucros do próprio sitio o salário que o chefe da família, os filhos e os agregados podem ganhar na fazenda mais próxima.[48]

Se, por um lado, a pequena propriedade era necessária para desonerar a empresa capitalista dos custos de manutenção do trabalhador nas épocas mortas do café, também impedia a plena proletarização deste trabalhador, pois tendo meios de subsistência e não dependendo totalmente dos salários monetários, seu poder de barganha seria maior. Assim, os núcleos, ao gerarem um custo de oportunidade ao trabalhador, acabavam por diminuir a elasticidade da oferta de mão de obra, sendo incompatível, portanto, com economias altamente exigentes de mão de obra temporária sazonal.

> Pelo nucleo nós capinaríamos os cafezaes com camaradas e na colheita recorreriamos ao nucleo, mas o habitante delle ou por não precisar ou por ter de trabalhar nas industrias provenientes da pequena propriedade, taes como a fabricação da farinha de mandioca, a extracção do mel de abelhas, a preparação do azeite de mamona, da manteiga e outras, impedil-o-ia de nos colher café. [...] E estas

48 Emigração inter-regional para as colheitas..., p. 278.

> ainda não são as peiores hypotheses. O que succederia fatalmente era a imposição pelos proprietários do nucleo do preço da colheita.[49]

Contrariamente ao que ponderavam os defensores da política de núcleos como viveiros de braços para as colheitas, o trabalhador que tinha acesso à terra, sem estar ao mesmo tempo submetido a um contrato de trabalho com a grande fazenda, só colocaria sua força de trabalho à disposição do capital quando as tarefas em seus lotes o permitissem e quando lhes fosse vantajoso, caso contrário, com a subsistência garantida, só se engajaria nos mais diversos trabalhos temporários da fazenda cafeeira por uma remuneração compensadora.

João Manuel Cardoso de Melo, comentando sobre a dificuldade do desenvolvimento do trabalho assalariado no Brasil, já havia tratado do custo oportunidade daquele que tinha acesso à terra:

> Havendo abundância de terras apropriáveis, os colonos contariam com a possibilidade de produzirem a própria subsistência, transformando--se em pequenos proprietários e, especialmente, em posseiros. Nestas condições [...] assalariar a sua força de trabalho exigiria que a taxa de salários oferecida fosse suficientemente elevada para compensar, aos olhos dos colonos, a alternativa da auto-subsistência.[50]

Outro fator que contribuiria para o pequeno resultado prático destes núcleos como viveiros de braços para a colheita era a dificuldade da migração temporária dos trabalhadores dos núcleos para as fazendas situadas fora dos municípios onde eles estavam localizados, visto que contrariava interesses políticos e econômicos locais:

> Não se esqueceu o Poder Público de pôr à disposição dos colonos os meios de se transportarem às fazendas para as colheitas. Surge, porem, no fornecimento desses meios o factor do interesse regional, municipal, prejudicado pela saida, ainda que temporaria, de braços uteis

---

49 Dario Leite de Barros, "A cultura mechanica dos cafezaes...", p. 393.

50 João Manuel Cardoso de Melo, *op. cit.*, p. 30.

> para a lavoura. Esse modo de suprimento de mão de obra às grandes propriedades, fica, pois circumscripto aos respectivos municípios.[51]

Como o transporte teria de ser feito pelo poder público, por ordem do Secretário da Agricultura, isto dificilmente aconteceria durante a Primeira República, período da história política brasileira em que a manutenção de interesses locais e regionais era tão importante.

Além do mais, os núcleos tinham de estar muito próximos das fazendas, visto que mesmo que as culturas da fazenda para exportação e dos núcleos fossem diferentes e passíveis de serem intercaladas no tempo, os momentos em que as várias tarefas de uma e outra tinham de ser realizadas eram próximos e, às vezes, coincidentes, inclusive com o período de pico de trabalho na lavoura de exportação, impossibilitando que os moradores dos núcleos pudessem se afastar de seus lotes por muito tempo para irem colher café em outro município:

> Como a sementeira destes [cereais] se faz em Setembro, seria preciso que o fazendeiro começasse já em julho ou agosto, ou em se tratando de derribadas, já em junho, o mais tardar a preparar a terra. Mas este é exactamente o tempo da colheita de café, durante a qual o fazendeiro precisa de todos os braços disponíveis. [...] O colono pela sua parte, o mais tardar em abril, teria terminado suas colheitas e poderia assim ir colher café, levando até a mulher e os filhos. Em julho ou agosto ele poderia tornar a preparar terra para a sua sementeira em Setembro.[52]

Por isso, o núcleo colonial tinha de estar localizado no interior da grande propriedade para exportação. A fazenda cafeeira, concedendo ao colono e sua família um pedaço de terra, ao mesmo tempo em que mantinha a integridade territorial da fazenda, submetia o colono, por meio do contrato, à obrigação de tratar e colher o café no tempo e momento que a fazenda exigisse. Além disso, limitava os tipos e a quantidade de plantas que poderiam cultivar. Os contratos de colonato geralmente permitiam que o colono plantasse milho, feijão e arroz, produtos cujos calendários

---

51 Emigração inter-regional para as colheitas..., p. 278.

52 Alberto Kulmann, "Immigração...", p. 29.

eram intercalares ao do café. Além disso, restringiam a quantidade de cada variedade que poderia ser plantada de acordo com a proporção de pés de café sob responsabilidade do colono, de maneira a não permitir que o trabalho na lavoura de alimentos dentro da fazenda pudesse prejudicar o trabalho no cafezal.[53]

A análise da questão em torno dos núcleos coloniais, cuja discussão foi retomada no período, nos permite verificar em que medida, naquele momento, era possível a utilização de trabalhadores desvinculados da grande propriedade. Se o trabalho temporário já era importante, fosse ele de colonos e familiares residentes, fosse de camaradas, jornaleiros, empreiteiros ou colhedores, ele ainda não era o predominante.

No momento de crise da economia cafeeira do início do século XX, a predominância do trabalho de residentes foi posta em xeque como maneira mais adequada para a necessária flexibilização de custos que a empresa capitalista requer, especialmente num setor com demanda altamente sazonal por mão de obra. Sabia-se que, para mecanizar o cultivo do café e poder inverter a relação trabalhador permanente/trabalhador temporário, com o último sobrepujando o primeiro, era necessário ter mão de obra fácil, barata e abundante.

Uma das alternativas discutidas, especialmente para as áreas menos povoadas e onde havia terras incultas menos adequadas ao café, era a fixação do trabalhador ao lado das fazendas, onde ele poderia se dedicar a culturas que tivessem pico de trabalho intercalar ao pico de trabalho na grande propriedade. Essa medida, pensavam alguns, permitiria a mecanização do trato do café, tarefa na qual estavam alocados os trabalhadores permanentes residentes (colonos), levando a redução dos custos com mão de obra.

No entanto, se alguns acreditavam ser possível a utilização de trabalhadores que intercalavam o trabalho na grande lavoura com o trabalho na lavoura própria de alimentos, como efetivamente acontecia, a experiência lhes mostrava, também, que contar apenas com estes trabalhadores não era possível. Com acesso à terra, podendo escolher o que e quanto produzir, e estando desobrigado de prestar serviço à grande

53 Inclusive o contrato de colonato previa multas caso os trabalhadores deixassem de tratar os pés de café para se dedicarem às culturas alimentícias. Para as restrições ao plantio intercalar, ver Sallum Jr., *op. cit.*, p. 166. Para o detalhamento das restrições às culturas intercalares em diferentes áreas do estado, ver Rogério Naques Faleiros, *op. cit.*

lavoura, poderia não sobrar tempo ao trabalhador ou ele poderia não se interessar pelo trabalho na cultura para exportação, a não ser que a remuneração fosse atrativa.

Enquanto os trabalhadores não fossem totalmente destituídos dos meios de subsistência, enquanto não dependessem totalmente dos salários para a sobrevivência, eles não constituiriam uma oferta típica de mão de obra necessária para a empresa capitalista. Não será à toa que a plena proletarização do trabalhador do campo em São Paulo ocorrerá somente anos mais à frente, quando a restrição do acesso à terra formará um exército abundante de mão de obra que permitirá a mecanização dos tratos culturais e transformará o trabalhador residente em trabalhador eventual.

D'Incao e Mello, estudando a região da Alta Sorocabana de meados do século XX, mostrou que naquela região a oferta de mão de obra foi um fator que percorreu caminho inverso ao da oferta de terras. Escassa no passado, ela tornou-se abundante à medida que se acentuou a concentração da propriedade fundiária e se expandiu a área ocupada com pastagens, a qual utilizava muito menos mão de obra que a agricultura.[54]

Migração inter-regional: braços nômades para as colheitas

> Como da Itália para a Argentina se estabeleceu e se repete pelas colheitas, a migração andorinha; como de uma para outra região da mesma Argentina emigram os trabalhadores a quem falta [...]; como na mesma Itália se dão migrações internas, inter-regionais, estimuladas pelo Governo; como do chamado Norte para o chamado Oeste de São Paulo [...]; assim também se poderia activar entre o Ceará (e acrescentaremos, os demais Estados do Nordeste) e São Paulo, uma offerta de braços e de trabalho para certas épocas do anno, estatuídas as necessárias condições para o retorno dos trabalhadores que não quiserem fixar-se aqui, e praticada a indispensável seleção.[55]

54 Maria Conceição D'Incao e Mello, *O "Boia-Fria": acumulação e miséria*. Petrópolis: Vozes, 1976, p. 50.

55 Emigração inter-regional para as colheitas..., p. 280.

A recriação da pequena propriedade ao lado (ou dentro) da grande é um processo contraditório. Se em um primeiro momento ela é necessária, em um segundo momento o capital irá requerer a sua destruição. A pequena propriedade, ao invés de permitir o aumento da elasticidade da oferta de trabalho, como alguns imaginavam, a reduzia, não sendo, por isso, uma solução para os limites do colonato quanto à rigidez da mão de obra.

A garantia para a empresa rural cafeeira contra a possibilidade de escassez sazonal de força de trabalho exigia o rompimento do trabalhador com a pequena propriedade e exigia o rompimento de outro fator de rigidez da mão de obra, a de sua baixa mobilidade geográfica, fator importante para o "suprimento de braços temporários para a época das colheitas, ocasião essa em que mais se faz[ia] sentir a necessidade de abundantes turmas de trabalhadores disseminadas pelas fazendas".[56]

Em 1913, Carlos Duarte, ao explicar as dificuldades enfrentadas para a redução dos custos com mão de obra por meio da mecanização do trato, afirmava que o principal problema era a falta de "abundância de braços fixos ou nômades por ocasião da colheita".[57] Na ausência destes braços, o colonato teria de seguir firme como regime de trabalho, trazendo com ele os limites para a introdução de inovação tecnológica que diminuísse o trabalho mais contínuo do cafezal, o cultivo.

No momento em que se rediscutia a questão dos núcleos coloniais, também foram implementadas medidas em âmbito do governo estadual para facilitar e subsidiar o transporte de trabalhadores temporários de maneira a aumentar a elasticidade da oferta de mão de obra sazonal, o que permitiria contornar em parte o problema da rigidez da mão de obra.

Vimos que um dos principais fatores a limitar a introdução de inovação tecnológica era o problema das exigências sazonais de trabalho num mercado em gestação, isto é, em face da ausência de uma oferta fortemente elástica de trabalhadores capaz de evitar a escassez sazonal de mão de obra. Diante disso, tornar mais abundante a oferta de mão de obra na época da colheita, por meio

56 Emigração inter-regional para a colheita... p. 279.

57 Carlos Duarte, "Considerações sobre a cultura mechanica do cafeeiro...", p. 303.

do subsídio da migração temporária, possibilitaria que a contratação de trabalhadores pudesse ser flexibilizada, limitando-se apenas aos momentos em que o trabalho no cafezal os requisitasse.

Dessa maneira, os trabalhadores poderiam migrar temporariamente de regiões onde houvesse baixa demanda por trabalho para regiões onde fosse grande a necessidade de mão de obra, e retornar para seus locais de origem findo o momento de pico de trabalho. Poderiam migrar temporariamente de municípios diferentes do estado de São Paulo, de outros estados e até mesmo de outros países, como afirmava o *Boletim do Departamento Estadual do Trabalho* em 1917, afirmação reproduzida na epígrafe acima.

O estudo sobre as migrações internas no Brasil no final do século XIX e início do XX mostram que o fenômeno migratório sempre foi importante, inclusive para São Paulo, apesar de, no período aqui estudado, ele ter sido sobrepujado pela imigração estrangeira, sobretudo europeia. No período 1872-1890, houve no Brasil uma migração líquida interna de 453.794 pessoas, enquanto a imigração estrangeira, no período 1884/1890, totalizou 449.934. Já no período 1890/1900, a imigração estrangeira deixou para trás a migração interna, atingindo 1.129.315 pessoas, enquanto a migração líquida interna atingiu 412.185, ou seja, pouco mais de 35% da estrangeira.[58]

O Nordeste brasileiro foi durante todos os períodos intercensitários de 1872 a 1920, uma região de emigração líquida de brasileiros natos (lembrando que os dados para 1872/1890 incluem população escrava), sendo o Ceará e a Paraíba os estados tradicionalmente emissores de população. Na região Nordeste, vários estados caracterizaram-se pela maior saída de migrantes em relação à entrada. Outra região de emigração líquida foi a Sudeste. Apesar de a região Sudeste, em conjunto, ter sido uma região de emigração líquida, isso se deve apenas a Minas Gerais que, no período 1900/1920, foi responsável por migração líquida (entrada menos saída) negativa em 230.097, como mostra a Tabela 15. A região Norte foi tradicionalmente receptora e, analisando-se os dados por estados, São Paulo também caracterizou-se por ser apenas receptor.

---

58 Graham e Holanda Filho, *op. cit.*, p. 34.

Tabela 15 – Estimativa de Migração Líquida de Brasileiros Natos durante os períodos intercensitários segundo as taxas globais de sobrevivência

Regiões/Estados	1872/90	1890/1900	1900/20
Norte	3.745	113.380	109.822
Amazonas	35.536	57.679	17.874
Pará	-31.791	55.701	91.948
Nordeste	-346.207	10.109	-178.386
Maranhão	-36.705	3.598	26.346
Piauí	-24.259	15.795	-2.877
Ceará	-135.725	-72.140	-71.204
Rio Grande do Norte	-32.651	-23.325	33.310
Paraíba	-44.706	-29.099	44.594
Pernambuco	-74.274	133	68.885
Alagoas	11.510	51.893	-71.567
Sergipe	-2.240	22.702	-52.058
Bahia	-7.157	40.552	-153.815
Sudeste	178.888	34.673	-118.843
Minas Gerais	98.769	-93.185	-230.097
Espírito Santo	8.271	3.231	41.615
Rio de Janeiro	-64.270	-97.347	3.283
São Paulo	72.649	70.997	18.924
Sul	156.024	-97.089	146.014
Paraná	24.396	-18.214	35.417
Santa Catarina	31.045	-33.717	40.604
Rio Grande do Sul	100.083	-45.157	69.993
Centro-Oeste	7.566	8.370	41.114
Mato Grosso	5.895	3.445	15.864
Goiás	1.670	4.925	25.250
Distrito Federal	63.469	81.631	47.432
Brasil	453.794	412.282	581.339
	-453.778	-412.185	-581.618

Fonte: D. H. Graham; S. Buarque de Holanda Filho, *Migration, regional and urban growth and development in Brazil*. São Paulo: IPE, 1971 *apud* Josué dos Passos Subrinho, *op. cit*, p. 373-374.

A região Nordeste, além do mais, foi tradicionalmente acostumada a outro movimento migratório, o de caráter sazonal, quando trabalhadores deslocavam-se periodicamente nas épocas de estiagem no Sertão e Agreste para a Zona da Mata à procura de emprego nos canaviais, no período de corte da cana.[59]

Além dos fatores naturais de expulsão da população da região Nordeste – as secas periódicas –, já no século XIX outros fatores vieram se somar a estes. A diminuição da exportação dos engenhos de açúcar do Nordeste generalizou a venda de escravos daquela região para a região cafeeira em expansão. Além disso, no século XIX, algumas áreas da região Nordeste, como na zona da Mata em Sergipe, começaram a ser direcionadas para a pecuária, reduzindo-se, assim, a capacidade de absorção de trabalho na zona rural.[60] Portanto, já neste período estavam formados fatores de expulsão endógenos, uma vez que as mudanças na estrutura econômica reduziam a capacidade de absorção de força de trabalho. Havia, portanto, as migrações de populações flageladas pela seca, mas também a emigração menos volumosa, porém constante, de um segmento da população que migrava para outros estados, porque em suas regiões de origem as possibilidades de emprego remunerador iam se tornando mais remotas.

Nas épocas em que havia uma forte seca, o governo imperial, e depois federal, costumava destinar verbas para auxílio dos estados flagelados, verbas que se dirigiam à compra de gêneros alimentícios, assistência médica e empregos nas obras públicas, mas também que se destinavam ao financiamento do transporte, abrigo e alimentação dos migrantes. Paulo César Gonçalves, estudando a migração cearense para São Paulo entre 1877 e 1901, mostrou a participação do governo federal no subsídio do transporte de migrantes nacionais para outras regiões do país através da verba denominada *socorros públicos* e no encaminhamento dos retirantes a partir da Corte.[61]

A maior parte das migrações internas, quando se toma como ponto de partida a região Nordeste, tem como destino, sem dúvida, o Norte do país. No entanto, as migrações para o Centro-Sul, especialmente para São Paulo, não são

---

59 Manuel Correia de Andrade, *op. cit.* e Peter L. Eisenber, *Modernização sem mudança...*

60 Josué Modesto dos Passos Subrinho, *Reordenamento do trabalho...*, p. 383.

61 Paulo César Gonçalves, *Migração e mão de obra. Retirantes cearenses na economia cafeeira do Centro-Sul (1877-1901)*. SP: dissertação de mestrado apresentada à FFLCH/USP, 2002.

desprezíveis. Gonçalves, estudando o movimento da Hospedaria da Ilha das Flores, na capital federal, verificou que São Paulo foi um importante destino dos migrantes que por ali passaram entre 1877 e 1901. A Hospedaria era mantida pelo governo federal e funcionava como ponto de distribuição de mão de obra estrangeira ou nacional que chegava ao porto do Rio de Janeiro e que se dirigia a vários estados brasileiros.[62]

A questão do trabalhador nacional no período de transição da escravidão para o trabalho livre passa também pela discussão sobre a migração brasileira. A escassa presença da mão de obra nacional do Nordeste na lavoura cafeeira paulista estaria ligada, segundo a bibliografia, à preferência dos fazendeiros paulistas pela mão de obra estrangeira e às dificuldades de adaptação da mão de obra nacional às condições de assalariados de forma disciplinada. Todos os estereótipos que dificultavam a inserção dos trabalhadores no mercado de trabalho regular cabiam também para justificar a não opção pelo migrante brasileiro.

Além das características morais do trabalhador brasileiro que impediam a utilização deste reservatório de mão de obra em São Paulo, havia outras limitações de ordem técnica e econômica, segundo Graham e Holanda Filho. O maior desenvolvimento da navegação transoceânica em detrimento da de cabotagem e os programas de subsídios à imigração estrangeira teriam tornado mais barata a imigração proveniente do exterior, quando comparada com a imigração de nordestinos.[63]

Ainda havia a questão da maior proximidade da região Nordeste à região Norte, tornando esta última a principal absorvedora da mão de obra nordestina que decidia migrar em detrimento da região Sudeste.

Ao mesmo tempo, os fatores de expulsão dos trabalhadores que na Europa se faziam sentir fortemente, junto com a ideologia de branqueamento e progresso disseminada na mentalidade paulista teriam tornado a imigração estrangeira mais atrativa que a migração nacional como solução para romper os problemas da rigidez do mercado de trabalho que se formava.

Estudos mais recentes, no entanto, vêm questionando estas justificativas para a não migração interna massiva para São Paulo naquele período e vêm colocando

---

62 Paulo César Gonçalves, *op. cit.*, p. 131.

63 Douglas Graham e Sérgio Buarque de Holanda Filho, *Migrações internas no Brasil (1872-1970)*. São Paulo: IPE/USP, 1984.

em debate outras questões. Josué Passos Subrinho, questionando estes fatores de ordem técnica e econômica, desmontou os elementos daquela argumentação que coloca nos limites logísticos a explicação para a grande migração nordestina para a região Norte em comparação com o Sudeste. Primeiramente, o autor pôs em xeque o argumento de que a migração para a primeira era mais fácil, mais rápida e mais barata que a migração para a segunda. O autor mostrou que se tomarmos como exemplo de distância Fortaleza-Belém versus Fortaleza-Santos, realmente a Amazônia seria mais próxima do Nordeste que o Centro-Sul. Entretanto, o mesmo não se pode dizer de Salvador-Acre versus Salvador-Santos.[64]

Quanto à questão do maior desenvolvimento e facilidade da navegação a vapor ligando o Nordeste à Amazônia, Subrinho também a relativizou. No final do século XIX, a navegação de cabotagem tinha como ponto focal o porto do Rio de Janeiro, portanto, segundo o autor, é difícil acreditar que a navegação ligando o Nordeste ao Centro-Sul era menos desenvolvida que para o Norte. As empresas de navegação de atuação nacional como, por exemplo, a *Empresa de Navegação Costeira* e, especialmente, o *Lloyd Brasileiro*, ligavam todos os principais portos da costa brasileira ao Rio de Janeiro e, através de diversas linhas, entre eles. Outras, como a *Empresa de Navegação do Rio de Janeiro* e a *Empresa Esperança Marítima* ligavam o Rio de Janeiro aos portos do Espírito Santo, Bahia e Sergipe. Portanto, para Subrinho, não se pode concluir que a navegação a vapor, ligando o Nordeste à Amazônia, estivesse mais desenvolvida que a navegação para o porto do Rio de Janeiro.

Além do mais, o autor lembra que nessa mesma época o direcionamento da produção nordestina de açúcar e algodão para os mercados internos, especialmente do Centro-Sul, intensificava a navegação de cabotagem entre as duas regiões: "Portanto, do ponto de vista da disponibilidade de meios de transportes não havia grandes obstáculos à emigração destes nordestinos para o Sudeste, nem ela era mais difícil para o Sudeste quando comparada com a Amazônia".[65]

Também quanto ao preço do transporte, Subrinho questiona a hipótese de a migração interna ser mais cara que a imigração de estrangeiros dirigida para São Paulo. O autor verificou que em 1908 a passagem na segunda classe de

---

64 Josué Modesto dos Passos Subrinho, *Reordenamento do trabalho...*, p. 394.

65 Josué Modesto dos Passos Subrinho, *Reordenamento do trabalho...*, p. 396.

Aracaju-Rio de Janeiro custaria 60$000; Recife-Rio de Janeiro custaria 34$000; Natal-Rio de Janeiro, 43$000; Fortaleza-Rio de Janeiro, 45$000. Neste mesmo ano, São Paulo havia recebido 9.433 imigrantes estrangeiros subsidiados, tendo o governo estadual desembolsado 2.001:000$000 réis, ou seja, cada imigrante subsidiado teria custado ao estado de São Paulo, em média, 212$128, portanto, mais que o dobro da passagem de Aracaju ao Rio de Janeiro, trecho de maior custo.[66]

A migração da região Nordeste para a Sudeste, portanto, não enfrentava maiores dificuldades de ordem técnica e econômica que a migração estrangeira. No entanto, ela enfrentava problemas de outra ordem, como veremos a seguir.

Os migrantes nacionais, já desde meados do século XIX, foram um fator do crescimento populacional de São Paulo. Maria Silvia Bassanezi identificou, através da análise do Recenseamento de 1872, grande afluxo para São Paulo de migrantes originários de diversas regiões do Império, a maioria constituída por nacionais livres (55,1%), especialmente mineiros, fluminenses e nordestinos, que se concentraram nas áreas cafeeiras da província na época: Taubaté, Itapetininga, Mogi-Mirim, São João da Boa Vista, Piracicaba e Franca.[67]

Porém, já a partir da década de 1880, a imigração estrangeira ultrapassou em muito a migração nacional para São Paulo, tendência que só seria revertida a partir de metade da segunda década do século XX, com a Primeira Guerra Mundial. A migração brasileira para São Paulo apresenta duas linhas de tendências distintas, quando analisados os dados de imigração estrangeira e nacional extraídos dos *Relatórios da Secretaria da Agricultura, Indústria e Comércio entre 1900-1930*: em um primeiro período, compreendido entre 1900 e 1914, a incidência do elemento brasileiro sobre a imigração total é muito limitada e mantém *grosso modo* um movimento estacionário. De 1914 em diante, assiste-se ao notável desenvolvimento dessa variável, que em alguns casos constitui mais da metade da imigração no seu todo.[68]

No entanto, se os dados quantitativos parecem indicar pequena importância da migração brasileira para a constituição do mercado de trabalho em São Paulo no período de sua formação, os indícios qualitativos parecem ser abundantes. Gonçalves

66 Josué Modesto dos Passos Subrinho, *Reordenamento do trabalho...*, p. 396-397.

67 Maria Silvia C. Beozzo Bassanezi, "Migrantes no Brasil da segunda metade do século XIX". In: *Anais do XII Encontro Nacional da ABEP*, 2000, p. 6-9.

68 Chiara Vangelista, *op. cit.*, p. 97.

constatou que as parcas informações contidas nos relatórios dos presidentes de províncias/estados não representam o que foi a migração de nordestinos para São Paulo. Contrariamente, uma significativa documentação, composta por ofícios da *Inspetoria Geral de Terras e Colonização* e ofícios administrativos enviados para a inspetoria por alguns municípios do interior, evidencia sua importância.[69]

Warren Dean notou a importância de trabalhadores nacionais nascidos em outros estados para a constituição da mão de obra das fazendas do município de Rio Claro: *"A migração interna de trabalhadores livres de outras províncias constituía um fator tão constante do crescimento das fazendas que é surpreendente que tenha recebido tão pouca atenção"*.[70] José de Souza Martins, do mesmo modo, havia notado a agitada movimentação dos baianos que, a partir de 1885, vieram em centenas para São Paulo, com a obrigação de plantarem café na fazenda Guatapará. Segundo Martins, os migrantes mineiros trabalhavam nas derrubadas do Oeste paulista, fornecendo vestígios estimulantes de pesquisa para a ainda tão obscura história dos migrantes em São Paulo neste período.[71]

Mais recentemente, Denise Moura encontrou grande número de famílias nordestinas e mineiras na cidade e nas fazendas de Campinas do final do século XIX. Descreveu, também, o grande engajamento deste contingente de trabalhadores migrantes de outras partes do Brasil no Corpo Municipal Permanente, e após, 1875, na Guarda de Urbanos.[72] Josué Passou Subrinho também apontou a importância dos migrantes para a formação das unidades policiais quando analisou a resistência por parte da elite, da imprensa e das autoridades locais ao agenciamento de pessoal para o trabalho no Centro-Sul. O autor verificou inclusive

---

69 Paulo César Gonçalves, *op. cit.*, p. 116.

70 Warren Dean, *Rio Claro...*, p. 119.

71 José de Souza Martins, *O cativeiro da terra...*, p. 71.

72 Denise. A. S. de Moura, *Saindo das sombras...*, capítulo 4. Denise Moura percebeu o grande número de homens que, chegando em Campinas, procuravam trabalhar no serviço de policiamento da cidade, tornando-se praças, soldados e urbanos. Geralmente as cidades da então província de São Paulo mantinha a ordem interna através do Corpo Municipal Permanente. Com o processo de urbanização e o crescimento das cidades, o efetivo desse Corpo foi ampliado com a criação, em 1875, da Guarda de Urbanos, dada a maior incidência de crimes e contravenções da lei no espaço das cidades (p. 165)

que o Estado instituiu um alto imposto para o agente ou condutor de voluntários para as unidades policiais de outros estados da República.[73]

Gonçalves, dedicando-se a estudar a inserção dos migrantes cearenses na lavoura paulista, encontrou-os não apenas nas tarefas de derrubadas das matas para abertura de novas fazendas, atividade que tradicionalmente a bibliografia costuma lhe atribuir, mas também plantando, tratando e colhendo café dentro das fazendas já formadas nos municípios de Limeira, Rio Claro, Mogi-Mirim, Amparo e Casa Branca, por exemplo. O autor também mostrou a participação do governo central no pagamento de passagens de trem dos migrantes nordestinos (chamados na documentação "retirantes cearenses") custeadas pela província com verbas repassadas pelo governo imperial e, depois, federal. O autor localizou, para os anos de 1878, 1900 e 1901, muitos ofícios enviados por fazendeiros e seus agentes ao presidente da província, pedindo o pagamento de passagens para migrantes cearenses que seriam alocados nas fazendas cafeeiras de São Paulo. Em 1878, por exemplo, foram encontrados ao todo 778 ofícios solicitando pagamento de passagem para migrantes cearenses.[74]

Outro autor que resgatou a importância do papel dos migrantes no mercado de trabalho rural que então se formava em São Paulo foi Chiara Vangelista. Para a autora, parece evidente que a oferta de trabalho formada no mercado e ligada à economia de exportação não provém completamente do exterior. Em outras palavras, a demanda não atinge a força de trabalho apenas entre as fileiras dos imigrantes, mas também no setor agrícola de subsistência (trabalhadores brasileiros), nas parcelas marginalizadas do setor industrial e terciário (desocupação urbana) e nos *migrantes nacionais*. Por meio de análise de regressão, Vangelista mostrou que a demanda por trabalhadores temporários influenciava de forma marcante a migração proveniente de outros estados brasileiros, isto é, o aumento da demanda por trabalhadores temporários (apanhadores e assalariados em geral) mantinha relação com o aumento da oferta de trabalhadores nacionais, sobretudo migrantes: "... de fato, os colonos chegam geralmente do exterior, enquanto os assalariados

73 Josué Modesto dos Passos Subrinho, "Migrações Internas: resistências e conflitos (1872-1920)". In: *Anais do XX Encontro Nacional de Economia*. São Paulo: 2 a 4 dez de 1992, p. 311.

74 Paulo César Gonçalves, *op. cit.*, p. 119.

e as famílias dos apanhadores de café são recrutados no interior do estado ou em outras regiões do Brasil".[75]

Se a migração foi um componente importante na composição da oferta de mão de obra para a agricultura de São Paulo, e se os obstáculos em termos logísticos (distância dos portos, desenvolvimento das linhas regulares de transporte e custo da viagem) parecem não ter sido mais significativos que os do transporte transoceânico, porque um programa de subsídios à imigração de trabalhadores nacionais em larga escala para a economia cafeeira não foi tentado? Warren Dean, após constatar a existências de centenas de migrantes nas fazendas cafeeiras do município de Rio Claro, afirmou: "É possível que os trabalhadores brasileiros tivessem resolvido a crise de mão de obra, sem a necessidade de recorrer-se aos europeus, se algum esforço tivesse sido feito no sentido de recrutá-los".[76] Por que, então, este esforço não foi feito?

Celso Furtado, pioneiramente, remeteu a questão aos laços de dependência pessoal que ligavam os possíveis candidatos à emigração aos proprietários de terras espalhados pelo interior do país. Portanto, a emigração massiva destes trabalhadores somente seria possível com a anuência dos latifundiários. Esta justificativa vem sendo repetida pela bibliografia que estuda o período sem, no entanto, suscitar maiores questionamentos. Um fator importante destacado por Josué Passos Subrinho para a não existência de um programa oficial estadual ou federal de subsídios à migração nacional que angariasse trabalhadores e os distribuísse nas lavouras cafeeiras paulistas, sedentas de braços, foi a resistência das elites locais ao êxodo de sua população.

Do ponto de vista dos proprietários de terra das diversas economias regionais brasileiras e de suas elites, o núcleo da questão consistia em que uma forte emigração para outras regiões com crescimento econômico mais acelerado colocaria dificuldades adicionais em seus processos de "reordenamento do trabalho".[77] Ou seja, toda a tentativa de criar novos mecanismos de subordinação do trabalho, a partir do momento em que o escravismo entrou em crise e, especialmente, após a Abolição, seria dificultada com o surgimento de pontos de fuga, pois diminuindo

75 Chiara Vangelista, *op. cit.*, p. 152.

76 Warren Dean, *Rio Claro...*, p. 119.

77 Josué Modesto dos Passos Subrinho, *Reordenamento do trabalho...*, p. 398.

a oferta de mão de obra local, aumentaria o poder de barganha dos trabalhadores num momento em que o mercado de trabalho e, o mais importante, o exército nacional de reserva estava em formação.[78]

Naquele momento, um programa massivo de transferência de trabalhadores nacionais para os mercados do Sudeste, especialmente para São Paulo, colocaria um problema para o pacto federativo que mantinha a Primeira República. Para Subrinho, um programa deste tipo "encontraria resistências tão grandes que, uma vez atingindo alguns dos Estados-chave da Federação – Rio Grande do Sul, Minas Gerais, Bahia e Pernambuco, por exemplo – [que] a própria unidade nacional estaria colocada em xeque ou, alternativamente, se faria necessário um Governo central mais forte, capaz, inclusive, de transferir recursos para as regiões de emigração, como forma de compensá-las pela perda de parte de sua população".[79]

Por isso, em 1917, o *Boletim do Departamento Estadual do Trabalho* de São Paulo, tratando da questão da migração, dizia ser esta uma "questão tão melindrosa, pelo modo como repercute[ia] no mais íntimo dos interesses nacionais".[80] O assunto era vasto, complexo e envolvia interesses conflitantes entre São Paulo, absorvedor da mão de obra, e os estados do Nordeste, os emissores. Segundo o Departamento Estadual do Trabalho, que publicava o *Boletim*, os conflitos existentes eram gerados por questões econômicas. Ao transferir o exército de reserva dos estados nordestinos para São Paulo, a emigração causaria aumento de salários e abalo na organização do mercado de trabalho que então se dava no Nordeste:

> E em última analyse, se temos dentro do nosso territorio os meios de acudir á situação, porque entregarmos ao braço estrangeiro a solução do problema? O assunto é vasto e complexo e vários e oppostos são os interesses em jogo. Em primeiro lugar, objecta-se que a emigração depaupera com a sangria. [...] Não queremos dissimular que a emigração inter-regional, ainda quando prudentemente

78 Para a inexistência de um mercado de trabalho nacional, ver Alexandre de Freitas Barbosa, *op. cit.*

79 Josué Modesto dos Passos Subrinho, *Reordenamento do trabalho...*, p. 398-399.

80 Emigração inter-regional para as colheitas... p. 275.

> dirigida, produz um certo *abalo nos salários e em algumas outras condições do trabalho, na zona de origem dos trabalhadores.*[81]

Portanto, um fator a entravar um programa massivo de transferência de trabalhadores da região Nordeste para São Paulo eram as resistências enfrentadas de ordem econômica. Ao desestabilizar o mercado de trabalho local pela transferência do exército de reserva para outras regiões, a migração sofria forte resistência da elite e das autoridades locais. Ana Lanna, ao mostrar que a migração temporária sazonal para a Zona da Mata mineira, zona cafeicultora, foi um importante fator na estruturação do trabalho da região, notou que para as regiões que ofereciam este contingente de força de trabalho, a migração significava a impossibilidade de contar com uma mão de obra estável. Por isso, se a região absorvedora de mão de obra era favorecida, a região emissora ficava prejudicada em seus interesses.[82]

A partir dos anos 1880, a migração de trabalhadores para a região cafeicultora mineira passou a aparecer com crescente destaque na documentação. Nos jornais do norte do estado, região fornecedora da maior parte dos migrantes, as reclamações eram intensas e veementes contra esse deslocamento que "impediria o desenvolvimento da economia e afrouxaria os laços da moral ".[83] Esses deslocamentos assumiram caráter de sazonalidade e ultrapassaram os limites de Minas Gerais, dirigindo-se para São Paulo, Espírito Santo e Rio de Janeiro. No município de Itajubá, era grande a ida de imigrantes para o Oeste paulista. As tensões e dificuldades geradas por este deslocamento sazonal, segundo Lanna, foram muitas.[84]

Também em Sergipe, importante estado de emigração, as resistências ao êxodo dos trabalhadores foram grandes. A partir da década de 1890, a imprensa sergipana registrou sua preocupação quanto à emigração de parte da população local. Ao estudar a questão da migração para Sergipe, Subrinho notou que coibir este deslocamento fazia parte de um ideário comum às elites locais. Um episódio

---

81 Emigração inter-regional para as colheitas..., p. 280. (grifo nosso)

82 Ana Lúcia Duarte Lanna, *A transformação do trabalho...*, p. 94.

83 Ana Lúcia Duarte Lanna, *A transformação do trabalho...*, p. 94.

84 Ana Lúcia Duarte Lanna, *A transformação do trabalho...*, p. 94.

ilustrativo dos conflitos que a emigração provocava na sociedade sergipana foi proporcionado, em 1892, pela ação de um aliciador de mão de obra, agente da companhia concessionária do Porto de Santos.

O aliciador chegou ao estado com o propósito de contratar 400 trabalhadores, oferecendo salários de 4$000 a 10$000 réis por dia, conforme as habilitações. Com o anúncio dos salários pagos em Santos, o aliciador conseguiu, em uma semana, reunir 600 pessoas no Porto de Aracaju dispostas a emigrar. Imediatamente, a imprensa local iniciou campanha contra a emigração, tida como causa ou agravadora da decadência econômica do estado, e os trabalhadores foram proibidos de partir.[85]

A imprensa sergipana manteve verdadeira campanha contra a emigração divulgando os mais variados relatos que punham em evidência as mazelas da emigração para a população que partia: relatos de emigrantes frustrados em suas expectativas, fraudados nas promessas feitas pelos aliciadores; esclarecimentos quanto a um elevado salário monetário não compensador perante os altos custos de vida nas grandes cidades; sobre as condições sociais desfavoráveis das cidades para onde emigravam os sergipanos; etc.[86]

Além de os agenciadores serem fortemente atacados pela imprensa, outra forma encontrada para coibir a emigração foi a instituição de pesados impostos sobre a atividade dos agenciadores de trabalhadores para fora do estado.[87] Também foram registradas notícias da adoção de impostos semelhantes pelos estados de Pernambuco e Ceará restringindo a ação dos aliciadores de mão de obra. O estado do Ceará, tentando inibir os agenciadores de emigrantes, criou uma lei obrigando o agenciador ao pagamento de um imposto no valor de um conto e quinhentos mil réis por trabalhador contratado.[88]

Também no Ceará, as resistências à migração por parte das autoridades locais foram muitas. Entre setembro e outubro de 1900, discutiu-se no Senado um projeto apresentado pelo governo federal que destinava dez mil contos de réis às

85 Josué Modesto dos Passos Subrinho, *Reordenamento do trabalho...*, p. 389-390.

86 Josué Modesto dos Passos Subrinho, *Reordenamento do trabalho...*, p. 390-391.

87 Josué Modesto dos Passos Subrinho, *Reordenamento do trabalho...*, p. 393.

88 Paulo César Gonçaves, *op. cit.*, p. 102.

vítimas da seca, a serem aplicados em obras públicas e na concessão de passagens para fora do Ceará, especialmente para São Paulo. O projeto levantou os ânimos da elite e da imprensa cearense contra a emigração. E a propaganda parece ter surtido efeito: enquanto a migração para o Norte continuava a ocorrer normalmente, o embarque dos retirantes para o Sul acontecia em pequeno número.[89]

Para as elites nordestinas resistentes à perda de sua população para o Sudeste, a migração para o Norte (Pará e Amazonas) era preferível à migração para o Sudeste, porque ela não representava um deslocamento definitivo, visto que era comum um *deslocamento sazonal* de trabalhadores cearenses que aproveitavam o tempo da colheita da borracha para fazerem pecúlio e, posteriormente, retornarem ao Ceará. Entre 1900 e 1901, sem recursos financeiros suficientes, o presidente do Ceará alegava não ter outra saída, senão facilitar a fuga da população flagelada para o Amazonas e Pará, cujos chefes de governo comprometiam-se a recebê-los. Segundo seu ponto de vista, a migração para os dois estados do Norte não se configurava um exílio, pois era comum a volta para a terra natal.[90]

Dois anos antes, no Senado Imperial, em 1889, o senador Castro Carreira, do Ceará, já lamentava o despovoamento da província pela fuga dos flagelados para o Centro-Sul. Para o senador, os cearenses estavam habituados todos os anos, desde 1880, a migrarem *temporariamente* no tempo da colheita da borracha. Mas, para o Centro-Sul, o senador lamentava a migração justamente pelo fato de ela significar, muitas vezes, uma saída definitiva.[91]

As resistências à migração por parte dos estados emissores, evidenciadas nos debates das autoridades, na imprensa e nas medidas para coibir a migração, tais como o imposto sobre os agenciadores e outras dificuldades colocadas pelos estados para a saída da população, explicitam os conflitos que poderiam ter explodido na Primeira República, caso a imigração estrangeira não fosse a privilegiada por São Paulo para suprir a necessidade da formação de seu exército de reserva de mão de obra.

89 Paulo César Gonçalves, *op. cit.*, p. 104-105.

90 Paulo César Gonçalves, *op. cit.*, p. 103.

91 Paulo César Gonçalves, *op. cit.*, p. 100.

Migração temporária

Se a imigração estrangeira foi a base na qual se ergueu a política de mão de obra em São Paulo, a migração nacional, no entanto, não deixou de ser significativa, como as evidências descritas comprovam. Tanto a documentação da região emissora quanto a da região receptora de população, no caso, São Paulo, mostram que a migração existiu, foi significativa e que, *na prática*, os fazendeiros não desacreditavam na possibilidade do uso desta mão de obra.

O que, todavia, a documentação mostrou foi que, se a migração parecia ser interessante e, *na prática*, foi importante, ela não podia acontecer por meio de um programa oficial financiado pelo governo estadual nem federal. Era por isso, por exemplo, que o pagamento do transporte de migrantes aparece nos ofícios diversos enviados pelos agenciadores ao Secretário da Agricultura de São Paulo e outros representantes do governo estadual, mas não aparecem nos relatórios oficiais daquela repartição ou nos relatórios de governadores do estado.

No entanto, como a experiência vinha demonstrando, se a migração era um fator negativo por desestabilizar o mercado de trabalho da região emissora, em algumas situações, como nos anos de forte seca, ela era inevitável. Além do mais, as autoridades podiam tentar coibir esta migração pondo empecilhos aos agenciadores e dificultando a saída dos trabalhadores, mas não podiam coibir o desejo de o trabalhador emigrar.

Assim, se a experiência também mostrava que para os estados nordestinos a migração para o Norte era preferível à migração para São Paulo porque aquela era temporária e esta, talvez, definitiva, que então se fizesse, também para São Paulo, a migração temporária, mesmo porque em economias altamente sazonais a maior necessidade é de oferta altamente elástica de mão de obra para os períodos de pico de trabalho.[92] Durante o auge da crise de superprodução cafeeira, nos

92 Durante a Primeira Guerra Mundial, época crítica para a entrada de imigrantes estrangeiros no Brasil, o estado de São Paulo chegou a lançar mão de um acordo de migração temporária entre Brasil, Uruguai e Argentina para tentar compensar a falta de trabalhadores para a colheita: "*...tratei de promover um acordo entre os Departamentos do Trabalho deste Estado, da Argentina e do Uruguai, de modo a estabelecer a permuta de operários entre São Paulo e aqueles países, sem perturbação para o serviço agrícola de qualquer das partes interessadas, visto não coincidirem as épocas das colheitas e da maior faina na lavoura*"
Este acordo chegou a ser aceito pelo Departamento do Trabalho de Montevidéu, mas não pelo de

primeiros anos do século XX, o então secretário da agricultura, Carlos Botelho, passou a pagar passagens de trabalhadores nacionais para virem trabalhar nas fazendas de São Paulo "*tendo em vista facilitar por todos os meios os braços para a lavoura*". Ele foi um dos principais defensores da mecanização da cultura cafeeira, crítico da subvenção estatal à imigração estrangeira em massa e crítico do sistema de colonato.

Quando assumiu a pasta da Secretaria da Agricultura de São Paulo, em 1904, Carlos Botelho passou a restituir as despesas feitas por fazendeiros com o transporte, por estradas de ferro, de trabalhadores agrícolas procedentes de estados limítrofes, depois de provada sua localização nas fazendas. Este subsídio à migração nacional, porém, logo começou a apresentar problemas e, menos de um ano depois, em 1905, teve de ser restringido aos gastos efetuados pelos fazendeiros dentro dos limites do estado de São Paulo.

Os gastos com transporte por estrada de ferro que os fazendeiros tivessem realizado para trazer trabalhadores migrantes, e que se referissem a trechos no interior de outro estado, não mais seriam cobertos pelo governo estadual. Esta mudança em relação ao subsídio do transporte, restringindo-se ao ressarcimento apenas dos gastos efetuados dentro do estado de São Paulo, visava coibir abusos por parte dos fazendeiros, dada a dificuldade de comprovação das despesas realmente feitas, e também coibir problemas de "despovoamento" de estados vizinhos, "*sendo ela tendente ao despovoamento dos estados vizinhos, o que não pode estar na intenção do Governo de S. Paulo promover, ella não deve mais ser praticada sem restrições como até aqui*".[93]

A ideia do Secretário da Agricultura era implementar a migração nacional temporária para as colheitas, garantindo o pagamento de transporte de ida e volta para os trabalhadores:

Buenos Aires, mas parece não ter surtido efeitos práticos. Ver Secretaria dos Negocios da Agricultura, Commercio e Obras Publicas do Estado de São Paulo. *Relatorio apresentado ao Exmo. Sr. Dr. Altino Arantes, presidente de S. Paulo pelo Secretario da Agricultura, Commercio e Obras Publicas Candido Nazianzeno Nogueira da Motta. Anno de 1916.* São Paulo: Typ. Augusto Siqueira & C., 1918. Ver também Mensagens do presidente do Estado de São Paulo referentes aos anos de 1916 e 1917.

93 Carlos Botelho, Aviso ao Sr. Director Geral da Secretaria da Agricultura, 28 jan 1905. In: Secretaria da Agricultura, Commercio e Obras Publicas do Estado de São Paulo. *Boletim da Agricultura. Anno de 1905.* São Paulo: Red. da Revista Agricola, serie VI, nº1, 1905, p. 4.

> Emquanto esta secretaria não estiver habilitada para por em execução o seu plano, que visa o fornecimento de braços para a lavoura durante o *periodo das colheitas*, pelo fomento da *immigração temporária* ou introducção de trabalhadores de outros estados que tenha garantida a sua volta á localidade de procedencia, depois de terminadas as fainas agricolas de S. Paulo, só é possível attender em parte às despesas que os fazendeiros façam, introduzindo dos estados vizinhos os braços que aqui, no momento, não encontrem ao seu alcance.[94]

Dois anos antes, em seu relatório anual, o secretário da Agricultura defendia a ideia da ampliação do subsídio do transporte de trabalhadores nacionais de maneira a custear também a passagem de volta ao local de origem. Esta medida, *"facilitando a mobilização do braço dentro do país"*, ajudaria a tornar elástica a oferta de mão de obra perante a demanda sazonal e permitiria o rebaixamento dos custos com trabalho ao possibilitar a dispensa de trabalhadores residentes:

> Refiro-me ao estabelecimento de um serviço de transporte de trabalhadores agrícolas, de *uma para outras regiões do Estado, ou procedentes de outros estados, aos quais se tenha assegurado o regresso a seus lares depois de terminados os trabalhos da colheita* [...] desde que o Congresso Legislativo, ampliando a lei em vigor, autorizado que, além das passagens de vinda, no todo ou em parte, também sejam pagas as de volta dos trabalhadores agrícolas que se localizem por um período determinado na lavoura deste Estado, excetuados desta vantagem os procedentes do estrangeiro. Esta medida facilitando a mobilização do braço dentro do paiz, seria de um alcance considerável, tanto para o fazendeiro como para o Estado. *Aquelle, tendo facilidade de obter um supprimento extraordinario de braços na occasião da colheita, redusirá bastante suas despesas de custeio, dispensando um bom número pessoal permanente que agora se vê obrigado a sustentar, para garantia do trabalho regular da fazenda.*[95]

---

94 Carlos Botelho, Aviso ao Sr. Director Geral da Secretaria da Agricultura..., p. 4. (grifo nosso)

95 Secretaria dos Negocios da Agricultura, Commercio e Obras Publicas do Estado de São Paulo. *Relatorio apresentado ao Dr. Jorge Tibiriçá, presidente do Estado de São Paulo pelo Dr. Carlos Botelho, Secretario da Agricultura. Anno 1904*. São Paulo: Typographia Brazil de Carlos Gerke, 1905, p. 118. (grifo nosso)

As medidas idealizadas por ele foram em parte contempladas na *Lei nº 1045 – C de 27 de dezembro de 1906*, que dispunha sobre a imigração e colonização no estado de São Paulo, e trazia no capítulo VIII artigos referentes ao incremento da migração temporária intermunicipal e proveniente de outros estados brasileiros, facilitando o deslocamento de ida e volta dos trabalhadores sazonais, que poderiam vir da capital, dos núcleos coloniais ou de outros Estados:

> Capítulo VIII – Disposições Geraes
> Art. 68. O governo facilitará aos trabalhadores sem serviço na capital o seu transporte em estrada de ferro para o interior, quando se contractarem para a lavoura.
> Art. 69. *Durante o periodo das colheitas no Estado* o governo, mediante previo accôrdo com as companhias de estradas de ferro, facilitará aos colonos localizados nos núcleos coloniais o seu transporte de ida e volta, quando se ajustarem para trabalhar nas fazendas.
> Art. 70. afim de facilitar á lavoura os braços de que careçam, poderá o governo auxiliar a introducção de trabalhadores procedentes de outros Estados, mediante as condições que assegurem a boa execução do serviço.[96]

Apesar de a legislação em vigor em São Paulo desde 1906 prever a possibilidade do pagamento do transporte de migrantes nacionais pelo estado, um programa oficial de migração massiva nunca foi colocado em prática, pois era uma questão por demais melindrosa e que envolvia interesses conflitantes entre os estados emissores e os receptores de mão de obra, visto que a migração interna em massa significava a transferência do exército de reserva do Norte para o Sul do país e, portanto, serviria para rebaixar os salários numa região enquanto forçaria seu aumento na outra.

Em 1917, quando a Primeira Guerra Mundial praticamente estancou a vinda de trabalhadores imigrantes estrangeiros para São Paulo, o *Boletim do Departamento Estadual do Trabalho* colocou novamente em pauta a questão da migração nacional.

---

96 Lei nº 1045 – C, de 27 de dezembro de 1906, que dispõe sobre a immigração e colonização no territorio do estado de São Paulo. In: Secretaria da Agricultura, Commercio e Obras Publicas do Estado de São Paulo. Boletim da Agricultura. Anno de 1907. São Paulo: Red. da Revista Agricola, 8a serie, nº 1, janeiro de 1907. (grifo nosso)

Este documento nos dá indicações das dificuldades para a implementação de um programa oficial de angariamento e subsídio de trabalhadores de outros estados brasileiros. Naquele momento, plenamente ciente de que a migração definitiva era uma "questão tão melindrosa" [97] e que o "assunto é[ra] vasto e complexo e vários e oppostos [eram] os interesses em jogo" [98] e ciente de que a migração mais prejudicial à região da qual saíam os trabalhadores era a "emigração êxodo",[99] o Boletim do Departamento Estadual do Trabalho passa então a sugerir a migração temporária. Esta, segundo o departamento, poderia ser interessante para os dois lados, o do demandante de força de trabalho e o do ofertante de mão de obra caso fosse bem dirigida:

> A emigração-exodo, a emigração-fuga, a emigração-debandada, a emigração-panacéa [ ] não é, seguramente não é, nem uma fonte de riqueza nem um phenomeno que se justifique dentro das condições normaes de um paiz bem organizado [ ] O mesmo não se póde affirmar [ ] de uma *emigração inter-regional, periodica e temporaria.*[100]

Esta migração bem dirigida era aquela que não colocaria São Paulo em oposição frontal aos outros estados da federação. Para isso, o departamento considerava que o programa ideal a ser colocado em prática seria aquele que garantisse a volta do trabalhador para sua cidade de origem: "afim de que esta nossa proposta não produza o effeito de arrancar aos Estados nataes trabalhadores necessários ao seu progresso, agravando o mal-estar de algumas unidades da Federação e lançando sobre os nossos verdadeiros intuitos suspeitas desairosas".[101]

Segundo o Departamento Estadual do Trabalho, a garantia do retorno dos trabalhadores depois de terminada a colheita do café em São Paulo seria a

97 "Emigração inter-regional para as colheitas...", p. 280.

98 "Emigração inter-regional para as colheitas...", p. 280.

99 "Emigração inter-regional para as colheitas...", p. 280.

100 "Emigração inter-regional para as colheitas...", p. 280. (grifo nosso)

101 "Emigração inter-regional para as colheitas...", p. 282.

condição capaz de evitar prejuízos à região de origem dos trabalhadores ao mesmo tempo em que garantia a abundância de braços necessários para a colheita:

> Um accôrdo entre São Paulo e alguns estados do Norte, sob o patrocinio do Governo Federal – eis a base. O aproveitamento da navegação costeira nacional para o *transporte dos colhedores de café*, tanto do Norte para o porto de Santos, como do porto de Santos para o Norte – eis o complemento. A garantia da passagem de ida e volta pelo Governo de São Paulo [...] eis o modo de execução. *A garantia do retorno dos colhedores – eis a condição capaz de evitar prejuízos á região de origem dos trabalhadores...*[102]

Em 1919, o Secretário da Agricultura do Estado de São Paulo remeteu ao Governador do Ceará um telegrama pedindo permissão para organizar um serviço de propaganda e transporte de trabalhadores para São Paulo, dada a circunstância especial então vivida pela população cearense flagelada pela seca e tendo em vista a iminência de uma grande colheita no estado. Em seu pedido, o Secretário assegurava que essa situação seria transitória e que os trabalhadores poderiam voltar para o Ceará logo passada a situação que flagelava o Estado:

> *Considerando a grande necessidade de braços para a próxima colheita* em São Paulo, e tendo conhecimento de que a seca que infelizmente está se abatendo nesse Estado deixou um grande número de trabalhadores agrícolas sem emprego, desejo consultar Sua Excelência acerca da possibilidade de que esta Secretaria organize um serviço de propaganda e transporte para São Paulo de indivíduos aptos ao trabalho agrícola, *mesmo que seja somente para os trabalhos da próxima colheita, podendo verificar-se o retorno dos mesmos a este Estado* logo depois, tendo desaparecido o flagelo que o devasta atualmente [...][103]

---

102 "Emigração inter-regional para as colheitas...", p. 282. (grifo nosso)

103 Secretaria de Estado dos Negocios da Agricultura, Commercio e Obras Publicas do Estado de São Paulo. *Relatório apresentado ao Dr. Altino Arantes, presidente do Estado pelo Dr. Candido Nanzianzeno Nogueira da Motta, secretario da Agricultura, Commercio e Obras Publicas. Anno de 1919*. São Paulo, 1920. p. 29. (grifo nosso)

O governador do Ceará consentiu o angariamento dos braços, por mais prejudicial que considerasse a migração para o estado, tendo em vista que havia a possibilidade de retorno desta população:

> [...] Há na realidade um grande número de trabalhadores agrícolas que, por causa da seca, está reunido nesta capital e em outras cidades próximas ao litoral. A condição desta pobre gente é tristíssima, restando-lhes somente o remédio da migração, posto que os trabalhos federais em curso não podem admitir nem uma décima parte daqueles que procuram trabalho. *Por mais prejudicial que seja à economia do Estado a migração de seus habitantes*, não tenho nada a objetar à sugestão referida por Sua Excelência, *tanto mais se existe a possibilidade de retorno* uma vez que termine o flagelo que atualmente devasta o Estado [...][104]

Migração intermunicipal

No intuito de tornar ainda mais elástica a oferta de mão de obra no momento da colheita, o decreto que criou a Agência Oficial de Colonização e Trabalho previa a possibilidade de a própria agência providenciar, para os períodos de alta demanda por mão de obra, o transporte de trabalhadores temporários de áreas do estado onde a demanda por trabalho fosse pequena para áreas onde a demanda fosse muito alta, especialmente do Norte para o Oeste do estado:

> Capitulo V – Disposições gerais
> Artigo 43
> § único – No mesmo sentido deverá a Agencia providenciar, quando o Secretario da Agricultura o julgar opportuno, sobre o transporte de trabalhadores ruraes de umas zonas do Estado

104 Secretaria de Estado dos Negocios da Agricultura, Commercio e Obras Publicas do Estado de São Paulo. *Relatório apresentado ao Dr. Altino Arantes, presidente do Estado pelo Dr. Candido Nanzianzeno Nogueira da Motta, secretario da Agricultura, Commercio e Obras Publicas. Anno de 1919*. São Paulo, 1920. p. 29. (grifo nosso)

> em que existirem braços disponiveis para outras em que houver carencia dos mesmos **para as colheitas.**[105]

Parece até mesmo que certa migração temporária e periódica passou a ocorrer entre o Norte do estado e o Oeste, a ponto de o Departamento Estadual do Trabalho registrar, em 1917, que havia se formado um movimento anual de trabalhadores entre as duas regiões, o qual as autoridades locais não conseguiam refrear: "...como do chamado Norte para o chamado Oeste de São Paulo, se creou a emigração annual a que os maiores esforços dos Governos Municipais têm sido impotentes para obstar de todo...".[106]

Nos estertores da escravidão, no Oeste paulista, alguns fazendeiros do município de Dois Córregos estavam engajando trabalhadores livres do Norte da província, conforme noticiou a Imprensa Ituana: "Trabalho livre – Alguns fazendeiros do municipio de Dous Corregos têm mandado buscar no norte da província trabalhadores nacionaes para suas fazendas".[107]

Na região Norte de São Paulo, próxima ao Rio de Janeiro, a colheita do café costumava acontecer mais cedo e terminava mais rapidamente que no Oeste paulista devido às diferenças climáticas, as quais faziam que o amadurecimento das cerejas de café acontecesse mais cedo no Norte. A colheita na região, além de ter início antes que no Oeste paulista, também terminava mais rapidamente, porque as cerejas amadureciam todas de uma vez e porque a cultura cafeeira na região estava em decadência, sendo constituída, portanto, por pés de café mais velhos e menos produtivos. Thomas Davatz, comentando sobre a colheita de café em Limeira e comparando-a com a da região Norte do estado, afirmava:

> Nesses lugares de calor em média mais intenso e também de temperatura menos irregular [...] as cerejas amadurecem simultaneamente, segundo consta, de modo que podem ser colhidas com grande rapidez, e uma só pessoa apanha dez por dia. Aqui encontram-se por vezes, no mesmo galho, flores e cerejas verdes,

---

105 Decreto nº 1.355 de 10 de abril de 1906, que cria a Agencia Official de Colonisação e Trabalho... (grifo nosso)

106 Emigração inter-regional para as colheitas..., p. 280.

107 *Imprensa Ituana*, 25 out 1887.

> vermelhas ou pretas, e assim é preciso colher uma por uma escolhendo-se sempre as maduras. O resultado é que o trabalho da colheita deve ser repetido duas e três vezes.[108]

Em estados brasileiros onde havia áreas de regime pluvial muito diferenciadas, como é o caso dos estados da região Nordeste, pode-se observar áreas com regimes pluviométricos, vegetação e regimes de exploração econômica bem característicos e distintos. Na região Nordeste, por exemplo, distinguem-se, desde o tempo colonial, a *Zona da Mata*, com seu clima quente e úmido e duas estações bem definidas (uma chuvosa e outra seca) e o *Sertão*, também quente, porém, seco e sujeito a secas periódicas que destroem a vegetação e os animais. Essas diferenças deram origem a sistemas de exploração agrária diversos, que se complementam economicamente: o Nordeste da cana-de-açúcar e o Nordeste do gado, observando-se entre um e outro o Nordeste da pequena propriedade e da policultura e, ao Oeste, o Meio-Norte, extrativista e pecuarista.[109]

Dada a diversidade climática e a resultante diversidade de exploração econômica, sempre pôde haver no Nordeste uma complementação entre as diferentes áreas. Assim, a Zona da Mata, úmida e principal área econômica da região (a zona dos grandes engenhos de cana-de-açúcar), contou sempre com uma migração sazonal da população do Sertão e do Agreste. Os "corumbas" ou "caatingueiros" que residiam no Agreste e Sertão se deslocam todos os anos para a zona canavieira durante a safra, a fim de participar da colheita. Estes trabalhadores passavam o inverno (estação chuvosa) na sua região, quando conseguiam plantar sua roça de subsistência e, chegado o estio, nos meses de setembro e outubro, quando as usinas começavam a moer e a seca não permitia a existência de trabalhos agrícolas no Agreste, eles desciam em grupos em direção à área canavieira. Aí permaneciam até as primeiras chuvas que, no Agreste, precipitavam em março ou abril, quando regressavam a seus lares a fim de instalar novos roçados. Estavam acostumados, portanto, a uma migração sazonal que lhes garantia a sobrevivência na época de estio em sua região de origem.[110]

---

108 Thomas Davatz, *op. cit.*, p. 66.

109 Manuel Correia de Andrade, *op. cit.*, p. 25.

110 Manuel Correia de Andrade, *op. cit.*, p. 103-108.

Também no estado de Minas Gerais, onde no final do século XIX a geração de riqueza estava extremamente concentrada em uma região, a Zona da Mata mineira, com sua produção cafeeira, a migração temporária sazonal foi importante fator na constituição da oferta de mão de obra para a região.[111]

A partir de 1880, a migração de trabalhadores sazonais para a Zona da Mata provenientes de outras regiões de Minas Gerais começou a ter destaque na documentação. Os trabalhadores dirigiam-se para as regiões cafeeiras nos momentos da colheita, lá permanecendo entre três e quatro meses por ano. Finda a colheita, retornavam para seus locais de origem.[112]

No estado de São Paulo, diferentemente, os mesmos traços naturais (de regime pluvial, de solo e de vegetação) encontram-se desde o oeste do estado até o norte do Paraná, ao longo do Trópico de Capricórnio. Portanto, apesar das suas nuances de clima e solo regionais, a maior parte do estado é, ao mesmo tempo, uma grande região homogênea.[113] Além do mais, a irregularidade das chuvas que marca o estado, típica de um clima tropical, implicando climas sem características rígidas, abre amplas possibilidades agrícolas (café, algodão, cana-de-açúcar, milho, feijão e arroz) em todo o estado.[114]

Essas amplas possibilidades de cultura, sendo semelhantes em quase todo o território do estado, permitiam que fossem cultivadas as mesmas plantas em todas as regiões: o café reinava (de certo, não absoluto) em praticamente todas as áreas do estado; a cana-de-açúcar também era cultivada em praticamente todas as regiões; o mesmo acontecia com as culturas alimentares.[115] Portanto, não havendo disparidades econômicas tão nítidas entre as zonas, nem havendo culturas agrícolas com calendários que pudessem ser intercalados de região para região, sendo pelo contrário, o café

111 Na década de 1870, a Zona da Mata era responsável por mais de 60% da arrecadação total do estado de Minas Gerais e, em 1920, por 78%. Ricardo Zimbrão Affonso de Paula, "Região e regionalização: um estudo da formação regional da Zona da Mata de Minas Gerais". In: *Revista de História Econômica e Economia Regional Aplicada*, vol. 1, nº 1, jul.-dez. 2006, p. 77.

112 Ana Lúcia Duarte Lanna, *A transformação do trabalho...*, p. 94-95.

113 Pierre Monbeig, *op. cit.*, p. 33.

114 Pierre Monbeig, *op. cit.*, p. 72.

115 Ver Mapa 1 e Tabela 5 no capítulo II deste livro.

o principal produto comercial em todas elas, a migração temporária, na escala em que se dava no Nordeste ou em Minas Gerais, não podia acontecer em São Paulo.

As duas principais culturas comerciais de São Paulo eram café e cana-de--açúcar, cujos momentos de pico de demanda por trabalho aconteciam no mesmo período do ano. Além do mais, tendo o estado de São Paulo basicamente apenas duas estações que ocorrem no estado inteiro ao mesmo tempo (*estação seca* e *estação das águas*), todos os trabalhos do mundo agrícola acabavam por ficar concentrados numa mesma época: *a estação seca*.

Apesar de o período e duração da colheita do café variar de zona para zona do Oeste paulista, essas variações eram pequenas demais para permitir deslocamento periódico de trabalhadores de uma para outra região na escala em que acontecia na região Nordeste ou em Minas Gerais, e exceção à regra poderia ser a região do Vale do Paraíba.

Em São Paulo, apesar dos indícios de uma migração de colhedores de café de uma área para outra do Estado, como os anúncios no jornal procurando por trabalhadores para irem colher café em outro município, esta movimentação tinha de ficar restrita à região circunvizinha aos próprios municípios e se restringir à iniciativa particular, pois a migração intermunicipal também sofria resistência das elites das localidades de emigração, que realizavam "os maiores esforços [...] para [a] obstar de todo".[116]

Considerações ao capítulo

Vimos que do ponto de vista dos fazendeiros de São Paulo havia uma *escassez sazonal de braços* no momento de pico de demanda por trabalho – a colheita. Isso apontava para o limite do arranjo *colonato + trabalho temporário sazonal* à medida que ele representava uma forma de rigidez da gestão de mão de obra. Ou seja, não permitia toda a flexibilidade que o capital precisava para adequar os custos e a mobilização dos fatores de produção às circunstâncias.

Nos momentos de diminuição de preços, problema que perpassa o período recortado neste livro, a rigidez ganhava contornos mais sérios.

---

116 Emigração inter-regional para as colheitas..., p. 278.

As soluções vislumbradas que apresentamos aqui neste *Capítulo* nascem desta questão. São elas, todas, tentativas de aumentar os braços disponíveis que pudessem ser mobilizados e dispensados conforme as exigências sazonais da agricultura de exportação. Porém, somente um grande exército de reserva asseguraria para todo o estado de São Paulo a grande elasticidade da oferta de trabalhadores que, por sua vez, é a garantia da realização da colheita e da produção em geral em atividades sazonais.

Seria o exército de reserva que permitiria à empresa rural cafeeira alterar o sistema de trabalho, invertendo a relação trabalho permanente/trabalho temporário. A falta de mão de obra abundante para a tarefa do cafezal que mais exigia trabalho e que só podia ser feita à mão – a colheita – já era, na época, o principal impeditivo para a mecanização. Seria, portanto, o exército de reserva que permitiria a mecanização do trato, pois colocaria à disposição da empresa rural trabalhadores em abundância para as épocas em que o processo de produção requeria mais trabalho. A mecanização do trato, por sua vez, liberaria mão de obra permanente, representada pelo colono, pois aumentaria a produtividade do trabalho naquela tarefa.

Se houvesse oferta de mão de obra fortemente elástica, ou seja, se a fazenda tivesse a certeza de conseguir contratar, demitir e recontratar trabalhadores facil e rapidamente, a relação trabalho permanente/trabalho temporário poderia ser invertida via mecanização do trato. Se houvesse trabalhadores disponíveis ao lado das fazendas (na pequena propriedade) ou longe delas, mas transportados para ela, o problema da falta de abundância de mão de obra estaria resolvido. Essas eram as alternativas imaginadas. Na prática, no entanto, elas não surtiram o efeito esperado.

Contrariando o que imaginavam os defensores da política de núcleos coloniais como viveiros de braços para a colheita, o acesso à terra, permitindo ao trabalhador instalar-se nas proximidades da fazenda, reduziria a elasticidade da oferta de mão de obra ao invés de aumentá-la, uma vez que permitiria ao morador do núcleo um custo oportunidade representado pela produção no seu lote de terra.

A livre movimentação de braços temporários para a colheita –"...[com a possibilidade de] acolher braços nomades, é claro que não haveria perigo de perder uma bôa parte do café por falta de quem o colhesse" [117] – também não poderia acontecer em larga escala. Naquele momento ainda havia muita resistência para a intensificação da migração interna, definitiva ou temporária, a qual não era ainda tão massiva a ponto de liberar a empresa rural cafeeira da necessidade de manter o seu exército de reserva privado.

Só em meados do século XX estes fatores que impediam a plena flexibilização da mão de obra seriam destravados, permitindo à lavoura paulista a dispensa de boa parte dos trabalhadores permanentes e a exacerbação do trabalho temporário. Chegava-se, então, a um máximo de flexibilização do trabalho.

---

117 Tréplica de Carlos Duarte à réplica de J. M. Sobrinho ao seu artigo "Considerações sobre a cultura mechanica do cafeeiro". In: Secretaria da Agricultura, Commercio e Obras Publicas do Estado de São Paulo. *Boletim da Agricultura. Anno de 1913*. São Paulo: 14a serie, n. 11, nov. 1913, p. 749.

CONSIDERAÇÕES FINAIS

ESTE LIVRO TEM COMO EIXO CENTRAL a relação entre as exigências sazonais de mão de obra e o padrão de demanda por trabalho na agricultura paulista.

Ao colocarmos mais esta questão no estudo da formação do mercado de trabalho em São Paulo, forçosamente acabamos por recolocar no debate a importância do trabalho temporário no mercado que se formava. Por sua vez, ao trazer para o debate a questão do trabalho temporário, acabamos por colocar em outros termos a questão do trabalhador nacional na transição da escravidão para o trabalho livre.

A bibliografia mais tradicional sobre a formação do mercado de trabalho em São Paulo costuma atribuir ao trabalhador nacional (e, dentro desta camada da população, o ex-escravo) um papel secundário neste processo. Outra parte da bibliografia, a que se dedica a estudar o fenômeno do trabalho volante na agricultura paulista, só considera o trabalho temporário como estruturante da atividade econômica rural a partir da década de 1960.

Este livro, no entanto, ao colocar no eixo de análise as exigências sazonais de mão de obra, buscou recolocar a questão da importância do trabalho temporário para a estruturação da atividade econômica da agricultura paulista já no momento de formação do mercado de trabalho. E, com isso, a importância do trabalhador nacional, o trabalhador temporário por excelência.

Assim, no *Capítulo 2*, estudamos as exigências sazonais de trabalho na agricultura paulista. Em qualquer uma das plantas mais cultivadas no estado – fosse aquela produzida em larga escala e voltada ao mercado externo, o café; fossem aquelas voltadas ao mercado interno, produzidas em pequena, média ou larga escala, a cana-de-açúcar, o algodão, os cereais; fossem as produzidas para autoconsumo, as alimentares – todas exigiam trabalho de maneira descontínua e intermitente, possuindo momentos de alta e momentos de baixa solicitação de trabalho. Estas variações dependiam do ciclo de vida e dos efeitos das condições climáticas sobre as plantas, tendo, cada uma delas, um calendário próprio. Com este capítulo procuramos mostrar que a demanda por trabalho no mundo rural paulista era extremamente inconstante e sazonal, gerando a necessidade de se contar periodicamente com o trabalho temporário na composição do trabalho total.

Nos *Capítulos 1 e 3*, discutimos a bibliografia sobre o período enfatizando que o lugar atribuído por ela ao trabalhador nacional era o das ocupações temporárias. Ora, se a demanda por trabalho é irregular, gerando a necessidade de trabalho temporário para compor o trabalho total, mostramos que o trabalhador nacional, ao estar dedicado principalmente a estas ocupações temporárias, estava inserido no mercado em posição importante para estruturar a atividade econômica, e não marginalmente.

Ao concluirmos que o padrão de demanda por mão de obra era em sua maior parte inconstante e intermitente, também pudemos relativizar alguns dos estereótipos constitutivos da identidade do trabalhador brasileiro. Segundo parte da bibliografia e das fontes do período, o trabalhador nacional teria ficado à margem do mercado de trabalho que se formava, assim como teria ficado à margem do mundo do trabalho na escravidão porque era inconstante, não se sujeitando a trabalhar por longos períodos num mesmo local. Estas características teriam sido formadas por causa da intensidade da escravidão no Brasil (que teria aviltado o trabalho como "coisa de escravo"), ou por causa da separação incompleta do trabalhador de seus meios de produção, o que o desobrigava a oferecer seu trabalho para a lavoura comercial.

Além do estereótipo de mau trabalhador, uma questão debatida no período referente ao nacional era a escassez de mão de obra. Ao considerarmos o padrão irregular de demanda por trabalho na agricultura, pudemos acrescentar mais um dado ao debate sobre a questão da chamada "falta de braços". A agricultura comercial (o algodão, a cana-de-açúcar e o café) tem períodos acentuados de pico de trabalho seguidos de momentos de muito pouca necessidade de mão de obra. Tendo este padrão em mente, pudemos constatar que, em boa parte, "a falta de braços", mesmo no discurso, estava relacionada à falta de braços nos momentos de pico de trabalho, que se dava sobretudo na colheita. Portanto, o que poderia haver era uma *escassez sazonal de mão de obra* efetiva ou o temor dela. Este padrão de demanda intermitente de trabalho é que poderia explicar em parte a contradição de uma sociedade que tinha, segundo o discurso da época, ora falta de trabalhadores, ora abundância; ora trabalho, ora ociosidade.

No *Capítulo 4* mostramos como o trabalho temporário era estruturante da atividade produtiva, permitindo a flexibilidade requerida por uma atividade cujas quantidades de trabalho necessário variam fortemente ao longo do processo de produção. O colonato, sistema que substituiu a escravidão praticamente em todas as fazendas cafeeiras de São Paulo, sendo um misto de trabalho permanente e trabalho temporário, já oferecia ao capital mais possibilidade de flexibilização do uso dos fatores de produção e de seus custos que a escravidão, mas ainda assim não era suficiente para dar a flexibilidade requerida pela empresa rural. Quem completava esta flexibilidade eram as outras formas de trabalho assalariado (por dia ou por tarefa) executadas em grande número, o que chamamos de trabalho temporário sazonal.

O trabalhador temporário sazonal, se era estruturante da atividade produtiva já naquele momento, no entanto, não era predominante, como viria a ser na agricultura paulista e brasileira em meados do século XX. No *Capítulo 5*, então, mostramos porque, se ele era tão importante e se alguns já o reconheciam como tal, ele ainda não era o predominante. Uma parcela importante da *intelligentsia* agrícola paulista já reconhecia que a solução para a melhor gestão dos custos da fazenda era ter a possibilidade de contratar, demitir e recontratar mão de obra somente quando o trabalho na empresa rural realmente o requisitasse. Apesar de conhecida e desejada, esta solução para a plena flexibilização dos custos de mão de obra era, no entanto, impossível de ser colocada em prática naquele momento. Assim, aquilo que se tornaria padrão no mercado de trabalho rural a partir de meados do século XX em São Paulo e no Brasil já era reconhecido no início do século como ideal para a reprodução do capital, sendo que as discussões sobre a viabilidade de sua implementação naquele momento são importantes para mostrar por que, mais tarde ela pôde ser implantada.

A sazonalidade do trabalho na agricultura gera demanda sazonal por mão de obra *sempre*, isto é, em qualquer período da história. Na escravidão, quando o fazendeiro compra o trabalhador e não a força de trabalho, o *quantum* de trabalhadores não pode se adequar às variações na necessidade de trabalho durante a produção. O fazendeiro não pode se desfazer do escravo nos momentos em que o processo produtivo requer menor quantidade de trabalho, sob os riscos de vendê-lo no momento de queda em seu preço e de faltar escravo nos momentos em que muito trabalho é requerido. Ele também não consegue adquirir escravos rapidamente para os momentos de pico de necessidade de mão de obra, quando seu preço tenderia a se elevar.

A escravidão está associada a uma oferta inelástica de mão de obra. Com isso, a aquisição de escravos não poderia ser adaptada com versatilidade às necessidades de produção impostas pela sazonalidade da produção agrícola e, portanto, o plantel de escravos tinha de ser dimensionado pela quantidade de trabalhadores necessária para dar conta das tarefas nos momentos de pico. Nos momentos de baixa necessidade de trabalho, os escravos ficariam ociosos ou trabalhariam em outras tarefas que pudessem preencher o seu tempo ocioso, de preferência em tarefas que garantissem a sua subsistência, como a produção de alimentos e o artesanato rural doméstico, diminuindo assim o ônus com que a fazenda tinha de arcar por não poder se desfazer do trabalhador nas épocas em que a lavoura comercial não o requisitasse.

Esta rigidez da mão de obra escrava acabava por bloquear o desenvolvimento estritamente capitalista ao impossibilitar a introdução de progresso técnico e a gestão de custos com mão de obra. As inovações tecnológicas somente seriam introduzidas no processo de produção se fossem destinadas a diminuir trabalho necessário nos momentos de pico de trabalho, isto é, se ela permitisse reduzir o seu plantel de escravos. Se, ao contrário, a inovação tecnológica se destinasse a aumentar a produtividade e poupar trabalho nas tarefas dos momentos de baixa solicitação, ela não seria introduzida, visto que apenas aumentaria o tempo de trabalho ocioso do escravo sem, no entanto, diminuir a quantidade de trabalhadores necessários para todo o processo de produção, que continuaria a ter de ser dimensionado pelas necessidades do pico.

Com a transformação do trabalho, o colonato foi inserido na lavoura cafeeira paulista associado à contratação de trabalhadores temporários sazonais. O colonato em si já era um sistema misto que envolvia trabalho permanente (do colono, chefe da família) com trabalho temporário (do colono + de sua família). O número de colonos, ao ser estimado pelo número de braços necessários para dar conta das tarefas do *cultivo* (capinar e limpar o terreno ao redor dos pés de café), tarefas mais constantes do trabalho no cafezal, dava margem a que as tarefas restantes fossem executadas por trabalhadores temporários, fossem eles residentes na fazenda (os familiares do colono), fossem eles trabalhadores extrafazenda, em geral, os trabalhadores brasileiros. Em resumo: a diferença entre o número de trabalhadores necessários para os momentos de pico e o número de trabalhadores para os momentos de necessidade média (as tarefas de cultivo) era completada com trabalho temporário.

Era a possibilidade de completar esta diferença com trabalho temporário contratado só para tarefas específicas que dava maior flexibilidade de gestão à empresa rural cafeeira em contraposição à rigidez da escravidão, permitindo maior ajuste dos fatores de produção e dos custos conforme as circunstâncias do momento. Portanto, o trabalho temporário sazonal era estruturante do processo produtivo ao fornecer a flexibilidade requerida pelo capital e ao ampliar as possibilidades de gestão racional em moldes capitalistas.

Mas, se o arranjo *colonato + trabalho temporário sazonal* imprimia à empresa rural cafeeira esta maior flexibilização, ainda apresentava limites. Em boa medida, limites assemelhados àqueles da rigidez da escravidão. O colonato, ao ter se configurado como um regime de trabalho que mesclava formas capitalistas e pré-capitalistas de produção, isto é, num misto de trabalho assalariado mais trabalho para si, num misto de trabalho individual e de trabalho familiar, acabava por gerar problemas. Estes eram caracterizados pela possibilidade limitada de mecanização das tarefas que requisitavam menos trabalho (como durante a escravidão), pelos custos elevados com a imigração subsidiada e pela necessidade de manter dentro da propriedade cafeeira terra improdutiva do ponto de vista da atividade central para a reprodução do capital.

O colonato, mantendo parte dos trabalhadores temporários dentro das fazendas, como um reservatório particular de mão de obra, implicava a necessidade de a empresa rural cafeeira manter estes trabalhadores nos períodos de entressafra. A forma de mantê-los e rebaixar o custo de sua manutenção nestes momentos de "ociosidade" na lavoura capitalista era ceder terras para que eles se ocupassem nos tempos mortos do café. Estas terras, para serem mais atrativas aos colonos, teriam de estar entre as fileiras de café e em cafezais de pouca idade.

Além do mais, o colonato, ao manter dentro da fazenda um reservatório de mão de obra temporária necessária para os momentos de pico de trabalho, também limitava a possibilidade de mecanização. Em primeiro lugar, a utilização de máquinas-ferramentas para a carpição ficava prejudicada, visto que, ao carpir o cafezal à enxada, o colono carpia ao mesmo tempo as culturas alimentares intercalares. Em segundo lugar, se a inovação a ser introduzida viesse a diminuir ainda mais a quantidade de mão de obra necessária para os momentos em que já era baixa a necessidade de trabalhadores *vis-à-vis* os momentos de necessidade mais alta, acabaria por aumentar a diferença entre o *quantum* de trabalho necessário para a baixa e aquele necessário para a alta solicitação. Portanto, se por um lado o arranjo *colonato + trabalho temporário sazonal* imprimia maior flexibilidade à empresa rural cafeeira, por outro, ainda mantinha certa rigidez da mão de obra. E esta rigidez se fazia sentir, sobretudo, em épocas de diminuição do preço do café, fato que atravessa o período estudado neste livro.

Se o trabalho temporário sazonal em conjunto com o colonato era importante para estruturar a atividade produtiva, nos momentos de crise cafeeira ficava claro que ele teria de sobrepujar o colonato, passando a ser o preponderante ante o trabalho permanente, representado pelo trabalho do colono.

Na atividade rural, que requisita trabalho de maneira inconstante, o ideal em termos de gestão capitalista dos custos é poder requisitar força de trabalho somente quando a atividade necessita dela, o que permite adequar os custos com mão de obra aos momentos de mais ou de menos trabalho ao longo do processo de produção e aos momentos de alta e baixa quantidade produzida. Para garantir à atividade com alta sazonalidade na demanda por trabalho a possibilidade de contratar, demitir e recontratar a mão de obra ao longo do ciclo de produção, era necessário um imenso exército de reserva que aumentasse a elasticidade da oferta de mão de obra. Só ele garantiria que a empresa rural cafeeira tivesse a flexibilidade esperada ao substituir parte do trabalhador permanente por trabalhador temporário. Em outros termos: numa atividade com alta sazonalidade na demanda por trabalho, para se assegurar a flexibilidade de custos com mão de obra, torna-se necessário contar com mão de obra abundante e disponível no exato momento em que ela for requisitada e de modo que o aumento temporário da oferta por trabalho não represente um aumento equivalente no preço do trabalho.

Nos momentos de crise cafeeira, a consciência desse problema e da sua solução vinha à tona. Setores da elite de fazendeiros paulistas e o corpo técnico que então se formava tinham plena consciência da necessidade de inundar o mercado de trabalho em formação para provocar o excesso de oferta de trabalhadores sobre a demanda. Esta necessidade era anunciada claramente, fosse para manter baixos os salários em geral, fosse para manter o controle do trabalho e a autoridade em suas mãos, fosse para permitir a alteração do sistema de trabalho.

Inundar o mercado de mão de obra trazendo trabalhadores provenientes do exterior, o que vinha acontecendo até então, era um problema no momento em que a principal fonte de receita do estado, a exportação de café, vinha caindo.

Vislumbraram-se, então, algumas soluções, todas tendo como mote a adequação dos custos com mão de obra às exigências sazonais de trabalho.

A utilização de máquinas-ferramentas, como as carpideiras, nas tarefas do *trato*, tarefas nas quais estava alocada a mão de obra do colono, reduziria sobremaneira os gastos com este trabalhador, pois permitiria dispensar boa parte dos trabalhadores permanentes. No entanto, dispensar este trabalhador e, junto com ele, o exército de reserva para as épocas de *colheita* representado pela sua família, tornaria a empresa rural cafeeira vulnerável à escassez sazonal de mão de obra e ao aumento de seu preço exatamente no período mais importante do processo de produção, a *colheita*, quando se obtém o produto resultante de todo o processo.

Essa seria uma solução, caso a empresa rural cafeeira pudesse contar com abundância de braços fixos ou nômades para a ocasião da colheita. Os braços fixos poderiam ser oferecidos pela parcela dos trabalhadores potenciais que tinha acesso à terra e que poderia se engajar nos trabalhos temporários e intermitentes, inclusive para os momentos de colheita, como já costumava fazer. Como as espécies geralmente cultivadas por aqueles que tinham acesso à terra (os chamados cereais, tais como milho, feijão, mandioca, arroz e abóbora) tinham calendários cujos momentos de vacante podiam ser intercalados à colheita de café, eles poderiam ser utilizados na colheita sem que a fazenda tivesse de arcar com os custos de sua manutenção durante a entressafra. Em posição semelhante, estavam os colonos que poderiam ser alocados nos núcleos coloniais oficiais ou particulares.

No entanto, se os calendários agrícolas de ambas as culturas, alimentares e para exportação, podiam ser intercalados em alguns momentos do ano agrícola, não o podiam durante o ano todo. Além do mais, tendo sua subsistência assegurada, o trabalhador só ofereceria seu trabalho à venda se o custo oportunidade dessa venda fosse interessante, o que reduz a elasticidade da oferta de trabalho.

Devemos lembrar que nas economias pré-industriais, as unidades agrícolas misturavam indissoluvelmente as funções produção e consumo, isto é, produziam tanto para o mercado quanto para consumo próprio. E esta produção para autoconsumo era representada tanto pela produção agrícola alimentar quanto pela manufatura rural doméstica, na forma de produtos agrícolas beneficiados e também não agrícolas. Estas tarefas eram executadas, em boa parte, nos momentos de vacante da agricultura de alimentos. Assim, os salários monetários oferecidos pela empresa rural cafeeira teriam de ser suficientes para cobrir o custo oportunidade da manufatura rural doméstica.

A elasticidade da oferta de mão de obra para a ocasião da colheita também dependia da livre mobilidade geográfica dos trabalhadores. Pensou-se na migração temporária inter-regional e na migração intermunicipal. No entanto, no momento aqui estudado essa mobilidade era limitada não tanto pelos fatores logísticos, isto é, pela precarização das vias de transporte e pelos altos custos relacionados a ele. Mas, sobretudo, por estarmos analisando um momento de formação do mercado de trabalho *nacional*. A migração, mesmo que temporária para a colheita, representava a transferência do exército de reserva de mão de obra de um mercado regional para outro, significando o aumento da elasticidade da oferta de mão de obra numa região (a região receptora), mas a diminuição da elasticidade da oferta na região emissora, auxiliando na diminuição dos salários na primeira, porém fazendo aumentá-los na segunda. A migração inter-regional ou intermunicipal só poderia ser levada a cabo quando houvesse um exército de reserva abundante em nível nacional.

As análises sobre as soluções imaginadas naquele momento para o problema da flexibilização dos custos com mão de obra e a análise do debate sobre a impossibilidade de estas soluções virem realmente a sanar o problema mostrou-nos por que o trabalho temporário ainda não era majoritário, mesmo sendo importante para estruturar a atividade produtiva já naquele momento.

Somente com a formação de um excedente populacional seria possível substituir parte da mão de obra permanente (representada na época pelo colono) por mão de obra temporária sazonal. Só assim seria possível introduzir tecnologia poupadora de mão de obra nas tarefas mais permanentes, dispensar trabalhadores e arregimentá-los no exato momento e pelo tempo que a fazenda requeresse.

Contudo, a abundância de mão de obra só é conseguida com a escassez de terras. A solução só se realizaria, portanto, com o bloqueio do acesso à terra. Enquanto parte da população tivesse acesso a ela, a elasticidade da oferta de mão de obra não seria a ideal para garantir à fazenda que a dispensa de trabalhadores permanentes não resultaria em escassez sazonal de mão de obra. O acesso à terra não garantia uma oferta de mão de obra estruturada para o assalariamento, pois esta fluía para o mercado de maneira intermitente, mesmo se fosse fixado salário monetário acima do nível de subsistência.

Este livro se encerra em 1915 e, portanto, recorta um período de transição. Transição entre a rigidez da mão de obra durante a escravidão e a plena flexibilização da mão de obra com a generalização do trabalho volante. A partir dos anos 1920, o bloqueio do acesso à terra começa a tomar curso em amplas partes do país, permitindo liberar mais mão de obra para a migração e liberar mão de obra para o trabalho na grande lavoura. É nesse momento que o trabalhador nacional passa a ter maior visibilidade no mundo do trabalho. Neste momento ele começa a ter visibilidade, e menos de 40 anos depois ele já será o preponderante.

Durante a retomada da agricultura de exportação em novas bases na década de 1960, o problema que foi caracterizado neste livro encontraria uma solução, em larga medida aquela que era vislumbrada pela *intelligentsia* paulista da virada do século.

O bloqueio do acesso à terra em amplas partes do país e o excedente de população por ele gerado permitirão a introdução da inovação tecnológica em partes do processo de produção, pois agora há a garantia da oferta fortemente elástica de mão de obra. Separado de seus meios de produção, especialmente a terra, o trabalhador será obrigado a vender sua única mercadoria – a força de trabalho – para continuar vivo.

O excedente de trabalhadores irá permitir, além da liberação da mão de obra permanente e a sua transformação em trabalhador temporário, a introdução de inovações que venham reduzir ainda mais este contingente de mão de obra e acentuar a sazonalidade da atividade agrícola. A introdução dos fertilizantes e corretivos na década de 1960, à medida que propiciaram o aumento da produção utilizando a mesma área de terra, aumentaram as exigências de mão de obra por ocasião da colheita. Os defensivos (inseticidas e herbicidas) reduziram drasticamente a mão de obra empregada nos tratos culturais, e grande parcela de trabalhadores necessários para capinar e limpar a plantação tornou-se desnecessária, introduzindo maior descontinuidade na absorção de trabalhadores ao longo do processo de produção. Finalmente, a mecanização, à medida que atingiu principalmente a preparação do solo na fase do plantio, além de outras atividades que não a colheita, acentuou a variação sazonal própria da agricultura. A demanda intensa por trabalho, portanto, ficou praticamente restrita à colheita, atividade atendida pela vasta e elástica oferta de braços temporários, a preços baixos.

A demanda sazonal por trabalho sempre criou o problema do não trabalho. O não trabalho e os baixos níveis de renda dos trabalhadores nacionais não chegaram a se constituir um problema econômico para as elites paulistas. No período estudado, este problema era representado por essas elites através da questão da vadiagem.

O bloqueio do acesso à terra mais a radicalização da sazonalidade irão criar, em escala ampliada, novas formas de não trabalho com a agravante de que aqui todo esse contingente não tem acesso a meios de vida. Agora, a questão da sazonalidade do trabalho será expressa no problema do trabalhador boia-fria na agricultura paulista e se configurará no desemprego temporário e/ou no subemprego. Nas cidades, vai se expressar também na ampliação da oferta de mão de obra barata no período de industrialização. Parte deste não trabalho se desdobrará em questões econômicas e sociais urbanas e rurais do Brasil contemporâneo.

Este livro se encerra, portanto, sugerindo que a forma como se resolveram as necessidades de flexibilização dos fatores e custos de produção da principal atividade exportadora da economia brasileira está diretamente relacionada à formação de um grande exército de trabalhadores que ofertavam sua força de trabalho de modo elástico e por preços baixos. Como contraparte e condição da reprodução da moderna agricultura de exportação brasileira, temos um enorme grupo da população vivendo com acesso precário aos meios de vida, seja na forma de meios de produção da subsistência, seja na forma de renda monetária que os permitisse participar do mercado nascente.

No final das contas, foi o trabalhador nacional aquele que resolveu a necessidade do capital por trabalho flexível. Será válida a constatação feita em 1901 por Luís Pereira Barreto, parlamentar paulista e um dos articulistas da *Revista Agrícola*?

> Inteiramente outra seria nossa situação se pudéssemos contar com o abundante braço nacional [ ] O trabalhador nacional amolga-se às circunstâncias e suporta impávido as flutuações do mercado. Não tendo diante de si outro horizonte se não o da terra em que vive permanentemente e que não lhe é fácil abandonar, a sua cooperação é certa e contínua, quer em um período de prosperidade, quer na época de privações; si não pode viver com um prato de feijão, vive com meio, e, resignado, aguarda melhores tempos.[1]

1 L. P. Barreto, A colonisação. In: *Revista Agricola*, São Paulo: anno VII, nº 72, 15 jul. 1901, p. 263.

REFERÊNCIAS BIBLIOGRÁFICAS

Arquivos e bibliotecas consultados

Arquivo Público do Estado de São Paulo – São Paulo, SP

Memorial do Imigrante – São Paulo, SP

Biblioteca do Centro de Memória da Unicamp – Campinas, SP

Biblioteca do Instituto de Estudos Brasileiros/USP – São Paulo

Biblioteca da Faculdade de Filosofia, Letras e Ciências Humanas/USP – São Paulo, SP

Biblioteca do Museu Republicano "Convenção de Itu" (Museu Paulista/USP) – Itu, SP

Biblioteca do Instituto de Economia da Unicamp – Campinas, SP

Biblioteca do Instituto de Filosofia e Ciências Humanas da Unicamp – Campinas, SP

Biblioteca do Instituto Agronômico de Campinas – Campinas, SP

Biblioteca Central da Unicamp – Campinas, SP

Biblioteca Municipal de Piracicaba – Piracicaba, SP

Arquivos e bibliotecas consultados na Internet

Memória Estatística do Brasil no acervo da Biblioteca do Ministério da Fazenda no Rio de Janeiro – http://memoria.nemesis.org.br/index.php?b=1

Library of Congress U. S. Government – http://www.loc.gov/index.html

Open Library – http://openlibrary.org/

Internet Archive – http://www.archive.org

Center for Research Libraries – http://www.crl.edu/

Fontes

a) Relatórios e mensagens oficiais

Annaes da Assembleia Legislativa Provincial de São Paulo (1852-1853). São Paulo: Sessão de Obras d'O Estado de São Paulo, 1926.

Annaes da Assembleia Legislativa Provincial de São Paulo (1856). São Paulo: Sessão de Obras d'O Estado de São Paulo, 1929.

BOTELHO, Carlos. Aviso ao Sr. Director Geral da Secretaria da Agricultura, 28 jan 1905. In: Secretaria da Agricultura, Commercio e Obras Publicas do Estado de São Paulo. *Boletim da Agricultura. Anno de 1905*. São Paulo: Red. da Revista Agricola, série VI, nº 1, 1905.

Chile. Ministerio de Relaciones Esteriores. *Informe especial sobre La colonizacion em El Brasil por Anselmo Hevia Riquelme, ex ministru Pleniputenciario de Chile en dicha nacion*. Santiago de Chile, Imprenta Nacional, calle de la Moneda, núm. 1434, 1908.

"Estatística especial da lavoura de café nos municípios de Araçariguama, Atibaia, Bananal, Pilar, Sertãozinho e Redempção". In: Secretaria da Agricultura, Commercio e Obras Publicas do Estado de São Paulo. *Boletim da Agricultura. Anno de 1900*. São Paulo: Typ. do Diario Official, 1a serie, nº 6, jun 1900 (suplemento).

Mensagem apresentada ao Congresso Legislativo, em 14 de julho de 1916, pelo Dr. Altino Arantes, presidente do Estado de São Paulo.

Mensagem apresentada ao Congresso Legislativo, em 14 de julho de 1917, pelo Dr. Altino Arantes, presidente do Estado de S. Paulo.

Mensagem enviada ao Congresso Legislativo a 14 de julho de 1911 pelo Dr. M. J. Albuquerque Lins, presidente do Estado. São Paulo: Duprat & Comp., 1911.

Oficio da Superintendencia de Obras Publicas do Estado de São Paulo, 22 abr 1890, caixa 05204.

Relatorio apresentado á Assembléa Legislativa Provincial de São Paulo pelo presidente da provincia, exm. snr. dr. Francisco de Paula Rodrigues Alves, no dia 10 de janeiro de 1888. São Paulo, Typ. a Vapor de Jorge Seckler & Comp., 1888.

Relatorio apresentado ao Dr. Presidente do Estado de São Paulo pelo Dr. Jorge Tibiriçá, secretário de Estado dos Negócios da Agricultura, Commercio e Obras Publicas, em 4 de abril de 1893. Rio de Janeiro: Typ. G. Leuzinger & Filhos, 1893.

Relatorio apresentado ao presidente da Republica dos Estados Unidos do Brasil pelo Ministro de Estado da Industria, Viação e Obras Publicas, Miguel Calmon Du Pin e Almeida no anno de 1907. Rio de Janeiro: Imprensa Nacional, 1907.

Reparticação de Estatistica e do Archivo de São Paulo. *Annuario estatistico de São Paulo (Brasil) 1905: estatistica economica e moral.* São Paulo: Typ. Espindola & Comp., vol. 2, T. 2, 1907.

Secretaria de Estado dos Negocios da Agricultura, Commercio e Obras Publicas do Estado de São Paulo. *Relatorio apresentado ao Dr. Altino Arantes, presidente do Estado pelo Dr. Candido Nanzianzeno Nogueira da Mota, Secretario da Agricultura, Commercio e Obras Publicas. Anno de 1918.* São Paulo.

Secretaria de Estado dos Negocios da Agricultura, Commercio e Obras Publicas do Estado de São Paulo. *Relatório apresentado ao Dr. Altino Arantes, presidente do Estado pelo Dr. Candido Nanzianzeno Nogueira da Motta, secretario da Agricultura, Commercio e Obras Publicas. Anno de 1919.* São Paulo.

Secretaria de Estado dos Negocios da Agricultura, Commercio e Obras Publicas do Estado de São Paulo. *Relatório apresentado ao Dr. Washington Luis, presidente do Estado pelo Dr. Heitor Teixeira Penteado, secretario da Agricultura, Commercio e Obras Publicas. Anno de 1920.* São Paulo.

Secretaria dos Negocios da Agricultura, Commercio e Obras Publicas do Estado de São Paulo. *Relatorio apresentado ao Dr. Bernardino de Campos, presidente do Estado pelo Dr. João Baptista de Mello Peixoto, Secretario da Agricultura. Anno de 1902.* São Paulo: Typographia do Diario Official, 1903.

Secretaria dos Negocios da Agricultura, Commercio e Obras Publicas do Estado de São Paulo. *Relatorio de 1903 pelo Dr. Luiz de T. Piza e Almeida, Secretario da Agricultura.* São Paulo: Typographia do Diario Official, 1904.

Secretaria dos Negocios da Agricultura, Commercio e Obras Publicas do Estado de São Paulo. *Relatorio apresentado ao Dr. Jorge Tibiriçá, presidente do Estado de São Paulo pelo Dr. Carlos Botelho, Secretario da Agricultura. Anno 1904.* São Paulo: Typographia Brazil de Carlos Gerke, 1905.

Secretaria dos Negocios da Agricultura, Commercio e Obras Publicas do Estado de São Paulo. *Relatorio apresentado ao Dr. Jorge Tibiriçá, presidente do Estado de São Paulo pelo Dr. Carlos Botelho, Secretario da Agricultura. Anno 1906.* São Paulo: Typographia Brazil de Carlos Gerke, 1907.

Secretaria dos Negocios da Agricultura, Commercio e Obras Publicas do Estado de São Paulo. *Relatorio apresentado ao Dr. Jorge Tibiriçá, presidente do Estado de São Paulo pelo Dr. Carlos Botelho, Secretario da Agricultura. Anno 1907.* São Paulo: Typ. Brazil de Rothschild & Co, 1908.

Secretaria dos Negocios da Agricultura, Commercio e Obras Publicas do Estado de São Paulo. *Relatorio apresentado ao Dr. M. J. Albuquerque Lins, presidente do Estado pelo Dr. Antonio Candido Rodrigues, Secretario da Agricultura. Anno de 1908.* São Paulo: Typ. Brasil de Rothschild & Cia, 1909.

Secretaria dos Negocios da Agricultura, Commercio e Obras Publicas do Estado de São Paulo. *Relatorio apresentado ao Exmo. Sr. Dr. Altino Arantes, presidente de S. Paulo pelo Secretario da Agricultura, Commercio e Obras Publicas Candido Nazianzeno Nogueira da Motta. Anno de 1916.* São Paulo: Typ. Augusto Siqueira & C., 1918.

Secretaria dos Negocios da Agricultura, Commercio e Obras Publicas do Estado de São Paulo. *Relatorio apresentado ao Exmo. Sr. Dr. Altino Arantes, presidente de S. Paulo pelo*

Secretario da Agricultura, Commercio e Obras Publicas Candido Nazianzeno Nogueira da Motta, Secretario da Agricultura, Commercio e Obras Publicas. Anno de 1917. São Paulo.

b) Almanaques, boletins, livros e revistas

ALBUQUERQUE, F. "A nossa lavoura". In: *Revista Agricola*, São Paulo: anno II, nº 18, 1 jul 1896, p. 106-110.

Almanach Ilustrado do Lavrador Paulista para 1905 organizado por Julio Brandão Sobrinho, inspector do 1o distrito agronomico. São Paulo: Duprat & Comp., 1905.

Almanach Ilustrado do Lavrador Paulista para 1906 organizado por Julio Brandão Sobrinho, inspector do 1o distrito agronomico. São Paulo: Duprat & Comp., 1906.

Almanak de Piracicaba para 1900.

Almanak Litterario e Commercial de Ytú organizado por José A. da Silva, 1º anno. Itu, SP: Typ. do "Apostolado", 1898.

BARRETO, L. P. "A colonisação". In: *Revista Agricola*, São Paulo: anno VII, nº 72, 15 jul 1901, p. 261-264.

BARROS, Dario Leite de. "A cultura mechanica dos cafezaes". In: *Revista Agricola. São Paulo*, nº 143, 15 jun 1907, p. 392-395.

BRANDÃO SOBRINHO, Julio. "Lavouras de canna e de algodão... e Industrias do assucar e de tecidos, no Estado de São Paulo". In: Secretaria da Agricultura, Commercio e Obras Publicas do Estado de São Paulo. *Boletim da Agricultura. Anno de 1903.* São Paulo: 4a série, nº 1, jan 1903, Red. da *Revista Agrícola*, p. 559-606.

______. *O algodão e a sua cultura.* São Paulo: Editora da Rev. Agrícola, 1904.

"Calendario Agricola de S. V. Vigneron Jousselandiére". In: *Catechismo de agricultura para uso das Escolas de Instrução primaria do Brasil por Antonio de Castro Lopes.* Rio de Janeiro: Typographia Americana, 1869.

"Calendario agricola". In: Secretaria da Agricultura, Commercio e Obras Publicas do Estado de São Paulo. *Boletim da Agricultura. Anno de 1906.* São Paulo: Red. da Revista Agricola, 7a serie, nº 6, junho de 1906, p. 192-193.

CAMARGO, João Ayres de. *As estradas de rodagem do Estado de São Paulo; artigos publicados no Jornal do Commercio de São Paulo.* São Paulo: Typographia Brasil de Rothschild & Co., 1923.

CAMINHOÁ, Luiz Monteiro. *Cana de assucar e café. Relatório apresentado ao Governo Imperial pelo engenheiro Luiz Monteiro Caminhoá.* Rio de Janeiro: Typographia Nacional, 1880.

Catechismo de agricultura para uso das Escolas de Instrução primaria do Brasil por Antonio de Castro Lopes. Rio de Janeiro: Typographia Americana, 1869.

"Condições da lavoura no mez de abril". In: Secretaria da Agricultura, Commercio e Obras Publicas do Estado de São Paulo. *Boletim da Agricultura. Anno de 1902.* São Paulo: Red. da Revista Agricola, serie 2, nº 4, abril de 1902, p. 267-271.

"Condições da lavoura no mez de dezembro". In: Secretaria da Agricultura, Commercio e Obras Publicas do Estado de São Paulo. *Boletim da Agricultura. Anno de 1902.* São Paulo: Red. da Revista Agricola, serie 2, nº 12, dezembro de 1902, p. 823-828.

"Condições da lavoura no mez de janeiro". In: Secretaria da Agricultura, Commercio e Obras Publicas do Estado de São Paulo. *Boletim da Agricultura. Anno de 1901.* São Paulo: Red. da Revista Agricola, serie 1, nº 1, janeiro de 1901, p. 42-50.

"Condições da lavoura no mez de setembro". In: Secretaria da Agricultura, Commercio e Obras Publicas do Estado de São Paulo. *Boletim da Agricultura. Anno de 1901.* São Paulo: Red. da Revista Agricola, serie 1, nº 9, setembro de 1901, p. 586-591.

"Condições do trabalho na lavoura cafeeira do Estado de São Paulo". In: Secretaria da Agricultura, Commercio e Obras Publicas do Estado de São Paulo. *Boletim do Departamento Estadual do Trabalho,* ano 1, nº 1-2, 4º trim. 1911 – 1º trim. 1912, São Paulo: 1912.

COUTY, Louis. *A escravidão no Brasil.* Trad. de Maria Helena Rouanet. Introdução e notas de Kátia M. de Queirós Mattoso. Rio de Janeiro: Ministério da Cultura Fundação Casa de Rui Barbosa, 1988.

DAEFERT, F. W. "A falta de trabalhadores agrícolas em São Paulo". In: *Relatório do Instituto Agronômico do Estado de São Paulo em Campinas, Colecção dos Trabalhos Agrícolas extrahidos de 1888 – 1893.* São Paulo: Typ. da Companhia Industrial de São Paulo, 1895, p. 201-209.

DAVATZ, Thomas. *Memórias de um colono no Brasil (1850).* Belo Horizonte: Ed. Itatiaia; São Paulo: Ed. da Universidade de São Paulo, 1980.

DENIS, Pierre. *Brazil.* 1911

DUARTE, Carlos. "Considerações sobre a cultura mechanica do cafeeiro". In: Secretaria da Agricultura, Commercio e Obras Publicas do Estado de São Paulo. *Boletim da Agricultura. Anno de 1913.* São Paulo: 14a serie, nº 5, maio de 1913, p. 302-305.

D'UTRA, Gustavo R. P. *Cultura do algodoeiro.* 2. ed. São Paulo: Casa Duprat, 1916.

______. *Cultura do algodoeiro.* São Paulo: Ed. da Revista Agricola, 1904.

"Emigração inter-regional para as colheitas". In: Secretaria da Agricultura, Commercio e Obras Publicas do Estado de São Paulo. *Boletim do Departamento Estadual do Trabalho*, ano 7, nº 23, 2º trim. 1917, p. 275-283.

FAUCHÈRE, A. "Melhoramentos possiveis diante da situação economica da cultura cafeeira no Brasil". In: Secretaria da Agricultura, Commercio e Obras Publicas do Estado de São Paulo. *Boletim da Agricultura. Anno de 1914.* São Paulo: 15ª serie, nº 4-5, abr./maio 1914, p. 400-404.

FERREIRA, J. "Carta aberta ao Illmo. Snr. Dr. Carlos Botelho". In: *Revista Agricola*, anno IV, nº 46, 15 maio 1899, p. 179-182.

GAVIÃO PEIXOTO, B. A. "O povoamento do solo. Cartas dos snrs Visconde de Ouro Preto e Conselheiro Gavião Peixoto sobre o assumpto". In: *Revista Agricola*, São Paulo, ano X, nº 114, 15 jan 1905, p. 31-37.

GOMES CARMO, A. "Uma visita a fazenda do Senr. Carlos Botelho – cultura racional do café". In: *Revista Agricola*, São Paulo, anno IV, nº 46, 15 mai 1899, p. 174-179.

KULMANN, Alberto. "Immigração". In: *Revista Agricola*, São Paulo: ano VI, suplemento do nº 69, 15 abr 1901, p. 1-40.

LACERDA, Candido F. *Estudo da Meiação, Parceria etc. e das suas vantagens. Propaganda para os lavradores e colonos por Candido F. de Lacerda.* São Paulo: Typographia Brazil de Carlos Gerke, 1903.

MALTA, Francisco de Toledo. "Homestead". In: *Revista Agricola*, São Paulo, anno X, nº 114, p. 1-4.

MOTTA SOBRINHO, J. "Cultura mechanica do cafeeiro". In: Secretaria da Agricultura, Commercio e Obras Publicas do Estado de São Paulo. *Boletim da Agricultura. Anno de 1913.* São Paulo: 14a serie, nº 11-12, novembro-dezembro de 1913, p. 746-748.

"No interesse da polycultura". In: Secretaria da Agricultura, Commercio e Obras Publicas do Estado de São Paulo. *Boletim da Agricultura. Anno de 1914,* São Paulo: serie 15, nº 4-5, abr-mai 1915, p. 627-643.

PAES LEME, Pedro Gordilho. "Immigração". In: *Revista Agricola*, São Paulo, anno IX, nº 5, 15 abr 1904, p. 218-221.

PEARSE, Arno S. *Brazilian Cotton; being the report of the journey of the International cotton mission through the cotton states of São Paulo, Minas Geraes, Bahia, Alagôas, Sergipe, Pernambuco, Parahyba, Rio Grande do Norte.* Manchester: Taylor, Garnett, Evans & Co., 1922.

QUEIROZ, Luiz. "Algumas palavras sobre a cultura do café". In: *Revista Agricola*, ano 1, nº 6, 1 nov 1895, p. 93-94.

RAMOS, Augusto. *O café no Brasil e no estrangeiro.* Rio de Janeiro: Pap. Santa Helena, 1923.

Relatório sobre a avaliação da safra de café de 1907. Secretaria da Agricultura, Commercio e Obras Publicas do Estado de São Paulo. *Boletim da Agricultura. Anno de 1906.* São Paulo: Red. da Revista Agricola, 7a serie, nº 12, dezembro de 1906, p. 568-577.

Secretaria da Agricultura, Commercio e Obras Publicas do Estado de São Paulo. *Boletim da Agricultura. Anno de 1903, VI, nº 1.* São Paulo: Red. da Revista Agricola, 1905.

SILVA TELLES, Augusto C. "A producção brazileira". In: *Revista Agricola.* São Paulo: 15 jan 1901, nº 66, p. 1-7.

SOUZA, Everardo. "Em prol de ambos". In: *Revista Agricola.* São Paulo: ano XI, nº 128, 15 mar 1906, p. 94-99.

______. "Evolução agricola de São Paulo". In: *Revista Agricola.* São Paulo: ano 10, nº 118, 15 mai 1905, p. 206-214.

Tréplica de Carlos Duarte à réplica de J. M. Sobrinho ao seu artigo "Considerações sobre a cultura mechanica do cafeeiro". In: Secretaria da Agricultura, Commercio e Obras Publicas do Estado de São Paulo. *Boletim da Agricultura. Anno de 1913.* São Paulo: 14ª serie, nº 11, nov 1913, p. 749.

VERT, Germano. "Ainda a crise do café". In: *Revista Agricola.* São Paulo: ano VIII, 15 fev 1903, nº 91, p. 73-77.

c) Legislação

Decreto nº 752 de 15 de Março de 1900 que cria os districtos agronomicos e as comissões municipais de agricultura. In: Secretaria da Agricultura, Commercio e Obras Publicas do Estado de São Paulo. *Boletim da Agricultura. Anno de 1900.* São Paulo: Typographia do Diario Official, serie 1, nº1, 1900.

Decreto nº 1.355 de 10 de abril de 1906, que cria a Agencia Official de Colonisação e Trabalho In: Secretaria da Agricultura, Commercio e Obras Publicas do Estado de São Paulo. *Boletim da Agricultura. Anno de 1906.* São Paulo: Red. da Revista Agricola, 7ª serie, nº 4, abril de 1906, p. 145-154.

Lei nº 1045 – C, de 27 de dezembro de 1906, que dispõe sobre a immigração e colonização no territorio do estado de São Paulo. In: Secretaria da Agricultura, Commercio e Obras Publicas do Estado de São Paulo. *Boletim da Agricultura. Anno de 1907.* São Paulo: Red. da Revista Agricola, 8ª serie, nº 1, janeiro de 1907.

Lei nº 1150, de 5 de janeiro de 1904. In: Ministério da Agricultura. *Relatório apresentado ao presidente da Republica dos Estados Unidos do Brasil pelo Ministro de Estado da Industria, Viação e Obras Publicas, Miguel Calmon Du Pin e Almeida no anno de 1907.* Rio de Janeiro: Imprensa Nacional, 1907.

Lei nº 1607 de 29 de dezembro de 1906. In: Ministério da Agricultura. *Relatório apresentado ao presidente da Republica dos Estados Unidos do Brasil pelo Ministro de Estado da Industria, Viação e Obras Publicas, Miguel Calmon Du Pin e Almeida no anno de 1907.* Rio de Janeiro: Imprensa Nacional, 1907.

d) Jornais

A Cidade de Ytú. Itu, SP: 1893 a 1915.

Imprensa Ytúana. Itu, SP: 1887 a 1891.

Município de Itú. Itu, SP: 1915 a 1916.

Republica. Itu, SP: 1904 a 1916.

Gazeta de Piracicaba. Piracicaba, SP: 1882 a 1920.

Bibliografia

ALBUQUERQUE, Rui Henrique Pereira Leite de. *Capital comercial, indústria têxtil e produção agrícola: as relações de produção na cotonicultura paulista, 1920-1950.* São Paulo: Hucitec; Brasília: Conselho Nacional de Desenvolvimento Científico e Tecnológico, 1983.

ALEIXO, Lúcia Helena Gaeta. *Vozes da violência: subordinação, resistência e trabalho em Mato Grosso. 1880-1930.* São Paulo: tese de doutoramento apresentada ao Departamento de História, FFCLH/USP, 1991.

ALENCASTRO, Luiz Felipe de. "Proletários e escravos – imigrantes portugueses e cativos africanos no Rio de Janeiro, 1850-1872". In: *Novos Estudos Cebrap*, São Paulo, julho 1888, p. 30-56.

______; RENAUX, Maria Luiza. "Caras e modos dos migrantes e imigrantes". In: ALENCASTRO, Luiz Felipe (org.). *História da vida privada no Brasil: Império*, vol. 2, São Paulo: Companhia das Letras, 1997.

______; CATELLI, Roberto. "Trabalho escravo e trabalho compulsório no Brasil: 1870-1930". In: *Relatório de pesquisa (1987-1989)*. São Paulo: Cebrap, 1989.

ALVIM, Zuleika M. F. *Brava gente! Os italianos em São Paulo. 1870-1920*. São Paulo: Brasiliense, 1986.

AMARAL, Samuel. *The rise of capitalism on the Pampes. The estancias of Buenos Aires, 1785-1870*. Londres: Cambridge University Press, 1998.

ANDRADE, Manuel Correia de. *A terra e o homem do Nordeste: contribuição ao estudo da questão agrária no Nordeste*. São Paulo: Atlas, 1986.

AZEVEDO, Célia Maria Marinho de. *Onda negra, medo branco – o negro no imaginário das elites – século XIX*. Rio de Janeiro: Paz e Terra, 1987.

BALÁN, Jorge. "Migrações e desenvolvimento capitalista no Brasil: ensaio de interpretação histórico comparativa". In: ______. (org.), *Centro e Periferia no Desenvolvimento Brasileiro*, São Paulo: Difel, 1974.

BARBOSA, Alexandre de Freitas. *A formação do mercado de trabalho no Brasil: da escravidão ao assalariamento*. Campinas, São Paulo: tese de doutoramento apresentada ao Instituto de Economia/Unicamp, 2003.

BASSANEZI, Maria Silvia C. Beozzo. "Absorção e mobilidade da força de trabalho numa propriedade rural paulista (1895-1930)". In: *Anais do II Congresso e História de São Paulo (O Café)*, São Paulo, 1975.

______. *Fazenda de Santa Gertrudes. Uma abordagem quantitativa das relações de trabalho em uma propriedade rural paulista. 1895-1930*. Rio Claro, tese de doutoramento apresentada à Faculdade de Filosofia, Ciências e Letras da Unesp, 1973.

______. "Migrantes no Brasil da segunda metade do século XIX". In: *Anais do XII Encontro Nacional da ABEP*, 2000

BASTIDE, Roger; FERNANDES, Florestan. *Brancos e negros em São Paulo*. São Paulo: Ed. Nacional, 1959.

BEIGUELMAN, Paula. *A formação do povo no complexo cafeeiro. Aspectos políticos*. São Paulo: Edusp, 1971.

BILAC, Maria Beatriz; TERCI, Eliana T. *Piracicaba: de centro policultor a centro canavieiro (1930-1950)*. Piracicaba: MB Editora, 2001.

BRANDÃO, Carlos Rodrigues. *Os caipiras de São Paulo*. São Paulo: Brasiliense, 1983 (Tudo é História, 75)

BRANT, Vinícius Caldeira. "Do colono ao boia-fria: transformações na agricultura e constituição do mercado de trabalho na Alta Sorocabana de Assis". In: *Estudos Cebrap*, 19, São Paulo: 1977, p. 37-92.

CAMINHA, Pedro. "A presença do agregado na *Formação do Brasil Contemporâneo* de Caio Prado Jr.". In: *Revista de Economia Política e História Econômica*, nº 10, dezembro de 2007, p. 48-60.

CAMPI, Daniel. "Captacion e retencion de la mano de obra por endeudamiento. El caso de Tucuman en la segunda mitad del siglo XIX". In: ______. (org.). *Estudios sobre la historia de la industria azucareira argentina*, vol. 1. Universidade Nacional de Jujuy, Universidade Nacional de Tucuman, 1991.

CANABRAVA, Alice P.; MENDES, Maria Tereza. "A região de Piracicaba". In: *Revista do Arquivo Municipal*, São Paulo, vol. XLV, 1938.

______. "A grande lavoura". In: *História Geral da Civilização Brasileira, Brasil Monárquico*, t. 2, vol. 4, São Paulo: Difusão Europeia do Livro, 1968.

CANDIDO, Antonio. *Os parceiros do Rio Bonito: estudo sobre o caipira paulista e as transformações dos seus meios de vida*. São Paulo: Duas Cidades, 1971.

CANO, Wilson. *Raízes da concentração industrial em São Paulo*. São Paulo: Difel, 1977.

CARDOSO DE MELLO, João Manuel. *O capitalismo tardio*. São Paulo: Brasiliense, 1991.

CARDOSO, Fernando Henrique. *Capitalismo e escravidão no Brasil Meridional. O negro na sociedade escravocrata do Rio Grande do Sul.* São Paulo: Paz e Terra, 1997.

CASTRO, Hebe Maria Mattos G. de. *Ao sul da História – Lavradores pobres na crise do trabalho escravo.* São Paulo: Brasiliense, 1987.

______. *Das cores do silêncio: os significados da liberdade no Sudeste escravista. Brasil, século XIX.* Rio de Janeiro: Arquivo Nacional, 1995.

CONRAD, Robert. *Os últimos anos da escravatura no Brasil: 1850-1888.* Trad. Fernando de Castro Ferro. Rio de Janeiro: Civilização Brasileira; Brasília: INL, 1975.

COSTA, Wilma Peres. "A questão fiscal na transformação republicana – continuidade e descontinuidade". In: *Economia e Sociedade.* Campinas, vol. 10, jun 1998, p. 141-173.

DEAN, Warren. *A industrialização de São Paulo (1880-1945).* São Paulo: Edusp, 1971.

______. *Rio Claro: um sistema brasileiro de grande lavoura, 1820-1920.* Rio de Janeiro: Paz e Terra, 1977.

DEBES, Célio. *A caminho do oeste: subsídios para a história da Companhia de Estradas de Ferro e das ferrovias de São Paulo.* São Paulo: Bentivegna, 1968.

EISENBERG, Peter L. *Homens esquecidos: escravos e trabalhadores livres no Brasil – séculos XVIII e XIX.* Campinas: Editora da Unicamp, 1989.

______. *Modernização sem mudança: a indústria açucareira em Pernambuco, 1840-1910.* Rio de Janeiro: Paz e Terra; Campinas: Unicamp, 1977.

TERCI, Eliana T. (org.). *O desenvolvimento de Piracicaba: história e perspectivas.* Piracicaba: Editora da Unimep, 2001.

FALEIROS, Rogério Naques. *Fronteiras do café: fazendeiros e "colonos" no interior paulista (1917-1937).* Campinas, tese de doutorado apresentada ao Instituto de Economia da Unicamp, 2007.

FAUSTO, Boris. *Crime e cotidiano. A criminalidade em São Paulo (1880-1924)*. São Paulo: Brasiliense, 1984.

FERLINI, Vera Lucia Amaral e FILLIPINI, Elisabeth. "Os núcleos coloniais em perspectiva historiográfica". In: *Revista Brasileira de História*. São Paulo, vol. 3, nº 25-26, set 92-ago 93, p. 121-132.

FERNANDES, Florestan. *A integração do negro na sociedade de classes*. São Paulo: Ática, 1978.

FERRÃO, Andre Munhoz de Argollo. "Colonos na fazenda Ibicaba, empresários em Piracicaba: a evolução sócio-econômica de um grupo de imigrantes alemães (1850-1880)". In: *Anais do III Congresso Brasileiro de História Econômica e 4ª Conferência Internacional de História de Empresas*, 1999.

FONER, Eric. *Nada além da liberdade: a emancipação e seu legado*. Rio de Janeiro: Paz e Terra; Brasília: CNPq, 1988.

FRANCO, Maria Sylvia de Carvalho. *Homens livres na ordem escravocrata*. São Paulo: Kairós Livraria Editora, 1983.

FREYRE, Gilberto. *Nordeste: aspectos da influência da cana sobre a vida e a paisagem do Nordeste do Brasil*. 5. ed., Rio de Janeiro: José Olympio, 1985.

______. *Ordem e Progresso*. Rio de Janeiro:Record, 2000.

FURTADO, Celso. *Formação econômica do Brasil*. São Paulo: Ed. Nacional, 1968.

GADELHA, Regina Maria D'Aquino Fonseca. *Os núcleos coloniais e o processo de acumulação cafeeira (1850-1920): contribuição ao estudo da colonização em São Paulo*. São Paulo: tese de doutoramento apresentada ao Departamento de História da FFLCH/USP, 1982.

GARZONI, Lerice de Castro. *Vagabundas e conhecidas: novos olhares sobre a polícia republicana (Rio de Janeiro, início século XX)*. Campinas, [s. nº], 2007

GEBARA, Ademir. *O mercado de trabalho livre no Brasil (1871-1888)*. São Paulo: Brasiliense, 1986.

GONÇALVES, Paulo César. *Migração e mão de obra. Retirantes cearenses na economia cafeeira do Centro-Sul (1877-1901)*. São Paulo: dissertação de mestrado apresentada ao Programa de Pós-graduação em História Econômica da FFLCH/USP, 2002.

GONZALES, Élbio N.; BASTOS, Maria Inês. "O trabalho volante na agricultura brasileira". In: Departamento de Economia Rural da Faculdade de Ciências Agronômicas (FCA) da Unesp (org.). *A mão de obra volante na agricultura*. São Paulo: CNPQ/Unesp/Polis, 1982. p. 35-55.

GORENDER, Jacob. *A escravidão reabilitada*. São Paulo: Ática, 1990.

______. *O escravismo colonial*. São Paulo: Ática, 1985.

GRAHAM, Douglas H.; HOLANDA FILHO, Sérgio Buarque de. *Migrações internas no Brasil (1872-1970)*. São Paulo: IPE/USP, 1984.

HAHNER, June E. *Pobreza e política: os pobres urbanos no Brasil – 1870-1920*. Brasília: Editora da UnB, 1993.

HOBSBAWM, Eric. *A era do capital (1848-1875)*. São Paulo: Paz e Terra, 1982.

HOLANDA, Sérgio Buarque de. "Prefácio do tradutor". In: DAVATZ, Thomas. *Memórias de um colono no Brasil, 1850*. Belo Horizonte: Ed. Itatiaia; São Paulo: Ed. da Universidade de São Paulo, 1980.

HOLANDA, Sérgio Buarque de. *Raízes do Brasil*. Rio de Janeiro: José Olympio, 1991.

HOLLOWAY, Thomas H. "Condições do mercado de trabalho e organização do trabalho nas plantações na economia cafeeira de São Paulo, 1885-1915: uma análise preliminar". In: *Estudos Econômicos*. São Paulo, vol. 2, nº 6, dez/1972, p. 145-180.

______. *Imigrantes para o Café: café e sociedade em São Paulo, 1886-1934*. Rio de Janeiro: Paz e Terra, 1984.

IANNI, Octavio. *Uma cidade antiga*. Campinas: Área de publicações CMU/Unicamp, 1996.

KOWARICK, Lúcio. *Trabalho e vadiagem – A origem do trabalho livre no Brasil.* São Paulo: Brasiliense, 1987.

LAMOUNIER, Maria Lúcia. "*Agricultura e mercado de trabalho. Trabalhadores brasileiros livres nas fazendas de café e na construção das ferrovias em São Paulo*, 1850-1890". In: *Estudos Econômicos*, São Paulo, vol. 37, nº 2, abr-jun 2007, p. 353-372,.

______. "Ferrovias, agricultura de exportação e mão de obra no Brasil no século XIX". In: *História Econômica & história de empresas*, vol. III, nº 1, 2000, p. 43-76.

______. *Da escravidão ao trabalho livre (a lei de locação de serviços de 1879)*. Campinas: Papirus, 1988.

LANNA, Ana Lúcia Duarte. *A transformação do trabalho: a passagem para o trabalho livre manna zona da mata mineira, 1870-1920.* Campinas: Editora da Unicamp, 1988.

______. *Santos. Uma cidade na transição, 1870-1913.* São Paulo: Hucitec; Santos: Prefeitura Municipal de Santos, 1996.

LIMA, Nísia Trindade; HOCHMAN, Gilberto. "Pouca saúde, muita saúva, os males do Brasil são... Discurso médico-sanitário e interpretação do país". In: *Ciência e saúde coletiva*, vol. 5, 2000, no. 2, p. 313-332.

MACHADO, Maria Helena. *O plano e o pânico: os movimentos sociais na década da Abolição.* Rio de Janeiro: Editora da UFRJ/Edusp, 1994.

MACIEL, Cleber da Silva. *Discriminações raciais: negros em Campinas (1888-1921).* Campinas: Editora da Unicamp, 1987.

MARTINS, José de Souza. *A imigração e a crise do Brasil agrário.* São Paulo: Pioneira, 1973.

______. *O cativeiro da terra.* São Paulo: Livraria Editora Ciências Humanas, 1979.

MATTOS, Odillon Nogueira. *Café e ferrovia: a evolução ferroviária de São Paulo e o desenvolvimento da cultura cafeeira.* São Paulo: Alfa-Omega/Sociologia e Política, 1974.

MELLO, Evaldo Cabral de. *O norte agrário e o Império:1871-1889*. Rio de Janeiro: Nova Fronteira; Brasília:INL, 1984.

MELLO, Maria Conceição D'Incao e. *O "Boia-Fria": acumulação e miséria*. Petrópolis: Vozes, 1976.

MELLO, José Evando Vieira de. "Café com açúcar: a formação do mercado consumidor de açúcar em São Paulo e o nascimento da grande indústria açucareira paulista na segunda metade do século XIX". In: *Saeculum Revista de História*. João Pessoa/PB, nº 14, jan.- jun. 2006, p. 74-93.

MENDONÇA, Joseli Maria Nunes. *A Lei de 1885 e os caminhos da liberdade*. Campinas, dissertação de Mestrado apresentada ao IFCH/Unicamp, 1995.

MESSIAS, Rosane Carvalho. *O cultivo do café nas bocas de sertão paulista. Mercado interno e mão de obra no período de transição: 1830-1888*. São Paulo: Ed. da Unesp, 2003.

MILLIET, Sérgio. *Roteiro do Café e outros ensaios. Contribuição para o estudo da História Econômica e Social do Brasil.* 4ª ed. São Paulo: Hucitec/Instituto Nacional do Livro Fundação Nacional Pró-Memória, 1982.

MONBEIG, Pierre. *Pioneiros e fazendeiros de São Paulo*. São Paulo: Hucitec/Polis, 1984.

MOURA, Denise A. Soares de. "Café e Educação no século XIX". In: *Cadernos Cedes*, Campinas, ano XX, nº 51, 2000, p. 29-49.

MOURA, Denise A. Soares de. "Cafeicultores e lavradores de roças de alimentos na transição do trabalho escravo ao livre (Campinas, 1850-1888)". In: *América Latina en la Historia Económica*, vol. 27, jan-jun 2007, p. 79-110.

______. *Saindo das sombras: homens livres no declínio do escravismo*. Campinas: Área de Publicações CMU/Unicamp, 1998.

NARDY FILHO, Francisco. *A Cidade de Ytú*. Itu: Ottoni, 2000.

NAXARA, Márcia Regina Capelari. *Estrangeiro em sua própria terra: representações do brasileiro, 1870/1920*. São Paulo: Annablume, 1998.

OLIVEIRA, Maria Coleta F. A. (coord.) *Transformações sócio-econômicas e dinâmica demográfica paulista: o café e a urbanização antes de 1930.* Relatório Final. Campinas, Núcleo de Estudos de População (NEPO)/Unicamp, nov. 1991.

PAULA, Ricardo Zimbrão Affonso de. "Região e regionalização: um estudo da formação regional da Zona da Mata de Minas Gerais". In: *Revista de História Econômica e Economia Regional Aplicada*, vol. 1, nº 1, jul.-dez 2006.

PETRONE, Maria Tereza Schorer. *A lavoura canavieira em São Paulo.* São Paulo: Difusão Europeia do Livro, 1968.

______. "Imigração". In: HOLANDA, Sergio Buarque de. *História geral da civilização brasileira: O Brasil Republicano.* T. III, vol. 2, São Paulo: Difel, 1985, p. 93-133.

POLANYI, Karl. *A grande transformação: as origens de nossa época.* Rio de Janeiro: Campus, 1980.

PRADO Jr., Caio. *Formação do Brasil contemporâneo: Colônia.* São Paulo: Brasiliense Publifolha, 2000.

______. *História Econômica do Brasil.* São Paulo: Ed. Brasiliense, 1998.

RAMOS, Pedro. "História econômica de Piracicaba (1765-1930): as particularidades do complexo canavieiro paulista". In: TERCI, Eliana T. (org.), *O desenvolvimento de Piracicaba: história e perspectivas.* Piracicaba: Editora da Unimep, 2001, p. 57-84.

RANGEL, Ignácio. "A questão agrária brasileira". In: BENJAMIM, César. (org.). *Ignácio Rangel. Obras reunidas.* Vol. 2. Rio de Janeiro: Contraponto, 2005, p. 23-80.

______. "Economia: milagre e anti-milagre (1985)". In: BENJAMIM, César. (org.). *Ignácio Rangel. Obras reunidas.* Vol. 1. Rio de Janeiro: Contraponto, 2005.

______. "O desenvolvimento econômico no Brasil (1954)". In: BENJAMIM, César. (org.). *Ignácio Rangel. Obras reunidas.* Vol. 1. Rio de Janeiro: Contraponto, 2005.

REZENDE, Gervásio Castro de. "Políticas trabalhista, fundiária e de crédito agrícola no Brasil: uma avaliação crítica". In: *Revista de Economia e Sociologia Rural*, Rio de Janeiro, vol. 44, nº 1, jan/mar 2006, p. 47-78.

SAES. Flávio Azevedo M. *As ferrovias de São Paulo1870-1940.* São Paulo/Brasília: Hucitec, 1981.

SALLES, Iraci Galvão. *República: a civilização dos excluídos (representações do trabalhador nacional. 1870-1920).* São Paulo: tese de doutoramento apresentada ao Departamento de História/FFLCH, USP, 1995.

______. *Trabalho, progresso e a sociedade civilizada: o Partido Republicano Paulista e a política de mão de obra (1870-1889).* São Paulo: Hucitec/INL, Fundação Pró-Memória, 1986.

SALLUM Jr., Brasilio. *Capitalismo e cafeicultura: oeste paulista, 1888-1930.* São Paulo: Duas Cidades, 1982.

SANTOS, Carlos José Ferreira dos. *Nem tudo era italiano. São Paulo e pobreza: 1890-1915.* São Paulo: Annablume/Fapesp, 2003.

SANTOS, Fábio Alexandre dos. *Domando as águas. Salubridade e ocupação do espaço na cidade de São Paulo, 1875-1930.* Campinas, tese de doutoramento apresentada ao Instituto de Economia da Unicamp, 2006.

______. *Rio Claro: uma cidade em transformação* (1850-1906), São Paulo: Annablume/Fapesp, 2002.

SANTOS, Ronaldo Marcos dos. *Resistência e superação do escravismo na província de São Paulo (1885-1888).* São Paulo: Fundação Instituto de Pesquisas Econômicas, 1980.

SCOTT, Rebecca J. *Emancipação escrava em Cuba: a transição para o trabalho livre, 1860-1899.* Rio de Janeiro: Paz e Terra; Campinas: Editora da Unicamp, 1991.

SEVCENKO, Nicolau. "O prelúdio republicano, astúcias da ordem e ilusões do progresso". In: ______. (org.). *História vida privada no Brasil*, vol. 3. São Paulo: Companhia das Letras, 1998.

SILVA, José Graziano da. "Café Amargo. Cafeicultura: homens, mulheres e capital (1850-1980) de Verena Stolcke". In: *Revista Brasileira de Ciências Sociais.* São Paulo, nº 3 (resenhas).

______."O "boia-fria": entre aspas e com pingos nos is. Texto apresentado na III Reunião Nacional sobre mão de obra Volante na Agricultura, realizada em Botucatu, nos dias 1º e 2 de dezembro de 1977". In: Departamento de Economia Rural da Faculdade de Ciências Agronômicas (FCA) da Unesp (org.). *A mão de obra volante na agricultura.* São Paulo: CNPq/Unesp/polis, 1982, p. 137-177.

______. *Progresso técnico e relações de trabalho na agricultura.* São Paulo: Hucitec, 1981. (Economia e Planejamento)

SILVA, Ligia Maria Osorio. *Terras devolutas e latifúndio: efeitos da lei de 1850.* Campinas: Editora da Unicamp, 2008.

______. *Las tierras públicas en la construcción del Estado: una perspectiva comparada* (Texto apresentado no Segundo Congresso Nacional de História Económica). Cidade do México, out 2004.

______. "Propaganda e realidade: a imagem do Império do Brasil nas publicações francesas do século XIX". In: *Revista Theomai*, Disponível em: http://www.unq.edu.ar/revista-theomai/numero3/

______. "Comentário ao texto de Boris Fausto *Controle Social e criminalidade em São Paulo (1890-1924)*". In: Paulo Sérgio Pinheiro (org.). *Crime, violência e poder.* São Paulo: Brasiliense, 1983.

SILVA, Sérgio. *Expansão cafeeira e as origens da indústria no Brasil.* São Paulo: Alfa-Ômega, 1976.

STEIN, Stanley. *Vassouras: um município brasileiro do café, 1850-1900.* Rio de Janeiro: Nova Fronteira, 1990.

STOLCKE, Verena; HALL, Michael. "A introdução do trabalho livre nas fazendas de café de São Paulo". In: *Revista Brasileira de História*, São Paulo, 3, nº 6, set. 1983, p. 80-120.

______. *Cafeicultura. Homens, mulheres e capital (1850-1980)*. São Paulo: Brasiliense, 1986.

SUBRINHO, Josué Modesto dos Passos. "Migrações internas: resistências e conflitos (1872-1920)". In: *Anais do XX Encontro Nacional de Economia*. São Paulo: 2 a 4 dez de 1992, p. 301-319.

______. *Reordenamento do trabalho: trabalho escravo e trabalho livre no Nordeste açucareiro. Sergipe, 1850/1930*. Recife, PE: Fundação Cultural Cidade de Aracaju, Prefeitura Municipal de Aracaju, 2000.

SUZIGAN, Wilson. *Indústria Brasileira: origem e desenvolvimento*. São Paulo: Brasiliense, 1986.

TERCI, Eliana Tadeu. *A agroindústria canavieira de Piracicaba: relações de trabalho e controle social (1880-1930)*. São Paulo: dissertação de mestrado apresentada ao Departamento de História da PUCSP, 1991.

TESSARI, Cláudia Alessandra. *Tudinhas, Rosinhas e Chiquinhos. O processo de emancipação dos escravos e os libertos no mercado de trabalho. Piracicaba: 1870-1920*. Campinas, dissertação de mestrado apresentada ao Programa de Pós-graduação em História Econômica do Instituto de Economia da Unicamp, 2000.

VANGELISTA, Chiara. *Os braços da lavoura. Imigrantes e "caipiras" na formação do mercado de trabalho paulista (1850-1930)*. São Paulo: Hucitec/Istituto Italiano di Cultura/ Instituto Cultural Ítalo-Brasileiro, 1991.

VIEIRA, Carlos Alberto Cordovano. *Interpretações da colônia: leituras do debate brasileiro de interpretação marxista*. Campinas, dissertação de mestrado apresentada ao Instituto de Economia, Unicamp, 2004.

VIOTTI DA COSTA, Emília. *Da Monarquia à República: momentos decisivos*. São Paulo: Grijalbo, 1977.

______. "O movimento republicano de Itu. Os fazendeiros do Oeste paulista e os pródromos do movimento republicano". In: *Revista de História*. São Paulo, 1954, p. 379-405.

WISSENBACH, Cristina Cortez. "Da escravidão à liberdade: dimensões de uma privacidade possível". In: SEVCENKO, Nicolau (org.). *História da vida privada no Brasil*, vol. 3, São Paulo: Companhia das Letras, 1998.

WITTER, José Sebastião. *Ibicaba, uma experiência pioneira*. São Paulo: Arquivo do Estado de São Paulo, 1982.

______. Um estabelecimento agrícola no Estado de São Paulo nos meados do século XIX, *Revista de História*, nº 98, 1974.

ZIMMERMMANN, Maria E. M. *O PRP e os fazendeiros de café (Um estudo sobre a estratégia e as propostas do Partido Republicano em São Paulo – 1870/1889)*. Campinas, dissertação de mestrado apresentada à Unicamp, 1984.

AGRADECIMENTOS

EM PRIMEIRO LUGAR, À MINHA ORIENTADORA, profª Ligia Osorio Silva: pela orientação atenta; por estar sempre disponível; pelo incentivo nas horas em que parecia que eu não conseguiria levar adiante a realização deste trabalho; pelas dicas práticas que ajudaram a encurtar o trabalho e que me permitiram terminá-lo no prazo devido; e pela compreensão de que o tempo, tão escasso para mim, era precioso. Obrigada.

Ao prof. Luiz Felipe de Alencastro, meu orientador durante o mestrado, que muito me ensinou quando eu assim o permiti.

À profª Maria Lúcia Lamounier, minha orientadora de iniciação científica durante a graduação. Foi com ela que me iniciei na pesquisa da História Econômica, foi com ela que me iniciei na pesquisa sobre o trabalhador nacional na transição da escravidão para o trabalho livre. Foi também ela que me chamou a atenção para o tema deste trabalho e que generosamente me concedeu cópia de um texto que veio a ser extremamente importante para ele.

Ao prof. Alexandre de Freitas Barbosa, pela leitura de partes deste texto e pelas sugestões e comentários valiosos. Pena que alguns deles como a leitura de Ignácio Rangel, vieram já quando eu finalizava este trabalho... À Fundação de amparo à Pesquisa do Estado de São Paulo (Fapesp) pelo apoio à publicação deste livro.

Ao Fábio Alexandre dos Santos, meu "amigo de mestrado", "de doutorado", "de empreitada", "de sonhos", "de angústias". Obrigada pela amizade, pelo apoio constante, pela leitura e sugestões ao texto original e por tantas outras coisas.

Ao Maurício, pelo companheiro, pelo pai, pelo intelectual que é. Muito obrigada pelas leituras atentas dos originais, pelas muitas e muitas sugestões ao trabalho, pelo incentivo nas horas mais difíceis, pela tranquilidade financeira e familiar necessárias, pelo cuidado com nossa filha para que eu pudesse me dedicar à "tese"... Muito obrigada!

Agradeço à Joana, minha querida filha, pela menina segura que é. Nas vezes em que saí de casa para escrever a "tese" ou nas que me tranquei no escritório para tal fim, ela me dizia, *sorrindo*, com seus dois anos e meio de idade: *"tchau mamãe, bom trabalho"*. Ou quando, naquela fase final da escrita que nunca acaba, pus seu baldinho de areia no carro, dei-lhe um beijo e ela, ao sair com o pai para o feriado, deu-me adeus, *sempre sorrindo*, e disse: *"escreve a tese, mamãe"*. Isso tornou o trabalho de escrita menos difícil.

À Lisandra Soriano Castro e Sílvia Pozzi, pela amizade e apoio nos cuidados com Joana. À Silvia, também, meu agradecimento por ter cedido a tranquilidade de seu apartamento onde pude "refugiar-me" durante o mês de janeiro de 2009 para conseguir elaborar o eixo e a estrutura centrais deste texto.

À Elza, com quem convivo e que trabalha para mim há mais de 12 anos e de quem sei apenas o primeiro nome. Obrigada pela amizade, responsabilidade e pelas explicações sobre o trabalho na roça e na lavoura de café em Lucélia, município nos confins da Alta Paulista.

À Solange da Cunha Novaes, que cuidou tão bem de Joana e da minha casa, proporcionando-me tranquilidade para pesquisar, escrever e trabalhar.

A todos, muito obrigada.

Anexos

Anexo 1. Produção agrícola por municípios dos distritos agronômicos – Estado de São Paulo – 1904

Distrito	Municipios	Nº de estabelecimentos	Pessoal empregado			Aguardente	Algodão	Arroz	Assugar	Café	Feijão	Milho	Tabaco	Vinho
			Nacionaes	Entrangeiros	Total	Quantidade em pipas	Quantidade em arrobas	Quantidade em litros	Quantidade em arrobas	Quantidade em arrobas	Quantidade em litros	Quantidade em litros	Quantidade em arrobas	Quantidade em pipas
1º DISTRITO	Arêas	191	943	2	945	289	-	34.770	910	72.284	222.650	854.300	-	-
	Bananal	174	1.424	70	1.494	742	-	267.770	4.072	58.750	300.450	1.544.400	2.112	-
	Bocaina	108	206	1	207	633	-	249.150	160	10.720	87.460	476.900	-	-
	Buquira	309	679	-	679	180	-	96.300	4.148	43.145	195.400	1.072.150	-	-
	Caçapava	298	1.329	183	1.512	525	-	334.075	5.740	143.798	220.550	1.245.500	-	-
	Capital	1.033	578	1.037	1.615	47	-	44.900	1.400	953	67.262	352.795	6.000	-
	Cruzeiro	209	666	86	752	651	-	210.720	702	78.734	138.730	1.274.200	20	-
	Cunha	648	2.040	28	2.068	10	-	516.300	-	2.180	2.392.200	15.442.550	-	56
	Guararema	153	504	18	522	1.079	-	142.500	1.090	1.650	260.625	1.008.750	-	-
	Guaratinguetá	1.122	3.927	-	3.927	50	-	796.080	120	149.900	1.007.660	5.171.130	1.331	-
	Guarulhos	309	593	69	662	354	-	-	-	600	214.450	1.468.400	-	9
	Itapecerica	136	391	-	391	-	-	-	-	-	200.070	1.132.300	-	-
	Jacarehy	302	1.234	64	1.298	1.257	600	363.500	24.545	62.275	461.850	2.025.950	315	-
	Jambeiro	150	954	11	965	264	100	40.600	-	80.140	310.384	2.008.980	-	-
	Jatahy	193	324	2	326	31	-	159.350	430	25.271	67.280	465.550	-	-
	Lagoinha	199	805	-	805	229	-	28.800	-	6.090	73.200	2.013.420	550	-
	Lorena	363	2.112	357	2.469	3.044	-	538.700	66.651	42.130	722.700	2.335.700	162	-
	Mogy das Cruzes	2.260	2.641	150	2.791	1.421	-	323.880	4.711	4.939	658.825	10.621.030	-	-
	Parahybuna	98	855	8	863	1.418	12.400	197.100	19.900	35.240	310.200	4.394.000	-	-
	Patrocínio de Santa Izabel	150	436	-	436	374	-	220.350	32.285	**43.550 $^{3}/_{4}$**	189.550	1.234.900	880	-
	Pindamonhangaba	125	2.080	184	2.264	920	-	1.058.000	545	135.000	220.000	1.808.500	-	-
	Queluz	95	518	14	532	142	-	118.250	1.020	50.785	168.500	1.151.100	40	4
	Redempção	274	976	18	994	134	-	78.840	9.948	83.092	474.018	2.071.260	927	-
	Sallesopolis	547	1.012	4	1.016	63	-	53.070	33.654	3.106	435.710	1.677.030	19.169	-
	Santa Branca	185	420	12	432	900	1.100	600	4.971	20.410	183.150	2.031.000	-	-
	Santa Izabel	1.070	1.397		1.397	998	-	370.730		29.705	394.780	2.145.550	-	-
	Santo Amaro	504	1.078	-	1.078	9	-	-	-	-	221.000	1.098.000	-	4
	São Bento do Sapucahy	169	1.056	-	1.056	271	-	233.090	-	13.280	378.090	2.814.700	16.110	-
	São Bernardo	99	458	780	1.238	5	-	-	-	-	-	199.150	-	90
	São Francisco de Paula dos Pinheiros	63	448	11	459	75	-	47.640	-	36.080	70.560	892.600	-	-
	São José do Barreiro	78	460	80	540	765	-	130.000	470	41.735	221.400	1.385.700	115	-
	São José dos Campos	1.807	3.262	75	3.337	91	-	790.615	4.579	162.791	1.040.837	3.659.068	1.090	-
	São Luiz do Parahytinga	358	1.732	6	1.738	390	1.000	71.380	-	34.298	1.091.892	4.962.480	4.205	-
	Silveiras	575	1.081	-	1.081	377	-	501.000	1.720	57.517	489.400	2.586.550	934	-
	Taubaté	323	2.705	395	3.100	327	-	860.660	10.858	224.619	1.374.110	5.768.020	-	6.780
	Trambembé	116	586	48	634	45	-	195.380	620	25.669	12.490	68.773	-	-
	Villa Vieira do Piquete	94	267	-	267	4	-	6.000	200	20.670	138.610	427.000	200	-
	Total	**14.887**	**42.177**	**3.713**	**45.890**	**18.114**	**15.200**	**9.080.100**	**235.449**	**1.757.556**	**15.016.043**	**90.889.386**	**54.160**	**6.943**

2º DISTRITO	Amparo	733	6.365	2.799	9.164	185	-	261.300	156	902.331	1.268.960	15.393.470	62	130
	Araras	134	742	2.909	3.651	2.646	1.800	447.250	65	407.999	311.500	5.253.500	-	-
	Atibaia	650	4.578	2.622	7.200	152	-	8.200	40	592.220	514.200	18.016.500	-	-
	Bragança	12.225	5.247	1.835	7.082	645	-	274.200	-	712.303	2.417.415	17.568.650	69	13
	Campinas	540	3.977	12.757	16.734	4.069	-	749.100	8.990	810.548	928.250	10.513.600	330	87
	Curralinho	539	822	80	902	508	-	50.550	-	102.653	278.460	4.259.200	43	-
	Espírito Santo do Pinhal	251	1.104	2.287	3.391	25	-	291.000	-	428.420	-	3.525.000	-	-
	Itapira	202	1.011	1.906	2.917	3.170	-	49.200	350	349.210	80.800	4.567.500	-	-
	Itatiba	484	1.599	3.176	4.775	4	-	39.880	103	339.279	669.990	4.876.250	-	11
	Jundiahy	425	1.621	2.756	4.377	442	-	255.500	-	400.080	406.850	2.927.900	4.500	34
	Juquery	320	893	-	893	1.016	-	10.000	-	6.640	1.576.500	2.074.000	-	5
	Leme	53	594	1.482	2.076	289	-	278.100	220	49.565	1.464.550	2.614.250	120	-
	Limeira	734	3.291	5.715	9.006	2.648	-	770.750	680	401.505	932.750	10.690.720	10	-
	Mogy Guassú	92	383	631	1.014	308	-	37.700	-	95.380	-	1.649.200	1.080	-
	Mogy Mirim	248	1.046	1.773	2.819	4.450	-	622.700	3.810	326.082	936.200	1.006.500	-	-
	Nazareth	891	4.722	46	4.768	4.279	-	355.500	-	18.680	3.032.500	12.962.000	300	-
	Pedreiras	82	740	271	1.011	-	-	31.750	-	81.130	148.200	1.253.420	-	-
	Rio Claro	404	2.000	3.420	5.420	331	-	422.900	400	686.321	2.316.070	9.308.900	20	25
	Santa Bárbara	76	453	122	575	6.406	6.000	420	-	3.990	122.200	3.352.000	250	-
	Santa Cruz da Conceição	70	300	977	1.277	259	-	96.000	140	52.813	1.164.700	1.072.540	120	-
	Santo Antonio da Cachoeira	129	483	-	483	266	-	10.000	-	90.140	276.000	1.310.000	-	-
	Serra Negra	572	1.235	1.898	3.133	68	-	200.100	50	311.775	646.680	6.260.620	20	76
	Soccorro	500	1.122	714	1.836	166	112	257.975	-	72.649	660.256	2.152.140	480	-
	Total	**39.427**	**99.638**	**55.284**	**154.922**	**52.805**	**24.112**	**17.435.940**	**268.900**	**9.615.928**	**40.207.463**	**257.359.287**	**84.218**	**14.198**
3º DISTRITO	Batataes	416	884	2.364	3.248	31	-	197.000	600	453.880	868.000	5.854.500	-	1
	Belém do Descalvado	244	974	5.490	6.464	1.027	-	67.500	-	527.368	500	493.000	230	-
	Caconde	260	1.010	381	1.391	107	-	400.000	145	232.760	588.000	1.599.000	-	-
	Cajurú	500	1.289	1.125	2.414	710	-	1.683.401	1.660	170.611	35.310	21.144.400	-	-
	Casa Branca	191	629	2.059	2.688	169	-	457.000	-	328.420	203.500	1.488.000	-	-
	Cravinhos	87	481	5.068	5.549	-	-	30.500	-	603.640	3.212.000	6.495.000	-	-
	Franca	284	1.935	1.730	3.665	-	50	325.500	-	510.030	165.500	445.200	-	-
	Ituverava	262	512	97	609	191	-	1.098.000	6.750	120.120	168.500	2.075.000	100	-
	Jardinopolis	262	493	2.097	2.590	775.562	-	632.100	-	303.030	895.650	2.731.300	40	-
	Mocóca	179	50	270	320	783	-	1.164.100	-	699.100	1.426.000	2.188.000	3.850	-
	Nuporanga	520	2.641	1.655	4.296	176	-	2.514.000	3.080	372.550	1.084.000	4.806.000	-	-
	Palmeiras	57	422	3.305	3.727	1.348	-	1.196.500	-	360.850	137.175	10.447.000	-	-
	Patrocínio do Sapucahy	108	493	347	840	170	-	283.200	795	116.950	113.900	533.000	-	-
	Pirassununga	315	1.238	2.298	3.536	7.504	-	314.700	3.200	228.390	979.050	6.954.000	10	-
	Porto Ferreira	34	109	1.088	1.197	350	-	40.100	60	130.750	36.000	3.372.500	-	-
	Ribeirão Preto	261	4.717	16.805	21.522	3.220	-	2.941.100	1.920	2.040.036	8.696.800	18.359.200	-	-
	Santa Rita do Paraizo	385	787	541	1.328	245	-	241.000	18.180	329.310	194.100	2.613.000	410	-
	Santa Rita do Passa Quatro	202	-	-	-	995	160	284.600	1.720	802.060	1.083.500	4.580.220	585	4
	Santo Antonio d'Alegria	228	409	101	510	338	240	535.401	607	32.595	17.780	1.638.960	25	-
	São João da Bôa Vista	314	2.275	2.494	4.769	894	-	168.700	1.650	307.500	12.928.950	12.346.000	600	-
	São José do Rio Pardo	400	1.719	3.927	5.646	1.485	-	3.325.000	1.130	432.331	2.323.640	12.084.740	990	-
	São Simão	291	1.170	10.374	11.544	710	-	1.259.000	20.860	1.466.675	977.000	2.959.000	300	1.079
	Sertãosinho	276	1.207	4.907	6.114	49.104	-	176.000	-	822.196	6.664.000	10.438.000	-	-
	Tambahú	121	601	1.169	1.770	179	-	1.229.300	-	154.093	872.400	13.421.650	-	-
	Total	**6.197**	**26.045**	**69.692**	**95.737**	**845.298**	**450**	**20.563.702**	**62.357**	**11.545.245**	**43.671.255**	**149.066.670**	**7.140**	**1.084**

4º DISTRITO	Agudos	66	543	728	1.271	209	-	65.200	290	114.580	66.300	1.006.200	-	-
	Annapolis	33	284	1.261	1.545	105	-	2.000	-	191.800	155.200	1.944.600	-	-
	Araraquara	452	1.859	7.918	9.777	3.542	-	197.000	27.802	895.000	7.177.500	14.496.800	160	-
	Bariry	443	747	1.359	2.106	456	-	1.580.000	11.610	301.020	774.750	8.623.000	898	-
	Barretos	293	2.077	452	2.529	589	1.151	8.896.600	26.970	70.550	703.310	13.973.000	917	-
	Baurú	341	831	787	1.618	74	-	613.750	1.476	93.821	189.085	457.600	64	-
	Bebedouro	374	1.082	1.549	2.631	345	-	1.904.500	15.420	261.440	1.373.450	6.415.500	-	-
	Bôa Esperança	119	812	2.263	3.075	507	-	2.506.500	5.300	213.290	377.000	3.950.000	25	-
	Bôa Vista das Pedras	1.090	1.879	1.272	3.151	443	140	5.608.475	33.464	46.752	552.240	12.785.800	639	3
	Brotas	289	970	2.018	2.988	292	-	222.200	2.790	882.170	180.468	4.498.900	32	7
	Dourado	62	403	1.834	2.237	99	-	664.000	4.110	178.925	311.500	1.932.250	-	-
	Dous Corregos	310	814	1.426	2.240	899	-	312.050	1.190	322.358	118.950	3.962.100	130	-
	Ibitinga	250	579	492	1.071	280	-	2.067.000	13.120	184.055	61.640	3.229.400	-	-
	Jaboticabal	532	2.264	6.220	8.484	1.119	-	2.667.000	46.560	1.011.950	4.194.800	16.620.200	13	-
	Jahú	759	2.015	8.536	10.551	1.957	-	502.150	870	1.476.548	2.385.100	15.902.380	1.081	-
	Mattão	241	690	3.386	4.076	322	-	1.031.600	60.000	534.850	547.900	5.491.500	50	-
	Mineiros	122	349	818	1.167	40	-	203.000	-	162.530	295.000	1.787.450	300	-
	Monte Alto	350	1.072	2.014	3.086	820	10	4.220.000	29.250	417.520	335.500	8.135.000	3.850	-
	Pederneiras	512	1.293	734	2.027	166	-	908.000	9.470	144.670	353.280	9.913.000	1.077	-
	Pitangueiras	269	1.052	1.039	2.091	523	-	3.193.000	3.860	241.200	777.250	9.175.950	290	-
	Ribeirão Bonito	92	458	2.373	2.831	1.706	-	55.900	2.000	355.600	550.000	2.553.440	-	-
	Ribeirãosinho	352	911	4.286	5.197	1.353	-	2.247.100	7.270	567.570	815.600	11.475.600	294	-
	Rio Preto	456	-	-	-	-	-	-	-	-	-	-	-	-
	São Carlos do Pinhal	313	1.926	7.726	9.652	847	-	288.750	2.856	1.097.975	2.070.040	12.096.150	45	-
	São João da Bocaina	149	358	2.088	2.446	78	-	120.300	-	408.650	400.900	4.350.800	250	-
	Total	**8.203**	**24.725**	**61.851**	**86.576**	**16.562**	**1.301**	**40.010.875**	**305.388**	**10.060.244**	**24.700.463**	**173.770.420**	**10.115**	**10**

5º DISTRITO													
Apiahy	1.525	2.418	8	2.426	42	-	240.620	76.681	978	445.600	17.085.000	1.671	1,5
Araçariguama	173	504	5	509	1.791	1.427	-	-	3.220	196.800	1.368.750	10	-
Avaré	225	883	493	1.376	426	-	99.000	8.140	250.825	222.950	7.542.800	75	-
Bom Successo	96	763	19	782	117	27.880	262.930	490	9.545	235.335	3.944.050	1.470	-
Botucatú	417	2.194	3.817	6.011	234	100	713.900	2.862	896.345	539.700	12.234.500	441	4
Cabreúva	180	988	256	1.244	125	-	61.500	-	92.200	797.000	3.240.000	160	-
Campo Largo de Sorocaba	223	-	-	-	225	78.750	540.250	-	4.480	431.950	4.504.500	-	-
Campos Novos do Paranapanema	178	1.864	50	1.914	92	20	866.187	19.525	46.220	476.450	16.859.000	471	1
Capão Bonito do Paranapanema	78	157	5	162	-	-	10.000	-	100	95.000	2.120.000	120	-
Capivary	463	1.255	1.983	3.238	12.691	400	1.592.500	220.000	165.400	684.000	9.149.000	-	-
Cutia	123	556	4	560	229	-	-	-	80	90.150	1.443.250	60	-
Espírito Santo da Bôa Vista	89	1.330	41	1.371	53	58.320	385.290	6.435	86.795	288.170	8.965.080	-	-
Espírito Santo do Turvo	107	92	24	116	14	-	58.200	212	34.095	39.380	2.759.500	140	-
Fartura	253	965	129	1.094	188	-	561.750	4.960	155.973	398.700	5.997.000	710	-
Faxina	226	278	36	314	98	7.945	39.352	50	11.852	157.831	2.518.958	586	45
Guarehy	114	886	-	886	67	7.250	149.100	750	14.400	157.300	3.694.500	-	2
Indaiatuba	111	328	1.092	1.420	100	-	51.000	-	111.980	141.500	3.467.250	-	-
Itaberá	154	267	4	271	94	5.200	92.300	290	30.200	101.900	10.340.400	110	-
Itapetininga	294	1.028	74	1.102	274	26.270	238.200	-	47.640	422.190	7.017.000	225	29
Itaporanga	280	3.767	122	3.889	21	450	995.000	7.240	38.287	702.900	22.752.000	11.600	-
Itararé	345	67	1	68	333	135	32.700	240,5	3.260	47.000	2.943.510	230	-
Itatinga	68	379	417	796	201	-	8.050	-	183.690	51.470	1.335.500	10	4
Lençóes	675	1.598	918	2.516	3.031	250	789.150	4.745	328.720	762.900	11.444.010	706	4
Monte Mór	174	450	245	695	950	-	752.500	4.350	34.525	224.000	2.650.000	-	-
Parnayba	132	449	3	452	3.500	-	-	-	1.500	278.500	1.661.000	-	-
Pereiras	156	394	60	454	25	9.035	190.038	1.210	9.405	185.730	2.698.200	-	5
Piedade	129	1.449		1.449	62	19.045	-	-	1.327	514.294	7.000.000	121	-
Pilar	82	189	1	190	7	3.090	700	-	710	60.800	1.592.750	-	-
Piracicaba	603	2.474	3.579	6.053	2.756	17.790	1.323.350	258.166	301.958	1.337.350	11.522.000	315	-
Pirajú	221	678	858	1.536	365	37.812	575.080	4.220	344.395	519.550	2.773.890	11.481	24
Porto Feliz	271	1.737	617	2.354	3.107	48.540	408.300	84.090	31.770	763.300	6.168.000	902	-
Remedios da Ponte do Tieté	208	396	90	486	9	-	9.000	1.240	13.230	2.250	3.010.750	28	-
Ribeirão Branco	264	539	9	548	-	-	50.140	-	-	438.100	5.215.000	2.381	17
Rio Bonito	358	539	163	702	20	-	155.405	830	79.650	69.910	3.584.150	-	-
Rio das Pedras	161	406	1.481	1.887	637	1.235	720.230	16.080	133.360	450.250	4.396.100	118	-
Salto de Ytú	96	33	16	49	83	603	218.000	4.600	5.990	162.580	1.093.700	439	-
Santa Bárbara do Rio Pardo	54	212	19	231	168	4.800	666.000	855	6.200	244.310	1.601.500	418	-
Santa Cruz do Rio Pardo	167	456	874	1.330	48	2.490	334.430	17.040	210.770	459.530	2.087.370	665	-
Santo Antonio da Bôa Vista	325	977	22	999	67	790	131.750	345	11.475	181.940	5.067.000	177	-
São Miguel Archanjo	133	488	1	489	53	5.000	53.250	425	-	109.100	1.144.500	8.500	-
São Manoel	346	1.126	6.237	7.363	207	-	326.500	800	1.263.402	283.700	11.482.500	678	5
São Pedro	225	1.087	1.410	2.497	88	-	829.000	1.460	238.890	236.250	4.699.500	40	-
São Pedro do Turvo	345	1.669	-	1.669	169	2.825	675.560	6.180	3.880	203.330	4.289.800	1.111	-
São Roque	232	256	45	301	170	-	21.600	-	4.226	294.425	4.557.100	150	806
Sarapuhy	137	-	-	-	-	21.002	33.150	-	5.428	132.525	1.424.814	268	-
Sorocaba	540	709	25	734	1.565	42.305	1.179.300	-	19.705	1.114.600	3.091.100	-	-
Tatuhy	355	1.124	85	1.209	166	54.420	286.900	1.085	59.440	183.100	5.698.300	435	21
Tieté	1.035	2.408	2.177	4.585	570	14.855	1.156.100	35.795	351.080	906.205	19.749.500	2.980	343
Una	71	87	4	91	137	-	-	6.750	-	106.200	1.732.800	1.275	83
Yporanga	146	1.226	3	1.229	172	-	894.000	35.240	1.860	301.200	4.813.400	180	-
Ytú	336	1.384	2.427	3.811	263	7.890	460.500	5.250	345.374	1.112.750	5.699.000	160	71
Total	[illegible]	[illegible]	[illegible]	[illegible]	[illegible]	[illegible]	[illegible]	[illegible]	[illegible]	[illegible]	[illegible]	[illegible]	[illegible]

6º DISTRITO	Cananéa	484	1.049	12	1.061	96	-	1.021.165	543	14.495	56.720	4.437.100	-	-
	Caraguatatuba	189	389	-	389	2.144	-	154.000	-	400	290.000	340.800	-	-
	Conceição de Itanhaem	96	613		613	19	-	40.000	-	-	800	6.000	-	-
	Iguape	1.684	687	-	687	218	-	6.992.960	15.301	25.677	295.100	4.508.270	190	-
	Natividade	382	1.377	2	1.379	794	-	107.580	-	11.430	548.330	2.049.050	1.080	-
	Santos	136	170	37	207	4	-	-	-	92	-	-	-	-
	São Sebastião	396	525		525	603	-	144.000	-	1.297	306.600	380.000	-	-
	São Vicente	43	4	2	6	112	-	9.750	-	-	-	-	-	-
	Ubatuba	216	449	-	449	639	-	250.500	-	3.624	90.650	270.710	-	2
	Villa Bella	238	1.286	-	1.286	1.248	-	3.900	-	2.303	83.460	108.960	-	-
	Xiririca	512	1.377	9	1.386	395	-	1.821.200	7.776	31.315	36.652	2.035.580	-	-
	Total	**4.376**	**7.926**	**62**	**7.988**	**6.272**	-	**10.545.055**	**23.620**	**90.633**	**1.708.312**	**14.136.470**	**1.270**	**2**

Fonte: *Annuario estatistico de São Paulo (Brasil) 1905: estatistica economica e moral.* São Paulo: Typ. Espindola & Comp., vol. 2, T. 2, 1907. 1103 p - p. 57 a 60.

Anexo 2. Modelo de contrato a salário, assinado na Agência Oficial de Colocação

Contracto a salario

Aos salariados, contractados por intermédio da Agencia Official de Collocação, é fornecido um impresso em que são mencionadas as condições offerecidas pelos contractantes, em *procura* enviada á referida Agencia. Damos em seguida, na integra, a procura e o cartão de contracto de salariados.

Procura de pessoal a salario

N. ___________

O abaixo assignado, ___________
residente ___________ *Município de* ___________
Estação de ___________ *procura contractar* ___________ *pessoas, por dia ou mez, preferindo de nacionalidade* ___________ *para trabalhar em* ___________
promptificando-se a pagar á razão de ___________ ___________ *($) por dia ou mez, com ou sem comida.*

Os pagamentos serão feitos ___________
O dia será de ___________ *horas de serviço*

São Paulo, ___________ *de* ___________ [Estampilha estadual de 1$000] ___________ *de 19* ___________

Declar ___________ *que conhec* ___________, *pessoalmente, o Sr.* ___________ *que assigna esta procura e que o mesmo é residente em* ___________

São Paulo, ___________ *de* ___________ *de 19*

____
(Assignatura de pessôa idonea conhecida na Agencia)

Cartão de contracto de salariados

Certifico que ____

contratou-se com o Sr. ____

____

residente em ____

para prestar os seus serviços de ____

____ *trabalhando*

_________ *horas por dia; obrigando-se o contractante a fazer o pagamento ao contractado*

____

á razão de ___________ *$* __________ *(* ______________________________

__________________________*) por* ____________ *ou Rs.* ______________________ *por*

hora, _____________ *comida, conforme consta da sua procura de pessoal a salario N.* _______

archivada nesta Agencia.

São Paulo, ______ *de* ______________________________ *de 191* _______

____

O Encarregado da Agencia

Anexo 3 – Modelo de contrato de apanhadores de café, assinado na Agência Oficial de Colocação

Contracto de Apanhadores de Café

Caderneta N. ______________

Do apanhador de café ____
de nacionalidade ____
____
com ______________ pesoas de trabalho, contractado com o Sr. ___________________
____ proprietario da fazenda ________
________________________________, Município _________________________ Estação férrea ____, os quaes, na sua qualidade de contractado e contractante, declaram nesta Agencia Official acceitar todas as condições abaixo transcriptas, quer geraes, quer particulares, compromettendo-se ao fiel cumprimento das suas disposições.

Condições geraes

Artigo 1.º

Será fornecido gratuitamente ao contractado, pelo proprietário, casa para sua residencia durante o tempo que durar a colheita, meios de transporte para si, seu pessoal, e suas bagagens da Estação proxima á fazenda e desta àquella, depois de terminada a colheita.

Artigo 2.º

O contractado se obriga a colher o café, nos talhões que lhe forem indicados pelo administrador, com todo zelo de modo a não damnificar o cafeeiro, limpal-o convenientemente e entregal-o ensaccado nos carreadores.

Artigo 3.º

Se o proprietario faltar com o cumprimento das disposições do presente contracto ou, antes de findar a colheita na fazenda, despedir o contractado sem causa justificada, pagará o dobro do preço tratado pelo café colhido.

São consideradas causas justificadas para despedida:

1) Malandrice ou continuada neglicencia no serviço;
2) Embriaguez habitual;
3) Insubordinação;
4) Falta de cumprimento das clausulas do presente contrato.

Artigo 4.º

O contractado que sem causa justificada abandonar o serviço antes de termina a colheita, perderá um terço do que houver ganho e não terá direito aos meios de transporte a que se refere a ultima parte do Artigo 1.º.

São consideradas causas justificadas para retirada:

1) Maus tratos por parte do proprietario ou administrador;

2) Falta de cumprimento por parte do proprietario das clausulas do presente contracto.

Artigo 5.º

Será mantida na distribuição dos talhões dos cafeeiros a colher toda a imparcialidade por parte do proprietario ou de seu administrador.

Artigo 6.º

O proprietario mandará lançar, semanalmente, na presente caderneta, que é propriedade do contractado, com toda a exatidão e clareza, todos os fornecimentos a este feitos, com a sua importancia, assim como a importancia dos serviços da colheita de café por elle feitos.

Artigo 7.º

O contractado poderá comprar os generos de que precisar onde lhe convier.

Artigo 8.º

Todas as questões que se suscitarem na interpretação ou execução deste contracto serão resolvidas pelo juizo arbitral, que será formado do modo seguinte: Cada uma das partes nomeará um arbitro e se estes não forem nomeados ou não concordarem, será a questão resolvida pelo Presidente da Commissão Municipal de Agricultura do Município a que pertencer a fazenda.

Condições particulares

Artigo 9.º

O proprietário se obriga a creditar ao contractado, na presente caderneta: Por cada 50 litros de café colhido _______ $ _______ (_________________________________)

Artigo 10.º

O pagamento do café colhido durante _______________________________
____________________ será feito pelo proprietário em ____________________________
____
____

Artigo11.º

O liquido do pagamento final da colheita será feito em ____________________

____

____

Certifico que todas as condições do contracto acima, tanto geraes como particulares, com excepção das que vão por mim cancelladas, foram acceitas pelo contractante e contractado, conforme conta da **Procura de apanhadores**, N. ____________________ e do **recibo de caderneta** N. ______________; documentos estes archivados nesta Agencia.

Federal	Estadual
1$100	1$000

São Paulo, _________ de ______________________ de 19______

____

O Encarregado da Agencia

Anexo 4 – Modelo de contrato de colono, assinado na Agência Oficial de Colocação

Contracto de Colono

Caderneta N. ______________

Do colono ______________________________________ procedente de ______________________________ chegado em ________ de ____________________________ de 19 ________ contractado com o Snr. ____ proprietário da fazenda ______________________________________, Município de ____________________________

Estação de ____,
os quaes, na sua qualidade de contractado e contractante, declaram nesta Agencia Official acceitar todas as condições abaixo transcriptas, quer geraes, quer particulares, compromettendo-se ao fiel cumprimento das suas disposições.

Condições geraes

Artigo 1.º

Serão fornecidos gratuitamente ao colono, pelo proprietario da fazenda, meios de transporte para si, sua familia e bagagens da estação proxima á fazenda, casa de moradia, pasto para um ou mais animaes, segundo o numero de pés de café que o mesmo tratar, e terreno para plantação de mantimentos, em quantidade relativa com o mesmo numero de cafeeiros.

Artigo 2.º

O colono se obriga a tratar dos cafeeiros a seu cargo de modo a conserval-os sempre no limpo, a replantar as faltas que por ventura houver, tratar muito bem das replantas, tirar todos os brótos, cipós ou trepadeiras que forem sahindo nos cafeeiros, fazer a varredura, colheita, espalhamento do cisco e montes de terra, de modo e na occasião que lhe forem indicadas pelo proprietario ou pelo administrador.

Artigo 3.º

O proprietario não fará adiantamento algum, salvo o que fôr estrictamente necessário para a alimentação dos recem-chegados ou no caso de molestia.

Artigo 4.º

O colono fará, sem remuneração, o roçamento do pasto da colonia, concerto da cerca do mesmo, a factura, uma vez por anno, do caminho para a proxima estação da estrada de ferro e a extincção de incendios nas mattas, cercas ou casas da fazenda, devendo os referidos serviços ser feitos quando e como o determinar o proprietario ou o administrador.

Artigo 5.º

Se o colono deixar de fazer qualquer dos serviços enumerados no Art. 2.º, o proprietario poderá mandal-os fazer por quem lhe convier, cobrando do colono a importancia assim despendida.

Artigo 6.º

O colono só poderá ter porcos ou cabras em pastos apropriados, por elle feitos e conservados, em logar que para isso lhe fôr indicado pelo proprietario, ficando responsavel pelos damnos que possam por ventura esses animaes causar.

Artigo 7.º

Se o proprietario faltar ao cumprimento das disposições do presente contracto, ou se, antes de findar-se o serviço do anno agrario, que termina pelo espalhamento das varreduras, despedir o colono sem causa justificada, pagará a este o dobro do que tinha elle de ganhar nesse anno pelo serviço de tratamento do cafesal a seu cargo. São consideradas causas para despedida:

1) Doença prolongada;
2) Malandrice ou continuada negligencia no serviço;
3) Embriaguez habitual
4) Insubordinação;
5) Falta de cumprimento das clausular do presente contracto.

Artigo 8.º

O colono que, sem causa justificada, se retirar da fazenda antes de terminar o serviço do anno, perderá metade do que houver ganho nesse anno. São consideradas causas justificadas para a retirada:

1) Enfermidade que o prive do trabalho;
2) Maus tratos da parte do proprietario ou administrador;
3) Falta de cumprimento, por parte do proprietario, das clausulas do presente contracto.

Artigo 9.º

O proprietario que quiser dispensar os serviços do colono ao terminar o anno agrario, deverá avisal-o com trinta dias de antecedencia: caso não avise, serão esses mesmos serviços considerados contractados para o anno seguinte e o colono ficará com o direito á indemnização estipulada no Artigo 7.º do presente contracto, se fôr dispensado sem o aviso acima referido.

Artigo 10.º

O colono que quizer retirar-se ao findar o anno agrario fica obrigado a participal-o ao proprietario ou ao administrador, com trinta dias de antecedencia, por falta do que será considerado como sujeito á prorrogação do mesmo contracto durante o ano seguinte, e caso se retire, incorrerá no disposto no Artigo 8.º do presente contracto.

Artigo 11.º

Os animaes, mantimentos e roças do colono são garantias do seu debito para com o proprietario, tendo este o direito de havel-os, ainda mesmo quando em mão de terceiros.

Artigo 12.º

O proprietario mandará lançar, mensalmente, na presente caderneta, que é propriedade do colono, com toda a exactidão e clareza, todos os fornecimentos a este feitos, com a sua importancia, assim como a importancia dos serviços por elle prestados na fazenda.

Artigo 13.º

O colono poderá comprar os gêneros de que precisar onde lhe convier.

Artigo 14.º

Todas as questões que se suscitarem na interpretação ou execução deste contracto serão resolvidas pelo juizo arbitral, que será formado do modo seguinte: Cada uma das partes nomeará um arbitro e se estes não forem nomeados ou não concordarem, será a questão resolvida pelo Presidente da Commissão Municipal de Agricultura do Município a que pertencer a fazenda.

Artigo 15.º

O operario agricola, ora contractado e portador desta caderneta, obriga-se a entrar como socio para a cooperativa medica, pharmaceutica e de ensino, que prestar serviços á fazenda do contratante e tiver seus estatutos approvados pelo Patronato Agricola do Estado de São Paulo.

Condições particulares

Artigo 16.º

O proprietario se obriga a creditar ao colono, na presente caderneta:

1) Pelo tratamento de cada 1.000 pés de café, por anno __________ $ __________
(____)

2) Para cada 50 litros de café colhido __________ $ __________
(____)

3) Por dia de serviço prestado pelo colono ______ comida _______ $ __________
(____)

Artigo 17.º

Os fornecimentos de dinheiro por conta dos serviços prestados serão feitos _____ ______________________________ á razão de ______________________________ para cada 1.000 pés de café tractados.

Artigo 18.º

O pagamento final do anno e da colheita será feito pelo proprietario ____________
____

Artigo 19.º

Será permittido ao colono plantar ______________________________________
____
____
____
____

Certifico que todas as condições do contracto acima, tanto geraes como particulares, com excepção das que vão por mim cancelladas, foram acceitas pelo contractante e contractado, conforme consta da **Procura de colonos N.** ____________ e do **recibo de caderneta N.** ____________ documentos estes archivados nesta Agencia.

São Paulo, __________ de ___ | Federal 1$100 | ___ | Estadual 1$000 | ___ de 19 ________

____
O Encarregado da Agencia

Fonte: Secretaria da Agricultura, Commercio e Obras Publicas do Estado de São Paulo. Boletim do Departamento Estadual do Trabalho, ano 1, nº 1-2, 4o trim. 1911 – 1o trim. 1912, São Paulo, 1912.

ESTA OBRA FOI IMPRESSA EM SANTA CATARINA NO INVERNO DE 2012 PELA NOVA LETRA GRÁFICA & EDITORA. NO TEXTO FOI UTILIZADA A FONTE ADOBE CASLON PRO EM CORPO 11 E ENTRELINHA DE 16 PONTOS.